U0529362

本书系国家社会科学基金"十二五"规划青年项目"西北农村地区中小学教师队伍结构失衡问题与破解政策体系研究"（项目编号：CGA130159）成果

该书由甘肃省一流学科建设项目资助出版

西师教育论丛

主编 万明钢

西北农村中小学教师队伍结构与政策体系研究

周晔 著

Xibei Nongcun Zhongxiaoxue Jiaoshi Duiwu
Jiegou Yu Zhengce Tixi Yanjiu

中国社会科学出版社

图书在版编目(CIP)数据

西北农村中小学教师队伍结构与政策体系研究/周晔著.—北京：中国社会科学出版社，2019.4
ISBN 978-7-5203-4728-0

Ⅰ.①西… Ⅱ.①周… Ⅲ.①农村学校—中小学—师资队伍建设—研究—西北地区 Ⅳ.①G635.12

中国版本图书馆CIP数据核字（2019）第145644号

出 版 人	赵剑英	
责任编辑	刘健煊	
责任校对	闫 萃	
责任印制	戴 宽	

出　　版	中国社会科学出版社	
社　　址	北京鼓楼西大街甲158号	
邮　　编	100720	
网　　址	http://www.csspw.cn	
发 行 部	010-84083685	
门 市 部	010-84029450	
经　　销	新华书店及其他书店	

印　　刷	北京明恒达印务有限公司	
装　　订	廊坊市广阳区广增装订厂	
版　　次	2019年4月第1版	
印　　次	2019年4月第1次印刷	

开　　本	710×1000 1/16	
印　　张	22.5	
插　　页	2	
字　　数	325千字	
定　　价	108.00元	

凡购买中国社会科学出版社图书，如有质量问题请与本社营销中心联系调换
电话：010-84083683
版权所有　侵权必究

总　　序

　　正如学校的发展一样，办学历史越久，文化底蕴越厚重。同样，一门学科的发展水平，离不开对优良学术传统的坚守、继承与发展。西北师范大学教育学的发展，也正经历着这样的一条发展之路。回溯历史，西北师范大学前身为国立北平师范大学，发端于1902年建立的京师大学堂师范馆，1912年改为"国立北京高等师范学校"，1923年改为"国立北平师范大学"。1937年"七七"事变后，国立北平师范大学与同时西迁的国立北平大学、北洋工学院共同组成西北联合大学，国立北平师范大学整体改组为西北联合大学下设的教育学院，后改为师范学院。1939年西北联合大学师范学院独立设置，改称国立西北师范学院，1941年迁往兰州。从此，西北师范大学的教育学人扎根于陇原大地，躬耕默拓，薪火相传，为国家培育英才。

　　教育学科是西北师范大学教育学院的传统优势学科，具有悠久的历史和较强的实力。1960年就开始招收研究生，这为20年后的1981年获批国家第一批博士点打下了坚实的基础。当时，西北师范学院教育系的师资来自五湖四海，综合实力很强，有在全国师范教育界影响很大的著名八大教授：胡国钰、刘问岫、李秉德、南国农、萧树滋、王文新、王明昭、杨少松，他们中很多人曾留学海外，很多人迁居兰州，宁把他乡做故乡，扎根于西北这片贫瘠的黄土高原，甘于清贫、淡泊名利、默默奉献，把事业至上、自强不息、爱岗敬业的精神，熔铸在西北师范大学教育学科发展的文化传统之中，对西部教育事业的发展作出了重要贡献。"随风潜入夜，润物细无声。"先生之风，山高水长。为西北师范大学早期教育学科的卓越发展作出重大贡献的先生们，他们身体力行、典型示范，对后辈学者们潜心学术，继承学问产生了重要的、潜移默化的影响，体现了西北师范大学的教育学人扎根本土、潜心学术、面向全国、放眼世界，站在学科发展前沿，培养培训优秀师资，服务地方经济社会发展的教育胸怀与本色。

西北师范大学教育学科历经历史沧桑的洗礼发展走到今天，已形成了相对稳定而有特色的研究领域。尤其是在国家统筹推进世界一流大学和一流学科建设的大背景下，西北师范大学的教育学作为甘肃省《统筹推进高水平大学和一流学科建设实施方案》规划的一流学科建设项目，迎来了学科再繁荣与大发展的历史良机。为此，作为甘肃省一流学科建设项目成果、西北师范大学课程与教学论国家重点（培育）学科建设成果、教育部人文社会科学重点研究基地西北师范大学西北少数民族教育发展研究中心科研成果，我们编撰了"西师教育论丛"，汇聚近年来教育学院教师在课程与教学论、民族教育、农村教育、高等教育以及学前教育等方面的学术成果。这些成果大多数是在中青年学者的博士学位论文，科研项目以及扎根教学实践的基础上进一步凝练的结晶。他们深入民族地区和农村地区的村落、学校，深入大学与中小学的课堂实践，通过详查细看，对语文、数学、英语、物理、化学、研究性学习等学科课程教育教学的问题研究，对教育基本理论问题的思考，对教育发展前沿问题的探索……这些成果是不断构建和完善高水平的现代教育科学理论体系，大力提高教育科学理论研究水平和教育科学实践创新能力，进一步发挥教育理论研究高地、教育人才培养重镇、教育政策咨询智库作用的一定体现，更是教育学学科继承与发展的重要过程。

筚路蓝缕，以启山林。目前付梓出版的这些著作不仅是教师自我专业成长的一个集中体现，也是西北师范大学教育学院教育学科发展与建设的新起点。当然，需要澄明的是，"西师教育论丛"仅仅是西北师范大学教育学研究者们在某一领域的阶段性成果,是研究者个人对教育问题的见解与思考,其必然存在一定的不足,还期待同行多提宝贵意见,以促进我们的学科建设和发展。

万明钢
2017 年 9 月

目　　录

前　言 …………………………………………………………… (1)

第一章　绪论 ………………………………………………… (1)
第一节　研究背景和缘由 ………………………………… (1)
一　党和国家高度重视教师队伍建设 ………………… (1)
二　农村教师队伍建设是国家教师队伍建设的重中
　　之重 ……………………………………………………… (2)
三　农村教师队伍结构问题是农村教师队伍建设的
　　难中之难 ………………………………………………… (3)
四　解决西北农村中小学教师队伍结构问题意义重大 ……… (4)
第二节　已有研究文献综述 ………………………………… (5)
一　农村教师队伍结构研究 …………………………… (5)
二　农村教师队伍建设政策研究 ……………………… (22)
第三节　研究的意义、目的与内容 ………………………… (33)
一　研究意义 …………………………………………… (33)
二　研究目的 …………………………………………… (33)
三　研究内容 …………………………………………… (33)
第四节　研究的理论依据 …………………………………… (34)
第五节　研究的思路与方法 ………………………………… (36)
一　研究思路 …………………………………………… (36)
二　研究方法 …………………………………………… (36)

第二章 理论研究 (38)

第一节 概念界定 (38)
一 西北地区 (38)
二 农村中小学 (38)
三 教师队伍结构 (39)
四 失衡 (40)
五 政策体系 (40)

第二节 农村中小学教师队伍结构的内容与标准 (41)
一 专业水平结构 (41)
二 非专业水平结构 (44)

第三章 西北农村地区中小学教师队伍结构的现状与问题 (46)

第一节 西北地区概况与西北地区义务教育概况 (46)
一 西北地区概况 (46)
二 西北各省（自治区）义务教育概况 (47)

第二节 西北地区义务教育阶段教师队伍总体情况 (50)
一 小学专任教师 (51)
二 初中专任教师 (59)

第三节 教师队伍结构现状与问题分析 (65)
一 专业水平结构现状及问题 (65)
二 非专业水平结构现状及问题 (91)

第四节 西北五省（自治区）农村中小学专任教师队伍结构存在的问题及原因分析 (116)
一 学历水平较低 (116)
二 职称结构不合理 (118)
三 学科教师分布不均 (119)
四 专业不对口，应改革教师招考制度 (120)
五 荣誉称号结构不合理 (121)
六 非专业水平结构问题的原因分析 (121)

第五节 甘肃省L县教师队伍状况的个案研究 (127)

一　研究目的与内容…………………………………（127）
　　二　样本的选择……………………………………（127）
　　三　L县教育基本情况………………………………（129）
　　四　L县教师队伍基本情况…………………………（130）
　　五　L县教师队伍存在的问题………………………（131）
　第六节　西北农村地区校长队伍结构现状及问题………（146）
　　一　专业水平结构现状及问题………………………（146）
　　二　非专业水平结构现状及问题……………………（154）
　　三　W县农村小规模学校校长专业发展水平结构的
　　　　个案研究…………………………………………（160）
　第七节　西北农村地区中小学教师队伍结构的总体判断…（196）
　　一　教师队伍结构……………………………………（196）
　　二　校长队伍结构……………………………………（201）

第四章　农村中小学教师队伍建设政策研究………………（205）
　第一节　师范生招生政策…………………………………（205）
　　一　招生政策概述……………………………………（205）
　　二　招生政策存在的问题……………………………（208）
　　三　招生政策的改进建议……………………………（212）
　第二节　师范生培养政策…………………………………（215）
　　一　培养政策概述……………………………………（215）
　　二　培养政策存在的问题……………………………（219）
　　三　培养政策的改进建议……………………………（223）
　　四　农村小学全科型教师培养的专项政策研究……（226）
　第三节　教师准入政策……………………………………（236）
　　一　政策演变历程……………………………………（236）
　　二　教师资格政策对农村教师队伍结构的意义……（242）
　　三　教师资格政策存在问题分析……………………（243）
　　四　对策与建议………………………………………（246）
　第四节　教师编制政策和教师补充政策…………………（250）

一　政策演变历程 …………………………………………（250）
　　二　编制补充政策存在的问题 …………………………（256）
　　三　改进农村教师编制政策、教师补充政策的建议……（262）
　　四　教师补充政策中的专项政策 ………………………（266）
第五节　职后的教师培训政策 ………………………………（295）
　　一　中国中小学教师继续教育制度变迁的历程…………（295）
　　二　中小学教师培训政策（机制）存在的问题 …………（300）
　　三　教师培训政策（机制）的改进建议 …………………（303）
第六节　教师支教（轮岗交流）政策…………………………（306）
　　一　政策的背景及历程 …………………………………（306）
　　二　支教（轮岗交流）政策实施中的现实困境 …………（313）
　　三　支教（轮岗交流）政策的改革建议 …………………（319）
　　四　结语 …………………………………………………（321）
第七节　教师退出政策 …………………………………………（321）
　　一　政策演变历程 ………………………………………（321）
　　二　政策存在的问题 ……………………………………（325）
　　三　政策建议 ……………………………………………（327）

附录（插图、表格、问卷等） ………………………………（334）

主要参考文献 ………………………………………………（341）

后　记 ………………………………………………………（345）

前　言

教育大计，教师为本。《国家中长期教育改革和发展规划纲要（2010—2020年）》提出："努力造就一支师德高尚、业务精湛、结构合理、充满活力的高素质专业化教师队伍。"并明确要求"以农村教师为重点，提高中小学教师队伍整体素质。"我国农村中小学教师，尤其是西北农村地区中小学教师整体素质低下。提升其整体素质是我国教师队伍建设的重中之重，而教师队伍结构是其整体素质的最重要体现。解决西北农村地区教师队伍结构失衡问题，对"办人民满意的教育"，对促进农村教育发展和我国教育整体发展，对促进教育公平，均具有举足轻重的意义。

改革开放以来，国家出台了一系列关于加强农村教师队伍建设的政策，主要涉及农村教师编制与补充、培训与城乡教师交流、待遇与保障等方面。总体而言，在一系列政策的推动下，农村教师队伍的数量和质量有所改观。但是，目前，我国农村教师队伍整体素质仍然不高，数量和质量存在严重的问题，还普遍存在"下不去""留不住""教不好"的问题，与大力发展农村教育、促进农村教育内涵式发展需求的矛盾非常突出。

西北地区教育基础差，保障能力弱，特别是农村、边远、贫困、民族地区优秀教师少、优质资源少，教育质量总体不高，难以满足西北地区人民群众接受良好教育的需求，难以适应社会经济发展对各类人才的需要。

西北农村地区中小学教师队伍质量总体不高，其直接表现为结构性问题，而且这一问题比全国农村教师队伍结构的问题更为严峻。课题组通过研究发现：西北农村地区中小学教师队伍结构在专业水平和非专业水平两个维度呈现出失衡态势。在专业水平结构方面表现为：学历结构不甚合理；职后培训不到位；农村中小学教师来源结构单一；学科结构不合理，缺少音、体、美、信息技术等科目教师；荣誉称号结构不合理。在非专业水平结构方面，突出表现在：农村中小学教师结构性缺编；农村中小学教师年龄结构不合理，老化现象严重，断层现象明显；从性别情况来看，中小学均存在着不同程度的男女教师性别比例不协调的情况。

破解教师队伍结构失衡问题需要从系统论的视角出发，从整体上构建西北农村教师队伍建设体系。为此，本书从职前师范生招生培养政策、教师资格准入政策、编制补充政策、职后培训政策、支教（轮岗交流）政策及教师退出政策等方面提出了一些政策建议。

解决西北农村地区教师队伍结构的问题，不仅对于提升西北农村教育质量、提高人口素质至关重要，而且将对促进西北地区经济社会发展提供重要支撑，也关涉到民族团结、社会稳定和国家发展。

第一章 绪论

第一节 研究背景和缘由

国之本在教育，教之本在教师。全国各级各类教育专任教师总数约1500万人（截止到2016年），如此庞大的教师队伍，对教育事业的发展和"办好人民满意的教育"目标的达成，对实现中华民族伟大复兴的中国梦具有举足轻重的作用。国家的综合国力和国际竞争力越来越取决于教育的发展和质量，而教师队伍资源是决定教育的发展和质量的关键要素，"教育有如一座大厦，合格的教师队伍是教育大厦的支柱，缺乏合格的教师队伍，教育大厦就会倒塌。"[①]《国家中长期教育改革和发展规划纲要（2010—2020年）》提出："努力造就一支师德高尚、业务精湛、结构合理、充满活力的高素质专业化教师队伍"的教师队伍建设的总体目标。

一 党和国家高度重视教师队伍建设

改革开放以来，党和国家为建设高素质的教师队伍做出了不懈努力，一系列加强教师队伍建设的重大政策和法律法规相继出台。其中，关于教师队伍专业化的主要政策有：1986年颁布的《中华人民共和国义务教育法》规定，国家加强发展师范教育和培养师资，逐步实现小学教师具有中师及以上学历水平，初中教师具有大专及以上学历水平；同时建立国家教师资格制度，对于合格教师颁发教师资格证

---

① 顾明远：《我国教师教育改革的反思》，《教师教育研究》2006年第6期。

书。这是我国首次以法律的形式规定了教师的任职学历条件。1993年10月颁布的《中华人民共和国教师法》以及1995年颁布的《中华人民共和国教育法》重申了1986年《中华人民共和国义务教育法》中提出的教师的学历条件和不同学段教师的任职资格要求。2000年9月，教育部发布了《教师资格条例实施办法》，随后，教育部又相继颁布了《教师资格证书管理规定》等相关文件。2012年，教育部印发了幼儿园、小学、中学教师的"专业标准"。这些文件的颁布标志着我国教师队伍建设进入了制度化、标准化和专业化的新阶段。

随着党和国家对教师队伍建设的重视，我国教师队伍质量呈现逐年上升的趋势。1978年，小学、初中和高中专任教师学历合格率分别为47.1%、8.8%和45.9%[1]，2007年学历合格率分别达到了99.1%、97.2%和89.3%。2007年小学教师中专科学历的占66.9%、初中教师中本科学历的占47.3%，高中教师中研究生学历的占1.8%。[2] 2016年，小学、初中和高中教师学历合格率分别为99.9%、99.8%和97.9%。2016年小学教师中专科学历的占43.2%，初中教师中本科学历的占80.2%，高中教师中研究生学历的占7.9%。[3]

二 农村教师队伍建设是国家教师队伍建设的重中之重

长期以来，由于多种因素的影响，我国城乡教育发展存在巨大的差距，导致了教育的不公平。《国家中长期教育改革和发展规划纲要（2010—2020年）》提出：教育公平的重点是促进义务教育均衡发展和扶持困难群体，根本措施是合理配置教育资源，向农村地区、边远贫困地区和民族地区倾斜，加快缩小教育差距。其中，教师资源是最关键的教育资源，要发展农村教育，农村教师队伍建设是关键。

改革开放以来，国家出台了一系列关于加强农村教师队伍建设的政策，主要涉及农村教师编制、补充、培训和城乡教师交流、待遇、

---

[1] 《中国教育年鉴（1949—1981）》，中国大百科全书出版社1984年版，第198页。
[2] 2007年教育统计数据，《2007年全国教育事业发展统计公报》。
[3] 2016年教育统计数据，《2016年全国教育事业发展统计公报》。

保障等方面。总体而言，在一系列政策的推动下，农村教师队伍的数量和质量有所改观。但是，目前我国农村教师队伍整体素质仍然不高，数量和质量存在严重的问题，还普遍存在"下不去""留不住""教不好"的问题，与大力发展农村教育、促进农村教育内涵式发展需求的矛盾非常突出。

由于历史的欠账和经济社会多重因素的制约，在当前和今后较长一段时期内，国家整体教师队伍建设的"短板"和"薄弱环节"都在于农村教师队伍建设。这就决定了加强农村教师队伍建设，补充农村教师队伍的数量，提升农村教师队伍的质量，是整个国家教师队伍建设的重中之重。

三 农村教师队伍结构问题是农村教师队伍建设的难中之难

经过多年的努力，我国农村教师队伍建设取得了较大成就，总体而言，数量已经趋于饱和，但目前，农村教师队伍的结构问题成为农村教师队伍建设的难中之难。

我国农村中小学教师队伍的结构问题主要表现为以下五个方面。一是区域性数量短缺。《2016年全国义务教育均衡发展督导评估工作报告》指出："中西部的部分省份和少数民族地区专任教师队伍数量配备不足现象较为严重，农村小规模学校按班师比配置教师政策落实困难。"[1] 二是年龄分布不均。总体而言，农村年轻教师比例偏低，越是农村偏远地区教师老龄化现象越是严重。三是职称比例不合理。农村中小学教师职称构成重心普遍低于城市和县镇水平，尤其是具备高级职称的农村中小学专任教师所占比例更低。四是学历层次偏低。2016年，全国小学专科及以上学历教师比例为93.7%，农村为91.8%，城乡差距为6.2个百分点。[2] 其中，农村中小学教师中有很

---

[1] 《2016年全国义务教育均衡发展督导评估工作报告》，中华人民共和国教育部政府门户网站（http://www.moe.edu.cn/jyb_xwfb/xw_fbh/moe_2069/xwfbh_2017n/xwfb_170223/170223_sfcl/201702/t20170222_297055.html）。

[2] 《中国教育概况——2016年全国教育事业发展情况》，中华人民共和国教育部政府门户网站（http://www.moe.gov.cn/jyb_sjzl/s5990/201711/t20171110_318862.html）。

多是"民转公"的教师，还有大部分教师的第一学历是中师或高中。五是学科结构失衡。《2016年全国义务教育均衡发展督导评估工作报告》指出："教师学科结构性缺口的问题仍然不同程度地存在，相当比例的省份学校中尤其是音、体、美、外语、科学、信息等学科专业教师缺口严重。"

四 解决西北农村中小学教师队伍结构问题意义重大

我国西北地区地域辽阔，农村人口比重大，少数民族众多。按照行政区划，"西北地区"包括陕西、甘肃、宁夏、青海及新疆五个省（区），总面积约308.04平方公里，占全国面积的32.09%；① 截至2016年底，五省区常住人口为10089.01万人，占全国人口的7.30%；其中，农村人口4966.78万人，占西北地区总人口的49.22%；② 根据2010年第六次人口普查结果，西北五省（自治区）少数民族主要有回族、蒙古族、藏族、维吾尔族、哈萨克族、东乡族、柯尔克孜族、土族、撒拉族、锡伯族、保安族和裕固族等，少数民族人口约为4423万人，占全国少数民族人口的39.51%。③

相对而言，西北地区经济社会发展水平总体滞后。2016年，西北五省（自治区）国民生产总值41657.15亿元，占全国的5.60%。其中，农业总产值4777.43亿元，工业总产值18193.12亿元，服务

---

① 陕西省人民政府网、甘肃省人民政府网、青海省人民政府网、宁夏回族自治区人民政府网以及新疆维吾尔自治区人民政府网"省情简介"中关于面积的统计。

② 《2016青海省国民经济和社会发展统计公报》，2017年2月，青海统计信息网（http://www.qhtjj.gov.cn/tjData/yearBulletin/201702/t20170228_46913.html）。《2016陕西省国民经济和社会发展统计公报》，2017年3月，陕西省统计局官网（http://www.shaanxitj.gov.cn/site/1/html/126/132/141/15035.htm）。《2016年甘肃省国民经济和社会发展统计公报》，2017年4月，甘肃省统计局官网（http://www.gstj.gov.cn/HdApp/HdBas/HdClsContentDisp.asp?Id=6739）。《宁夏回族自治区2016年国民经济和社会发展统计公报》，2017年4月，宁夏回族自治区统计局官网（http://www.nxtj.gov.cn/nxtjjxbwu/tjgb/2016tjgb/201704/t20170419_76589.html）。《新疆维吾尔自治区2016年国民经济和社会发展统计公报》，2017年5月，新疆维吾尔自治区统计局官网（http://www.xjtj.gov.cn/tjfw/dh_tjgb/201712/t20171213_548562.html）。

③ 国家统计局：《中国2010年人口普查资料，1-6b 各地区分性别、民族的人口（镇）》，2010年，国家统计局官网（http://www.stats.gov.cn/tjsj/pcsj/rkpc/6rp/indexch.htm）。

业总产值18686.66亿元。

西北地区教育基础差，保障能力弱，特别是农村、边远、贫困、民族地区。这些地方往往优秀教师少，优质资源少，教育质量总体不高，难以满足西北地区人民群众接受良好教育的需求，难以适应经济社会发展对各类人才的需要。而与全国相比，西北地区农村教师队伍结构的问题更为严峻。

解决西北农村地区教师队伍结构的问题，不仅对于提升西北农村教育质量和提高人口素质至关重要，而且将对促进西北地区经济社会发展提供重要支撑，也有利于民族团结、社会稳定和国家发展。

第二节 已有研究文献综述

本书的研究包括两大方面：西北农村教师队伍结构问题和农村教师队伍建设政策体系，所以，本节将从以下方面进行研究文献综述。

一 农村教师队伍结构研究

从文献的检索情况来看，中华人民共和国成立以来一直到20世纪80年代中期，很少有专门研究农村教育和农村教师队伍建设的成果出现。1987—2010年，国内关于农村教师队伍结构的研究，一般可以分为基础研究和应用研究两大类。总的来看，研究概念、基本原则、方法的基础研究文献相对较少，而应用研究方面的文献较多。应用研究方面，主要采用调查研究的方法，对某一地区或者某一所学校的教师队伍状况进行调查分析，找出其中存在的问题，并提出有针对性的对策与建议。2010年以后，无论是对"教师队伍结构"还是"农村教师队伍结构"都受到了极大的关注，研究成果很多，这其中关于解决当时"教师队伍结构"存在问题的对策研究是最大的热点。

（一）农村教师年龄结构

年龄结构是学校教师长期聚集和更替所构成的自然形态的反映。理想的年龄结构状况应当是老、中、青相结合，并以中青年为主体，三者构成合理的比例。

傅小丹、庞丽娟、谢培松等人的研究发现，当今农村教师老化和断层现象日益严重，老年教师占大多数，中青年教师比例偏低。绝大部分农村小学中是50岁以上老教师，大多数农村地区学校45岁以上的小学教师人数也超过了50%。东北师范大学陈晓微在其硕士学位论文中对吉林省的三个县的农村小学教师进行调研后得出结论："贫困地区的农村小学教师整体年龄偏大，影响了农村义务教育的课程改革和教学质量的提高。"[①] 从现有的一些区分社会阶层的标志和特征来看，年轻教师和老龄教师的消费行为、文化品位与生活方式差异也逐渐拉大。这种差异易导致学校内部的观念的冲突甚至对抗，不利于学校长远发展。[②]

西北农村地区的教师队伍年龄结构更不合理。陈富通过对西北地区教师年龄结构的调查认为，中小学教师教龄过长的问题较为突出，教龄超过30年的教师数量持续居高且有增长趋势，教师教龄过长现象已经是一个较为严重的问题，亟须增加相应的年轻教师及时地补充到教师队伍中来。[③] 孙德冲、周晔以甘肃省C县为例进行研究，发现"农村小学教师队伍年龄结构不合理，老龄化现象严重，断层现象明显"[④]。

但是，目前除了老龄化问题，也有部分教师年轻化的趋势。例如金东海等人对西北地区教师年龄结构调查发现，近年西部农村地区新教师数量补充较快，教师队伍趋于年轻化，学校没有形成老、中、青比例结构合理的教师梯队，不利于新老教师的"传、帮、带"，给学校青年教师教育教学水平提高带来了挑战。丁生东研究发现，在青海省45岁以下的中青年教师成为师资队伍的主体，各校普

[①] 陈晓微：《农村小学教师"老龄"问题研究》，硕士学位论文，东北师范大学，2010年。
[②] 刘善槐、王爽、武芳：《我国农村小规模学校教师队伍建设研究》，《教育研究》2017年第9期。
[③] 陈富：《西北地区中小学教师队伍结构与质量变化调查研究》，《基础教育研究》2009年第8期。
[④] 孙德冲、周晔：《西北农村中小学教师队伍结构现状、问题与对策研究——基于甘肃省C县的调研》，《教育导刊》2015年第7期。

遍出现教师年轻化趋势,特别是农村牧区的中小学的教师30岁左右的居多,45—55岁年龄段的教师明显偏少,出现断层现象的学校很多。还有的地方农村教师年龄两头比重大,缺少中间力量。[①] 许丽英、袁桂林的研究也发现,"在年龄结构上,有的地区教师队伍年轻化,有的地区教师队伍老龄化,而有的地区出现了教师队伍年龄结构的断层现象"[②]。

前人的研究表明,农村教师在年龄结构方面主要存在以下问题:(1)农村教师队伍的年龄总体偏大,有老龄趋势;(2)农村教师队伍的年龄结构断层现象严重;(3)少部分农村地区的教师年龄结构出现年轻化趋势。

陈晓微认为,造成大量的老年教师滞留在农村小学的历史原因在于,这些老年教师中有相当一部分属于"民转公"教师,另外由于学校编制紧缺,不合格的"老教师"难以清退,结果造成农村小学教师队伍老龄化的现实。农村小学教师队伍的老龄化还由于一些地方层层拔高使用农村教师,当地政府为保"重点",便采取了从下级学校抽调骨干教师充实上级学校的办法。这种"层层拔高"的作法,使居于底层的农村小学教师队伍逐渐趋于"老龄化"和"弱质化"。因为一些县(市)的地方财政只能满足给当地财政供养人员发工资的需要,对于教育上的投入,也只能基本上满足现有的在职教师的人员经费,而没有富余的财力招聘新的教师上岗任教。由于农村教师的工资和福利待遇较低,工作、生活与发展的环境与条件也远不如城市,很难吸引正规师范院校的毕业生前来就业。新的教师补充机制的不完善,导致年龄偏大的教师只好继续在教学岗位任教,长此以往形成老教师滞留在农村小学的现象。[③]

---

① 丁生东:《青海民族地区中小学教师队伍流动状况调研报告》,《青海师范大学学报》(哲学社会科学版)2012年第1期。

② 许丽英、袁桂林:《农村教育资源配置现状调查与优化对策研究》,《教育发展研究》2006年第11期。

③ 陈晓微:《农村小学教师"老龄"问题研究》,硕士学位论文,东北师范大学,2010年。

张文华通过对我国西部地区教育现状和特点的分析，指出观念陈旧、教育经费不足、教育体制改革滞后、自然条件恶劣等方面是西部教育发展滞后的主要原因。吴德刚在分析西部地区教育发展落后原因时提出：地区间经济发展不平衡是造成教育发展落后的直接原因；自然环境恶劣是影响教育发展落后的重要客观原因；传统的不良生活习惯和滞后的文化观念是教育落后的潜在原因；教育政策不科学、不合理和教育思想观念滞后是造成教育发展落后的现实原因。[①] 当地教育系统领导观念的不端正和现有教师管理与流动体制的不健全也是一个原因。

针对农村教师队伍年龄结构失衡的问题，应该积极地从退出、补充、交流三个方面去解决。

第一，应实行合理的退出机制。肖正德等人针对农村教师队伍的老龄化问题提出了自己的观点，他们认为要实行农村教师弹性退出机制，这样才能在一定程度上淘汰年龄大，且因为身体、教学观念等已不能适应教育教学的一些老教师，这样才能优化农村教师队伍的年龄结构。[②] 陈晓微认为，要鼓励"民转公"教师群体逐步退出。例如，年龄较大的46岁以上的不符合教师认定标准的"民转公"教师应实行内退，给予其基本生活保障。45岁以下的不符合教师资格认定的中青年教师，转岗到教学以外的其他岗位。这样可以空出许多新的教学岗位，招进更多的符合教师资格认定的年轻教师。进而促进教育内部的"新陈代谢"，使教师队伍结构合理化。[③] 王乃信等人认为，必须要严把教师入口，同时疏通教师出口。在具体举措方面，首先，要把乡镇政府擅自聘用代课教师的入口"堵死"，辞退所有不合格的代课教师。其次，应加强对教师的综合考核，对业务素质和职业道德较差的教师应将其调离教育岗位。对年老体弱、不适宜继续从事教学工

---

① 王安全：《一个西部县农村教师结构五十年的变迁》，陕西师范大学，2012年。
② 肖正德：《农村教师队伍结构的失衡问题与优化策略》，《课程·教材·教法》2012年第4期。
③ 陈晓微：《农村小学教师"老龄"问题研究》，硕士学位论文，东北师范大学，2010年。

作的老教师，可参照国家公务员的有关政策对其实行病休或内退。①

第二，为了有效解决农村教师队伍年龄断层问题，除了实行合理的退出机制外，还应进行有效的师资补充。陈晓微建议打破传统招聘形式，多渠道补充新教师。新教师的补充，需要拓宽现在的教师招聘通道，除通过正规的渠道招聘年轻的师范毕业生以及社会上的精英人士加入到农村小学队伍以外，还可实行"特岗"教师计划、免费师范生等补充政策，让更多的新教师到农村去支教。政府应注重强化教师资格的实施工作，打破地域的界限，公开向社会或非师范院校招聘具有教师资格的人加入教师队伍。②改变师资结构老龄化问题，通过"传、帮、带"，发挥中年教师承上启下的作用，从而形成教师队伍的梯队建设，避免教师队伍断层。

同时，张希亮认为需要建立和完善以各级教育行政部门为主导，机构编制和人社部门相配合的教师补充机制，严格按照学科需求招录对口专业教师，防止盲目和重复聘用。③

第三，从长远的教师队伍建设目标来看，为了促进农村教师年龄结构的"年轻化"，日趋"合理化""均衡化"，应当建立起教师的合理流动机制。周晔、孙德冲建议针对农村教师队伍流动性差的问题，需尽快建立城乡中小学教师轮换交流制度，使教师"学校所有"变为教师"整个行业所有"。以县为单位建立城乡中小学教师对口交流关系，根据双方需要每年互换一定数量的教师到对方学校任教，并且规定互换教师里面有一定比例的老年教师，互换时限可为1—3年。应建立城乡中小学教师轮换交流制度，促进农村教师队伍的流动性，以改善农村教师队伍的结构失衡问题。但是，要避免走马观花式的形式主义，把农村学校当作"练兵场"，城乡中小学教师的对口支援要

---

① 王乃信：《加强农村教师队伍建设的几点思考》，《当代教育科学》2005年第21期。

② 陈晓微：《农村小学教师"老龄"问题研究》，硕士学位论文，东北师范大学，2010年。

③ 张希亮：《加强西北农村教师队伍建设策略探讨》，《湖南第一师范学院学报》2014年第14期。

真正地为农村教育服务。① 有关专家提出：一要充分利用政策导向，建立健全的人才流动模式；要打破户籍和地域的限制，实现优秀教育人才的跨区域有序流动。二要健全城乡教师交流任教制度。另外，陈晓微认为，虽然在现今的农村经济状况下，实现教师的轮岗机制有一定的困难，但可以通过这种形式，保证各类学校都有一定数量不同年龄结构的、不同知识结构的教师，从而形成小学教师队伍的优势互补、相互促进的良好运行机制。

（二）性别结构

傅小丹等人的研究发现，农村教师性别结构失衡，特别是农村中小学存在男性教师多、女性教师少的问题，而且这些女性教师大多分布在乡镇中小学，农村小学基本没有，甚至某些乡镇小学中竟没有一名女教师，农村小学就更没有了。并且农村女性教师比例随小学—初中—高中学校级别的升高而呈现出逐步下降的趋势。② 李建强以其所在市为研究对象，研究发现："在专任教师中，小学、初中、高中女教师比例分别为70%、67%、59%。"③ 彭贤智、高智军等在对河北省农村中小学教师队伍建设的调查研究中通过问卷分析得出，在性别方面，中小学教师队伍中，女性教师比例大于男性教师，而小学教师中女性教师比例则更大。④ 胡晨阳在其硕士学位论文中以聊城市为例研究农村基层小学教师队伍，发现农村基层教师队伍男女性别结构失衡，女性教师比例占所调查教师的七成以上，有个别的农村基层小学，仅校长一人是男性教师，其余全为女性教师。⑤ 可见，农村学校中教师的男女比例严重失衡，并且随学校级别升高，女性教师比例呈

---

① 孙德冲、周晔：《西北农村中小学教师队伍结构现状、问题与对策研究——基于甘肃省C县的调研》，《教育导刊》2015年第7期。

② 傅小丹：《中部贫困地区农村义务教育师资队伍建设问题与对策研究》，硕士学位论文，江西师范大学，2006年。

③ 李建强：《加强农村教师队伍建设的思考》，《中国农村教育》2005年第2期。

④ 彭贤智、高智军：《教师队伍建设是发展农村基础教育的基石——对河北省农村中小学教师队伍建设的调查研究》，《河北师范大学学报》（教育科学版）2009年第11期。

⑤ 胡晨阳：《农村基层小学教师队伍建设的现状、问题及对策研究——以聊城市为例》，硕士学位论文，聊城大学，2017年。

逐步下降趋势。

刘善槐等研究我国农村学校教师队伍建设，认为从总体的性别结构来看，农村小规模学校的男教师占比41.89%，女性教师占比58.11%，性别结构似乎是均衡的。但是分年龄段的统计数据显示，年轻教师中女性教师比例大，且随着年龄的递减该比例不断增加，老年教师以男性教师为主，且该比例随着年龄的递增不断上升。这说明农村教师队伍性别结构失衡也表现为：老年男教师多，年轻女教师多。[①]

针对农村教师性别结构不合理的问题，李星、周建伟等人通过近年研究认为，由于我国各地区教育发展不平衡，师资性别比例结构不合理，导致农村男、女教师比例严重失调。而且男、女教师比例差距在逐年扩大，女性教师越来越多，男性教师越来越少。[②] 胡晨阳从历史角度解析，认为"50岁以上"这个年龄段，男性教师数量占有较大的比例。由于这部分男性教师入职时间普遍为20世纪90年代前后，当时男性在农村的认可度较高，农村男性接受教育程度普遍比女性接受教育程度要高，所以造成50岁以上男性教师数量占较大比例。撤点并校后，老教师由于离家近都留在了基层小学教学，同时也增加了男性教师的比例。随着时代的变迁，农村女性的地位逐渐升高，接受教育的机会越来越多，所受的教育程度越来越高，成为教师的机会增大。男性愿意到有风险、收入高的行业去创新、发展，这一时期女性成为农村基层小学教师队伍中的主力军。除此以外，人们普遍认为女性的细心、耐心、爱心等特征，有利于青少年学生的成长和发育，再加上大众传媒对女性教师更多的正面宣传，使大众对女性做教师有了更普遍的认可。就女性自身而言，教师职业被认为是一份较为稳定的工作，求稳符合女性自身的需要和认可，教师也就成为她们就业的主要选择。近年来一般师范院校教育专业招生中，女生比例明显增

[①] 刘善槐、王爽、武芳：《我国农村小规模学校教师队伍建设研究》，《教育研究》2017年第9期。

[②] 李星：《教师男女比例失调造成的负面影响》，《云南师范大学学报》（哲学社会科学版）2005年第6期。

加，且出现了严重的比例失调。①

分年龄段偏态的性别结构不利于教师队伍稳定。受传统观念的影响，男性和女性在农村家庭中扮演的经济角色有差异，男性通常承担着"养家糊口"的任务，而目前农村小规模学校教师的待遇无法使其承担起该责任，导致年轻男性教师不愿意到农村基层学校任教。因此，年轻教师中女性教师比例非常高。但对于许多年轻女性教师而言，婚恋问题是其难以扎根农村的重要原因。

农村男、女教师性别比例不均衡，必然对农村教育以及学生的发展产生重大影响，因此潘敏通过文献梳理和个人观察认为，男性教师有性格上的弱势，也有许多性格气质上的优势。如果将男、女教师性格气质上的优势结合起来，避免其各自弱势的出现，可能更有助于教育教学活动的开展。② 为了吸引年轻男性教师到农村小规模学校任教，可设立男性教师培养专项计划，以特设岗位的方式提高男性教师的综合待遇水平。③

（三）学历结构

学历结构是指教师群体中每个成员接受不同层次专业教育的比例。我国《中华人民共和国教师法》对各层次教师从业资格的学历要求做出了明确的规定：小学教师不低于中师学历，初中教师不低于专科学历，高中教师不低于本科学历。而中共中央国务院颁布的《关于深化教育改革全面推进素质教育的决定》对教师的学历层次提出新的标准，即小学教师应具有专科以上学历，初中教师应具有本科以上学历，高中教师中具有研究生以上学历者应达到一定比例。

唐松林、丁生东、周晔等人的研究发现，改革开放以来，农村教师学历水平发展速度很快，大部分中小学教师学历达到国家规定标准，

---

① 胡晨阳：《农村基层小学教师队伍建设的现状、问题及对策研究——以聊城市为例》，硕士学位论文，聊城大学，2017年。
② 潘敏：《男教师的教育优势及弱点分析》，《辽宁师专学报》（社会科学版）2002年第1期。
③ 刘善槐、王爽、武芳：《我国农村小规模学校教师队伍建设研究》，《教育研究》2017年第9期。

同时，具有高学历的教师明显增多，但实际情况却存在着学历和能力不符的问题。彭贤智认为，在教师职前学历方面，教师的整体学历偏低，职前拥有不合格学历的初中教师的比例是相当高的。在学历方面，通过多种形式的培训，中小学教师的学历有了大幅度的提高。[1] 周颖华和安海燕认为，目前在农村中小学教师队伍学历层次中，第二学历和后续学历比重大，而且普遍存在学历与专业不符的情况，教师的学历层次存在拥有实质不达标、未提高的问题。在职补偿学历教育中，存在学非所用、学非所教的问题。[2] 周玲、徐燕、田慧生等人的研究发现当今农村教师的第一学历合格率偏低，许多教师是通过各种渠道获得大专或本科学历的，但事实上并没有真正接受正规的大专或本科的教育，文凭学历水分多。"在我们的调研中，还发现了诸如'二次专科学历'、'三次专科学历'、'二次中专学历'、'三次中专学历'的提法，是指第一学历为中专或以下的教师通过若干次的进修方式取得学历。"[3]

司晓宏、金东海、陈富、杨公安、杨春萍等人通过历时研究发现，近年来西部地区本科及以上学历教师的比例有了大幅度提高，但还有相当一部分教师学历没有达标，农村教师学历结构问题依然突出。司晓宏教授特别通过比较统计计算指出，2008年东部地区小学专任教师学历高于标准学历的比例为77.22%，西部地区仅为71.50%，相差5.72个百分点。[4] 金东海等人的调查发现，2008年西北农村地区具有本科及本科以上学历的初中教师比例仅为42.16%，低于2007年国家水平（47.30%）5.14个百分点。[5] 从总体上来看，

---

[1] 彭贤智、高智军：《教师队伍建设是发展农村基础教育的基石——对河北省农村中小学教师队伍建设的调查研究》，《河北师范大学学报》（教育科学版）2009年第11期。

[2] 周颖华、安海燕：《农村中小学教师队伍建设要从根源抓起——兼论我国农村基础教育教师专项政策》，《现代教育科学》2011年第8期。

[3] 于伟、张力跃、李伯玲：《我国欠发达地区农村教师队伍建设中的结构性困境与破解》，《教育研究》2007年第3期。

[4] 司晓宏、杨令平：《当前我国西部地区农村义务教育形势分析》，《教育研究》2010年第8期。

[5] 金东海：《西北民族地区农村义务教育阶段学校教师资源配置效率现状调查》，《当代教育与文化》2010年第2期。

虽然西北地区教师的学历较以前有了很大的提高,但还有相当一部分教师的学历没有达标,这样势必会影响到西北地区教育的健康快速发展。

从上述学者的研究中我们可以看出,农村教师在学历方面存在的问题如下:(1)农村教师第一学历合格率普遍偏低;(2)最终学历的水分偏多,学历与能力不符;(3)当今农村教师学历水平比以前有了明显的提高。

对于学历结构不合理的原因,杨春萍、杨公安等人认为,城乡二元社会结构是导致我国西部农村地区教师学历结构不合理的根本原因。[①] 管培俊认为,为了学历达标,有些教师进修的文凭与自身所教的学科不符,教师学非所用,造成文凭贬值。还有一些教师的合格文凭来自培训,培训的时间一般不会太长,加上教师的工作比较繁忙,容易使培训过程流于形式,不能深入进行,致使教师学历不合格。[②]

面对当前西部农村中小学教师学历不合格问题,刘善槐认为,提高农村教师学历水平需进一步完善培训体系,创新发展模式。[③] 田慧生等人指出教师培训对教师素养提升的重要性,认为必须要加强农村教师的培训工作,提升农村教师的教育理论知识与实践性知识水平,只有通过有效培训等手段才能够提高农村教师的个人素质,有利于农村教师在教育教学当中更好地发挥自己的潜力。[④] 孙德冲、周晔建议提高教师资格标准,严格监管在职教师学历教育的质量。[⑤]

此外,解决教师学历与能力的问题,应从源头上对教师准入把关。李怀珍、安莉娟认为:"严格入门条件是把好教师队伍入口关的前提,不能单看是否是师范院校的毕业生,或是否是在编的公、民办

---

① 王安全:《一个西部县农村教师结构五十年的变迁》,博士学位论文,陕西师范大学,2012 年。

② 管培俊:《教师教育的春天和我们的使命》,《北京教育学院学报》2009 年第 4 期。

③ 刘善槐、王爽、武芳:《我国农村小规模学校教师队伍建设研究》,《教育研究》2017 年第 9 期。

④ 田慧生:《关于农村教师队伍建设问题的思考》,《教育研究》2003 年第 8 期。

⑤ 孙德冲、周晔:《西北农村中小学教师队伍结构现状、问题与对策研究——基于甘肃省 C 县的调研》,《教育导刊》2015 年第 7 期。

教师，要避免凡是师范院校毕业生、凡是在教师岗位上工作的就认定为教师的'一刀切'的做法。是否具有教师资格，应通过考试，看其是否具备相应的师德师风、专业知识和教育教学能力。"[1]

(四) 职务与职称结构

教师职称结构在一定程度上反映了教师队伍的学识水平和胜任教育教学工作的能力层次，也是衡量学科层次和人才培养层次的重要制度。

从职称结构看，我国农村中小学教师职称结构总体呈现上小下大、高职称教师短缺的特点。彭贤智认为，农村教师职称结构不合理——高级职称教师比例偏低；且存在职称年龄结构上的不合理——高级职称多为老年教师，中级职称多为中老年教师，初级职称多为青年教师。[2] 谢培松分析中部农村地区还存在将高职称的小学教师拔高为初中教师和将高职称的初中教师拔高为高中教师的"层层拔高"的做法。这样既造成了初中和高中教师整体素质下滑，对小学教育更是釜底抽薪。[3]

陈富认为西北地区教师职称整体偏低，尤其是具有高职称的中学教师数量少之又少。低职称教师比例过高，会对提高教师队伍质量产生不利影响。[4] 胡晨阳发现在农村基层教师队伍中，无特殊情况下，职称基本靠工作年限来决定，越老的教师越有可能获得更高的职称，论资排辈现象严重，严重影响年轻教师的发展空间。[5]

此外，东西部教师职称结构也有很大差异，2010年义务教育均

---

[1] 李怀珍、安莉娟:《代课教师现象与农村教师队伍建设》,《基础教育参考》2004年第9期。

[2] 彭贤智、高智军:《教师队伍建设是发展农村基础教育的基石——对河北省农村中小学教师队伍建设的调查研究》,《河北师范大学学报》(教育科学版) 2009年第11期。

[3] 谢培松:《我国中部农村地区中小学教师队伍的结构分析》,《哈尔滨学院学报》2006年第5期。

[4] 陈富:《西北地区中小学教师队伍结构与质量变化调查研究》,《基础教育研究》2009年第8期。

[5] 胡晨阳:《农村基层小学教师队伍建设的现状、问题及对策研究——以聊城市为例》,硕士学位论文,聊城大学,2017年。

衡发展报告中指出:"中高级职称教师比例从东部到中部再到西部越来越低。东部地区小学和初中中高级职称教师比例分别为62.82%和62.60%,西部地区小学和初中分别为42.97%和47.08%。东部地区小学中高级职称教师比例比西部高近20个百分点,东部地区初中中高级职称教师比例比西部高约15个百分点。"[1]

从已有的研究可以发现,农村教师职称结构方面存在的问题主要有:(1)农村中小学教师职称普遍偏低,中高级职称教师比例不高;(2)存在层层拔高任教的现象;(3)东西部教师中中高级职称比例差距很大,农村教师亦是如此。

彭贤智认为,农村高级职称教师少,"究其原因:一是教师评完中级职称就设法离开条件艰苦的学校,二是由于职称评定名额有限,导致一些教师不能顺利晋级"[2]。朱俊杰认为,造成中小学教师职务比例偏低的根本原因是职务限额指标少。首次职务聘任普遍采用指标控制、下达、块块控制[3]的办法。中小学,特别是农村学校处于指标分配过程的最末端,能得到的高、中级职务指标已所剩无几。而造成农村中小学教师职务比例偏低的根本原因是职务限额指标少。[4]

周颖华等学者认为职称评定艰难,主要是因为指标少,硬性条件与学校办学条件不符,如科研成果方面,很多农村学校没有期刊、缺少资料又很少与外界交流,教师在研究申请、成果发表方面均处于劣势;加之职称评定中的不公平、权钱交易、权权交易的存在,使落后地区农村教师职称晋升难上加难。[5]

面对农村教师职务结构不合理,在教师职务身份管理方面,魏晓

---

[1] 中央教育科学研究所教育督导评估研究中心:《义务教育均衡发展报告》,教育科学出版社2012年版。

[2] 彭贤智、高智军:《教师队伍建设是发展农村基础教育的基石——对河北省农村中小学教师队伍建设的调查研究》,《河北师范大学学报》(教育科学版)2009年第11期。

[3] 即职位聘任按地区调控。

[4] 王安全:《一个西部县农村教师结构五十年的变迁》,博士学位论文,陕西师范大学,2012年。

[5] 周颖华、安海燕:《农村中小学教师队伍建设要从根源抓起——兼论我国农村基础教育教师专项政策》,《现代教育科学》2011年第8期。

军提出:"要评聘合一,教师管理实现从身份管理向岗位管理转变。(1)把教师职务评聘的权力交给教育行政部门和学校,克服过去'评''聘'主体之间相互脱节的弊端,能进一步理顺管理体制,落实学校用人自主权。(2)在公开、公平、竞争、择优的原则之下,注重考核教师的师德水平、专业素质、工作能力、业绩成果等现实表现,符合人才成长规律,有利于优秀人才脱颖而出。(3)实现从身份管理向岗位管理转变,能进一步优化资源配置,促进教育质量和效益的提高。"①

刘善愧建议中高级职称应进一步向小规模学校倾斜,同时增加梯度,使不同年龄段的教师均有晋升空间,激发教师发展潜力。② 张希亮提议改革现行的中小学教师职称评聘制度,如按时评审、按岗聘用、对农村中小学教师优先聘任等。③

胡晨阳认为,应当探寻符合农村当地情况的教师专业技术职务评聘考核制度,以达到更好发展当地农村基层小学教育的目的;同时,应向农村基层倾斜,增加职称评定名额的数量,以达到平衡教育资源,满足农村基层教育发展的需要,这有利于吸引优秀教师扎根农村基层教育,改善农村基层小学教师职称结构,对农村基层小学教师队伍的建设作出贡献。④ 同时,王鹏主张通过加大教育投入,建立倾斜农村的教师人事管理制度来逐步优化其组织结构。⑤

(五)学科(专业)结构

学科结构是指教师群体所掌握的学科专业知识的构成情况,包括

---

① 魏晓军:《河北省中小学教师队伍结构及相关问题研究》,硕士学位论文,河北师范大学,2007年。
② 刘善愧、王爽、武芳:《我国农村小规模学校教师队伍建设研究》,《教育研究》2017年第9期。
③ 张希亮:《加强西北农村教师队伍建设策略探讨》,《湖南第一师范学院学报》2014年第14期。
④ 胡晨阳:《农村基层小学教师队伍建设的现状、问题及对策研究——以聊城市为例》,硕士学位论文,聊城大学,2017年。
⑤ 王鹏:《欠发达地区教师队伍建设问题研究》,硕士学位论文,沈阳师范大学,2011年。

教师所掌握的各种知识之间的比例、相互关系、相互作用及由此形成的整体功能。

从学科结构看，各地普遍存在教师学科结构不合理现象。郑新蓉和武晓伟研究认为，农村教师存在总量不足，结构性学科教师短缺的问题，尤其是在村小教学点，一人上多门课程的现象非常普遍。有的农村教师还有自留田，这造成农村教师压力过大，工作强度高，无进修培训机会，知识闭塞，不利于乡村学校和乡村教师的发展。[①] 梁东奇、付文杰等人从学科类别角度研究，认为数理化教师偏多，相对富余，英语、音乐等专业教师数量严重不足，小学学科结构性缺编现象十分严重。谢培松、肖正德等人发现，现在最为紧缺的是英语、计算机、音乐、美术、体育、科技活动等学科的教师，目前小学英语和信息技术课的教学情况堪忧。绝大多数英语教师没有经过系统的专业训练，不少英语教师发音错误，有的甚至连英文字母都读不准，加上教学设备简陋，英语教学很大限度上是"以讹传讹"。信息技术课也同样缺乏专业教师，基本上处于"有课无教师上"的境况。[②]

此外，孙刚成、乔刚通过调查认为，西部农村地区教师存在着教育学科知识不够、通识类知识欠缺、实践性知识不完备和信息技术知识匮乏等问题，致使这些教师的教育理念滞后，教学方法不得当，教学效果不够好。陶西平、袁振国发现，西部农村地区音乐、体育、美术、信息技术教师严重不足。在学科结构不合理的学校，音乐、美术、信息技术课程只能由其他学科教师代上。在经济教育发展较为落后的藏、维语等地区还缺乏合格的双语教师（即同时通晓汉语和藏维语的教师），影响双语教学的实施。[③]

我们可以发现，当今农村教师学科结构方面存在的问题主要是

[①] 郑新蓉、武晓伟：《我国农村教师队伍建设与支持性政策的思考》，《河北师范大学学报》（教育科学版）2014年第1期。

[②] 付文杰：《欠发达地区农村义务教育教师队伍结构性矛盾及解决对策》，《宜春学院学报》2009年第5期。

[③] 王安全：《一个西部县农村教师结构五十年的变迁》，博士学位论文，陕西师范大学，2012年。

音、体、美等专业教师严重缺乏，教非所学、学非所教的现象普遍存在。

胡晨阳认为，农村基层教师队伍结构学科分配不合理和专业不对口的现象，究其根源在教师招聘考试中没有进行合理的、有目的的规划，加上教育系统内部教师流动机制不合理。此外，还有农村落后的教学条件和较为恶劣的教学环境，低廉的薪酬和不便的交通，这些都阻碍了优秀的高校毕业生前来任职。[1]

音乐、信息技术等学科教师专业性强，培养成本高，毕业生数量相对较少。而体育学科教师的缺少与体育学科的特殊性有关，由此也可以看出农村基层小学学校对于体育课的不重视，学校领导普遍认为体育课没有什么专业门槛，一般教师就可以开展教育教学活动，此外，高等院校体育类毕业生一般有更好的就业渠道，不愿从事较为艰苦的农村基层教育教学活动，加之农村基层小学尤其是教学点普遍缺乏体育器材，或对体育器材没有有效的管理和保存，导致这些学校体育课的专业教育教学活动往往难以行之有效地开展。[2]

针对以上专业学科问题，孙德冲、周晔认为，当地教育部门要为农村学校大力引进英语、音乐等学科的教师，可以对其给予一定的政策倾斜，如在职称评定等方面给予一定的优惠。[3] 刘善槐等学者建议制定符合人力资源市场定价的稀缺教师补助标准。音、体、美等学科教师专业性强、毕业生数量相对偏少、培养成本高，这类学科教师的市场定价一般要高于语文、数学等学科。因此，学校不能按照"一刀切"的待遇标准，应为这类学科教师制定有竞争力的补助标准，从而提高岗位吸引力。[4]

---

[1] 胡晨阳：《农村基层小学教师队伍建设的现状、问题及对策研究——以聊城市为例》，硕士学位论文，聊城大学，2017年。

[2] 董志伟：《农村教师队伍建设存在的问题及其对策》，《河北师范大学学院》（教育科学版）2009年第4期。

[3] 孙德冲、周晔：《西北农村中小学教师队伍结构现状、问题与对策研究——基于甘肃省C县的调研》，《教育导刊》2015年第7期。

[4] 刘善槐、王爽、武芳：《我国农村小规模学校教师队伍建设研究》，《教育研究》2017年第9期。

此外，有关专家建议通过有计划地对岗位编制进行分配，达到对开设科目种类及教育教学资源的有效利用和引导。过去招聘时，重点关注数学、语文和英语教师的引进，对素质教育科目教师的招聘很少，今后要加以补充，还要构建职前培养、职后培训一体化的开放式教育体系，促进农村教师的专业成长。王鹏认为，今后的各种继续教育的培训，都应该强调教育教学的研究性实践，而非围绕书面知识的理论考试。对于教师的继续教育培训，应该从教师专业发展的角度，强调其"教学研究"能力，培养立足于专业教学的"研究型教师"，并从人事制度和教师评价制度、学校评价制度的环节予以保障。[1]

（六）来源结构

从师资队伍的来源上看，陈富发现西北地区教师的来源主要集中在同一个乡镇或同一个县城，缺乏教师来源的多样性。这样难以突破固定地域对教师思想观念上的限制，严重影响教师在观念上的变革和在教学行为上的转变。来自其他省份的教师比例少，很不利于教师团队的健康成长和教师质量的提高。[2] 谷生华通过对2000年、2004年和2007年三个年份甘肃省教师来源结构的统计分析，发现西北地区教师来源主要集中在同一个乡镇或同一个县城，缺乏教师来源的多样性。并认为这样难以突破固定地域对教师思想观念的限制，严重影响教师教育思想观念变革及其教学行为转变。[3] 刘善槐等学者认为，农村小规模学校教师主要来源于本乡本土（外省的少），且教师多来源于低社会资本家庭，主要体现在父母文化程度和父母职业两个方面。

据此，我们可以发现，西北农村教师队伍来源方面存在的主要问题是本土化严重，教师来源单一。农村教师队伍来源单一有多方面的原因，郑新蓉、武晓伟认为自20世纪90年代三级师范转型两级师

---

[1] 王鹏：《欠发达地区教师队伍建设问题研究》，硕士学位论文，沈阳师范大学，2011年。

[2] 陈富：《西北地区中小学教师队伍结构与质量变化调查研究》，《基础教育研究》2009年第8期。

[3] 谷生华：《西部农村地区基础教育教师队伍现状调查》，《重庆教育学院学报》2004年第4期。

范，以及取消工作分配制以来，其实已经减少了农村学校教师聘任来源。① 一部分研究者如常宝宁、吕国光等学者认为，西部农村地区教师队伍结构不合理的深层次原因是教师流失情况严重，而导致农村教师流失的因素是多样的，其中最根本的原因是教师的职业倦怠，主要因素是教师的自身因素、工作压力和教师的职业情感。

孙德冲和周晔认为，"（1）很多人安于本乡本土，不愿轻易迁移，在教师招考时，会尽量报考自己区县内的教师岗位，有优势的人会留在县城，其他人则去往乡村。（2）农村生活条件艰苦，师资待遇低。城市或经济条件较好地区的教师不愿去农村教书。（3）教师交流制度不完善，农村教师队伍流动性差。一个农村教师往往要在一个学校教一辈子书。这些原因造成90%以上的农村教师来自同一个县，使教师队伍来源单一"②。

另外，据调研了解，在一些经济不发达的地区，不少农村家庭出于节约教育成本和工作稳定性的考虑，倾向于让子女报考地方定向师范。

针对西北农村教师来源单一问题，探索多元化的教师补充机制已经成为一种必然趋势。徐时辉等人提出："一要充分利用政策导向，建立健全人才流动模式；要打破户籍和地域的限制，实现优秀教育人才的跨区域有序流动。二要健全城乡教师交流任教制度。"徐燕提出，针对教师职业规划发展方面，应"成立教师交流中心，对现行教师管理实行'区域制'，促进中心城区、乡镇等一定范围内的师资均衡。打破学校或乡镇界限，教师实行无校籍管理，由区域内教师交流中心统一调配，合理流动，按学校需要配置"③。

（七）学缘结构

狭义的"学缘结构"是指教师中本校毕业生与外校毕业生之间的

---

① 郑新蓉、武晓伟：《我国农村教师队伍建设与支持性政策的思考》，《河北师范大学学报》（教育科学版）2014年第1期。

② 孙德冲、周晔：《西北农村中小学教师队伍结构现状、问题与对策研究——基于甘肃省C县的调研》，《教育导刊》2015年第7期。

③ 徐燕：《荆州市农村中小学教师队伍建设研究》，硕士学位论文，长江大学，2012年。

比例。一支高水平、高竞争力的师资队伍必须具备足够数量学术造诣较高的高层次教师，同时又必须具有合理的教师结构。[①] 张广义、赵家发认为，"学缘结构中的学历来源和学缘层次等，都对其以后的专业性成长和发展产生直接作用。学缘结构的丰富性和国际化有利于形成多种思想汇聚交叉的局面。学缘结构的高层次有利于教师接近学术前沿，优化创新氛围、激发创新活力"[②]。

但是，目前关于学缘的研究大多是教师队伍学缘结构的研究，还没有关于农村中小学教师队伍的学缘研究。因此，在以后的学术研究中需要对这方面多加关注。

综上所述，关于西北农村地区教师结构问题，已有研究认为，教师来源、年龄、职称、学历以及学科等结构在不同方面有不同特点，但总体上来看，各方面都具有源结构单一、年龄老化、学科失衡、学历不高、职称上高职称少、低职称多等问题。关于教师结构不合理的原因，综合已有研究我们认为，主要有政策制度因素、经济因素、自然环境因素。也有一部分研究者认为，西部农村地区教师队伍结构不合理的深层次原因是教师流失情况严重，最根本的原因是教师的职业倦怠。

二 农村教师队伍建设政策研究

（一）农村教师队伍建设的总体政策研究

关于农村教师队伍建设政策的研究主要集中在对政策成效的研究，政策制定和执行中存在的问题研究，以及政策制定的可取经验和需改进之处这三方面。

1. 农村教师队伍建设总体政策成效的研究

20世纪90年代以来，我国实施的一系列关于农村教师队伍建设的政策，改善了农村中小学办学条件，在农村中小学的发展方面发挥

[①] 成霞霞：《优化学缘结构，提升学术生产力》，《岳阳职业技术学院学报》2013年第3期。

[②] 张广义、赵家发：《教师队伍学缘结构探析》，《河北农业大学学报》（农林教育版）2003年第12期。

了重要的作用，这体现了国家支持农村教育政策的连续性和阶段性，强化了支持农村教育的政策导向。① 这些政策的实施，促进了农村中小学"保运转"目标的实现、满足了农村孩子"有学上"的基本需求。以往我国针对农村中小学教师队伍建设的重点多在"数量补充"，也有为数不多的以"提高质量"为目的的政策发布，但是以上这些政策的实施，既体现了对农村中小学教师队伍的"数量补充"，也涉及农村学校师资的"素质提高"这一关键问题，创设了支持农村教师队伍建设的新方式，体现了鲜明的政策创新。② 以上政策的实施，产生了积极的正外部效应，推进了农村教育与经济社会的一体化发展。③ 这一系列支持农村教师队伍建设政策的实施，在广大的农村中小学及农村地区产生了积极的反响，"以城带乡"的发展战略由此得到进一步落实，系列"支持农村教育"政策的实施，有利于缩小教育的阶层差距，保障教育公平，进而促进社会公平。

2. 农村教师队伍建设总体政策的问题研究

中共中央国务院、教育部针对农村教育问题出台的系列农村教育改革政策成效明显，但也存在一些问题，既有政策本身的问题，也有实施的问题。

范立华认为，对弱势群体、农民工教育、地区教育均衡发展都缺乏明确的强制支持政策；对于教育发展，没有从整个资源分配的角度分析教育贫困问题，教育在社会资源的分配中处于弱势。④ 现有政策的支持力度，政策制定的不公平问题，是当前农村教师队伍建设政策的最大、最严重的问题。近几年，农村教育的蓬勃发展，受到了社会各界的极大关注，也从一定程度上弥补了农村地区社会发展的不足。但事实上，政策实施的不平衡问题依然突出。虽然支持农村教育发展

---

① 邵泽斌：《新世纪国家对农村教师队伍建设的特别性支持政策：成效、问题与建议》，《南京师大学报》（社会科学版）2010年第5期。
② 同上。
③ 同上。
④ 范立华、安迎春：《当代农村教育政策的再省察》，《甘肃联合大学学报》（社会科学版）2008年第6期。

已成为全社会的共识，但在全国范围内，支持农村教育发展的政策实施还存在不平衡的现象。① 张乐天所指的"不平衡"，包括三个方面。一是国家层面支持的不平衡，即中央财政对农村义务教育经费的支持是否真正公平公正值得怀疑。二是各省间支持的不平衡，他表示，时至今日，各省市之间农村义务教育阶段生均教育经费和生均预算内公用经费的差异可以充分说明，各省对农村教育支持的力度依然存有差异。三是省内支持的不平衡，即省内不同地市对本地农村教育发展的支持也存在一定差异。

政策缺乏连贯性与统一性是当前农村教师队伍建设政策的一大弊端。邵泽斌指出，支持和发展农村教育的长效机制尚未形成，以"项目"和"工程"为实施方式的支持政策需要反思和完善。② 范立华对此表示赞同，他认为，中央财政支持主要是以工程项目的形式对教育硬件设施的投入，具有阶段性和单元投入的特点。③ 我们都有共同的感受：每次国务院、教育部召开相关会议后，在一段时间内会有较快发展，较大进步，之后政府依旧会忽视农村教育，从整体上看，对农村教育的政策支持还存在缺失之处，亟待一种系统化整合式的教育政策。

在政策的执行过程中，执行与制定目标间存在差距，缺乏有效的监督与管理，这使农村教师队伍建设政策的效果大打折扣。在政策实施的组织与管理方面，时至今日，一些部门、企业和地方领导对开展农村教师队伍建设还认识不足，国家在教育发展中，对农村教育运行机制缺乏调整，具有运动办学的特点，地方政府对农村教育发展被动应付的情况较为普遍。专项拨款过程中间环节多，截留、克扣、挪用现象相当普遍，没有明确对地方领导考核中的"教育绩效"④。在组

---

① 张乐天：《我国农村教育政策30年的演进与变迁》，《南京师大学报》（社会科学版）2008年第6期。
② 邵泽斌：《新世纪国家对农村教师队伍建设的特别性支持政策：成效、问题与建议》，《南京师大学报》（社会科学版）2010年第5期。
③ 范立华、安迎春：《当代农村教育政策的再省察》，《甘肃联合大学学报》（社会科学版）2008年第6期。
④ 同上。

织管理方面，尚未形成较为完善的管理体制和运行机制。在政策措施方面，缺乏相应立法和规划的实施细则，对培训工作缺乏相应的指导、协调和监督。在管理运行方面，尚未形成政府统筹、社会有关方面参与、分工协作、齐抓共管的领导管理体制和服务运行机制。面对农村教师队伍建设存在的问题，如何有效地组织与管理，不折不扣地落实政策，是一个极大的挑战。

不难发现，各地体制没有明确的权责观念，地方与中央权责模糊、互相推诿的现象时有发生。在机构建设方面，农村基层单位和企业普遍缺乏相应管理机构的支撑；一些地方和部门职能不清、多头管理、协调不力的现象依然存在。[1] 各地级政府对义务教育经费承担比例不明确，无法可依。关于中央和地方各级政府对义务教育经费的投入比例，我国既没有从政策上也没有从法律上做出明确规定，致使各级财政投入责任模糊。[2] 分级财政体制并没有明确和强化地方政府责任，地方与中央不协调。[3] 由于举办农村教育的实际负担在地方，地方政府在选择资金投向时，过多地考虑经济利益，对中央政策的宣传多于落实。如国务院办公厅《关于完善农村义务教育管理体制的通知》规定："省级人民政府要统筹安排解决财力困难县农村中小学教职工工资的发放问题，并实行省长（主席、市长）负责制。""根据各县财力状况和保障力度，增加工资性转移支付资金。安排使用中央下达的一般性转移支付和工资性转移支付资金，省、地（市）级不留用，全部补助到县，对所属各县也不能平均分配，主要补助财力困难而自身保障力度大的县用于工资发放，并在年初将转移支付资金指标下达到县。财力较好的地（市）级人民政府也要安排相应的工资性转移支付资金。通过上述资金统筹安排，确保国家统一规定的农村

---

[1] 张乐天：《农村教育发展的支持政策：成效与问题》，《教育发展研究》2008 年第 11 期。

[2] 邬志辉、秦玉友：《中国农村教育发展报告 2015》，北京师范大学出版社 2016 年版。

[3] 范立华、安迎春：《当代农村教育政策的再省察》，《甘肃联合大学学报》（社会科学版）2008 年第 6 期。

中小学教职工工资按时足额发放，不再发生新的拖欠。"但这些规定的执行并不理想，在中央的压力下，地方政府虽然加大了对农村教育的规范管理和相应投入，但在农村税费改革的条件下，地方政府在"提高办学效益、扩大办学规模"的口号下，采取的收缩战略，对农村教育的总体投入不是增加而是减少，挤占、挪用教育资源情况仍然突出。

另外，邵泽斌认为，当前的教师政策仍然以外部援助为主，这在一定程度上影响着农村教师队伍建设内生机制的生成。[①]

3. 改善农村教师队伍建设总体政策的对策研究

在确立国家教育发展的政策目标中，始终把农村教育发展作为国家教育发展的重要追求，作为国家教育发展的重要政策指向，确立农村教育为农村经济建设和社会发展服务的政策导向。我们可以清晰地认识到中华人民共和国成立以来我国是如何将农村教育发展列为国家教育发展的重要政策目标及重要的政策地位的，由此也使农村教育发展有了一以贯之的政策保障与政策支持。因此，必要的情况下，可以实施特别的支持性政策，促进贫困农村地区和欠发达农村地区义务教育的发展。[②]针对不同时期农村教育发展中的突出问题与矛盾，应制定专项政策，启动专项工程，采取专项行动，以适时地破解难题，促进农村教育的发展。

根据以往政策我们发现，以独具特色的师范教育制度设计和大力发展师范教育以为农村中小学培养与培训合格师资是必然的选择。[③]随着师范教育向教师教育的转型，我国新型的教师教育机构也在继续加强对农村教师的培养与培训，不断提高农村中小学教师的合格标准与水平。我国师范教育的制度设计与制度变革，在很大程度上，是为了更好地服务于农村基础教育发展，由此也可以视为发展农村教育的

---

① 邵泽斌：《新世纪国家对农村教师队伍建设的特别性支持政策：成效、问题与建议》，《南京师大学报》（社会科学版）2010年第5期。

② 张乐天：《农村教育发展的支持政策：成效与问题》，《教育发展研究》2008年第11期。

③ 同上。

一种重要的政策经验。结合农村实际,以开放性的政策安排保障农村教师的供给,并以支持性的政策巩固和加强农村中小学教师队伍建设。在加强农村教师队伍建设上,我国还特别实施了种种支持性政策,这也是重要的经验,可以在今后接续发扬。

与时俱进地变革与创新农村教育政策,以科学发展观引领与推进农村教育的新发展是农村教育发展的方向。将农村教育发展支持政策的重心定位于提高农村教育质量,要实现义务教育的质量公平,需要实施完善的支持政策,以推进农村学校的教育教学改革和课程改革。[①]

(二)农村教师队伍建设的专项(单个)政策及其研究

针对目前农村教师队伍建设中存在的质量不高、数量不足、待遇偏低、教师补充难等问题,通过国家关于农村教师专项政策,如"特岗计划""免费师范生政策"等,保证农村教育教师得到充分的补充;通过"省培""国培计划"等措施促进教师的专业发展,为落后的农村教育注入源头活水,夯实农村教师队伍建设工作,实现促进农村教育发展的目的。

当前有关农村教师队伍建设的有关政策可以分为两大类:以输入优质师资为主的教师政策和以提升现有队伍质量为主的教师政策。

第一类主要包括五个方面的政策:第一,高校毕业生到农村服务项目。主要包括2003年人力资源和社会保障部组织的"高校毕业生到农村基层从事支教、支农、支医和扶贫工作(以下简称"'三支一扶'计划")和2006年共青团中央组织的"大学生志愿服务西部计划"等项目。第二,农村学校教育硕士师资培养计划(以下简称"硕师计划")。自2004年起,国家实施"农村学校教育硕士师资培养计划",主要通过实行推荐免试攻读教育硕士研究生等优惠政策,鼓励吸引优秀的大学应届本科毕业生到国家和省级贫困县的农村学校任教。第三,农村教师"特岗"计划。自2006年起,国家多部门联合启动实施"农村义务教育阶段学校教师特设岗位计划",通过中央

[①] 张乐天:《农村教育发展的支持政策:成效与问题》,《教育发展研究》2008年第11期。

财政予以特殊支持，在西部"两基"攻坚县农村学校设立教师岗位，公开招聘高校毕业生到校任教。第四，城镇教师支援农村教育工作。2006年2月，《教育部关于大力推进城镇教师支援农村教育工作的意见》强调："城镇中小学教师晋升高级教师职务以及参评优秀教师和特级教师应有到农村任一年以上的经历。"第五，引导毕业生到农村任教的师范生免费政策。2007年5月，国务院办公厅转发了教育部等部门关于《教育部直属师范大学师范生免费教育实施办法（试行）》的通知，决定从当年秋季入学的新生起，在北京师范大学、华东师范大学、华中师范大学、东北师范大学、陕西师范大学和西南大学这六所教育部直属师范大学实行师范生免费教育。

第二类主要包括四个方面的政策：第一，农村中小学教师系列培训计划。国家通过"对口支援、送培到省、远程教育"等方式，大规模培训农村教师。如2006年，教育部组织实施的"万名农村中小学教师国家级远程培训计划"。2007年教育部组织实施"援藏"和"援疆"培训、"西部农村中小学教师国家级远程培训计划"等项目。2008年，国家相继实施"中小学教师国家级培训计划""中西部农村义务教育学校教师远程培训计划""中小学班主任专项培训计划""中西部地区中小学骨干教师培训项目"等。第二，义务教育学校岗位设置改革。2007年5月，原人事部和教育部联合印发《关于义务教育学校岗位设置的指导意见文件》。该文件规定："优秀教师在薄弱学校或农村学校聘任到高一级岗位的机会相对更多一些，以及对农村教师适当放宽评审条件。"第三，义务教育学校绩效工资制度。2008年12月，国务院办公厅发布《关于义务教育学校实施绩效工资的指导意见》强调："依法保障和改善义务教育教师特别是中西部地区农村义务教育教师的工资待遇，提高教师地位，吸引和鼓励各类优秀人才长期从教、终身从教。"第四，农村学校编制改革。2009年3月，中央编办等部门下发《关于进一步落实〈国务院办公厅转发中央编办、教育部、财政部关于制定中小学教职工编制标准意见的通知〉有关问题的通知》；2009年4月，教育部下发《关于进一步做好中小学教师补充工作的通知》。该通知明确规定，应参照县镇标准核定农村中小学教职工编制,对农村寄宿制学校及山区、湖区、海岛、牧区、教学点较多地区的中小学适当增加编制。

近年来,农村教师队伍建设的专项政策总体进展顺利,在一定程度上优化了农村教师的队伍结构,并有效提升了农村教育质量,对农村教育发展起到了积极的促进作用。众多专项政策的效果不言而明,但是在执行过程中也出现了诸多问题。例如周晔在《"特岗教师"政策的现实困境与出路》中提到,"特岗教师"的工资不能及时到位,县城中小学对于"特岗教师"的截留,"特岗教师"教非所学的现象以及"特岗教师"聘期结束后的去留问题①实在是不容忽视。马雪莲在其硕士论文中研究了以"三支一扶"为例的专项政策存在的问题,她认为"三支一扶"政策本身缺乏长远规划、对"三支一扶"人员的定位、管理制度不健全、存在政策壁垒,政策执行者存在认知缺陷、自身素质不高、执行出现偏差,目标群体对该政策认同度不高、工作能力不足,以及政策执行环境不优等问题亟待解决。②关于免费师范生政策的研究很多,存在的问题主要有以下几点:第一,招生形式单一,缺乏全面素质考核。目前,尽管出现部分自主招生,但免费师范生招生录取依据仍然主要是高考成绩,选拔标准较单一。第二,培养目标与学校办学目标冲突,培养动力有待提升。第三,就业模式有违公平,且无力激励免费师范毕业生就职农村学校。③"硕师计划"是通过推荐免试攻读教育硕士,鼓励和吸引优秀大学毕业生服务农村教育事业的重要途径,然而城乡的现实差距以及农村教育的复杂性,致使"硕师计划"在实施过程中出现了一些问题。比如存在农村教育硕士招生难、相关单位积极性不高、政策执行不力、农硕生培养质量难保证、农硕生流失严重等问题。④

---

① 周晔:《"特岗教师"政策的现实困境与出路》,《教育发展研究》2009年第22期。
② 马雪莲:《基层政府"三支一扶"政策执行研究》,硕士学位论文,中央民族大学,2016年。
③ 张翔:《师范生免费教育政策的十年回顾与展望》,《国家教育行政学院学报》2017年第8期。
④ 杨大鹏:《"硕师计划"实施现状的调查与分析》,硕士学位论文,辽宁师范大学,2013年。

(三) 农村教师队伍具体问题的政策研究

1. 农村教师队伍存在问题的政策原因研究

学者们在对我国广大农村地区的教师队伍建设中存在的问题进行研究考察时，注意到要对这些问题背后的政策原因进行分析研究。有学者认为存在以下原因：第一，农村义务教育经费分担以县为主，重心偏低，[①] 农村地区居民收入水平低，财产微薄，营业税、个人所得税等地方税源稀少，县级政府无法获得稳定税收收入，致使地方财政困难，难以满足义务教育经费的巨大需求，义务教育经费总量严重不足。农村教师工资、福利待遇在"以县为主"的财政投入机制下自然是难以切实保障的。第二，缺乏强有力的保障农村中小学教师队伍建设的督查措施。[②] 一方面，政策制定的不完善会造成执行时的"政策折扣"，政策制定会因资源和方式手段的可能性考虑不足而缺少操作性；另一方面，相关的具体工作缺乏明确的操作措施和实施责任主体，也没有部门或机构监督落实，于是就导致现实中政策执行的随意性。第三，教师的培训效果不佳。[③] 从近年的情况看，教师培训项目以及计划很多，但是培训的效果值得商榷。首先，培训的内容"一刀切"，缺乏针对性，而且大多为理论培训，实际结合得较少。其次，目前教师培训采用的形式主要是利用双休日和假期时间集中上课，这种"上大课"的形式显然不能吸引广大在职教师，也很难达到培训效果，从而影响教师素质的提高。最后，缺乏科学性的教育决策及配套制度的保障不足。[④] 某些决策的制定未能充分考虑我国义务教育和教师队伍的客观情况与实际需求，在实施过程中又缺乏具体可行的配套措施和制度保障，未

[①] 易海华、罗洁:《农村中小学教师待遇问题现实解读与改善——基于湖南20个县市区24所农村学校的调查分析》，《湖南社会科学》2013年第1期。

[②] 俞晓东、李明:《关于加快推进我市农村中小学教师队伍建设的政策建议》，《浙江教育科学》2014年第1期。

[③] 傅小丹、刘丽军:《欠发达地区农村义务教育教师队伍中存在的问题及对策》，《井冈山学院学报》2006年第6期。

[④] 庞丽娟、韩小雨:《我国农村义务教育教师队伍建设：问题及其破解》，《教育研究》2006年第9期。

能实现预期效果。

2. 解决农村教师队伍政策问题的对策研究

农村教师队伍的建设，不仅关乎教育规划纲要的落实，城乡教育一体化的进程，基础教育均衡化的纵深发展，更涉及政府职能的转变，公共财政的有效投入，社会正义与公平等重要社会议题。但是目前的现实情况，严重制约着农村教师队伍的发展。为促进农村教师队伍的健康持续发展，学者们探索出了一些针对性很强的对策，这些措施有利于提高农村教师队伍的整体素质，对于彰显农村教师的作用和地位意义重大。

首先，应建立健全教师工资、待遇和培训的财政投入保障机制。鉴于农村地区县级财力不足，建议建立义务教育教师工资、待遇的中央、省（市区）、县三级政府承担制度。[①] 要尽最大努力，确保农村教师工资能按时、足额发放到教师手中，尽快完善农村中小学教师的医疗、养老、失业保险和住房公积金等社会保障制度，同时，应建立相应的监督与审核机制，各级人大和监察、督导部门应切实负责对其相关预算及其执行情况的审查与监督，以切实保障对农村义务教育教师队伍建设的财政投入。

其次，加强农村教师培训制度建设，构建农村教师专业发展的支持体系[②]也是学者们呼声最高的解决措施。为了切实落实教育培训，教育管理者可以借鉴或创新教师培训方式。金素梅提出了如下构想：第一，要加强校本研究。按照学科组织读书会、教学沙龙、听评课等，形成校内教师群体之间互通互助、交流合作的学习研究共同体。第二，要广开培训途径，增强培训效果。在立足校本研究的基础上，扩大培训途径，采取灵活多样化的培训形式，实行全员培训与重点培训相结合，集中培训和分散培训相结合，分级分类培训的方式。第三，要通过"外引、内用、网络"三大途径，多角度、多途径整合

[①] 庞丽娟、韩小雨：《我国农村义务教育教师队伍建设：问题及其破解》，《教育研究》2006年第9期。

[②] 同上。

教师培训资源，为提高农村教师综合素质创建一个良好的支持性环境。"外引"校外专家、名师、骨干教师讲授、指导，"内用"校内骨干教师、优秀教师的典型示范课、教学诊断、教学观摩，充分发挥骨干教师的辐射、带动作用，"网络"主要指通过网络探索有价值的教育信息，解决新课程改革的实际问题。①

最后，应不断完善农村义务教育教师资源配置机制②，通过完善教师轮岗制，使城镇教师到农村支教或任教，农村教师到城市学习，师范生到农村实习、支教，高校毕业生支援农村。在总编制范围内统筹调配教师资源，根据各校实际需要调配教师，逐步淡化教师的单位角色，强化区域意识。③

综上，关于农村教师队伍结构问题的政策研究，可归纳为三类。一是从管理学角度、从宏观层面提出了教师队伍结构的优化方式，认为实行目标管理和"矩阵制式"结构是解决教师队伍结构的合理方式。二是提出了解决问题的总体思路，包括通过加大农村教育投入，建立倾斜农村的教师人事管理制度，以及改革农村教师的培养体制等途径来优化农村教师队伍结构。三是从教师群体某个具体结构层面提出了优化教师队伍结构的具体政策建议。

总的来说，已有相关研究对本研究有重要参考、借鉴价值。但已有研究仍存在如下不足：

（1）农村教师队伍结构包含的内容不全面，大多数研究只涉及了部分内容；

（2）缺少将西北农村地区教师队伍结构作为一个系统的研究；

（3）已有的政策研究大多较为零散，没有从教师政策体系角度出发的研究。

---

① 金素梅：《农村教师队伍建设面临的困境与思考》，《河南社会科学》2012年第10期。

② 张小霞：《欠发达地区农村义务教育师资队伍建设研究》，硕士学位论文，延安大学，2016年。

③ 温安玲：《教育均衡理念下农村教师队伍建设的问题与对策研究》，硕士学位论文，山东师范大学，2012年。

第三节 研究的意义、目的与内容

一 研究意义

在理论层面，本研究试图确立教师队伍结构中各类结构的理论关系，讨论教师不同方面政策之间的理论关系，将为教育政策和教师政策理论作出一定贡献。

在实践层面，本研究将提出成体系的破解西北农村地区教师队伍结构失衡问题的政策建议，能为各级政府和教育行政部门落实《教育规划纲要》和实现地方教育发展战略中关于教师队伍建设方面（如教师资格、准入、补充、培训、轮岗交流等）提供决策咨询与参考；对师范院校的师范生招生、培养制度改革提供参考价值；对西北农村地区中小学校提出优化教师队伍结构的建议。

二 研究目的

本研究研究目的包括：一是构建出西北农村地区中小学教师队伍结构标准体系；二是通过调查，全面呈现西北农村地区中小学教师队伍结构的现状，阐明其存在的问题；三是探讨并提出破解西北农村地区中小学教师队伍结构失衡的教师政策体系与政策建议。

三 研究内容

一是西北农村地区中小学教师队伍结构标准体系研究。借鉴已有关于教师队伍结构的理论研究，结合国家和地方教师队伍建设标准（指标）体系和教育发展指标体系，紧密联系西北农村地区中小学教师队伍特点和发展趋势，构建出西北农村地区中小学教师队伍结构标准（指标）体系。为本研究后续研究构建出理论框架。

二是西北农村地区中小学教师队伍结构现状及失衡问题研究。本研究根据已有相关研究所使用的工具，制定科学的研究工具，通过问卷调查、访谈等研究方法，力争全面地获取第一手资料，再用量化研究和质性研究相结合的方法对获取的数据和信息进行分析，力图全面呈现西北农村地区中小学教师队伍结构现状，分析其存在的具体问题。

三是破解西北农村地区中小学教师队伍结构失衡问题的教师政策体系研究。本研究将在对国家和各地已有的教师队伍建设政策进行系统研究的基础上，对相关人员进行访谈，借鉴国外解决农村教师队伍结构问题的政策，结合西北地区的实际情况，进而构建破解西北农村地区中小学教师队伍结构失衡的教师政策体系。

第四节 研究的理论依据

结构功能理论（structure functionalism）是社会学者涂尔干（Emile Durkheim）和斯宾塞（Herbert Spencer）在 19 世纪发起的，20 世纪两位最有影响力的人物是美国社会学家帕森斯（T. Parsons）和默顿（R. Merton），后来学者对帕森斯和默顿的理论进行了扩补。结构功能理论是关于事物要素之间的构成状况与事物整体功能状况之间的关系的理论，其主要观点如下。

第一，结构是事物的基本存在方式。人类科学发展史已经证明，事物都存在一定的结构，一定的事物和一定的结构是相互对应存在的，任何事物都以某一既定的结构得以形成、展现和得到整体性的自我存在，既没有无结构的事物，也没有无事物的结构。从动态角度看，结构的变化必然会引起事物的变化，事物的发展有赖于结构的优化。可见，事物与结构这个一一对应的关系是世界普遍的客观现象。

第二，结构分析是认识事物的根本途径。结构分析法是人类认识世界的基本方法之一。人类要取得对事物的全面性认识，就不能仅考察事物的表层现象，必须深入事物的内部。分析事物内部最常用的方法就是先把事物拆分成多个部分，再仔细考察每一个部分的特点、各个部分之间关联状况、各个部分构成事物整体的方式，最后在综合这些认识基础上得出对事物整体的、内在的、本质的认识。这就是典型的结构分析法（思维上的分析综合法），即包括构成要素分析、要素组合和联系分析、这种组合和联系的方式和规则分析三个步骤。① 显而易见，不深入事物的内部（结构），也就无法真正认识事物。可见，结构是如此重要以至于离开了结构，我们就无法真正地了解、认识、把握甚至是考察和表述世界万物，尤其是事物的内在本质。

第三，结构和功能存在高度相关性。结构是事物的构成方式，功能是事物具有的功用、作用、效用、效能。结构功能理论认为，事物的结构和功能密切相关，一定的结构对应一定的功能，在其他条件相同的情况下，结构决定功能。同时，结构与功能还存在"一对一""一对多""多对多""多对一"四种关系。当然，结构决定功能中的功能是一种潜在性功能，而要使这种功能得到真正的释放，使其发挥作用，还依赖事物的某些外部条件。关于事物的结构和功能之间的关系，学者宋一夫做过深入的讨论。他认为，结构是功能的基础，功能是结构的表现。结构决定功能，功能对结构又有反作用。结构和功能的联系是复杂的，往往具有"同构同功""异构同功""同构异功"等多种形式。② 宋一夫（2006）进而提出的二重结构理论，其主要观点是，物质（结构各构成要素）之间具有相生、相克、相制衡、相转化、相中和的相互作用，这一系列相互作用的不同使事物产生不同的功能。③

结构功能理论对本研究的启示价值在于：

首先，西北农村中小学教师队伍是一个结构化系统，时期、学段、地区、学校构成 4×4＝16 种组合情况的教师队伍结构往往不同，甚至是差异巨大。所以，认识西北农村中小学教师队伍结构，既要关注西北农村中小学教师队伍的整体结构，也要具体地分学段、地区和（不同类型）学校维度。

其次，结构分析是认识西北农村中小学教师队伍的根本途径。只有深入西北农村中小学教师队伍内部，对其结构进行分析，才能真正

---

① 贾怀勤：《管理研究方法》，机械工业出版社 2006 年版，第 173 页。
② 宋一夫：《二重结构理论》，中国社会科学出版社 2006 年版，第 42 页。
③ 同上书，第 17—18 页。

认识其现状，发现存在的问题，并寻找切实可行的政策良方。

最后，西北农村中小学教师队伍结构与其功能具有高度相关性，结构决定功能，西北农村中小学教师队伍对于西北农村地区教育事业发展的功能和作用取决于其结构。

第五节 研究的思路与方法

一 研究思路

本研究逻辑思路为：研究目标和内容的确定——研究方法的选定及研究工具的开发——研究信息的收集与处理——结果分析——问题的解决。

具体研究思路是：先从理论上阐明农村教师队伍结构系统包含的内容体系，继而开发调查研究工具，然后对西北农村地区中小学教师队伍结构现状进行实地调研，综合运用量化研究和质性研究方法收集与分析资料，最后，在教师政策研究的基础上，提出破解西北农村地区中小学教师队伍结构失衡的教师政策体系与政策建议。

二 研究方法

本研究主要研究方法包括：文献分析法、调查研究法、比较研究法。

（一）文献分析法

本研究包括：（1）系统梳理国内外相关研究文献，为从理论上阐明农村教师队伍结构系统包含的内容体系，为构建出西北农村地区中小学教师队伍结构合理标准体系，做好理论准备；（2）搜集国家和西北五省（自治区）已有的教师队伍建设相关的政策文献，进行全面分析，为提出教师政策体系与政策建议做好准备；（3）搜集国家和西北五省（自治区）及相应县（区）的关于中小学教师队伍的数据统计文献，为判断教师队伍结构状况准备基础数据。

（二）调查研究法

1. 问卷调查。设计《西北地区农村中小学教师队伍结构现状调查问卷》和《西北地区县域内校长队伍结构调查问卷》，在西北五省（自治区）的每个省（自治区）选取教育发达县、中等县、欠发达县各1个，调查学校类型包括完全初中、完全小学、九年一贯制学校、乡镇中心校、教学点，对其农村中小学教师队伍和校长队伍结构现状展开调查，从专业水平结构和非专业水平结构两大方面，全面呈现西北农村地区中小学教师队伍（包括校长队伍）结构的现状，分析存在的问题。设计《西北农村地区小规模学校教师队伍结构调查问卷》，选取甘肃省某个县的50所农村小规模学校进行调查，呈现西北农村地区小规模学校教师队伍结构的现状、问题。设计《农村小规模学校校长专业发展水平结构调查问卷》，选取甘肃省某个县进行调查，呈现西北农村地区小规模学校校长队伍专业发展水平结构的现状、问题。运用SPSS 18.0等软件分析数据。

2. 访谈。研制访谈工具。（1）选取问卷调查样本县的教育局领导、各种类型中小学校的校长和各类教师进行深度访谈，与问卷调查结果相结合，呈现西北农村地区中小学教师队伍结构的现状和问题；（2）对一些教育专家、教师政策研究学者和教育行政部门主管教师队伍建设的人员、农村中小学校长和教师进行访谈，结合西北地区的实际情况，进而构建破解问题的教师政策体系与政策建议。

（三）比较研究法

本研究将通过对全国与西北五省（自治区）部分县域内农村小学、初中教师的学历、职称、学科、荣誉称号、数量、年龄、性别情况进行对比分析，也将对西北五省（自治区）部分县域内城乡小学、初中教师的结构进行对比分析，进而呈现西北农村地区中小学教师队伍结构的现状，分析存在的问题。

第二章　理论研究

理论是知识和观点的体系化，是对事物本质和客观规律的系统性揭示，并借助一系列概念、判断和推理而表达出来的话语体系和知识体系，是社会实践的理性指南。本研究对西北地区农村中小学教师队伍结构失衡和破解政策体系的相关概念进行科学界定和内涵辨析，提出可为本研究提供理论指导、立论依据、分析视角的现阶段较为成熟的理论体系，或者提出有创新性的理论观点，为本领域研究提供合理自洽、解释有力的概念体系或话语体系，形成合理的理论分析框架，为后文展开的西北地区农村中小学教师队伍结构的现状分析以及政策探讨奠定理论基础。

第一节　概念界定

一　西北地区

本研究中的"西北地区"，是兼具地理与行政区划的概念，指的是我国位于大兴安岭以西、长城和昆仑山—阿尔金山—六盘山以北的地区，包括新疆维吾尔自治区、甘肃省、青海省、宁夏回族自治区和陕西省。

二　农村中小学

本研究中的"农村中小学"是指在县域内的乡镇及以下地区的义务教育学校，从学段上来讲，包括小学和初中，从学校类型来讲，包括完全初中、乡镇中心学校、九年一贯制学校、完全小学和教学点。

三 教师队伍结构

所谓"队伍",就是成队为伍,即由若干人类个体构成的社会系统或组织。"教师队伍"就是指由一定数量的教师个体构成的组织或系统。本研究主要指教师队伍的构成状况。

"结构"是本研究的最核心概念,是本研究的逻辑起点和理论起点,必须准确加以界定。在西方语境里,"结构"在英语中是structure,直接来自拉丁语strutura,最初用来表示"一种建筑样式",含有"具体物体的各个部分构成一个整体所采取的方式""把整体之部分连接成整体的持久现象"①"指某种有序的构成部分成分安排"等含义。② 在中国语境里,"结构"的内涵也经历了一个不断演变的过程。最初,"结构"一词是用来描述"连结构架,以成屋舍""建筑物构造的样子""诗文书画等各部分的搭配和排列"③ 等现象的,后来普遍被用来说明"事物系统的诸要素所固有的相对稳定的组织方式或联结方式,表现为要素的组织、总和、集合,诸多要素借助于结构形成系统"④,"结构"有时被用来表述"组成整体的各部分的搭配和安排"或"各个部分的配合、组织",或被界定为"不同类别或相同类别的不同层次按程度多少的顺序进行有机排列"⑤。在教育学学科,"教育结构"(structure of education)被解释为"教育机构总体的各个部分的比例关系及其组合方式,即教育纵向系统的级与级之间的比例关系和相互衔接及横向系统的类与类之间的比例关系和相互联系",它是国家整体结构的重要部分,具有多层次性、多方面性,包括层次结构、类型结构、办学形式结构等诸多方面。⑥ 其中,教师结构是指

---

① [法]弗朗索瓦·多斯:《从结构到解构——法国世纪思想主潮》(上卷),季广茂译,中央编译出版社2004年版,序言。
② [英]杰西·洛佩兹、约翰·斯科特:《社会结构》,允春喜译,吉林人民出版社2007年版,第11页。
③ 《现代汉语大辞典(下)》,汉语大辞典出版社2000年版,第1927页。
④ 《中国大百科全书》第11册,中国大百科全书出版社2009年版,第474页。
⑤ http://baike.baidu.com/view/4454080.htm. 2011 – 10 – 30.
⑥ 顾明远:《教育大辞典(增订合编本)(上)》,上海教育版社1998年版,第756页。

"各级各类学校教师队伍的构成状况"①。

关于"教师队伍结构",不同学者提出不同的观点。王清德教授在《现代管理学原理》(1998)认为,"教师结构"就是指"教师队伍中教师本身条件要素的数量构成比例及其组合关系,如教师的年龄、学历、职务、性别等各种数量比例,以及教师群体内相互之间的配合关系等"。秦晓红认为,"教师队伍结构"是指高校师资队伍内部各组成要素的关联方式和相互作用形式的相对稳定状态。② 如果按照《中国大百科全书》将结构视为"事物系统的诸要素所固有的相对稳定的组织方式或联结方式,表现为要素的组织、总和、集合,诸多要素借助于结构形成系统"的理解,③ 那么,"教师队伍结构"就是教师队伍中诸教师之间形成的相对稳定的组织方式或联结方式的规定性。

为了便于分析,也是基于结构分析的思维方法,我们将教师队伍整体结构划分为"专业水平结构"(本研究主要考察学历、职称、学科、荣誉称号的构成状况)和"非专业水平结构"(本研究主要考察数量、年龄、性别的构成状况)。教师队伍结构在很大程度上决定教师队伍的性能,在总体上体现了一所学校或一个地区师资队伍的整体水平,也在整体上决定着一个地区、一所学校的教育质量。

四 失衡

"失衡"含有失去平衡之义,即匹配不当和关系失调,其后果是系统功能不全和作用不佳。

五 政策体系

"政策体系"是指不同政策单元之间和同一政策内部不同要素之间的关联性及其与社会环境相互作用而形成的系统。从结构上来讲,

---

① 顾明远:《教育大辞典(增订合编本)(上)》,上海教育出版社1998年版,第702页。
② 秦晓红:《中外高校师资管理研究》,湖南教育出版社2007年版,第96页。
③ 《中国大百科全书》第11册,中国大百科全书出版社2009年版,第474页。

一般包括:(1)总政策。这是政策主体在一定历史阶段为实现一定任务而规定指导全局的总原则,其构成要素主要包括总目标、总任务和总路线。内容具有高度的概括性、综合性、长期性和全局性,是一种战略政策。(2)基本政策。这是政策主体用以指导某一领域或某一方面工作的指导原则、基本方针。它是总政策在某一领域或某一方面的具体化,具有"区域性"和"阶段性"两个特征。(3)具体政策。这是不同层次的政策主体针对某一具体问题而制定的具体措施、准则、界限性规定。它是基本政策的具体化和分解,它具有"具体性""可操作性""时效短""变动快"等特点。

"教师政策体系"指党和政府为了建设优良的教师队伍而对教师相关问题作出的规定和要求的总和。本研究的"教师政策体系"是相对于教师某方面政策而言的概念,包括教师制度、条例、规章、意见等,内容包括职前的师范生招生、培养,教师资格、补充、准入,职后的培训、轮岗交流、退出。

第二节 农村中小学教师队伍结构的内容与标准

结构功能理论告诉我们,事物的结构决定事物功能的发挥。所以说,农村中小学有怎样的教师队伍结构,就有怎样的教育教学水平和质量。讨论农村中小学教师队伍结构的评判标准,必须回答清楚三个问题:一是从哪些方面(或维度)来评判;二是评判标准应该是什么,即基于现实考量,这些方面的理想状态和应然状态是什么;三是评判标准为什么是这样的,也就是对第二个问题的回答做出解释。

一 专业水平结构

教师队伍的专业水平结构指的是能够反映教师队伍的业务能力水平和教育教学质量的关键要素。那么,从哪些方面来衡量农村中小学教师队伍专业水平结构呢?不同农村中小学在师资配置、办学理念、学校特色等方面存在差异,因此不可能用一个很准确的、具体的量化标准去衡量农村中小学教师队伍专业水平结构,但是可以有描述性的、定性的评判标准。可以从影响教师队伍专业水平结构的要素——能够反映教师队伍的业务能力水平和教育教学质量的要素——角度来分析，主要有"学历结构""职称结构""学科结构"和"荣誉称号结构"几个方面。

（一）学历结构

农村中小学教师队伍的学历结构，就是指农村中小学教师队伍中相同或不同学历教师之间数量匹配关系的整体规定性。学历结构是衡量教师队伍知识素养、能力水平和专业发展可能的重要指标。一般说来，教师队伍的不同学历结构在数量比例关系上存在"金字塔形""橄榄形""圆柱形""倒金字塔形"和"哑铃形"等基本类型。

农村中小学教师队伍学历结构应该是"橄榄形"，各层次学历大致呈正态分布。学历结构是衡量教师队伍知识素养、能力水平和专业发展可能的重要指标。一般而言，高学历教师受到更为正规和更高层次的教育，其拥有高水平的知识素养和能力水平，入职后专业成长可能更快，专业发展可能性更大。在农村中小学中占绝大多数的是小学，1993年《中华人民共和国教师法》明确规定"小学教师不低于中师学历"，1999年中共中央、国务院《关于深化教育改革全面推进素质教育的决定》提出"小学教师应具有专科以上学历"。按照国家法律和政策要求，目前的农村中小学教师队伍中不应有低于专科学历的教师，更不应有低于中师（相当于高中）学历的教师。考虑到农村教师队伍建设沉重的"历史包袱"和农村教师队伍学历水平的现状，当前的农村中小学教师队伍仍以本科和专科学历教师为主，专科以下和本科以上学历教师占比很小。

（二）职称结构

农村中小学教师队伍的职称结构，就是指教师队伍中相同或不同职称教师之间数量匹配关系的整体规定性。职称结构是反映教师队伍的教育教学能力水平和发展潜力的重要指标。和学历结构类型相似，教师队伍的职称结构在数量比例关系上也存在"金字塔形""橄榄形""圆柱形""倒金字塔形""哑铃形"等基本类型。

农村中小学教师队伍职称结构应该是"金字塔形"，各级职称的比例不应差距过大，"金字塔"的坡度越大，表明高级职称的教师比例越大。每所学校、每个地区都期望自己的教师队伍职称结构中具有高级职称的教师比例大。但是，教师职称关键取决于职称评聘政策和教师自身的专业发展水平双重因素的影响。从职称评聘政策来讲，一方面应与教师待遇挂钩，另一方面应对不同教师在专业水平和教育教学贡献方面的不同做出区分。一般来讲，教师自身的专业发展水平越高，其应得职称级别越高，但教师专业发展水平的高低也是相对的。农村中小学教师队伍的质量普遍低下，其高级职称教师比例不应过大。但是，从职称所包含的激励作用的意义上讲，如果高级职称教师比例过小，无职称教师比例过大，不利于农村中小学教师工作积极性的调动和潜能的激发。所以，农村中小学教师队伍专业水平的职称结构应是"金字塔形"，且各级职称的比例不应差距过大。

（三）学科结构

农村中小学教师队伍的学科结构，就是指队伍中相同或不同学科背景教师之间数量关系的整体规定性。描述、解释教师学科结构，既可以通过不同学科背景教师之间的数量比例关系，也可以通过考察不同学科背景教师之间的交流合作状况得以进行。由于学科分类数量较多，教师队伍学科结构比较复杂，分析起来也比较困难。秦晓红曾撰文指出，良好的学科结构应符合以下几条原则：一是学科结构必须与国家或地区的经济社会发展相适应；二是学科结构的调整必须与现代科学技术迅速发展相适应；三是学科结构调整必须遵循教育自身和科学事业发展规律；四是在我国，学科结构调整必须与我国国情、发展战略和社会主义办学方向相适应。[①] 虽然作者对结构的分析没有涉及"联结方式"，但提出的"四个必须"具有启示意义。

农村中小学教师队伍学科结构应呈梯形，与农村中小学须开设课程门类和课时数相匹配。教师队伍的学科结构是反映教师资源配置是否合理的主要指标，也是反映学校教师队伍整体实力的主要指标。按照课时数的多少，农村中小学开设的课程依次是：语文、数学、英

---

① 秦晓红：《中外高校师资管理研究》，湖南教育出版社2007年版，第99—100页。

语、政治（思想品德、社会）、科学、音乐、体育、美术和其他学科。所以，农村中小学教师队伍学科结构的"梯形"，其下部是语文、数学的学科教师，中部是英语、政治（思想品德、社会）、科学的学科教师，上部是音乐、体育、美术及其他学科的学科教师。不可否认，各类课程有其自身的学科专业属性，所以，在国家要求农村学校必须开齐开足课程的语境下，农村中小学应至少具有包含须开设课程的学科教师。教师队伍学科结构与学校须开设课程门类和课时数匹配度越高，说明教师队伍的学科专业性越强。

（四）荣誉称号结构

农村中小学教师队伍的荣誉称号结构，就是指队伍中相同或不同荣誉称号教师之间数量关系的整体规定性。与职称结构类型相似，教师队伍的荣誉称号结构在数量比例关系上也存在"金字塔形""橄榄形""圆柱形""倒金字塔形""哑铃形"等基本类型。

农村中小学教师队伍荣誉称号的级别结构应该是"金字塔型"，各级荣誉称号的比例不应差距过大；荣誉称号类型结构应该呈矩形，各类荣誉称号的比例应大体相当。荣誉称号的级别结构的应然状态的解释与职称结构相似。关于类型结构，各类荣誉称号对应着教师在教育教学的不同方面的能力和贡献，一个教师获得的荣誉称号类型越齐全，说明该教师的教育教学能力和贡献越全面。同理，对教师队伍而言，一个教师队伍获得的荣誉称号越齐全，表明该教师队伍的整体能力水平越高，贡献度越大。

二 非专业水平结构

教师队伍的非专业水平结构，指的是除专业水平结构之外的，不直接反映教师队伍能力水平和教育教学质量的其他结构，主要包括数量、年龄、性别结构。

（一）数量结构

农村中小学教师队伍的数量结构，就是指教师队伍中专业教师数、代课教师数和兼任教师数以及他们各自占教职工总数的构成状况。数量结构能够反映出教师队伍的数量是否充足，教师资源配置是否合理。

与数量结构直接相关的是教师编制政策。我国教师编制基本是依据生师比例计算的,且长期以来农村学校生师比高于城市。近年来,国家政策开始扭转这一形势。《国家中长期教育改革和发展规划纲要(2010—2020年)》提出"逐步实行城乡统一的中小学编制标准,对农村边远地区实行倾斜政策"。《乡村教师支持计划(2015—2020年)》明确指出,"乡村中小学教职工编制按照城市标准统一核定,其中村小、教学点编制按照生师比和班师比相结合的方式核定"。所以,农村中小学教师队伍的编制,按照生师比,在总体上应该是低于城市的。在农村中小学教师队伍的数量结构中,代课教师数和兼任教师数以及他们各自占教职工总数的比例不应过高。

(二)年龄结构

农村中小学教师队伍的年龄结构,就是指教师队伍中相同或不同年龄教师之间数量匹配关系的整体规定性。年龄结构影响教师队伍的活力、组织机体的新陈代谢和队伍的可持续生长和发展能力等。年龄结构在数量比例关系方面一般存在四种类型:"增长型""稳定型""衰退型""畸异型"。其中,年轻教师比例较大的年龄结构属于"增长型结构",中年教师比例较大则是"稳定型结构",老年教师比例较大是"衰退型结构",各种年龄段教师比例差异过大则是"畸异型结构",也可以将这四者分别称为"右(正)偏态分布""正态分布""左(负)偏态分布""无规则分布"等结构,或划分为"金字塔形""橄榄形""倒金字塔形""畸异型"等结构。

(三)性别结构

农村中小学教师队伍的性别结构,就是指教师队伍中男、女教师之间数量匹配关系的整体规定性。按照生态学的观点,一般来讲,教师队伍中男、女教师比例相当,有利于教师队伍的稳定。农村中小学教师队伍的性别结构的理想状态是男、女教师比例相当。

第三章 西北农村地区中小学教师队伍结构的现状与问题

第一节 西北地区概况与西北地区义务教育概况

一 西北地区概况

西北地区是养育中华民族的黄河、长江、澜沧江的发源地，是华夏文明的摇篮，也是从古代丝绸之路开通至今，贯通我国与欧亚陆路通道的重要区域。在我国实现现代化的战略框架下，西北地区既是我国实现可持续发展的重要生态屏障，也是我国能源的战略接替区。改革开放以来，西北地区经济社会发展水平虽已发生了可观的变化，但因自然条件恶劣、生态环境脆弱、人文环境多样，仍未改变贫困人口出生率高居榜首和经济社会落后位居末位的状况。

西北地区占全国土地面积比重最大，但人口密度最低且城市首位度最高。[①]

中国西北地区经济发展相对落后。2012年，西北地区人口为9784万人，占全国7.2%；GDP占全国6.1%，全社会固定资产投资占7.3%，地方公共财政收入占5.7%。西北地区以资源类产业和重化工业为主，包括石油、天然气、煤炭等采掘业，以及化工、冶金、电力、食品、机械工业等。[②]

[①] 青海省人口和计划生育委员会编：《西北地区人口与发展论坛文集》，中国人口出版社2006年版，第115页。

[②] 张进海、陈冬红、段庆林主编：《中国西北发展报告（2014）》，社会科学文献出版社2013年版，第6页。

西北地区是一个多民族聚集区，除汉族以外区内还居住着维吾尔、回、藏、土、蒙古、哈萨克、柯尔克孜、塔吉克、东乡、撒拉、保安等少数民族。少数民族人口占西北5省（自治区）总人口的17.6%。其中，新疆维吾尔自治区和宁夏回族自治区少数民族人口分别占各自治区总人口的60%和30%。青海省内自治州、自治县两级民族自治地方的面积占其总面积的95.4%，少数民族人口占全省人口的39.4%。甘肃省境内民族自治地方的面积占全省总面积38.5%，少数民族人口占全省人口比重不到0.5%。[①]

在多元文化共存的我国西北地区，教育发展始终是整个西北地区乃至整个国家发展所面临的一个重要研究问题。西北地区是我国众多民族的主要聚居地区之一，这里幅员辽阔，资源丰富，民风淳朴，历史悠久。长期以来，在自然条件、历史原因、资源开发和文化传播等因素的共同作用下，西北地区始终未能摆脱贫穷与落后的困境，尤其是西北贫困地区的教育发展与发达地区有着天壤之别，就是与西北地区的其他区域相比也存在着非常大的差距，从而形成了西北地区教育发展的"不平衡现象"。

二　西北各省（自治区）义务教育概况

（一）陕西省

截至2014年，全省共有小学6574所，招生405034人，在校生2264095人，小学毕业生374597人，小学学龄儿童净入学率达到99.89%，在校学生校均344人。全省小学教职工160287人，其中专任教师159356人，小学专任教师学历合格率99.89%，小学专任教师中专科及以上学历教师占教师总数的92.67%，小学（教学点）生师比为14.1∶1。

全省共有初级中学1714所。当年招生359557人，在校生1117284人，毕业学生407328人。初中净入学率为99.84%，初中毕

[①] 张进海、陈冬红、段庆林主编：《中国西北发展报告（2014）》，社会科学文献出版社2013年版，第19页。

业生升学率为 97.17%（不含升入技工学校的学生，下同）。全省初中专任教师 107450 人，初中专任教师学历合格率为 99.30%，初中专任教师中本科及以上学历教师占教师总数的 80.91%。生师比为 10.4∶1。[①]

全省基础教育学校校舍建筑面积 3148.07 万平方米（其中：初中 1388.65 万平方米，小学 1759.42 万平方米），校舍建筑面积中教学及辅助用房总面积 1482.8 万平方米（其中：初中教学及辅助用房面积 565.44 万平方米，小学教学及辅助用房面积 917.36 万平方米）。

（二）甘肃省

2014 年，义务教育规模受学龄人口逐年下降的影响，继续回落。全省共有各级各类学校 14751 所，比上年减少 433 所；在读各级各类学历学生 4973655 人，比上年减少 151966 人。全省共有普通小学 8979 所，比上年减少 661 所；在校生数 1802371 人，较上年减少 64897 人。普通小学招生 280655 人，毕业生 319335 人。小学净入学率达到 99.80%，比上年提高了 0.02 个百分点，比 2010 年提高了 0.34 个百分点。全省各级各类学校专任教师 337967 人，比上年增加 1819 人。普通小学教职工 133281 人，专任教师 140476 人。

全省共有初中阶段学校 1538 所，比上年减少 23 所；在校学生 970919 人，比上年减少 65021 人。普通初中教育招生 309956 人，毕业生 351673 人。初中阶段毛入学率达 105.30%，比上年下降 7.71 个百分点，比 2010 年下降了 13.1 个百分点；普通初中在校学生由上年的 84348 人增加到 84838 人，增长 0.58%；普通初中教职工 149953 人，专任教师 84838 人。

全省普通小学校舍建筑面积 1347.73 平方米，比上年增长 0.21%，生均面积 7.48 平方米，比上年增长 0.28%。全省普通初中校舍建筑面积 980.64 平方米，比上年增加 5.24%，生均面积 10.10 平方米，比上年增加 1.11%。普通小学学校教学科研仪器设备总值 136498 万元，生均 757.32 元。普通初中学校教学科研仪器设备总值

---

① 数据来源于《2014 年中国教育统计年鉴》。

114419万元，生均1178.46元。①

（三）青海省

截至2014年，全省共有小学1114所，小学招生76276人，在校生461061人。小学学龄儿童净入学率99.67%，女童净入学率99.73%。小学专任教师25224人，生师比18.21∶1。专任教师学历合格率达99.91%；在小学专任教师中，大专及以上学历教师达到94.36%。

全省共有初中学校268所，初中招生73591人，在校生211993人，初中毛入学率达到110.59%。初中专任教师15348人，生师比为13.81∶1。专任教师学历合格率达99.56%；在专任教师中，本科及以上学历教师比例达到77.53%。

全省普通中小学校舍建筑面积809.48万平方米。全省普通中小学生均仪器设备价值分别为中学2058.07元，小学728.96元。全省义务教育每百名小学生拥有计算机9.93台，每百名初中学生拥有计算机17.75台。②

（四）宁夏回族自治区

截至2014年，全区共有小学1763所，教学点262个。小学招生93204人，小学在校生568694人，少数民族在校生283624人，占小学在校人数的48.18%。小学学龄人口入学率为99.20%，小学六年巩固率为80.89%。小学专任教师33357人，小学专任教师学历合格率为99.8%，小学生师比为17.7∶1。

全区共有初中235所，初中招生95464人，初中在校生278323人，其中少数民族在校生114849人，占初中在校人数的41.26%。初中阶段毛入学率为101.87%，初中三年巩固率为89.75%。初中专任教师19080人，普通初中专任教师学历合格率为99.55%，全省初中生师比为14.68∶1。

---

① 张进海、陈冬红、段庆林主编：《中国西北发展报告（2014）》，社会科学文献出版社2013年版。

② 同上。

全省初中生均校舍面积为 14.59 平方米，小学生均校舍面积为 6.86 平方米。全省初中寄宿生占比为 38.39%，小学寄宿生占比为 3.08%。[①]

（五）新疆维吾尔自治区

截至 2014 年，全区有小学 3551 所，在校生达 194.29 万人，其中少数民族在校生 138.15 万人，占 71.1%，小学学龄儿童净入学率达 99.81%。全区小学教职工 15.91 万人，其中专任教师 14.51 万人（少数民族专任教师 9.27 万人，占所有专任教师的 63.88%）。小学专任教师中高中及以上学历的合格教师占 99.9%，生师比 13.39∶1。

2014 年，全区有初中学校 1100 所，在校生达 91.15 万人，其中少数民族在校生 59.76 万人，占 65.57%。初中阶段入学率达 98.37%，比上年提高 0.42 个百分点；初中毕业生升入高中阶段升学率为 90.74%，比上年提高 2.05 个百分点。初中专任教师 8.71 万人，其中有少数民族专任教师 5.14 万人，占 59.08%。初中专任教师中专科及以上学历的合格教师占 99.74%，生师比为 10.47∶1。

全区普通中小学校舍建筑面积达 3122.3 万平方米，比上年净增 8.30%。小学每百人配置教学用计算机 6.98 台，小学生均图书 13.91 册；小学体育运动场（馆）面积达标校数占 53.34%。普通初中每百人配置计算机 12.33 台，初中生均图书 28.66 册，初中体育运动场（馆）面积达标校数占 68.00%。[②]

第二节　西北地区义务教育阶段教师队伍总体情况[③]

截至 2014 年，西北五省（自治区）（陕、甘、宁、青、新）共有中小学专任教师 91 万余人，其中初中专任教师 35 万余人，小学专

---

① 张进海、陈冬红、段庆林主编：《中国西北发展报告（2014）》，社会科学文献出版社 2013 年版，第 19 页。
② 同上。
③ 此部分数据均来源于《2014 年中国教育统计年鉴》。

任教师56万余人。如图3-1所示，44%的中小学教师分布在镇区（包括镇区和镇乡结合区），34%分布在乡村，22%分布在城区（包括城区和城乡结合区）。

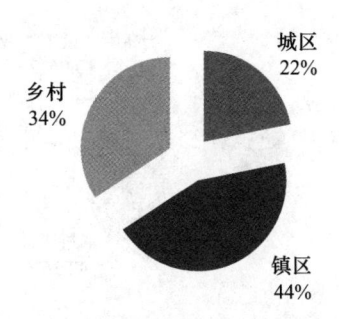

图3-1　西北地区中小学教师城乡分布

一　小学专任教师

截至2014年，西北五省（自治区）（陕、甘、宁、青、新）共有小学专任教师56万余人。其中男性教师22.4万人，女性教师33.9万人，分别占西北地区小学教师总人数的39.76%和60.24%。其中，40.39%的教师分布在乡村地区。具体分布情况如图3-2所示：

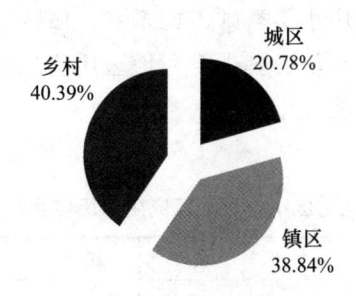

图3-2　西北地区小学教师区域分布

（一）西北地区小学专任教师学历构成情况

如图3-3所示，总的来说，西北地区小学教师队伍学历主要以本专科学历为主，约占西北地区小学教师总人数的90%，高中及高中以下学历约占总人数的10%，这意味着西北地区目前依然有五六万左右的小学教师是高中及高中以下学历。同时，研究生学历教师占比微乎其微，仅占小学教师人数的0.26%。

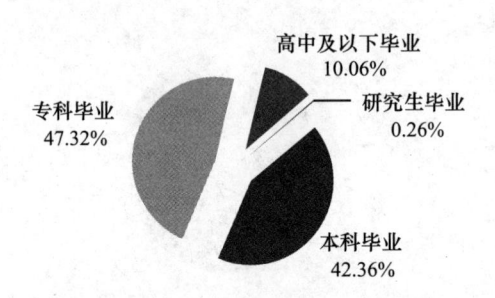

图3-3 西北地区小学教师学历结构

1. 西北地区小学教师研究生学历城乡分布情况

如表3-1所示，在西北地区小学教师队伍中，具有研究生学历的教师仅占西北地区小学教师总人数的0.26%，共有1471人具有研究生学历。其中，62.07%的具有研究生学历的教师分布在城区，而镇区和乡村仅各占21.14%和16.79%，整个西北地区镇区仅有311位小学教师具有研究生学历，而在乡村地区仅有247人具有研究生学历。从区域研究生学历小学教师占比来看，城区研究生学历小学教师占比显著高于镇区和乡村，其中乡村地区比值最低，每万名乡村小学教师中仅有一人具有研究生学历。

表3-1　　　　西北地区小学教师研究生学历城乡分布

	城区	镇区	乡村	整个西北地区
区域小学教师总人数（人）	116862	218452	227167	562481
区域研究生学历小学教师人数（人）	913	311	247	1471
研究生学历小学教师城乡分布比（%）	62.07	21.14	16.79	
区域研究生学历小学教师占比	0.008∶1	0.0014∶1	0.0011∶1	0.0026∶1

注：区域研究生学历小学教师占比＝区域研究生学历小学教师人数/区域小学教师总人数。

2. 西北地区小学教师本科学历城乡分布情况

如表3-2所示，西北地区56万教师中，具有本科学历的人数总共有23.82万人，其中将近70%的本科学历教师分布在城镇地区，而小学教师人数最多的乡村地区本科学历人数仅占到本科学历教师总人数的31%。从区域本科学历小学教师占比看，城区小学教师中超过一半的教师具有本科学历，城区和镇区的本科学历比远高于乡村地区，乡村地区本科学历小学教师占比仅为0.33：1，即每一百位乡村教师中仅有33人具有本科学历。

从整体上看，虽然本科学历在整个西北地区教师队伍中占比较大，但是由于师资分配不均，大部分的本科学历教师主要分布在城镇地区，乡村地区本科学历教师人数比例仍然较低。

表3-2　　　　西北地区小学教师本科学历城乡分布

	城区	镇区	乡村	整个西北地区
区域小学教师总人数（人）	116862	218452	227167	562481
区域本科学历小学教师人数（人）	67366	96787	74089	238242
本科学历小学教师城乡分布比（%）	28.28	40.63	31.10	
区域本科学历小学教师占比	0.58：1	0.44：1	0.33：1	0.42：1

注：区域本科学历小学教师占比＝区域本科学历小学教师人数/区域小学教师总人数。

3. 西北地区小学教师专科学历城乡分布情况

如表3-3所示，专科学历在整个小学教师队伍中比重最大，达到26.62万人。其中，43.56%的专科学历教师分布在乡村地区。从区域专科学历小学教师占比看，镇区和乡村地区的专科学历人数尤为突出，每100名镇区小学教师中就有48名教师是专科学历，而每100名乡村教师中有51名教师是专科学历。

专科学历教师主要分布在镇区和乡村，城区比例相对较低。学历层次是教师专业发展的基础，也是决定教师队伍质量高低的重要指标。镇区和乡村地区承担着西北地区义务教育小学阶段教育的重要任务，56万小学教师中有47.32%是专科学历。从整体上看，镇区和乡村地区专科学历教师比重过高，占 83.33%，而城区仅占 16.67%，可见城区与乡镇专科学历教师所占比例差距较大。

表3-3　　　　西北地区小学教师专科学历城乡分布

	城区	镇区	乡村	整个西北地区
区域小学教师总人数（人）	116862	218452	227167	562481
区域专科学历小学教师人数（人）	44366	105861	115940	266167
专科学历小学教师城乡分布比（%）	16.67	39.77	43.56	
区域专科学历小学教师占比	0.38:1	0.48:1	0.51:1	0.473:1

注：区域专科学历小学教师占比 = 区域专科学历小学教师人数/区域小学教师总人数。

4. 西北地区小学教师高中及以下学历城乡分布情况

如表3-4所示，目前西北地区小学教师队伍中共有高中及高中以下学历的教师约为5.62万人，占西北地区小学教师总数的10.06%，其中65.18%分布在乡村地区，7.45%分布在城区，镇区占27.37%。

乡村小学教师队伍中，每100名教师中有16名教师是高中及以下学历，区域高中及以下学历小学教师占比显著高于城区和镇区，分别是城区的4倍，镇区的2倍。

表3-4　　　　西北地区小学教师高中及以下学历城乡分布

	城区	镇区	乡村	整个西北地区
区域小学教师总人数（人）	116862	218452	227167	562481
区域高中及以下学历小学教师人数（人）	4217	15493	36891	56601
高中及以下学历小学教师城乡分布比（%）	7.45	27.37	65.18	
区域高中及以下学历小学教师占比	0.04:1	0.07:1	0.16:1	0.10:1

注：区域高中及以下学历小学教师占比 = 区域高中及以下学历小学教师人数/区域小学教师总人数。

5. 西北乡村地区小学教师学历分布情况

目前，西北地区共有乡村教师22.7万人。如图3-4所示，其中，超过一半的小学乡村教师是专科学历，本科毕业的教师仅占西北地区乡村教师总人数的32.61%，依然存在相当一部分教师是高中及高中以下学历，比例达到16.24%，而研究生学历在乡村小学教师中仅占到0.11%。

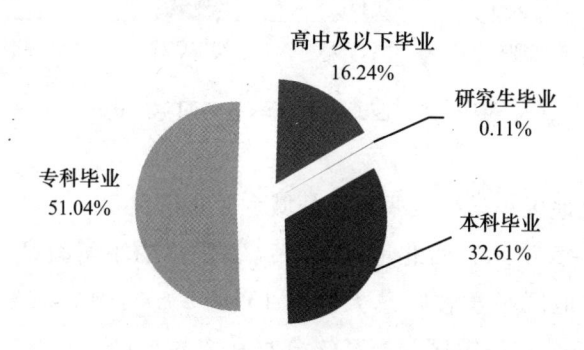

图3-4 西北乡村地区教师学历结构

西北地区乡村教师学历与城区、镇区均存在较大的差距。总体上看，乡村地区教师队伍学历状况不理想，高学历教师比重较小，教师学历主要以专科学历为主。教师学历是教师的理论基础知识、接受专业训练的深度以及教育教学能力的体现，乡村教师在学历上与城镇地区的较大差距必然会使乡村教师队伍处于弱势地位。城乡师资分配不均是当前乡村教师队伍处于弱势地位的重要因素。

（二）西北地区小学专任教师职称结构

如图3-5所示，在西北地区56万余人的小学教师队伍中，具有初级职称的教师占西北地区小学教师总人数的50.26%，高级职称和中级职称教师分别占西北地区小学教师总人数的13.00%和26.45%，还有10.29%的教师未评职称。

教师的职称结构是反映教师队伍水平的重要指标，能够综合反映教师队伍的实力。西北地区小学教师队伍中，初级职称比例偏高，而中高级职称比例偏低，其中还有部分教师未评职称。职称结构中初级职称比例偏高势必会影响小学教师队伍的整体水平。

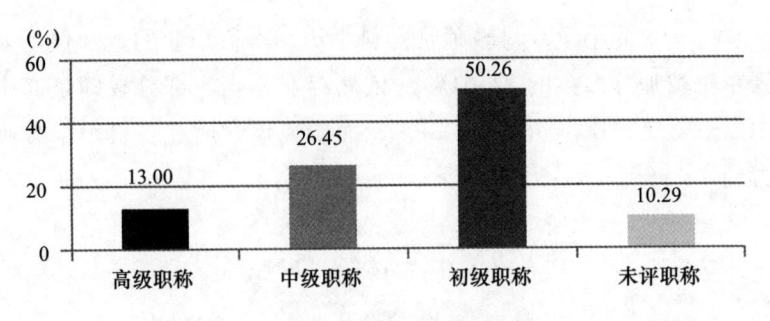

图3-5 西北地区小学教师职称结构

1. 西北地区小学高级职称教师城乡分布情况

如表3-5所示，西北地区具有高级职称的小学教师共有73149人，占西北地区小学教师总人数的13.00%。其中2.53%分布在城区，94.72%分布在镇区，2.75%分布在乡村地区。总体上看，西北地区小学高级职称教师主要集中在镇区，高级职称分布极不合理，城区仅占2.53%，乡村仅占2.75%。从区域高级职称小学教师占比来看，乡村地区区域高级职称小学教师占比最低，每1000名乡村小学教师中仅有9名教师拥有高级职称。高级职称教师是小学教师队伍中的优质资源，优质资源城乡分配不均必然影响教师队伍的整体水平，也会影响教育均衡发展。

表3-5　　西北地区小学高级职称教师城乡分布

	城区	镇区	乡村	整个西北地区
区域小学教师总人数（人）	116862	218452	227167	562481
区域高级职称小学教师人数（人）	1850	69290	2009	73149
高级职称小学教师城乡分布比（%）	2.53	94.72	2.75	
区域高级职称小学教师占比	0.016:1	0.317:1	0.009:1	0.130:1

注：区域高级职称小学教师占比＝区域高级职称小学教师人数/区域小学教师总人数。

2. 西北地区小学中级职称教师城乡分布情况

如表3-6所示，西北地区小学教师队伍中具有小学中级职称的教师共有 148777 人，占西北地区小学教师总人数的 26.45%。其中超过一半（51.42%）的中级职称教师分布在乡村地区，35.66% 分布在城区，12.92% 分布在镇区。从区域中级职称小学教师占比看，西北地区小学教师队伍中中级职称小学教师分布不合理，城区和乡村占的比重显著高于镇区。其中，在城区，每 1000 名教师中就有 454 名中级职称教师，而在镇区，1000 名教师中仅有 88 名教师具有中级职称。职称城乡分布不合理成为影响教师队伍整体水平的重要因素之一。

表 3-6　　西北地区小学中级职称教师城乡分布

	城区	镇区	乡村	整个西北地区
区域小学教师总人数（人）	116862	218452	227167	562481
区域中级职称小学教师人数（人）	53056	19217	76504	148777
中级职称小学教师城乡分布比（%）	35.66	12.92	51.42	
区域中级职称小学教师占比	0.454:1	0.088:1	0.337:1	0.265:1

注：区域中级职称小学教师占比 = 区域中级职称小学教师人数/区域小学教师总人数。

3. 西北地区小学初级职称教师城乡分布情况

如表 3-7 所示，西北地区小学教师队伍中具有初级职称的教师共有 282686 人，占西北地区小学教师总人数的 50.26%。其中 18.35% 分布在城区，39.91% 分布在镇区，41.74% 分布在乡村。从区域初级职称小学教师占比看，镇区和乡村区域初级职称小学教师占比均高于城区。

表 3-7　　西北地区小学初级职称教师城乡分布

	城区	镇区	乡村	整个西北地区
区域小学教师总人数（人）	116862	218452	227167	562481
区域初级职称小学教师人数（人）	51861	112829	117996	282686
初级职称小学教师城乡分布比（%）	18.35	39.91	41.74	
区域初级职称小学教师占比	0.444:1	0.516:1	0.519:1	0.503:1

注：区域初级职称小学教师占比 = 区域初级职称小学教师人数/区域小学教师总人数。

4. 西北地区小学评职称教师人数城乡布情况

如表3-8所示，西北地区小学教师队伍中共有近5.7万人未评职称，其中超过一半的未评职称小学教师分布在乡村地区，占未评职称小学教师总数的52.98%，17.44%的未评职称教师分布在城区，29.58%的未评职称教师分布在镇区。从区域未评职称小学教师占比来看，城乡差距依然较大，每1000名乡村教师中有135名教师未评职称，而每1000名城区教师中仅有86名教师未评职称。

表3-8　　　　　西北地区小学未评职称教师城乡分布

	城区	镇区	乡村	整个西北地区
区域小学教师总人数（人）	116862	218452	227167	562481
区域未评职称小学教师人数（人）	10095	17116	30658	57869
未评职称小学教师城乡分布比（%）	17.44	29.58	52.98	
区域未评职称小学教师占比	0.086:1	0.078:1	0.135:1	0.103:1

注：区域未评职称小学教师占比＝区域未评职称小学教师人数/区域小学教师总人数。

5. 西北乡村地区小学教师职称结构情况

目前，西北乡村地区共有小学教师22.7万余人，占全国小学教师总人数的40.39%。如图3-6所示，其中0.88%的乡村小学教师具有高级职称，33.68%的乡村小学教师具有中级职称。西北乡村地区小学教师职称主要以初级为主，表现为拥有初级职称的教师所占比重为51.94%。此外，还有13.5%的乡村教师未评职称。

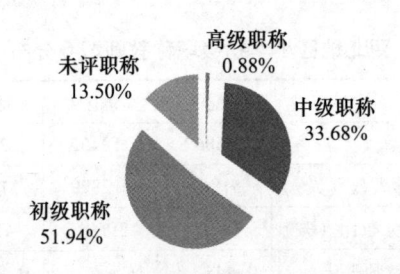

图3-6　西北乡村地区小学教师职称结构

合理的教师职称结构表明教师队伍整体质量高。西北乡村地区小学教师队伍中，初级职称占比较大，而高级职称占比偏小，职称结构不合理表明教师队伍的整体质量不高。

二　初中专任教师

截至 2014 年，西北五省（自治区）共有初中专任教师 35 万余人。其中男性教师 16.5 万，占初中教师总人数的 46.51%，女性教师 18.9 万，占 53.48%。如图 3-7 所示，52% 的初中教师分布在镇区，24% 的初中教师分布在城区，24% 的初中教师分布在乡村地区。具体分布情况如图 3-7 所示：

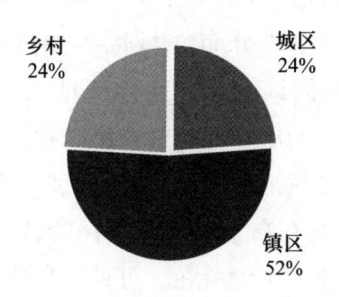

图 3-7　西北地区初中教师城乡分布

（一）西北地区初中专任教师学历构成情况

教师的学历在一定程度上能够反映教师的理论基础知识、接受专业训练的深度以及教育教学能力，它是衡量教师素质最具量化性质、最具权威性的指标。如图 3-8 所示，西北地区初中专任教师主要以本科学历为主，占初中教师总人数的 75.3%，专科学历占 22.39%，而高中及高中以下学历的初中教师共有 3947 人，约占 1.1%，同时，研究生学历同样占比较小，占 1.2%。

虽然西北地区初中教师学历水平有所提高，但学位拥有情况还不理想，如研究生学历教师仅占整个西北地区初中教师队伍的 1.20%，初中专任教师学历构成情况表明，师资分配不均是西北地区教师队伍面临的主要问题。

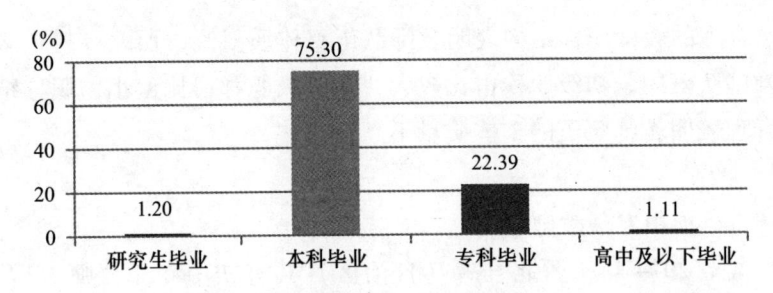

60 西北农村中小学教师队伍结构与政策体系研究

图 3-8 西北地区初中专任教师学历结构

1. 西北地区初中专任教师研究生学历城乡分布情况

如表 3-9 所示，西北地区初中专任教师队伍中具有研究生学历的共有 4264 人，占西北地区初中专任教师总人数的 1.20%。研究生学历的初中专任教师主要分布在城区和镇区，分别占 59.03% 和 31.33%，仅有 9.64% 的具有研究生学历的初中教师分布在乡村地区。从区域研究生学历初中专任教师占比来看，城区比例远远高于镇区和乡村，尤其是在乡村地区，每 1000 名乡村初中教师中才有一个研究生学历的教师。拥有高素质、专业化的教师队伍是我国在 2020 年基本实现教育现代化的关键所在。可见，高学历教师城乡分配不均是初中教师队伍结构失衡的重要问题之一。

表 3-9　西北地区初中专任教师研究生学历城乡分布

	城区	镇区	乡村	整个西北地区
区域初中教师总人数（%）	84313	184283	85812	354408
区域研究生学历初中专任教师人数（人）	2517	1336	411	4264
研究生学历初中专任教师城乡分布比（%）	59.03	31.33	9.64	
区域研究生学历初中专任教师占比	0.03∶1	0.007∶1	0.005∶1	0.012∶1

注：区域研究生学历初中专任教师占比 = 区域研究生学历初中专任教师人数/区域初中教师总人数。

2. 西北地区初中专任教师本科学历城乡分布情况

如表 3-10 所示，西北地区初中教师队伍中具有本科学历的有

26.7万余人，占西北地区初中教师总人数的75%，其中超过一半具有本科学历的初中教师分布在镇区。本科学历的教师是西北地区初中教师队伍的主力军，而本科学历教师的城乡分配不均依然是初中教师队伍中学历结构的重要问题。如表3-10所示，城区初中教师队伍中，本科学历初中专任教师占比远远高于镇区和乡村初中教师队伍，尤其在乡村的本科学历初中专任教师占比仅为0.67:1。

表3-10　西北地区初中专任教师本科学历城乡分布

	城区	镇区	乡村	整个西北地区
区域初中教师总人数（人）	84313	184283	85812	354408
区域本科学历初中专任教师人数（人）	70637	138760	57487	266884
本科学历初中专任教师城乡分布比（%）	26.47	51.99	21.54	
区域本科学历初中专任教师占比	0.84:1	0.75:1	0.67:1	0.75:1

注：区域本科学历初中专任教师占比=区域本科学历初中专任教师人数/区域初中教师总人数。

3. 西北地区初中专任教师专科学历城乡分布情况

如表3-11所示，西北地区初中教师队伍中具有专科学历的教师共有8.1万余人，约占初中教师总人数的22.92%，其中约为53%的具有专科学历的初中教师分布在镇区，分布在乡村的约为33%。与本科学历初中专任教师占比城乡间关系恰恰相反，城区教师中专科学历初中专任教师占比仅为0.13:1，而乡村教师中专科学历初中专任教师占比为0.32:1，乡村地区区域专科学历初中专任教师占比显著高于城区。

表3-11　西北地区初中专任教师专科学历城乡分布

	城区	镇区	乡村	整个西北地区
区域初中教师总人数（人）	84313	184283	85812	354408
区域专科学历初中专任教师人数（人）	11037	43024	27152	81213

续表

	城区	镇区	乡村	整个西北地区
专科学历初中专任教师城乡分布比（%）	13.59	52.98	33.43	
区域专科学历初中专任教师占比	0.13∶1	0.23∶1	0.32∶1	0.23∶1

注：区域专科学历初中专任教师占比＝区域专科学历初中专任教师人数/区域初中教师总人数。

4. 西北地区初中专任教师高中及高中以下学历城乡分布情况

如表3-12所示，西北地区初中专任教师队伍中，目前还有高中及高中以下学历的初中专任教师3947人，其中19.31%分布在乡村，城区仅占3.09%，77.60%的高中及以下学历的初中专任教师分布在镇区。同时，从区域高中及以下学历初中专任教师占比来看，镇区初中专任教师中高中及以下学历初中专任教师占比也是最突出的，每100名初中专任教师中就有两名是高中及以下学历的初中专任教师。

表3-12　西北地区初中专任教师高中及高中以下学历城乡分布

	城区	镇区	乡村	整个西北地区
区域初中教师总人数（人）	84313	184283	85812	354408
区域高中及以下学历初中专任教师人数（人）	122	3063	762	3947
高中及以下学历初中专任教师城乡分布比（%）	3.09	77.60	19.31	
区域高中及以下学历初中专任教师占比	0.001∶1	0.02∶1	0.008∶1	0.011∶1

注：区域高中及以下学历初中专任教师占比＝区域高中及以下学历初中专任教师人数/区域初中教师总人数。

5. 西北乡村地区初中专任教师学历城乡构成情况

目前，西北乡村地区共有初中专任教师8.5万余人。如图3-9所示，其中66.99%的乡村初中专任教师具有本科学历，31.64%具有专科学历，0.48%的乡村初中专任教师是研究生毕业，高中及高中以下学历的乡村初中专任教师占0.89%。

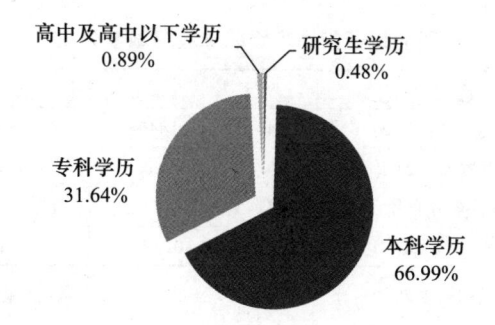

第三章 西北农村地区中小学教师队伍结构的现状与问题　63

图 3-9　西北乡村地区初中专任教师学历结构

（二）西北地区初中专任教师职称结构情况

如图 3-10 所示，西北地区初中教师队伍中，教师职称主要以初级职称为主，占初中专任教师总人数的 46.56%，中级职称占 33.48%，高级职称占 12.88%。在整个初中教师队伍中，还有 7.08% 的教师未评职称。具体分布如图 3-10 所示：

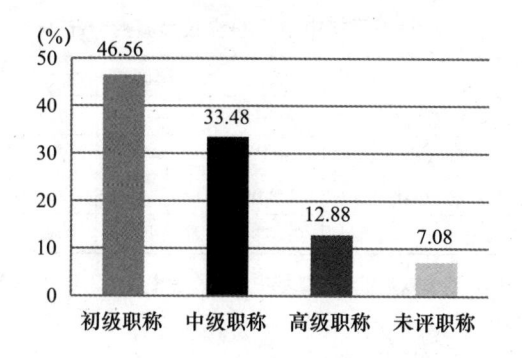

图 3-10　西北地区初中教师职称结构

1. 西北地区初中高级职称教师城乡分布情况

如表 3-13 所示，目前西北初中教师队伍中具有高级职称的教师共有 4.5 万余人，占西北地区初中教师总人数的 12.88%。其中 34.45% 分布在城区，48.25% 分布在镇区，乡村地区仅占 17.30%。从区域高级职称初中教师占比来看，城区高级职称初中教师占比显著高于镇区和乡村。

表 3 - 13　　　　西北地区初中高级职称教师城乡分布

	城区	镇区	乡村	整个西北地区
区域初中教师总人数（人）	84313	184283	85812	354408
区域高级职称初中教师人数（人）	15720	22018	7896	45634
高级职称初中教师城乡分布比（%）	34.45	48.25	17.30	
区域高级职称初中教师占比	0.19∶1	0.12∶1	0.09∶1	0.13∶1

注：区域高级职称初中教师占比＝区域高级职称初中教师人数/区域初中教师总人数。

2. 西北地区初中中级职称教师城乡分布情况

如表 3 - 14 所示，西北地区初中教师队伍中，拥有中级职称的教师主要分布在镇区，占整个西北地区中级职称教师总人数的 53.45%，城区和乡村分别占 26.09% 和 20.46%。从区域中级职称比来看，城乡中级职称比分别为 0.37∶1 和 0.28∶1，镇区居中，为 0.34∶1，城乡初中教师中级职称比差距较大。

表 3 - 14　　　　西北地区初中中级职称教师城乡分布

	城区	镇区	乡村	整个西北地区
区域初中教师总人数（人）	84313	184283	85812	354408
区域高级职称初中教师人数（人）	30959	63421	24276	118656
中级职称初中教师城乡分布比（%）	26.09	53.45	20.46	
区域中级职称初中教师占比	0.37∶1	0.34∶1	0.28∶1	0.33∶1

注：区域中级职称初中教师占比＝区域中级职称初中教师人数/区域初中教师总人数。

3. 西北地区初中初级职称教师城乡分布情况

如表 3 - 15 所示，西北地区初中教师中具有初级职称的教师共有 16 万余人，占初中教师总人数的 46.56%。其中，超过一半的初级职称教师分布在镇区，而另外 27.94% 分布在乡村，19.36% 分布在城区。从区域初级职称比来看，城乡地区初级职称比分别为 0.38∶1 和 0.54∶1，乡村地区远远高于城市地区。同样，庞大的镇区教师队伍中初级职称初中教师占比为 0.47∶1，这表明镇区中有接近一半的教师为初级职称。

表 3-15　　　　西北地区初中教师初级职称人数城乡分布

	城区	镇区	乡村	整个西北地区
初中教师总人数（人）	84313	184283	85812	354408
区域初级职称初中教师人数（人）	31942	86958	46109	165009
初级职称初中教师城乡分布比（%）	19.36	52.70	27.94	
区域初级职称初中教师占比	0.38:1	0.47:1	0.54:1	0.47:1

注：区域初级职称初中教师占比＝区域初级职称初中教师人数/区域初中教师总人数。

4. 西北地区初中未评职称教师城乡分布情况

如表 3-16 所示，西北地区初中教师队伍中共有 25109 人未评职称，占教师总人数的 7.08%。其中，未评职称教师主要分布在镇区，人数达 11886 人，占 47.34%。另外有 22.67% 的未评职称教师分布在城区，29.99% 的未评职称教师分布在乡村。从区域未评职称初中教师占比来看，乡村地区仍然处于弱势地位，区域未评职称初中教师占比均高于城区和镇区。

表 3-16　　　　西北地区初中未评职称教师城乡分布

	城区	镇区	乡村	整个西北地区
区域教师总人数（人）	84313	184283	85812	354408
区域未评职称初中教师人数（人）	5692	11886	7531	25109
未评职称初中教师城乡分布比（%）	22.67	47.34	29.99	
区域未评职称初中教师占比	0.07:1	0.06:1	0.09:1	0.07:1

注：区域未评职称初中教师占比＝区域未评职称初中教师人数/区域初中教师总人数。

第三节　教师队伍结构现状与问题分析

一　专业水平结构现状及问题

（一）学历

1. 全国及西北五省（自治区）农村中小学专任教师学历情况及对比分析

如表 3-17 所示，目前农村地区小学专任教师仍以专科学历为主，占教师总人数的 53.02%，本科学历、高中及以下学历次之，而研究生学历的教师最少。

表 3-17　　全国农村地区小学专任教师学历情况

	高中及以下学历	专科学历	本科学历	研究生学历	合计
人数（人）	581690	2483050	1610152	8274	4683166
比重（%）	12.42	53.02	34.38	0.18	

从图 3-11 中可以看出，对于每个学历段而言，西北五省（自治区）除甘肃省外，各省的高中及以下学历的教师占比都低于国家平均值；专科学历的教师比重中，新疆维吾尔自治区为 59.52%，较高于国家平均值；本科学历的教师比重中，新疆维吾尔自治区为 29.06%，低于国家平均值；研究生学历的教师比重中，全国范围内占比普遍很低，但甘肃省和新疆维吾尔自治区仍低于国家平均水平。通过整体数据来看，西北五省（自治区）中的陕西省、青海省、宁夏回族自治区与同期国家平均水平相比基本相当，甚至本科学历教师的比重较高于国家平均水平，教师队伍的整体学历结构较优。而新疆维吾尔自治区低学历的比重高于国家平均水平，高学历水平的比重低于国家平均水平。

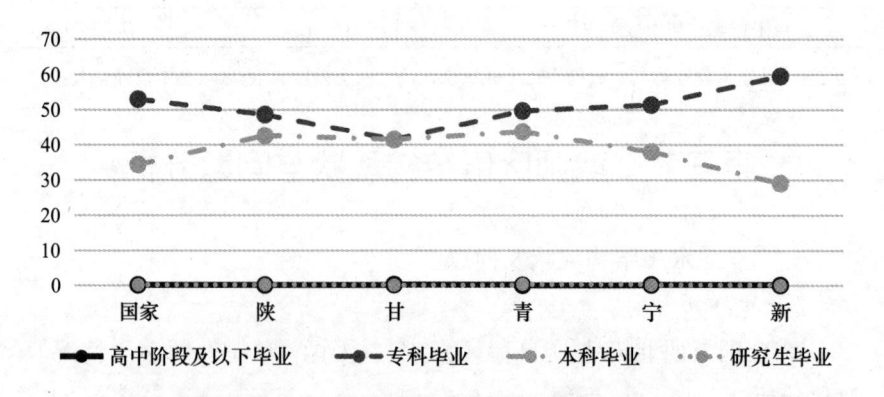

图 3-11　全国农村地区小学专任教师学历比重

表3-18　西北五省（自治区）农村地区小学专任教师学历情况

		高中及以下学历	专科学历	本科学历	研究生学历	合计
陕	人数（人）	12326	70243	61525	278	144372
	比重（%）	8.54	48.65	42.62	0.19	
甘	人数（人）	22011	53942	53995	102	130050
	比重（%）	16.92	41.48	41.52	0.08	
青	人数（人）	1394	11280	9918	77	22669
	比重（%）	6.15	49.76	43.75	0.34	
宁	人数（人）	2677	13156	9720	41	25594
	比重（%）	10.46	51.40	37.98	0.16	
新	人数（人）	13976	73160	35718	60	122914
	比重（%）	11.37	59.52	29.06	0.05	

如表3-19所示，全国农村地区初中专任教师目前仍以本科学历为主，占教师总数的72.93%，专科学历次之，占总数的25.88%，而高中及以下学历和研究生学历的教师比重最小。从图3-12中可以看出，对于每个学历段而言，陕西省和甘肃省的高中及以下学历的教师比重略高于国家平均值；专科学历的教师比重中，新疆维吾尔自治区占36.65%，较高于国家平均值；本科学历的教师比重中，新疆维吾尔自治区占62.83%，低于国家平均值；研究生学历的教师比重中，全国范围内占比普遍很低，不过，陕西省、青海省和宁夏回族自治区三地略高于国家平均水平。通过数据整体来看，西北五省（自治区）中的陕西省、青海省、宁夏回族自治区与同期国家平均水平相比基本相当，教师队伍的整体结构较合理。从表3-19可以看出，宁夏回族自治区农村地区初中专任教师学历水平主要集中在本科段，研究生学历的教师比重也略高于国家平均水平，结构总体较优。而新疆维吾尔自治区的教师队伍结构中专科学历的教师比重相对于其他省较高，本科学历教师比重相对于其他省较低，其结构有待优化（见表3-20）。

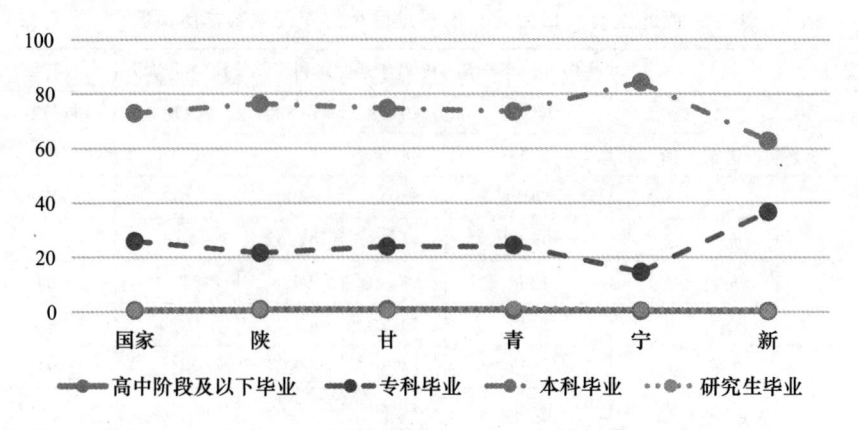

68　西北农村中小学教师队伍结构与政策体系研究

图3－12　全国农村地区初中专任教师学历比重

表3－19　全国农村地区初中专任教师学历情况

	高中及以下学历	专科学历	本科学历	研究生学历	合计
人数（人）	16859	731131	2059976	16778	2824744
比重（%）	0.6	25.88	72.93	0.59	

表3－20　西北五省（自治区）农村地区初中专任教师学历情况

		高中及以下学历	专科学历	本科学历	研究生学历	合计
陕	人数（人）	875	20742	73294	989	95900
	比重（%）	0.91	21.63	76.43	1.03	
甘	人数（人）	703	18549	57925	326	77503
	比重（%）	0.91	23.93	74.74	0.42	
青	人数（人）	72	3228	9719	192	13211
	比重（%）	0.55	24.43	73.57	1.45	
宁	人数（人）	53	1945	11232	100	13330
	比重（%）	0.40	14.59	84.26	0.75	
新	人数（人）	222	25712	44077	140	70151
	比重（%）	0.32	36.65	62.83	0.20	

2. 西北五省（自治区）部分县域内农村中小学专任教师学历情况

教师学历结构是反映教师队伍整体素质和教育教学水平的一个重要指标。如表3-21所示，西北五省（自治区）部分县域内农村小学专任教师中大多数教师的学历为大专和本科，研究生学历几乎为零。但是在甘肃省的B县和C县、宁夏回族自治区的I县的小学专任教师队伍中，高中及以下学历的教师分别占当地教师总数的27.41%，16.04%，18.18%，这表明这些县域内低学历教师比重较高。

表3-21　　　　农村小学专任教师学历情况

			高中及以下学历	专科学历	本科学历	研究生学历	合计
甘	A	人数（人）	55	247	125	1	428
		比重（%）	12.85	57.71	29.21	0.23	
	B	人数（人）	216	250	322	0	788
		比重（%）	27.41	31.73	40.86	0.00	
	C	人数（人）	81	295	129	0	505
		比重（%）	16.04	58.42	25.54	0.00	
宁	H	人数（人）	234	1099	520	0	1853
		比重（%）	12.63	59.31	28.06	0.00	
	I	人数（人）	301	851	504	0	1656
		比重（%）	18.18	51.39	30.43	0.00	
新	J	人数（人）	85	886	368	0	1339
		比重（%）	6.35	66.17	27.48	0.00	
	K	人数（人）	23	342	68	0	433
		比重（%）	5.32	78.98	15.7	0.00	

初中阶段专任教师的学历状况较小学而言有明显的好转，总体表现为学历水平较高，结构较为合理。从表3-22可以看出，在调查样本所在各县中，教师的学历主要是大专和本科，其中本科占绝大多

数，尤其是甘肃省的 A 县和 B 县本科学历教师分别占总数的 81.31%和 82.35%，这表明这两县的学历水平相对较高。而新疆维吾尔自治区两个县大专学历和本科学历的教师数相差无几，教师的学历水平还有待提高。同小学无异的是，初中阶段专任教师中研究生学历水平的教师仍然欠缺，这需要地方政府通过提高教师待遇，改善办学条件，完善教师生活保障等举措吸引高级知识分子投入到西部教育事业去奉献其热情和才华。

表 3-22　　　　　　　　农村初中专任教师学历情况

			高中及以下学历	专科学历	本科学历	研究生学历	合计
甘	A	人数（人）	0	40	174	0	214
		比重（%）	0	18.69	81.31	0.00	
	B	人数（人）	0	54	252	0	306
		比重（%）	0	17.65	82.35	0.00	
	C	人数（人）	1	81	162	0	244
		比重（%）	0.41	33.20	66.39	0.00	
宁	H	人数（人）	13	146	485	0	644
		比重（%）	2.02	22.67	75.31	0.00	
	I	人数（人）	15	192	607	1	815
		比重（%）	1.84	23.56	74.48	0.12	
新	J	人数（人）	0	281	255	1	537
		比重（%）	0	52.33	47.49	0.18	
	K	人数（人）	0	139	182	0	321
		比重（%）	0	43.30	56.70	0.00	

3. 全国及西北五省（自治区）部分县域内农村中小学专任教师学历情况及对比分析

从表 3-23 中可知全国范围内农村中小学专任教师学历分布情况。

表 3-23　　　全国农村中小学专任教师学历分布情况　　　单位:%

	高中及以下学历	专科学历	本科学历	研究生学历
小学	12.42	53.02	34.38	0.18
初中	0.60	25.88	72.93	0.59

从表 3-24 可以看出，西北五省（自治区）的几个县专任教师以专科学历和本科学历为主，其中多数县小学阶段专科学历的教师比重大，初中阶段本科学历教师比重大，甘肃省的 B 县小学和初中阶段本科学历居多，初中阶段本科学历教师占到了 80% 以上。

表 3-24　　　西北农村中小学专任教师学历情况　　　单位:%

			高中及以下学历	专科学历	本科学历	研究生学历
甘	A	小学	12.85	57.71	29.21	0.23
		初中	0.00	18.69	81.31	0.00
	B	小学	27.41	31.73	40.86	0.00
		初中	0.00	17.65	82.35	0.00
	C	小学	16.04	58.42	25.54	0.00
		初中	0.41	33.20	66.39	0.00
宁	H	小学	12.63	59.31	28.06	0.00
		初中	2.02	22.67	75.31	0.00
	I	小学	18.18	51.39	30.43	0.00
		初中	1.84	23.56	74.48	0.12
新	J	小学	6.35	66.17	27.48	0.00
		初中	0.00	52.33	47.49	0.19
	K	小学	5.31	78.98	15.70	0.00
		初中	0.00	43.30	56.70	0.00

就小学阶段而言，几个样本县中专科学历的教师比重较高，基本上都高于全国平均值 53.02%。但是以本科学历教师比重来看，只有甘肃省的 B 县本科学历教师所占比重超过国家平均水平，其余县本科

学历教师略显不足，尤其是新疆维吾尔自治区的 K 县，还不足国家平均水平的一半。

初中阶段，西北五省（自治区）的县域中，甘肃省 C 县、新疆维吾尔自治区的 J 县和 K 县本科学历的教师比重低于国家平均值 72.93%，尤其新疆维吾尔自治区的两个县与国家平均水平的差距较大。

从表 3-25 中可以看出，甘肃省的三个县的农村小学中有很大一部分专任教师是通过工作后的学历补偿教育达到现有学历水平的，尤其是 A 县，有 1/3 以上的教师进行了继续教育。所以总体来说，虽然部分地区通过学历补偿教育等方法使教师的学历水平达到了国家平均水平，但是第一学历较低的现象依然存在。

表 3-25　农村中小学专任教师通过工作后进行学历补偿教育的人数及所占比重

		A	B	C
小学	专任教师总数（人）	428	788	503
	进行学历补偿教育人数（人）	159	236	111
	进行学历补偿教育人数所占比重（%）	37.15	29.95	22.07
初中	专任教师总数（人）	214	306	244
	进行学历补偿教育人数（人）	12	69	74
	进行学历补偿教育人数所占比重（%）	5.61	22.55	30.33

初中阶段进行补偿教育的教师比重明显低于小学阶段，尤其是 A 县；但是 B 和 C 两县仍有 1/5 以上的专任教师接受过学历补偿教育，其中 C 县 30.33% 的初中专任教师进行了学历补偿教育，但是本科学历的教师比重仅占 66.39%，依然没有达到国家平均水平。这说明 C 县的教师学历起点较低，虽在后期进行学历补偿教育，但其占比仍未能达到国家标准，所以这个地区亟须引进一批较高学历的人才注入教师队伍中去，以便提高教师队伍的整体学历水平，带动地区教育发展。

学历补偿教育的效果怎样，文凭质量如何，专业是否对口是一个问题。在对一位校长进行访谈的过程中，针对教师通过补偿教育获得的学历跟其所教的专业之间的吻合性如何这一问题，这位校长提到"有不少学校的教师，不管是自学考试还是其他考试，报考时偏向于相对轻松的专业，目的是为了获取学历。所教和所学专业一致的估计只占到百分之十几，五分之一都不到。"由此可知，学历补偿教育大多只是帮助教师获得了较高水平的学历，但是再教育的专业对口仍是一个问题，且继续教育对教师的教学质量和教学能力的提升并没有多大价值。这些问题不得不令人深思，也促使我们去反思如何对继续教育进行改革，以提高教育的实效性。

4. 西北五省（自治区）部分县域内城乡中小学专任教师学历情况

通过对比城乡专任教师学历的数据可以看出（如表3-26），在小学阶段，除新疆维吾尔自治区的K县外，其余地区县城的专任教师的学历水平要优于农村地区，具体表现为：县城高中及以下学历的教师比重明显低于农村地区，而本科学历的比重远远高于农村地区。这说明，同一县域内，县城的专任教师的学历水平较高，师资质量较好。

表3-26　　　　小学阶段城乡专任教师学历情况　　　　单位:%

			高中及以下学历	专科学历	本科学历	研究生学历
甘	A	农村	12.85	57.71	29.21	0.23
		县城	3.26	60.87	35.87	0.00
	B	农村	27.41	31.73	40.86	0.00
		县城	8.33	38.79	52.88	0.00
	C	农村	16.04	58.42	25.54	0.00
		县城	3.61	68.56	27.84	0.00
宁	H	农村	12.63	59.31	28.06	0.00
		县城	4.35	53.31	42.34	0.00
	I	农村	18.18	51.39	30.43	0.00
		县城	4.84	44.35	50.81	0.00

续表

			高中及以下学历	专科学历	本科学历	研究生学历
新	J	农村	6.35	66.17	27.48	0.00
		县城	4.06	52.79	42.64	0.51
	K	农村	5.31	78.98	15.70	0.00
		县城	9.17	78.13	12.70	0.00

如表 3-27 所示，与小学阶段情况相似，初中阶段城乡专任教师的学历情况也存在明显差异：县城的专任教师学历以本科为主，且所占比重较高，而农村地区仍有一定比重的专科学历教师。

表 3-27　　　　初中阶段城乡专任教师学历情况　　　　单位:%

			高中及以下学历	专科学历	本科学历	研究生学历
甘	A	农村	0.00	18.69	81.31	0.00
		县城	0.00	25.00	75.00	0.00
	B	农村	0.00	17.65	82.35	0.00
		县城	0.00	18.27	80.80	0.94
	C	农村	0.41	33.20	66.39	0.00
		县城	0.00	38.39	54.98	6.64
宁	H	农村	2.02	22.67	75.31	0.00
		县城	1.50	16.36	81.97	0.17
	I	农村	1.84	23.56	74.48	0.12
		县城	0.39	10.87	73.35	15.39
新	J	农村	0.00	52.33	47.49	0.19
		县城	0.00	8.44	91.56	0.00
	K	农村	0.00	43.30	56.70	0.00
		县城	0.00	46.65	53.35	0.00

通过对样本县的中小学进行城乡对比，可以看出，这些地区城乡教师的学历水平存在差异，尤其县城的专任教师的学历明显高于农村，这突出反映了教育领域的城乡差异。学历是反映教师队伍质量的

一个重要指标，城乡教师学历水平的差异明显，在一定程度上可以表明城乡教育质量存在差距，这也是全国范围普遍存在的问题。

（二）职称

1. 全国及西北五省（自治区）农村中小学专任教师学历情况及对比分析

从全国范围来看（见表3-28），目前全国农村地区的小学专任教师职称以中级为主，初级次之，其中中级职称的教师比重为50.96%。

表3-28　　　　全国农村地区小学专任教师职称情况

	无职称	初级职称	中级职称	高级职称	合计
人数（人）	429086	1775787	2386771	91522	4683166
比重（%）	9.16	37.92	50.96	1.95	

如表3-29所示，宁夏回族自治区和新疆维吾尔自治区两地小学专任教师中无职称的教师比重分别占21.95%和16.02%，均高于国家平均水平。就全国整体而言，小学专任教师以中级职称为主，初级职称次之。从图3-13可以看出，青海省农村小学专任教师的职称分布情况类似于全国整体状况，且与之相比，中级职称的比重更高，初级职称的比重更低，表明青海省农村小学专任教师职称结构更优。而陕西省、甘肃省和新疆维吾尔自治区等地区的小学专任教师职称中初级职称的比重远远大于中级职称，说明这些地区的职称水平较低，职称结构有待改善。西北五省（自治区）高级职称的教师总体上较少，但是青海省高级职称教师所占比重为4.61%，明显高于全国平均值1.95%。

表3-29　　　　西北五省农村地区小学专任教师职称情况

		无职称	初级职称	中级职称	高级职称	合计
陕	人数（人）	9454	80760	52649	1509	144372
	比重（%）	6.55	55.94	36.47	1.05	

续表

		无职称	初级职称	中级职称	高级职称	合计
甘	人数（人）	11478	72313	45167	1092	130050
	比重（%）	8.83	55.60	34.73	0.84	
青	人数（人）	1528	6422	13694	1045	22689
	比重（%）	6.73	28.31	60.36	4.61	
宁	人数（人）	5619	10320	9295	360	25594
	比重（%）	21.95	40.33	36.32	1.41	
新	人数（人）	19695	61010	40794	1415	122914
	比重（%）	16.02	49.64	33.19	1.15	

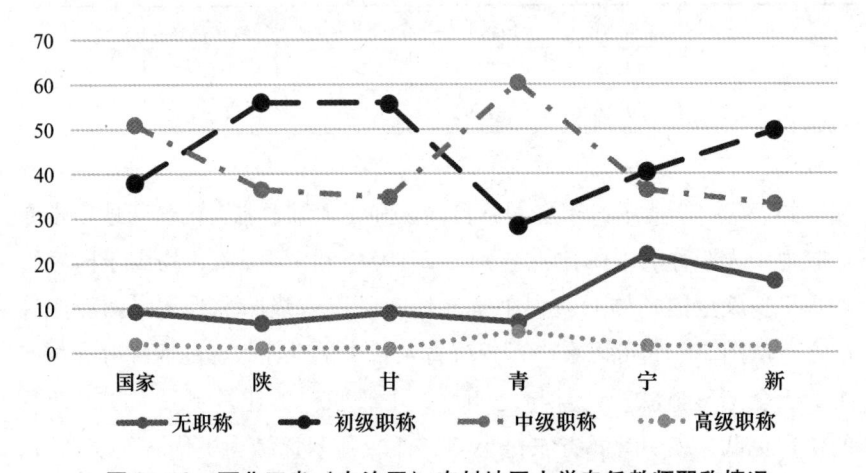

图 3-13　西北五省（自治区）农村地区小学专任教师职称情况

总之，从数据呈现的结果来看，西北地区的青海省的农村小学专任教师职称水平较高，结构较优。然而，宁夏回族自治区和新疆维吾尔自治区两地的职称水平总体较低，建议这两地的地方教育管理部门通过改进职称评聘标准，适当降低专任教师职称晋升标准，从而收获成就感和荣誉感，进而提高其工作积极性。

如表 3-30 所示，全国农村地区初中专任教师的职称仍主要是以中级和初级为主，但与小学高级职称教师所占比重的 1.95% 相比，其比重有了很大的提高，为 14.43%。

第三章 西北农村地区中小学教师队伍结构的现状与问题

表3-30　　　　全国农村地区初中专任教师职称情况

	无职称	初级职称	中级职称	高级职称	合计
人数（人）	198547	992544	1226040	407613	2824744
比重（%）	7.03	35.14	43.40	14.43	

如图3-14所示，全国范围农村初中专任教师的职称所占比重由高到低分别是：中级、初级、高级、无职称。西北五省（自治区）中与全国职称分布情况类似的是青海省，且该省高级职称的专任教师比重为21.90%，远远高于全国平均值14.43%（见表3-31）。具体来看其他省份的职称分布情况，宁夏回族自治区无职称的教师比重较高；除青海省外，其余四省（自治区）的专任教师的职称都是以初级为主，且其比重均远远高于全国平均值35.14%，而中级职称的比重均低于全国平均值43.40%；高级职称的比重虽和小学阶段相比都有所提高，但是仍有部分省份低于全国平均值，如甘肃省高级职称的教师比重仅为6.37%，还不足全国平均值的一半。

表3-31　　西北五省（自治区）农村地区初中专任教师职称情况

		无职称	初级职称	中级职称	高级职称	合计
陕	人数（人）	4967	47190	33818	10015	95990
	比重（%）	5.17	49.16	35.23	10.43	
甘	人数（人）	4886	43349	24331	4937	77503
	比重（%）	6.30	55.94	31.39	6.37	
青	人数（人）	1066	3833	5419	2893	13211
	比重（%）	8.07	29.01	41.02	21.90	
宁	人数（人）	1922	5699	3996	1713	13330
	比重（%）	14.42	42.75	29.98	12.85	
新	人数（人）	6576	32996	20133	10446	70151
	比重（%）	9.37	47.03	28.70	14.89	

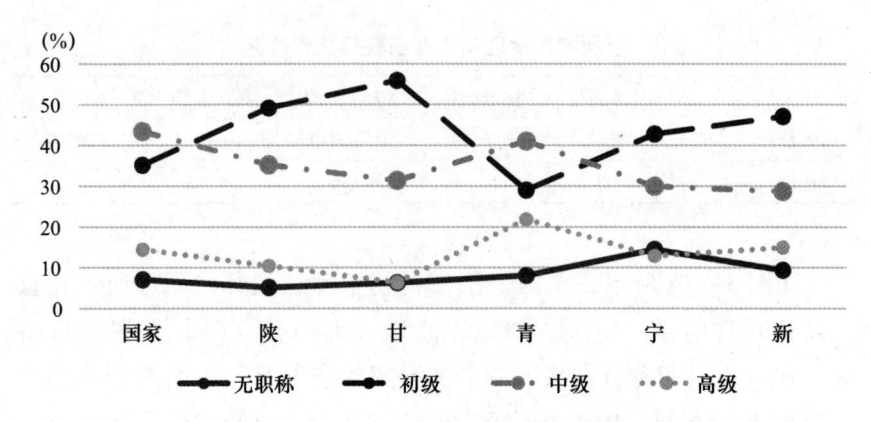

图 3-14 西北五省（自治区）农村地区初中专任教师职称情况

总之，从上述数据来看，西北五省（自治区）中青海省的农村初中专任教师职称结构较优，而其余四省（自治区）都存在问题，职称水平整体偏低，这不利于调动教师教学的积极性，因而亟须各省各地区进行职称改革。

2. 西北五省（自治区）县域内农村中小学专任教师职称结构

教师职称结构是反映教师队伍整体素质和教育教学水平的又一个重要指标。如表3-32所示，小学阶段，西北五省（自治区）的样本县中农村专任教师的职称主要是以初级和中级为主，高级职称的教师人数很少。其中，有部分县的专任教师中有超过15%的教师目前还没有职称。而宁夏回族自治区的两个县情况较好，无职称的教师所占比重很低。同时，宁夏回族自治区的Ⅰ县高级职称的教师比重竟高达9.84%，远远高于其他地区。

表 3-32　　　　　农村小学专任教师职称情况

			无职称	初级职称	中级职称	高级职称	合计
甘	A	人数（人）	73	184	171	0	428
		比重（%）	17.06	42.99	39.95	0.00	
	B	人数（人）	132	240	309	5	686
		比重（%）	19.24	34.99	45.04	0.73	

第三章 西北农村地区中小学教师队伍结构的现状与问题　79

续表

			无职称	初级职称	中级职称	高级职称	合计
甘	C	人数（人）	85	224	196	0	511
		比重（%）	16.63	43.84	38.36	1.17	
宁	H	人数（人）	2	809	649	49	1509
		比重（%）	0.13	53.61	43.01	3.25	
	I	人数（人）	36	562	895	163	1656
		比重（%）	2.17	33.94	54.05	9.84	
新	J	人数（人）	232	853	237	16	1338
		比重（%）	17.34	63.75	17.71	1.20	
	K	人数（人）	29	152	208	0	389
		比重（%）	7.46	39.07	53.47	0.00	

注：由于调研县负责人在填写的过程可能出现贻误或态度不认真，造成专业水平结构各维度下的人数总和有偏差。

如表3-33所示，样本县的农村初中专任教师职称仍以初级和中级为主，且多数样本县初级职称的教师人数多于中级；与小学阶段相比，无职称的教师比重有了一定的下降，只有甘肃省的C县仍有15.98%的专任教师没有职称，其比重仍然较高；各样本县中，高级职称的教师比重也有所提高。其中，甘肃省的B县中级职称教师所占比重为82.37%，与其他样本县相比，该职称的专任教师比重相当高，说明该县的教师总体质量较优。各样本县中，高级职称教师所占比重仍较小，但宁夏的I县有26.75%的高级职称教师，占据总数的1/4以上，突出反映了该县优秀教师数量之多。因此该县教育管理部门应通过一些举措，充分发挥这些优秀教师的智慧和力量，鼓励他们带领年轻一代教师学习和成长。

表3-33　　　　　农村初中专任教师职称情况

			无职称	初级职称	中级职称	高级职称	合计
甘	A	人数（人）	14	141	52	7	214
		比重（%）	6.54	65.89	24.30	3.27	

续表

			无职称	初级职称	中级职称	高级职称	合计
甘	B	人数（人）	3	41	243	8	295
		比重（%）	1.02	13.90	82.37	2.71	
	C	人数（人）	39	111	83	11	244
		比重（%）	15.98	45.49	34.02	4.51	
宁	H	人数（人）	5	399	174	67	645
		比重（%）	0.78	61.86	26.98	10.39	
	I	人数（人）	11	365	221	218	815
		比重（%）	1.34	44.79	27.12	26.75	
新	J	人数（人）	51	384	134	66	635
		比重（%）	8.03	60.47	21.10	10.39	
	K	人数（人）	14	329	111	17	471
		比重（%）	2.97	69.85	23.57	3.61	

注：由于调研县负责人在填写的过程中可能出现贻误或态度不认真，造成专业水平结构各维度下的人数总和有偏差。

3. 全国及西北五省（自治区）部分县域内农村中小学专任教师职称情况及对比分析

从表3-34和表3-35我们可以看出，在小学阶段，甘肃省的三个县及新疆维吾尔自治区的J县无职称的专任教师所占比重远远高出全国平均水平；多数样本县的中级职称教师所占比重较低，仅宁夏回族自治区的I县和新疆维吾尔自治区的K县略高于全国均值；各样本县的高级职称专任教师所占比重普遍很低，但是宁夏回族自治区的两个样本县高级职称的教师所占比重较高，尤其是I县，高达9.84%。通过分析以上数据我们发现，在几个样本县中，宁夏地区的专任教师职称水平较高，结构较优，而其余地区的职称结构整体偏低。

在初中阶段，全国农村地区高级职称教师的比重有了明显的上升，而其他职称教师的比重相对降低。但是各样本县中，只有甘肃省B县的专任教师的职称是以中级为主，占82.37%，而其他县的专任教师职称仍主要是以初级为主。与全国农村初中专任教师职称分布情况类似,各地初中阶段专任教师中高级职称教师的比重有所增加,但是仍达不到全国平均水平,其中甘肃省的各县最为明显,A、B、C三县初中专任教师高级职称的比重分别是3.27%、2.71%、4.51%,都远远低于全国均值14.43%。

表3-34　　　全国农村中小学专任教师职称分布情况　　　　单位:%

	无职称	初级职称	中级职称	高级职称
小学	9.16	37.92	50.96	1.95
初中	7.03	35.14	43.40	14.43

表3-35　　　　农村中小学专任教师职称分布情况　　　　单位:%

			无职称	初级职称	中级职称	高级职称
甘	A	小学	17.06	42.99	39.95	0.00
		初中	6.54	65.89	24.30	3.27
	B	小学	19.24	34.99	45.04	0.73
		初中	1.02	13.90	82.37	2.71
	C	小学	16.63	43.84	38.36	1.17
		初中	15.98	45.49	34.02	4.51
宁	H	小学	0.13	53.61	43.01	3.25
		初中	0.78	61.86	26.98	10.39
	I	小学	2.17	33.94	54.05	9.84
		初中	1.34	44.79	27.12	26.75
新	J	小学	17.34	63.75	17.71	1.20
		初中	8.03	60.47	21.10	10.39
	K	小学	7.46	39.07	53.47	0.00
		初中	2.97	69.85	23.57	3.61

总之通过对以上数据的分析可知,在所有样本县中,宁夏回族自治区I县的农村中小学专任教师职称情况较优,而其他地区总体上教师职称水平较低,职称结构存在问题。

4. 西北五省（自治区）部分县域内城乡中小学专任教师学历情况

如表3-36所示，通过对小学阶段专任教师的职称情况进行城乡对比，我们发现，甘肃省A县和B县县城地区专任教师以中级职称为主，宁夏回族自治区和新疆维吾尔自治区各县县城地区专任教师以初级职称为主，从中可以看出，甘肃省县城地区专任教师职称结构较优。甘肃省和新疆维吾尔自治区各县县城地区高级职称教师所占比重大于（或等于）农村地区高级职称教师所占比重。因此我们判断，甘肃省小学阶段城乡专任教师职称结构相比于新疆维吾尔自治区和宁夏回族自治区更优。

表3-36　　　　　小学阶段城乡专任教师职称情况　　　　　单位：%

			无职称	初级职称	中级职称	高级职称
甘	A	农村	17.06	42.99	39.95	0.00
		县城	3.26	25.00	69.57	2.17
	B	农村	19.24	34.99	45.04	0.73
		县城	8.38	38.29	49.90	3.43
	C	农村	16.63	43.84	38.36	1.17
		县城	4.64	65.98	27.84	1.55
宁	H	农村	0.13	53.61	43.01	3.25
		县城	0.00	65.18	32.59	2.23
	I	农村	2.17	33.94	54.05	9.84
		县城	0.16	61.29	34.52	4.03
新	J	农村	17.34	63.75	17.71	1.20
		县城	9.09	61.16	23.55	6.20
	K	农村	7.46	39.07	53.47	0.00
		县城	0.35	69.47	30.18	0.00

如表3-37所示，各样本县中，初中阶段城乡专任教师职称的总体情况是：除甘肃省B县外，样本县其余地区的城乡专任教师的职称均以初级为主，只有甘肃省B县以中级职称为主；另外，各样本县中，高级职称的专任教师比重虽然仍旧较低，但是都有了明显提高。

总之，城乡中小学专任教师的职称问题相对复杂，各地区城乡之间各类职称的分布存在差异，除宁夏回族自治区的Ⅰ县和新疆维吾尔自治区的J县外，其余各样本县县城的高级职称教师所占比重明显高于农村地区，这表明县城地区职称结构相对较优。

表3-37　　　　　初中阶段城乡专任教师职称情况　　　　　单位：%

			无职称	初级职称	中级职称	高级职称
甘	A	农村	6.54	65.89	24.30	3.27
		县城	3.45	51.72	38.79	6.03
	B	农村	1.02	13.90	82.37	2.71
		县城	3.61	14.63	66.73	15.03
	C	农村	15.98	45.49	34.02	4.51
		县城	3.05	50.76	39.09	7.11
宁	H	农村	0.78	61.86	26.98	10.39
		县城	0.00	52.76	34.17	13.07
	I	农村	1.34	44.79	27.12	26.75
		县城	0.13	52.91	33.25	13.71
新	J	农村	8.03	60.47	21.10	10.39
		县城	19.42	58.99	16.55	5.04
	K	农村	2.97	69.85	23.57	3.61
		县城	3.50	65.50	24.00	7.00

（三）学科

如表3-38所示，西北地区样本县中小学阶段，语、数、英三门科目的专任教师所占比重较高，其他科目教师所占比重较低。但是青海省的F县和G县，新疆维吾尔自治区的J县和K县，在这四个县中英语教师的比例很低，甚至J县和K县英语教师的占比要低于体育和政治科目的教师，这说明在民族地区因为少数民族学生众多，学校里以民族语言作为自己的教学用语，因此对于英语的学习重视程度不够。而相比之下，学校里的体育和政治学科在一定程度上涉及地区的安全和政治问题，因此对于体育和政治科目的教学较为重视，配备了

表3-38 西北地区样本县中小学学科结构及分布情况

		语	数	英	音	体	美	政	史	地	物	化	生	科	其他	合计
甘	A	人数（人）	301	281	106	40	45	37	50	21	16	38	29	30	15	27	1036
		比重（%）	29.1	27.1	10.2	3.9	4.3	3.6	4.8	2.0	1.5	3.7	2.8	2.9	1.5	2.6	
	B	人数（人）	616	582	407	65	141	69	82	73	45	82	74	56	73	81	2446
		比重（%）	25.2	23.8	16.6	2.7	5.8	2.9	3.4	3.0	1.8	3.4	3.0	2.3	3.0	3.3	
	C	人数（人）	382	345	171	40	57	36	52	42	33	44	33	31	19	46	1331
		比重（%）	28.7	25.9	12.9	3.0	4.3	2.7	3.9	3.2	2.5	3.3	2.5	2.3	1.4	3.5	
	D	人数（人）	492	398	283	69	134	71	60	60	55	79	59	58	38	186	2042
		比重（%）	24.1	19.5	13.9	3.4	6.6	3.5	2.9	2.9	2.7	3.9	2.9	2.8	1.9	9.1	
	E	人数（人）	718	579	344	60	97	54	71	69	58	119	97	67	36	39	2408
		比重（%）	29.8	24.0	14.3	2.5	4.0	2.2	3.0	2.9	2.4	4.9	4.0	2.8	1.5	1.6	
青	F	人数（人）	625	523	133	21	43	18	47	34	32	50	42	34	21	29	1652
		比重（%）	37.8	31.7	8.1	1.3	2.6	1.1	2.9	2.1	1.9	3.0	2.5	2.1	1.3	1.8	
	G	人数（人）	356	328	79	17	30	13	49	39	27	41	32	22	1	102	1136
		比重（%）	31.3	28.9	7.0	1.5	2.6	1.1	4.3	3.4	2.4	3.6	2.8	1.9	0.1	9.0	

第三章 西北农村地区中小学教师队伍结构的现状与问题

续表

		语	数	英	音	体	美	政	史	地	物	化	生	科	其他	合计
宁	H	人数（人）	1465	1191	837	34	57	38	64	59	49	71	90	44	27	232	4258
		比重（%）	34.4	28.0	19.7	0.8	1.3	0.9	1.5	1.4	1.2	1.7	2.1	1.0	0.6	5.5	
	I	人数（人）	1308	1093	834	142	154	192	186	194	138	184	132	97	34	93	4781
		比重（%）	27.4	22.9	17.4	3.0	3.2	4.0	3.9	4.1	2.9	3.9	2.8	2.0	0.7	2.0	
新	J	人数（人）	792	606	67	79	174	84	174	62	52	87	67	67	66	591	2968
		比重（%）	26.7	20.4	2.3	2.7	5.9	2.8	5.9	2.1	1.8	2.9	2.3	2.3	2.2	19.9	
	K	人数（人）	554	372	69	43	110	31	54	39	37	56	43	35	15	103	1561
		比重（%）	35.5	23.8	4.4	2.8	7.1	2.0	3.5	2.5	2.4	3.6	2.8	2.2	1.0	6.6	

注：在调研问卷的设置中没有分小、初、高学段，目前统计的各学科教师数包括城乡和三个学段。问卷中关于学科的设计基本上包含了所有学段的所有学科，有个别县区开设的科目没有列到问卷中。

较多的专任教师。和其他地区相比，宁夏回族自治区 H 县语、数、英三门主科教师的比重较大，这使其他科目的教师编制数缩减，尤其是音乐和美术科目的教师比重不足 1.0%，有可能会造成当地"开齐、开足课程"存在问题和困难，建议适当压缩主科教师的编制数，保证其他科目教师的比例。

师资队伍学科结构配置是否合理，也是衡量一所学校或一个地区教师群体结构的重要指标。如图 3-15 所示，新疆维吾尔自治区小学除农村数学课程专任教师比例高于县城外，其他课程专任教师比例均表现为县城高于农村，尤其是音体美、综合实践、科学、艺术等科目的专任教师比例县城远高于农村。

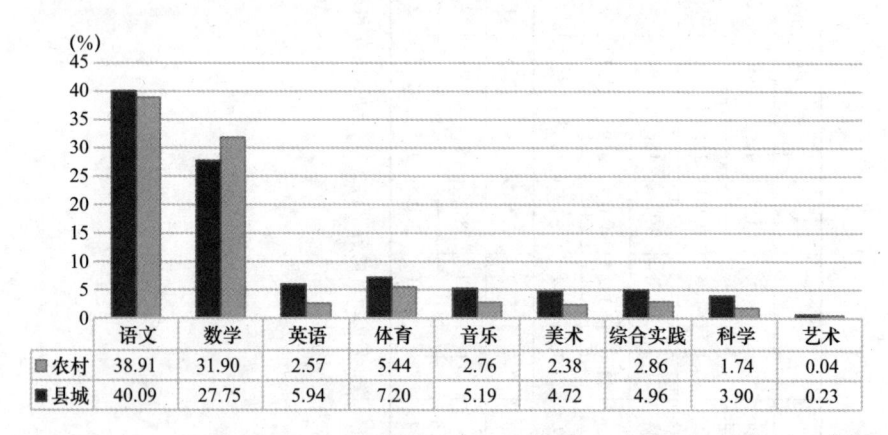

(%)	语文	数学	英语	体育	音乐	美术	综合实践	科学	艺术
农村	38.91	31.90	2.57	5.44	2.76	2.38	2.86	1.74	0.04
县城	40.09	27.75	5.94	7.20	5.19	4.72	4.96	3.90	0.23

图 3-15　新疆维吾尔自治区城乡小学分课程专任教师所占比例情况
资料来源：新疆维吾尔自治区教育厅编《新疆维吾尔自治区教育统计年鉴（2012 年）》。

如图 3-16 所示，在新疆维吾尔自治区中学阶段，除语文、数学、政治课程专任教师比例农村高于县城外，其他课程专任教师比例均表现为县城高于农村，尤其是外语、科学、信息技术、通用技术、艺术、音乐、美术等课程专任教师，县城所占比例远高于农村。

通过对新疆中小学专任教师进行城乡对比，我们发现，各学科专任教师的配备主要以语文、数学为主，其他学科，尤其是素质教育课程的教师比重很低。但是县城较农村而言，情况较好，因此这也表明城乡教育存在一定的差异。

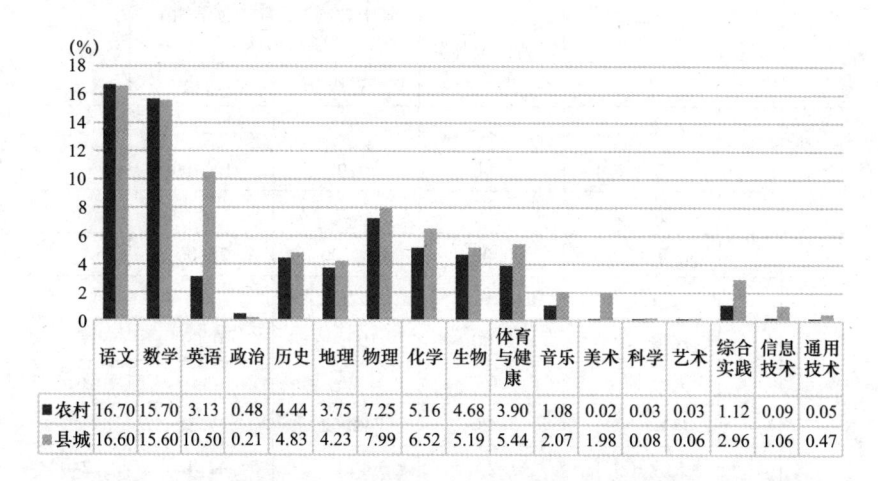

	语文	数学	英语	政治	历史	地理	物理	化学	生物	体育与健康	音乐	美术	科学	艺术	综合实践	信息技术	通用技术
农村	16.70	15.70	3.13	0.48	4.44	3.75	7.25	5.16	4.68	3.90	1.08	0.02	0.03	0.03	1.12	0.09	0.05
县城	16.60	15.60	10.50	0.21	4.83	4.23	7.99	6.52	5.19	5.44	2.07	1.98	0.08	0.06	2.96	1.06	0.47

图3-16 新疆维吾尔自治区城乡中学分课程专任教师所占比例情况

资料来源：新疆维吾尔自治区教育厅编《新疆维吾尔自治区教育统计年鉴（2012年）》。

（四）荣誉称号

调研问卷中关于专任教师荣誉称号的问题，分别对"特级教师"、省级和市级的"骨干教师""青年教学能手"和"学科带头人"等几项荣誉称号进行问答。通过对所得数据的分析，我们发现样本县中城乡小学专任教师获得"特级教师"荣誉称号的人数很少，大多数教师获得的荣誉称号为市一级的。

如表3-39和表3-40所示，各样本县城乡小学专任教师中获得特级教师的比重都很低，不过在其他类型的荣誉称号上城乡存在一些差距，具体表现为：农村小学专任教师获得的荣誉称号多是市一级的"骨干教师""青年教学能手"和"学科带头人"；而县城地区的小学专任教师获得的荣誉称号虽也以市一级居多，但是获得省级荣誉称号的比重略高于农村地区。作为特例——甘肃省C县，城乡小学专任教师获得的荣誉称号都是以省级为主，其中农村小学所占比重为100%，县城占75%，这说明该县有一些能力较强的教师，能够对整个教师队伍质量产生一定影响。

表3-39　　　　　　　农村小学专任教师荣誉称号情况

			"特级教师"	"骨干教师""青年教学能手""学科带头人"		合计
				省级	市级	
甘	A	人数（人）	0	0	27	27
		比重（%）	0.00	0.00	100.00	
	B	人数（人）	0	2	6	8
		比重（%）	0.00	25.00	75.00	
	C	人数（人）	0	9	0	9
		比重（%）	0.00	100.00	0.00	
	D	人数（人）	0	26	35	61
		比重（%）	0.00	42.62	57.38	
宁	H	人数（人）	2	24	214	240
		比重（%）	0.83	10.00	89.17	
新	K	人数（人）	2	7	44	53
		比重（%）	3.77	13.21	83.02	

表3-40　　　　　　　县城小学专任教师荣誉称号情况

			"特级教师"	"骨干教师""青年教学能手""学科带头人"		合计
				省级	市级	
甘	A	人数（人）	0	3	18	21
		比重（%）	0.00	14.29	85.71	
	B	人数（人）	3	8	21	32
		比重（%）	9.38	25.00	65.63	
	C	人数（人）	2	18	4	24
		比重（%）	8.33	75.00	16.67	
	D	人数（人）	0	3	29	32
		比重（%）	0.00	9.38	90.63	
宁	H	人数（人）	4	38	147	189
		比重（%）	2.12	20.11	77.78	

第三章 西北农村地区中小学教师队伍结构的现状与问题 89

如表 3-41 和表 3-42 所示，同小学阶段相类似，各样本县中城乡初中专任教师获得荣誉称号的人数较少，宁夏回族自治区 H 县除外；具体分析各类型荣誉称号教师所占比重，我们发现，各样本县的城乡中无人获得"特级教师"荣誉称号，但获得市级"骨干教师"等荣誉称号的教师所占比重较高。通过城乡对比可以发现，县城初中专任教师获得省级荣誉称号的比例要高于农村地区，以甘肃省 A 县和 B 县为例，农村初中专任教师获得的荣誉称号均是市级的，而这两个县的县城初中专任教师分别有 16.67% 和 19.44% 获得了省级"骨干教师"等荣誉称号。

表3-41 农村初中专任教师荣誉称号情况

			"特级教师"	"骨干教师""青年教学能手""学科带头人"		合计
				省级	市级	
甘	A	人数（人）	0	0	18	18
		比重（%）	0.00	0.00	100.00	
	B	人数（人）	0	0	2	2
		比重（%）	0.00	0.00	100.00	
	C	人数（人）	0	9	0	9
		比重（%）	0.00	100.00	0.00	
	D	人数（人）	0	6	13	19
		比重（%）	0.00	31.58	68.42	
宁	H	人数（人）	0	15	148	163
		比重（%）	0.00	9.20	90.80	
新	K	人数（人）	0	0	5	5
		比重（%）	0.00	0.00	100.00	

总之，通过对上述表格的对比分析，我们发现调研地区义务教育阶段城乡专任教师获得荣誉称号的机会都很有限，且多是获得市级的荣誉称号，级别较低；而与此同时，农村相对于县城地区，教师获得荣誉称号的机会更少，获得高一级的荣誉称号更难；对比城乡中小学

表3－42　　　　　　　县城初中专任教师荣誉称号情况

			"特级教师"	"骨干教师""青年教学能手""学科带头人"		合计
				省级	市级	
甘	A	人数（人）	0	1	5	6
		比重（%）	0.00	16.67	83.33	
	B	人数（人）	0	7	29	36
		比重（%）	0.00	19.44	80.56	
	C	人数（人）	0	4	4	8
		比重（%）	0.00	50.00	50.00	
	D	人数（人）	0	2	12	14
		比重（%）	0.00	14.29	85.71	
宁	H	人数（人）	0	21	79	100
		比重（%）	0.00	21.00	79.00	
新	K	人数（人）	0	0	5	5
		比重（%）	0.00	0.00	100.00	

可以发现，初中专任教师获得荣誉称号的机会要大于小学地区。针对该情况，建议国家和地区适当进行荣誉评审标准改革及完善名额的下放和分配，适当保证农村中小学专任教师可以通过努力工作来获得上级的认可和鼓励的机制，从而提高其机制工作积极性。

如表3－43所示，各样本县中，城乡中小学专任教师获得荣誉称号的比重都很小，这可能说明学校或者相关教育部门设置的荣誉称号比重较低，导致教师不容易获得荣誉称号，尤其在新疆维吾尔自治区K县情况最为严重。但是对比几个样本县教师获得荣誉称号的比重情况可以看出，宁夏回族自治区H县城乡中小学专任教师获得荣誉称号的比重均很高，甚至在县城小学有超过1/3的专任教师拥有荣誉称号。通过城乡对比我们发现，小学阶段除甘肃省D县外，其余各样本县县城专任教师获得荣誉称号的比重均大于农村地区；在初中阶段情况有些不同，表现为甘肃省A县，D县和宁夏回族自治区H县农村专任教师获得荣誉称号的比重要大于县城地区，这很有可能是国家和地区在荣誉称号的评定上有向农村地区倾斜的做法。

表 3-43　　　城乡中小学专任教师获得荣誉称号的比重

			小学		初中	
			农村	县城	农村	县城
甘	A	总人数（人）	428	92	214	116
		获得荣誉的人数（人）	27	21	18	6
		比重（%）	6.31	22.83	8.41	5.17
	B	总人数（人）	662	867	273	387
		获得荣誉的人数（人）	11	32	2	36
		比重（%）	1.66	3.69	0.73	9.30
	C	总人数（人）	505	194	244	197
		获得荣誉的人数（人）	9	24	9	8
		比重（%）	1.78	12.37	3.69	4.06
	D	总人数（人）	617	385	268	343
		获得荣誉的人数（人）	61	32	19	14
		比重（%）	9.89	8.31	7.09	4.08
宁	H	总人数（人）	1509	529	645	597
		获得荣誉的人数（人）	240	189	163	100
		比重（%）	15.90	35.73	25.27	16.75
新	K	总人数（人）	—	—	639	170
		获得荣誉的人数（人）	—	—	5	5
		比重（%）	—	—	0.78	2.94

注：由于调研县负责人在填写的过程可能出现贻误或态度不认真，造成专业水平结构各维度下的人数总和有偏差。

二　非专业水平结构现状及问题

学校教育质量与教师队伍的质量、结构密切相关，我国西北地区教育发展相对落后，尤其是农村地区教育质量更是堪忧，因此西北地区农村教师队伍质量的提高，有利于提高农村学校教育的质量，促进城乡教育均衡发展。本研究通过对西北五省（自治区）的部分有代表性的样本县进行研究,分析了其教师的非专业水平结构,具体成果如下。

(一)教师数量的现状及问题

1. 全国及西北五省(自治区)农村小学教师数量情况及对比分析

如表3-44所示,全国乡镇及以下小学教师中专任教师数量占全国小学教师总数的比重很大,已达到77.76%。同时,全国农村地区小学代课教师数和兼任教师数分别占全国小学教师总数的2.36%和0.40%,且主要集中在乡村地区,这说明我国乡村地区存在较为严重的教师代课和兼任问题。

表3-44　　　　　全国乡镇及以下小学教师数量情况　　　　　单位:人

区域		教职工总数	专任教师	代课教师	兼任教师	合计
区域	镇区人数	1911229	1766964	39973	5803	3723969
	镇乡接合部人数	596349	558626	14985	1752	1171712
	乡村人数	2097070	1942400	74501	14423	4128394
合计人数		4604648	4267990	129459	21978	9024075
占全国教师总数的比重(%)		51.03	47.30	1.43	0.24	

注:"教职工总数"与"专任教师""代课教师"和"兼任教师"的关系是,"教职工总数"包括专任教师数、代课教师数和行政后勤职工数(年鉴中未专门统计),"兼任教师"是指一人既是任课教师,又是行政后勤职工。

资料来源:《中国教育统计年鉴》,人民教育出版社2014年版。

如表3-45和图3-17、图3-18所示,从教职工总数比重来看,除宁夏回族自治区外,西北五省(自治区)农村地区小学教职工总数比重均高于全国平均值,宁夏回族自治区农村地区小学教职工总数比重比全国农村地区教职工总数低了8.05个百分点,说明宁夏回族自治区的农村地区小学教职工总数相对较少;从专任教师所占比重来看,陕西省、甘肃省、青海省的农村地区小学专任教师所占比重均高于全国平均值,而宁夏回族自治区和新疆维吾尔自治区所占的比重低于全国平均值,分别为74.05%和30.71%;从代课教师和兼任教师所占比重来看,青海省农村地区的代课教师和兼任教师所占的比重明

第三章 西北农村地区中小学教师队伍结构的现状与问题 93

表3-45 西北五省（自治区）农村地区小学教师数量情况 单位：人

		教职工总数	专任教师	代课教师	兼任教师	合计
陕	镇区人数	76370	70836	971	63	148240
	镇乡接合部人数	22057	20994	248	0	43299
	乡村人数	45968	42946	1155	76	90145
	合计人数	144395	134776	2374	139	281684
	占总数的比重（%）	90.09	84.08	1.48	0.09	
甘	镇区人数	36718	35396	1011	157	73282
	镇乡接合部人数	10415	10083	465	32	20995
	乡村人数	79743	75042	7595	492	162872
	合计人数	126876	120521	9071	681	257149
	占总数的比重（%）	95.19	90.43	6.81	0.51	
青	镇区人数	8205	7862	643	80	16790
	镇乡接合部人数	1794	1710	139	18	3661
	乡村人数	9263	8693	1676	56	19688
	合计人数	19262	18265	2458	154	40139
	占总数的比重（%）	89.48	84.85	11.42	0.72	
宁	镇区人数	9608	9292	303	72	19275
	镇乡接合部人数	2118	1996	46	53	4213
	乡村人数	12662	12523	946	75	26206
	合计人数	24388	23811	1295	200	49694
	占总数的比重（%）	75.84	74.05	4.03	0.62	
新	镇区人数	30336	27544	104	21	58005
	镇乡接合部人数	5211	4752	21	0	9984
	乡村人数	74032	6784	378	89	81283
	合计人数	109579	39080	503	110	149272
	占总数的比重（%）	86.12	30.71	0.40	0.09	

注："教职工总数"与"专任教师""代课教师"和"兼任教师"的关系是，"教职工总数"包括专任教师数、代课教师数和行政后勤职工数（年鉴中未专门统计），"兼任教师"是指一人既是任课教师，又是行政后勤职工。

资料来源：《中国教育统计年鉴》，人民教育出版社2014年版。

显高于全国平均水平，且多于其他四个省（自治区），尤其是代课教师所占比重为 11.42%，这说明青海省农村地区小学教师队伍中有相当一部分是代课教师，同时，也说明代课教师的问题是青海省农村地区小学教师队伍结构的主要问题之一，这需要相关教育行政部门尽快解决。另外西北五省（自治区）都存在一定数量的兼任教师，这说明西北五省（自治区）的专任教师不够，亟须引进一批优秀人才补充到教师队伍中去。

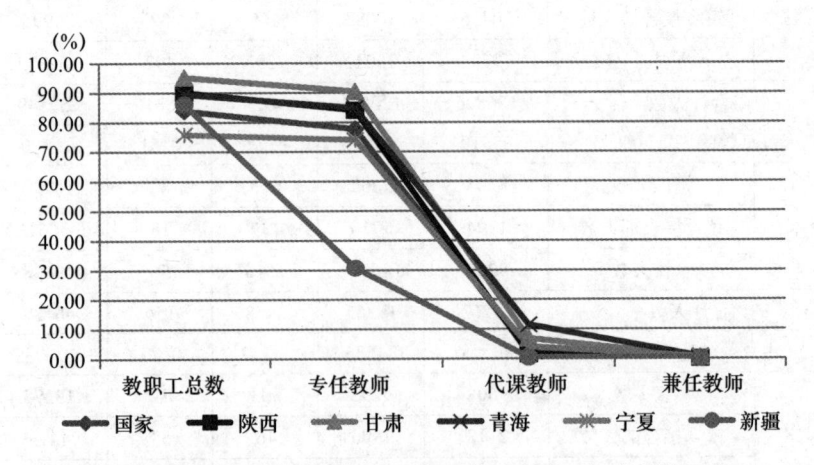

图 3-17 全国乡镇及以下与西北五省（自治区）农村地区的小学教师数量比重

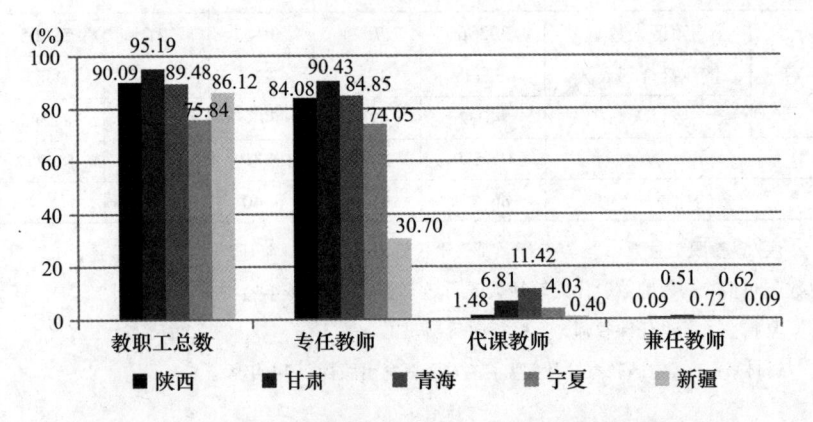

图 3-18 西北五省（自治区）农村地区小学教师数量比重

2. 全国及西北五省（自治区）农村中学教师数量情况及对比分析

如表3-46所示，全国乡镇及以下中学教师中专任教师数量占全国中学教师总数的比重很大，为66.10%。同时，代课教师和兼任教师分别占全国中学教师总数的0.72%和0.23%，这说明我国中学的代课教师和兼任教师主要集中在乡镇及以下地区。

表3-46　　　　　全国乡镇及以下中学教师数量情况　　　　　单位：人

区域		教职工总数	专业教师	代课教师	兼任教师	合计
区域	镇区人数	3063543	2703924	28432	8582	5804481
	镇乡接合部人数	781571	688192	8061	2365	1480189
	乡村人数	974815	881412	10241	4210	1870678
合计人数		4819929	4273528	46734	15157	9155348
占总数的比重（%）		74.55	66.10	0.72	0.23	

注："教职工总数"与"专任教师""代课教师"和"兼任教师"的关系是，"教职工总数"包括专任教师数、代课教师数和行政后勤职工数（年鉴中未专门统计），"兼任教师"是指一人既是任课教师，又是行政后勤职工。

资料来源：《中国教育统计年鉴》，人民教育出版社2014年版。

如表3-47，图3-19、图3-20所示，在中学阶段，从教职工总数占比来看，陕西省、甘肃省、青海省的农村地区教职工总数占比高于全国平均水平，而宁夏回族自治区和新疆维吾尔自治区的农村地区教职工总数低于全国平均水平，其中，宁夏回族自治区比全国平均水平低了11.76个百分点；从专任教师占比来看，宁夏回族自治区农村地区专任教师所占比重较小，低于全国平均水平7.35个百分点，甘肃省所占的比重最高，高于全国平均水平近17个百分点；从代课教师占比来看，甘肃省、青海省和宁夏回族自治区农村地区代课教师所占比重均高于全国平均水平，尤其是青海省比全国平均水平高了2.18个百分点，这说明西北五省（自治区）的农村初中教师队伍数量中有一部分代课教师，特别是青海省在这一问题上更为严重，这需

表3-47　西北五省（自治区）农村地区中学教师数量情况　　单位：人

		教职工总数	专任教师	代课教师	兼任教师	合计
陕	镇区人数	125202	109978	1040	111	236331
	镇乡接合部人数	26314	23294	218	40	49866
	乡村人数	19191	16945	42	31	36209
	合计人数	170707	150217	1300	182	322406
	占总数的比重（%）	84.04	73.95	0.64	0.09	
甘	镇区人数	72643	67055	511	441	140650
	镇乡接合部人数	16832	15566	75	294	32767
	乡村人数	43443	41856	679	101	86079
	合计人数	132918	124477	1265	836	259496
	占总数的比重（%）	88.64	83.01	0.84	0.56	
青	镇区人数	15802	14948	559	39	31348
	镇乡接合部人数	3646	3567	103	5	7321
	乡村人数	5644	5452	194	1	11291
	合计人数	25092	23967	856	45	49960
	占总数的比重（%）	84.97	81.16	2.90	0.15	
宁	镇区人数	14319	13206	237	51	27813
	镇乡接合部人数	1900	1794	16	0	3710
	乡村人数	4695	4568	38	30	9331
	合计人数	20914	19568	291	81	40854
	占总数的比重（%）	62.79	58.75	0.87	0.24	
新	镇区人数	70914	62809	419	26	134168
	镇乡接合部人数	9218	8235	12	0	17465
	乡村人数	47456	43616	192	41	91305
	合计人数	127588	114660	623	67	242938
	占总数的比重（%）	74.47	66.93	0.36	0.04	

注："教职工总数"与"专任教师""代课教师"和"兼任教师"的关系是，"教职工总数"包括专任教师数、代课教师数和行政后勤职工数（年鉴中未专门统计），"兼任教师"是指一人既是任课教师，又是行政后勤职工。

资料来源：《中国教育统计年鉴》，人民教育出版社2014年版。

要有关教育行政部门尽快解决这一部分代课教师的问题,从而提高农村初中教师队伍的质量。另外,西北五省(自治区)都存在一定数量的兼任教师,甘肃省和宁夏回族自治区的兼任教师所占比重均高于全国平均水平,甘肃省兼任教师所占比重更是达到0.56%,明显高于其他四个省(自治区),这说明甘肃省可能存在缺少专任教师的情况,这就需要教育行政部门引进一批优秀人才补充到农村地区中学的教师队伍中去。

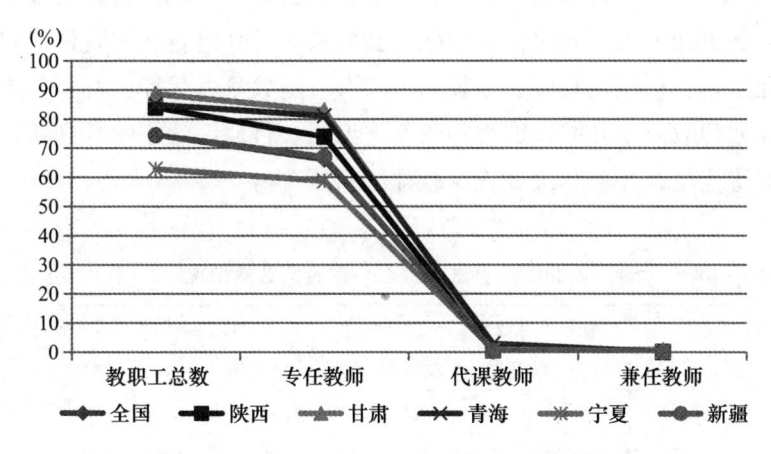

图3-19 全国乡镇及以下与西北五省(自治区)农村地区的中学教师数量比重

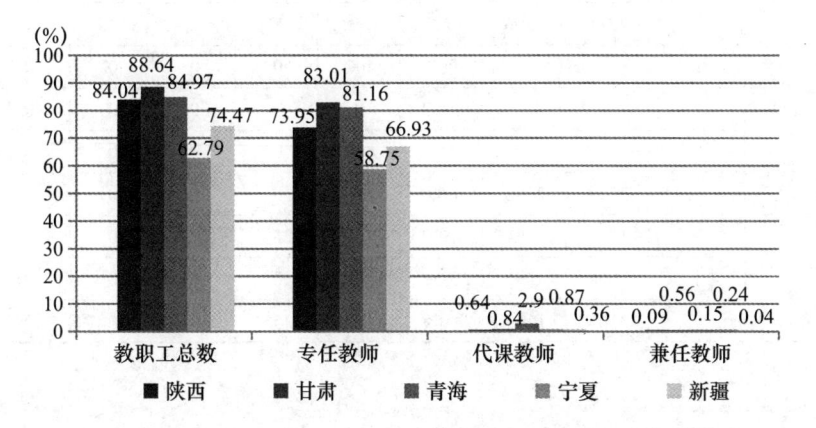

图3-20 西北五省(自治区)农村地区中学教师数量比重

3. 西北部分县域内城乡小学教师数量情况

教师数量是反映教师队伍整体结构的重要指标之一。如表 3-48 所示，在西北部分县域内城乡小学中，青海省和新疆维吾尔自治区无代课教师，且青海省和宁夏回族自治区的样本县不缺专任教师，这表明这几个县域内城乡小学教师结构较优。但是甘肃省四个县的城乡小学专任教师总数明显多于教职工总数，且农村地区所缺专任教师为 145 人，县城地区所缺专任教师为 79 人，这说明甘肃省部分县的城乡小学内可能存在着兼任教师和缺少专任教师的问题，且农村地区这一问题更加突出。同时，从抽取的县域来看，甘肃省和宁夏回族自治区无论是农村还是县城小学教师中都有一定数量的代课教师，且农村代课教师数多于县城代课教师数，这说明农村地区的小学教师队伍结构亟待优化，并应解决好代课教师的问题。

表 3-48　　西北部分县域内城乡小学教师数量情况　　单位：人

		教职工总数		专任教师		代课教师		所缺专任教师	
		农村	县城	农村	县城	农村	县城	农村	县城
甘	A	434	98	428	92	6	1	0	0
	B	667	872	662	867	5	0	135	75
	C	434	225	505	357	11	1	10	4
	D	676	401	617	385	0	0	0	0
	合计	2211	1596	2212	1701	22	2	145	79
青[①]	E	1312		908	400	0	0	0	0
	F	1077		1067	0	0	0	0	0
	G	833		318	469	0	0	0	0
	合计	3222	2293	869	0	0	0	0	0
宁	H	1509	529	1509	529	255	95	0	0
	I	1656	620	1656	620	0	0	0	0
	合计	3165	1149	3165	1149	255	95	0	0

[①] 在青海所调研的县没有分别给出农村和县城小学的教职工总数。

续表

		教职工总数		专任教师		代课教师		所缺专任教师	
		农村	县城	农村	县城	农村	县城	农村	县城
新	J	1623	200	1549	199	0	0	0	0
	K	814	406	601	389	0	0	66	23
	合计	2437	606	2150	588	0	0	66	23

4. 西北部分县域内城乡中学教师数量情况

如表 3-49 所示，西北部分县域内城乡中学教师数量情况相对于小学而言有所好转。具体分析各样本县情况我们发现：仅有宁夏回族自治区 H 县城乡中学中有代课教师，且县城的代课教师多于农村地区的代课教师；仅有甘肃省城乡中学中存在缺少专任教师的情况，且县城缺少教师数多于农村地区，这可能是初中学校主要集中在县城所致。在教职工总数和专任教师数方面，甘肃省农村地区中学的专任教师数明显多于教职工总数，这说明农村中学可能存在着一人教多科的情况；其他三个省农村中学教职工总数多于专任教师数，这说明其农村中学教师数量结构较为合理。

表 3-49　　西北部分县域内城乡中学教师数量情况　　单位：人

		教职工总数		专任教师		代课教师		所缺专任教师	
		农村	县城	农村	县城	农村	县城	农村	县城
甘	A	219	118	214	116	0	0	0	0
	B	278	526	273	523	0	0	35	66
	C	102	255	244	197	0	0	0	2
	D	280	371	268	343	0	0	0	0
	合计	879	1270	999	1179	0	0	35	68
青	E	749		268	481	0	0	0	0
	F	478		478	0	0	0	0	0
	G	357		0	357	0	0	0	0
	合计	1584	746	838	0	0	0	0	0

续表

		教职工总数		专任教师		代课教师		所缺专任教师	
		农村	县城	农村	县城	农村	县城	农村	县城
宁	H	645	597	645	597	25	35	0	0
	I	815	773	815	773	0	0	0	0
	合计	1460	1370	1460	1370	25	35	0	0
新	J	700	165	635	153	0	0	0	0
	K	639	180	639	180	0	0	0	0
	合计	1339	345	1274	333	0	0	0	0

注：在青海所调研的县没有分别给出农村和县城中学的教职工总数。

5. 全国及西北部分县域内农村中小学教师数量情况及对比分析

从全国农村中小学教师数量分布情况（表3-50）看，我国农村地区小学教师数量占全国农村中小学教师数量的比重很大。

表3-50　　　　全国农村中小学教师数量分布情况　　　　单位：%

		教职工总数	专任教师	代课教师	兼任教师
占总数的比重（%）	小学	83.89	77.76	2.36	0.40
	初中	74.55	66.10	0.72	0.23

资料来源：《中国教育统计年鉴》，人民教育出版社2014年版。

如表3-51所示，甘肃省B县的农村小学所缺专任教师占比较大，这说明B县农村小学亟须引进一批优秀人才；同时，C县农村地区小学专任教师所占的比重大于教职工总数的比重，这说明C县小学可能存在部分兼任教师；青海省E县、F县和G县的农村地区小学教职工总数占比均高于专任教师数，这说明这三个县的教师数量比较合适，尤其是G县农村小学的教职工所占比重比专任教师高了31.79个百分点。总体来说，青海省的教师数量尚能满足本地区教育教学的需要；宁夏回族自治区的H县和I县的农村小学教职工总数与专任教师数相等，且H县存在一定数量的代课教师，这说明这两个县的教师数量刚好能满足学校教育教学需要,但也需要引进优秀教师补充到农村小学教师队伍中去,优化教师队伍结构;新疆维吾尔自治区 J 县和 K 县的农村小学教职工总数都大于专任教师数,且 K 县缺少一定数量的专任教师,这说明 J 县和 K 县的农村小学的教师数量相对合理,但也需要引进优秀人才,优化农村小学教师队伍结构。因此,总体上说,西北五省(自治区)部分县域内农村小学教师队伍结构良好,但也需要教育行政部门及时引进一些优秀人才,为农村小学教师队伍补充新鲜血液,以此优化教师队伍结构。

表 3-51　　西北部分县域内农村小学教师不同数量情况占比　　单位:%

		教职工总数	专任教师	代课教师	所缺专任教师
甘	A	40.98	40.42	0.57	0.00
	B	20.32	20.16	0.15	4.11
	C	28.05	32.64	0.71	0.65
	D	32.52	29.68	0.00	0.00
青	E	50.08	34.66	0.00	0.00
	F	50.23	49.77	0.00	0.00
	G	51.42	19.63	0.00	0.00
宁	H	34.09	34.09	5.76	0.00
	I	36.38	36.38	0.00	0.00
新	J	45.45	43.38	0.00	0.00
	K	35.41	26.14	0.00	2.87

如表 3-52 所示,甘肃省 A 县的农村中学中教职工总数所占比重较大,且不存在有代课教师和缺少专任教师的问题,这说明 A 县农村中学的教师数量较能满足当地中学教育发展的需要。同时,C 县农村地区中学专任教师数所占的比重大于教职工总数的比重,这说明 C 县农村地区中学可能存在部分兼任教师。B 县和 D 县的农村地区中学教师中,教职工总数占比和专任教师占比相当,这说明这两个县的教师数量较为合适。青海省 E 县农村中学教职工总数占比

高于专任教师占比，且高出32.11个百分点，F县农村地区中学的教职工数与专任教师数相等，G县的农村地区没有中学。总体上说，E县、F县、G县这三个县的教师数较能满足学校的发展，但也需要补充一些优秀教师到农村中学的教师队伍中去。宁夏回族自治区的H县和I县的农村中学教职工总数与专任教师数相等，但H县存在一定数量的代课教师，这说明这两个县的教师数量也较能满足学校教育教学的需要，但也需要引进优秀教师补充到农村中学教师队伍中去。新疆维吾尔自治区J县的农村中学的教职工总数多于专任教师数，这说明J县农村中学的教师数量相对合适，K县农村中学的教职工数量与专任教师数量相当，这说明虽然教师数量能在一定程度上满足当地中学教育发展的需要，但也需要引进优秀人才，优化农村中学的教师队伍结构。因此，总的来说，西北五省（自治区）县域内的农村中学教师较能满足本地区学校教育教学的需要，但也需要引进一批优秀教师，补充到教师队伍中去，以此优化教师队伍结构。

表3-52　　　　西北部分县域内农村中学教师数量情况　　　　单位:%

		教职工总数	专任教师	代课教师	所缺专任教师
甘	A	32.83	32.08	0.00	0.00
	B	16.34	16.05	0.00	2.06
	C	12.75	30.50	0.00	0.09
	D	22.19	21.24	0.00	0.00
青	E	50.00	17.89	0.00	0.00
	F	50.00	50.00	0.00	0.00
	G	50.00	0.00	0.00	0.00
宁	H	25.35	25.35	0.98	0.00
	I	25.66	25.66	0.00	0.00
新	J	42.35	38.42	0.00	0.00
	K	39.01	39.01	0.00	0.00

(二) 教师年龄结构的现状及问题

1. 西北部分县域内农村小学教师年龄情况及对比分析

如表3-53所示,总体来说,西北部分县域内的农村小学教师年龄结构分布较为合理,但也存在教师老龄化和潜在老龄化的问题。具体分析各样本县的情况我们发现,甘肃省A县50岁以上的农村小学教师所占比重为20.42%,这说明A县的农村小学教师老龄化问题较为严重;其他三个县较A县教师年龄结构分布更为合理,但也存在着教师老龄化的问题。青海省E县的农村小学教师年龄在50岁以上和46—50岁的教师分别占全县教师总数的30.73%和31.12%,这说明E县不仅有严重的教师老龄化问题,而且也存在着潜在的教师老龄化问题,而其他两个县相较于E县教师年龄结构分布较为合理,但F县也存在着潜在的教师老龄化问题。宁夏回族自治区H县农村小学教师年龄在50岁以上和46—50岁的教师分别占全县教师总数的17.78%和10.46%,这说明H县已经出现教师老龄化问题;I县相较于H县教师年龄结构分布较为合理,但也存在着潜在的教师老龄化问题;新疆维吾尔自治区的J县和K县的农村小学教师年龄分布较为合理,但潜在的教师老龄化问题也不容忽视。

表3-53　　西北部分县域内农村小学教师各年龄阶段占比　　单位:%

		25岁及以下	26—30岁	31—35岁	36—40岁	41—45岁	46—50岁	50岁以上
甘	A	4.13	23.82	8.27	2.92	6.00	6.48	20.42
	B	7.91	11.06	7.10	7.16	4.82	1.91	10.19
	C	7.33	20.55	12.93	6.47	8.05	6.32	10.92
	D	1.93	5.18	10.84	11.93	15.06	5.30	7.59
青	E	0.08	1.68	3.36	11.47	21.56	31.12	30.73
	F	4.12	10.03	21.93	20.90	15.84	19.68	7.50
	G	4.07	24.78	24.65	27.95	11.56	4.96	2.03
宁	H	1.03	12.43	8.79	11.44	12.08	10.46	17.78
	I	0.11	11.14	12.21	18.77	15.32	2.66	10.74

续表

		25岁及以下	26—30岁	31—35岁	36—40岁	41—45岁	46—50岁	50岁以上
新	J	8.19	18.36	17.00	14.67	12.96	8.02	8.87
	K	0.42	5.24	15.03	17.31	15.71	5.91	8.02

2. 西北县域内城乡小学专任教师年龄结构现状

教师年龄是反映教师队伍结构合理性的重要指标之一。如表 3-54 所示，西北各样本县中城乡教师年龄结构存在差异，农村小学教师年龄在 25 岁以下和 51 岁以上的人数占比很大，尤其是甘肃省四个县农村地区小学教师的年龄分布在 25 岁以下和 51 岁以上的教师人数分别为 221 人和 430 人。而甘肃省县城地区教师的年龄在 31—35 岁的人数最多，同时 51 岁以上的教师人数所占的比重也很大。这说明甘肃省县域内小学教师老龄化问题已经出现，且也存在着潜在老龄化问题，而农村地区这一问题更加突出。青海省城乡小学教师的年龄分布较为合理，且主要分布在 26 岁及以上，不过其中 46—50 岁的教师人数最多，这说明青海省也存在着潜在的教师老龄化问题。宁夏回族自治区各样本县农村小学教师年龄主要分布在 26—45 岁，但在 46 岁以上的教师人数仍偏多，且各年龄段教师人数农村地区多于城市，这说明宁夏回族自治区城乡教师队伍结构相对合理，但农村地区也存在着教师老龄化和潜在的老龄化问题。新疆维吾尔自治区各样本县农村小学教师年龄也主要分布在 26—45 岁，但在 46 岁以上的教师人数仍偏多，且各年龄段教师人数农村地区多于城市，这说明新疆维吾尔自治区城乡教师队伍结构相对合理，但存在潜在的教师老龄化问题；新疆维吾尔自治区农村地区教师老龄化问题则表现得更为明显。总体来看，西北部分县域农村小学教师的年龄在 25 岁以下和 46 岁以上的人数比县城多，这说明了农村地区教师的年龄结构存在的问题比县城严重，亟须采取措施加以解决。

表3-54　　　　　西北部分县域内城乡小学教师年龄统计　　　　单位：人

		25岁及以下		26—30岁		31—35岁		36—40岁		41—45岁		46—50岁		51岁以上	
		农村	县城	农村	县城	农村	县城	农村	县城	农村	县城	农村	县城	农村	县城
甘	A	26	0	147	15	51	17	18	10	37	12	40	21	126	109
	B	128	42	179	186	115	181	116	136	78	99	31	40	165	123
	C	51	17	143	32	90	44	45	35	56	36	44	21	76	9
	D	16	0	43	8	90	84	99	114	125	86	44	43	63	15
	合计	221	59	512	241	346	326	278	295	296	233	159	125	430	256
青	E	1		22		44		150		282		407		402	
	F	44		107		234		223		169		210		80	
	G	32		195		194		220		91		39		16	
	合计	77		324		472		593		542		656		498	
宁	H	21	9	253	74	179	71	233	139	246	111	213	72	362	53
	I	2	0	197	3	216	94	332	248	271	95	47	45	190	29
	合计	23	9	450	77	395	165	565	387	517	206	260	117	552	82
新	J	144	12	323	41	299	43	258	22	228	33	141	39	156	20
	K	5	6	62	50	178	60	205	68	186	63	70	60	95	76
	合计	149	18	385	91	477	103	463	90	414	96	211	99	251	96

注：在青海所调研的县没有分别给出农村和县城小学教师的在各年龄段的人数。

3. 西北部分县域内城乡中学专任教师年龄结构现状

如表3-55所示，西北五省（自治区）样本县中农村地区教师年龄在25岁以下和51岁以上的人数所占比重相对较小，但也存在着潜在的教师老龄化问题。

甘肃省四个县农村地区中学教师的年龄主要分布在26—45岁，46岁以上教师所占比重较小；县城地区的中学教师年龄也主要分布在26—45岁，但分布在46岁以上的教师人数比农村多。但总的来看，甘肃省县域内城乡中学教师年龄结构相对合理，不过也存在教师老龄化和潜在的老龄化问题。

青海省县域内城乡中学教师年龄分布较为合理：年龄为26—45

岁的教师所占比重很大，但是46岁以上的教师所占比重也不小，这说明青海省县域内城乡中学教师中也存在着潜在的老龄化问题。

表3-55　　　　西北部分县域内城乡中学教师年龄统计　　　　单位：人

		25岁及以下		26—30岁		31—35岁		36—40岁		41—45岁		46—50岁		51岁以上	
		农村	县城	农村	县城	农村	县城	农村	县城	农村	县城	农村	县城	农村	县城
甘	A	4	3	86	26	58	15	21	32	26	15	8	13	11	12
	B	0	13	68	125	50	127	72	124	52	47	11	23	14	29
	C	4	0	93	40	56	64	29	50	16	30	31	9	15	4
	D	2	4	54	12	55	105	52	110	59	51	10	12	8	14
	合计	10	20	301	203	219	311	174	316	153	143	60	57	48	59
青	E	0		14		39		147		249		217		83	
	F	12		37		114		131		76		92		16	
	G	37		116		88		55		36		16		9	
	合计	49		167		241		333		361		325		108	
宁	H	12	4	160	111	138	126	68	113	40	105	45	83	22	55
	I	6	0	129	39	163	177	150	181	109	185	15	25	170	89
	合计	18	4	289	150	301	303	218	294	149	290	60	108	192	144
新	J	9	3	84	29	151	55	156	16	107	15	73	25	53	10
	K	2	2	71	55	79	60	79	67	53	41	25	10	45	30
	合计	11	5	155	84	230	115	235	83	160	56	98	35	98	40

注：在青海所调研的县没有分别给出农村和县城中学教师的在各年龄段的人数。

宁夏回族自治区和新疆维吾尔自治区县域内城乡中学教师年龄都主要分布在26—45岁，且46岁以上教师所占比重并不大，这说明宁夏回族自治区和新疆维吾尔自治区的城乡中学教师队伍结构相对合理，但也存在着教师老龄化问题，尤其是农村地区的教师老龄化问题应得到重视。

因此，总的来说，宁夏回族自治区和新疆维吾尔自治区教师年龄在51岁以上的人数农村比县城多，这说明了宁夏回族自治区和新疆维吾尔自治区的农村地区教师老龄化问题较为严重;而甘肃省教师年龄在51岁以上的人数县城比农村多,这说明甘肃省县城中学教师的老龄化问题较为严重。

4. 全国与西北部分县域内农村中学教师年龄情况及对比分析

如表3-56所示,全国乡镇及以下中学教师年龄主要分布在25—44岁,总体来说,教师年龄结构分布较为合理。

表3-56　　　　全国乡镇及以下中学教师年龄情况　　　　单位:人

区域		24岁及以下	25—29岁	30—34岁	35—39岁	40—44岁	45—49岁	50岁以上
区域	镇区	55334	216579	311713	368640	315597	247042	191887
	镇乡接合部	14797	54793	79871	96552	80332	59839	46848
	乡村	30857	111316	133470	142875	110229	80940	75233
合计		100988	382688	525054	608067	506158	387821	313968
占总数的比重(%)		0.88	3.19	3.83	4.10	3.16	2.32	2.16

资料来源:《中国教育统计年鉴》,人民教育出版社2014年版。

如表3-57所示,西北五省(自治区)部分县域内的农村中学中,年龄在50岁以上的教师所占比重高于全国平均水平,这说明其教师老龄化问题较为严重。具体分析各样本县我们发现,甘肃省的农村中学教师的年龄主要分布在26—45岁,但46岁以上的中学教师所占比重也很大,因此,甘肃省农村地区的中学教师年龄分布结构较为合理,但也存在着潜在的教师老龄化问题。青海省部分县的农村中学教师中,年龄为26—50岁的教师所占比重很大,教师年龄结构总体较为合理。但在E县的农村中学中,年龄在30岁以下的教师所占比重低于全国平均水平,而年龄在50岁以上的教师所占比重却高于全国平均水平,已达到11.08%,这就说明在该县中,年轻教师不足,多以中年教师为主,而且还可能存在潜在的教师老龄化问题。另外,在青海省的F县和G县的农村中学中,虽然年龄在50岁以上的教师所占比重仍高于全国平均水平,但占比仅为3.35%和2.52%,这说明在这两个县教师的老龄化问题并不严重,但也需要引起关注。

宁夏回族自治区 H 县的农村中学教师中,年龄在 46—50 岁的教师所占比重高于全国平均水平,而年龄在 50 岁以上的教师所占比重低于全国平均水平,这说明该县存在着潜在的教师老龄化问题;宁夏 I 县与 H 县情况正好相反。

表 3-57　　西北部分县域内农村中学教师各年龄阶段占比　　单位:%

		25 岁及以下	26—30 岁	31—35 岁	36—40 岁	41—45 岁	46—50 岁	50 岁以上
甘	A	1.21	26.06	17.58	6.36	7.08	2.42	3.33
	B	0.00	9.01	6.62	9.54	6.89	1.46	1.85
	C	0.91	21.09	12.70	6.58	3.63	7.03	3.40
	D	0.36	9.85	10.04	9.49	10.77	1.82	1.46
青	E	0.00	1.87	5.21	19.63	33.24	28.97	11.08
	F	2.51	7.74	23.85	27.41	15.90	19.25	3.35
	G	10.36	32.49	24.65	15.41	10.08	4.48	2.52
宁	H	1.11	14.79	12.75	6.28	3.70	4.16	2.03
	I	0.42	8.97	11.34	10.43	7.58	1.04	11.82
新	J	1.15	10.69	19.21	19.85	13.61	9.29	6.74
	K	0.32	11.47	12.76	12.76	8.56	4.04	7.27

新疆维吾尔自治区的农村中学教师中,年龄在 46—50 岁和 50 岁以上的教师所占比重均高于全国平均水平,说明在新疆的农村中学教师中存在着潜在的老龄化问题,且现阶段已经出现了较为严重的老龄化问题。总体来说,西北部分县域内农村中学已经出现了较为严重的教师老龄化问题,这就亟须教育行政部门做好规划,积极引进优秀人才,补充到农村中学的教师队伍中去。

(三) 教师性别结构的现状及问题

1. 全国及西北五省(自治区)中小学教师性别情况及对比分析

如表 3-58 所示,全国中小学的女性教师人数多于男性教师。小学阶段的女性教师所占比重比男性教师高出了 23.22 个百分点;中学阶段的女性教师所占比重比男性教师高出了 3.10 个百分点。因此，从全国范围看，小学阶段的男、女教师比例不协调，而中学阶段的男、女教师比例则相对合理。

表 3-58　　　　　　　全国中小学教师性别情况

	小学		中学	
	女	男	女	男
人数（人）	3148851	1959700	2039037	1916684
所占比重（%）	61.61	38.39	51.55	48.45

资料来源：《中国教育统计年鉴》，人民教育出版社 2014 年版。

如表 3-59 所示，整体来看，西北五省（自治区）中小学阶段的男、女教师性别比例失衡。具体表现为：在小学阶段，陕西省的女性教师所占比重比男性教师高 25.36 个百分点；甘肃省女性教师所占比重比男性教师低 4.02 个百分点；青海省的女性教师所占比重比男性教师高 8.12 个百分点；宁夏回族自治区的女性教师所占比重比男性教师高 23.80 个百分点；新疆维吾尔自治区的女性教师所占比重比男性教师高 41.70 个百分点。由此可以看到，青海省和甘肃省的小学教师性别结构相对合理，但是陕西、宁夏和新疆已经出现了较为严重的小学教师男女比例失衡的问题，尤其是新疆的这一问题更为严重。

表 3-59　　　西北五省（自治区）中小学教师性别情况　　　单位：人

		小学		初中	
		女	男	女	男
陕西	人数（人）	92467	55044	96339	79880
	占总数的比重（%）	62.68	37.32	54.67	45.33
甘肃	人数（人）	62217	67426	57756	81676
	占总数的比重（%）	47.99	52.01	41.42	58.58
青海	人数（人）	11116	9447	14576	13431
	占总数的比重（%）	54.06	45.94	52.04	47.96

续表

		小学		初中	
		女	男	女	男
宁夏	人数（人）	19540	12025	16286	14860
	占总数的比重（%）	61.90	38.10	52.29	47.71
新疆	人数（人）	82546	33970	99610	53789
	占总数的比重（%）	70.85	29.15	64.94	35.06

资料来源：《中国教育统计年鉴》，人民教育出版社2014年版。

如图3-21所示，陕西省、新疆维吾尔自治区和宁夏回族自治区的小学女性教师所占比重高于全国平均值，其中新疆维吾尔自治区占比最高，高出全国平均值9.24个百分点；而甘肃省和青海省的小学女性教师所占比重低于全国平均值；另外，甘肃省和青海省的男性教师所占比重高于全国平均值，其中甘肃省高出全国平均值11.62个百分点；而陕西省、宁夏回族自治区和新疆维吾尔自治区的男性教师所占比重均低于全国平均值，其中新疆维吾尔自治区低于全国平均值9.24个百分点。从以上分析我们发现，新疆维吾尔自治区的小学男、女教师比例严重失衡。

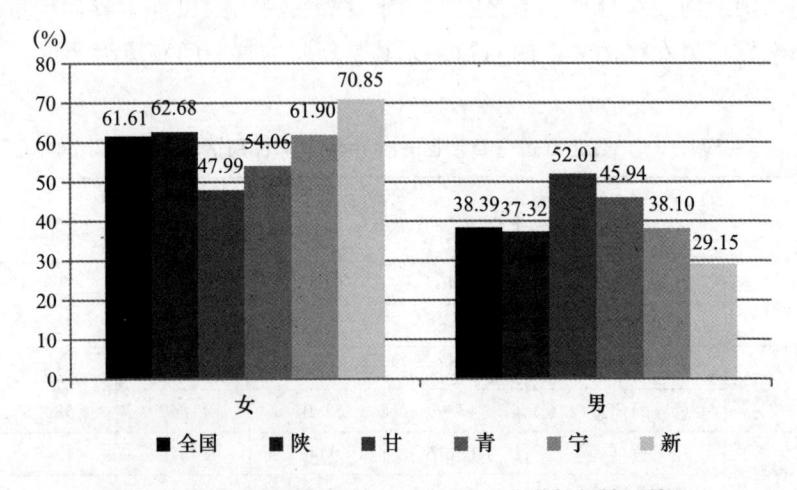

图3-21 全国及西北五省（自治区）小学教师性别情况

第三章 西北农村地区中小学教师队伍结构的现状与问题

如图 3-22 所示，整体来看，西北五省（自治区）中学男、女教师比例相对合理。具体表现为：陕西省的女性教师所占比重比男性教师所占比重高 9.34 个百分点；甘肃省女性教师所占比重比男性教师所占比重低 17.16 个百分点；青海省的女性教师所占比重比男性教师所占比重高 4.08 个百分点；宁夏回族自治区的女性教师所占比重比男性教师所占比重高 4.58 个百分点；新疆维吾尔自治区的女性教师所占比重比男性教师所占比重高 29.88 个百分点。

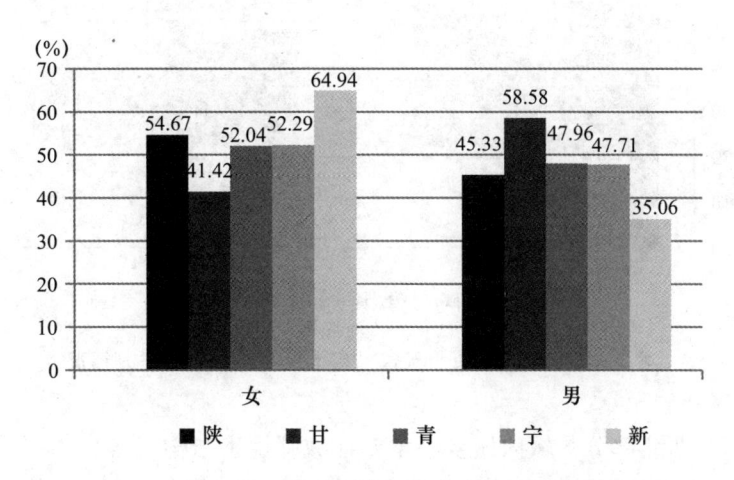

图 3-22 西北五省（自治区）中学教师性别情况

从以上对比分析我们发现，除甘肃省的男性教师人数多于女性教师外，其他四个省（自治区）均是女性教师人数多于男性教师，但占比差并不大，因此这四个省（自治区）男、女教师比例相对合理，但新疆维吾尔自治区中学女性教师所占比重远远高于男性教师所占比重，这说明新疆地区中学中存在着比较严重的男、女教师比例失衡的问题。

如图 3-23 所示，西北五省（自治区）中的陕西省、青海省、新疆维吾尔自治区和宁夏回族自治区的中学女性教师所占比重高于全国平均值，其中新疆维吾尔自治区最高，高出全国平均值 13.39 个百分点；而甘肃省中学女性教师所占比重低于全国平均值 10.13 个百分点；另外，陕西省、青海省、宁夏回族自治区和新疆维吾尔自治区的男性教师所占比重均低于全国平均值,其中新疆维吾尔自治区比全国平均值低 13.39 个百分点,而甘肃省男性教师所占比重高于全国平均值 10.13 个百分点。从以上对比分析中我们发现,甘肃省和新疆维吾尔自治区的中学中存在男、女教师比例不协调的问题。

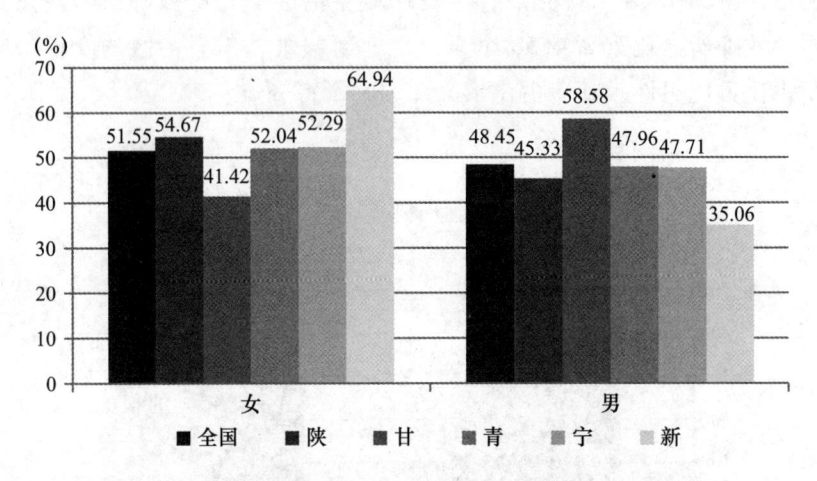

图 3-23 全国及西北五省(自治区)中学教师性别情况

2. 西北部分县域内城乡小学专任教师性别结构现状

教师性别结构是反映教师队伍结构合理性的又一项重要指标。如表 3-60 所示,总体来看,除新疆维吾尔自治区以外,西北部分其他县域内城乡小学专任教师性别结构分布较为合理。具体表现为:甘肃省、宁夏回族自治区、青海省城乡小学专任女性教师与男性教师人数相当,但新疆维吾尔自治区女性教师人数远远多于男性教师人数。

表 3-60　　西北部分县域内城乡小学专任教师性别结构　　单位:人

		女		男	
		农村	县城	农村	县城
甘	B	309	426	353	441
	D	222	232	395	153
	合计	531	658	748	594

续表

		女		男	
		农村	县城	农村	县城
青	E	492		816	
	F	621		446	
	G	464		323	
	合计	1577		1585	
宁	H	603	388	906	141
	I	629	417	1027	203
	合计	1232	805	1933	344
新	J	1042	154	507	45
	K	399	292	202	97
	合计	1441	446	709	142

注：在青海所调研的县没有具体给出农村和县城小学男、女教师的人数。

3. 西北部分县域内城乡中学专任教师性别结构现状

如表3-61所示，西北部分县域内城乡中学专任教师性别结构分布较为合理，但也表现出不同特点：甘肃省县城中学男性教师和女性教师人数均分别高于农村中学男性教师和女性教师人数；青海省城乡中学男性教师人数高于女性教师人数；宁夏回族自治区农村中学女性教师人数低于县城中学女性教师人数，而农村中学男性教师人数高于县城中学男性教师人数；新疆维吾尔自治区农村中学女性教师和男性教师人数均明显高于县城中学女性教师和男性教师人数。

表3-61　　西北部分县域内城乡中学专任教师性别结构　　单位：人

		女		男	
		农村	县城	农村	县城
甘	B	121	249	152	274
	D	88	131	180	212
	合计	209	380	332	486

续表

		女		男	
		农村	县城	农村	县城
青	E	319		430	
	F	259		219	
	G	194		463	
	合计	772		1112	
宁	H	259	292	386	305
	I	259	329	556	444
	合计	518	621	942	749
新	J	367	108	268	45
	K	374	98	265	82
	合计	741	206	533	127

注：在青海所调研的县没有具体给出农村和县城中学男、女教师的人数。

4. 西北五省（自治区）部分县域内农村中小学教师性别情况

如表3-62所示，全国小学女性教师所占比重比男性教师所占比重高23.22个百分点，因此小学阶段男、女教师比例失衡，而全国中学女性教师所占比重比男性教师所占比重高出3.10个百分点，因此，在中学阶段男、女教师比例相对合理。

表3-62　　　　全国中小学教师性别情况　　　　单位：%

	小学		中学	
	女	男	女	男
占总数的比重	61.61	38.39	51.55	48.45

资料来源：《中国教育统计年鉴》，人民教育出版社2014年版。

西北部分县域内城乡中小学教师性别比例如表3-63所示，小学阶段，甘肃省B县男、女教师在农村与县城所占比重差别不大，而 D 县有明显区别的在于，农村男性教师比县城高 24.15 个百分点。宁夏回族自治区 H 县、I 县数据呈现出明显的性别比例失衡现象。H 县女性教师农村与县城分别占比 29.59%、19.04%，男性教师农村与县城分别占比 44.46%、6.92%。I 县同样表现出如此悬殊的失衡问题，女性教师农村所占比重高于县城 9.32 个百分点，男性教师农村所占比重高于县城竟达到 36.20 个百分点。新疆维吾尔自治区农村与县城性别比例失衡现象更为显著。新疆维吾尔自治区 J 县农村女性教师占比 59.61%，县城占比 8.81%，差距达 50.80%。男性教师农村与县城比重分别为 29.00%，2.57%，差距达 26.43%。新疆维吾尔自治区 K 县女性教师农村与县城所占比重分别为 40.30%、29.49%，男性教师农村与县城所占比重则为 20.40% 与 9.80%。由于青海调研时，E 县、F 县与 G 县没有具体给出农村和县城中学男、女教师的人数，所以我们从全国对比来看，三个调研县女性教师均少于男性教师，且男性教师所占比重均高于全国平均水平。问题在于 E 县的女性教师比重远低于男性教师所占比重，因此，可以得出结论：F 县、G 县男、女教师比例相对合理，E 县表现出明显的性别失衡问题。

中学阶段，甘肃省两县无论农村还是县城，从整体上看，教师比例都较为合理，但从表 3-63 仍可以看出，无论男性教师还是女性教师，县城比例均高于农村。宁夏回族自治区 H 县与 I 县总体情况较好，无论是农村还是县城，男、女教师比例相差不大，这说明 H 县和 I 县的农村地区男、女教师比例较为合理。新疆维吾尔自治区 J 县和 K 县在表现为农村地区男、女教师占比均高于县城地区，但是男、女教师比例相差不大，从数据上来看，新疆维吾尔自治区男、女教师比例相对合理。通过与全国平均水平对比，青海省 E 县男、女教师比例分别占 42.29% 和 57.41%，F 县男、女教师所占比重为 54.18%、45.82%，而 G 县表现出明显的性别比例失衡问题，男、女教师所占比重分别为 29.53% 与 70.47%。

表3-63　西北部分县域内城乡中小学男、女教师占比情况　　单位:%

		小学				初中			
		女		男		女		男	
		农村	县城	农村	县城	农村	县城	农村	县城
甘	B	20.21	27.86	23.09	28.84	15.20	31.28	19.10	34.42
	D	22.16	23.15	39.42	15.27	14.40	21.44	29.46	34.70
青	E	37.61		62.39		42.59		57.41	
	F	58.20		41.80		54.18		45.82	
	G	58.96		41.04		29.53		70.47	
宁	H	29.59	19.04	44.46	6.92	20.85	23.51	31.08	24.56
	I	27.64	18.32	45.12	8.92	16.31	20.72	35.01	27.96
新	J	59.61	8.81	29.00	2.57	46.57	13.71	34.01	5.71
	K	40.30	29.49	20.40	9.80	45.67	11.97	32.36	10.01

注：在青海所调研的县没有具体给出农村和县城中学男、女教师的人数。

第四节　西北五省(自治区)农村中小学专任教师队伍结构存在的问题及原因分析

一　学历水平较低

通过与全国总体状况的比较看出，西北地区农村中小学专任教师学历结构都存在着不同程度的问题。以新疆维吾尔自治区为例，初中阶段专任教师学历虽以本科为主，但是其专科学历教师所占比重仍然高于全国水平（10.77%），而其本科学历教师的比重则低于全国水平（10.10%）。教师学历水平一定程度上可以反映其教育教学水平，因而努力促进西北农村中小学教师学历结构优化刻不容缓。

通过调查发现，有较大一部分教师通过入职后进行的学历补偿教育，使其学历合格率向前迈进了一大步。

我县积极引导教师参加在职学历教育学习，政府和教育主管部门给予经济和政策上的支持，学校也进行了相应的鼓励和赞助，优先安排学历不合格教师接受学历教育，确保教师队伍的整体合格。

（某县教育主管部门领导）

我县通过以下举措优化教师学历结构：一是通过设置职称晋升学历梯度激励教师进行学历补偿教育，学历越低晋升高一级职称所需工作年限就越长，如晋升中级职称，中专学历工作需满15年，本科学历则只需要5年；二是设立奖励制度激发教师对学历补偿教育的热情。

（某县教育主管部门领导）

以甘肃省的三个县为例，有超过三成的教师接受学历补偿教育，其实这在教育行业是很普遍的现象。有些教师进修学历的主要动机是外在性的提高学历水平，而非内在的对知识学习的渴求和提高教育教学能力。那么，在学校师资普遍比较紧缺，而且缺乏教师流动的有效机制的情况下，教师学历进修时专业的选择就表现出较强的功利性，通过访谈发现，教师的学历补偿教育所选专业很多是不对口的，这使教师进修后所取得的学历对自己教育教学的实际意义不大。在这种情况下，进修学历就不应该纯粹是教师个人的选择，而是在尊重教师选择的前提下，教师与学校应该有一个沟通协商的过程。因此，政府尝试出台教师学历进修的指导性意见，进行适度的规范。同时，由于目前我国继续教育体制还不太完善，缺乏监管机制，造成其教育质量无法保障，因此国家应改革继续教育体制，使教师的学历与能力对等，为教育事业贡献力量。

提高招聘教师的学历要求，考录、引进本科以上紧缺人才，新招入教师的学历要求是师范类本科以上，985院校的免费师范生可免考招录，以此优化教师学历结构。

（某县教育主管部门领导）

总之，应当进一步提高西北地区师资的学历水平，从而保障西北地区教育事业的健康发展。

二 职称结构不合理

从上文中可以看出，总体上来说，全国小学教师职称主要以中级为主，占总数的50.96%，初级职称次之。反观西北地区教师职称结构，只有青海省与全国教师职称结构相似，中级职称教师占60.36%，而其余省份的小学教师初级职称所占比重大于中级职称。总体看来，教师的职称水平偏低，高级职称的比重略低。

初中阶段的情况与小学阶段类似，全国初中教师职称主要以中级职称为主，其所占比重为43.40%；其次是初级和高级职称。反观西北地区教师职称结构，青海省的中级职称教师所占比重为41.02%，与全国平均水平相近，高级职称的比重比全国高出7.47个百分点，结构较优。而其他省的教师以初级职称为主，中级职称的教师所占比重较低。

在调研过程中笔者了解到，教师职称主要面临两个问题：一个是评职称的条件，另一个是名额问题。关于评职称的条件，各地都是按照教育局和人事局下发的关于教师评审职称的文件执行的，评审条件并没有城乡差别。一方面，农村教师认为评审高级职称的条件对于他们而言太苛刻，评审职称的条件主要是"工作年限""教学成绩""各年度考核""发表论文"等，农村教师普遍认为其他评审条件基本合理，只是发表论文这一条件限制要求过高，他们认为是否能够发表论文并不能反映个体的真实水平，且对于他们而言有些困难；另一方面，由于农村学校的高级职称名额本身就比城市学校少，因此客观上造成了农村教师评审高级职称比较困难。

通过访谈，有教师指出：

采访者：学校评定职称难吗？

受访者：评定职称倒不是很难，条件达到了就能评，难的是聘任。评聘其实是两条线，如果有20人达到了条件，但是可能只有10人的名额，那么就有10人聘不上。总之大家普遍反映这个制度不太合理。

教师职称制度的主要功能在于对教师教育教学能力与业绩的评估与认可，进而发挥这一制度鼓励教师工作积极性的功能。从这个角度看，只要教师达到规定的条件就应该有相应的指标认可其能力与业绩。但是由于各类职称都有名额限制，职称越高，名额越少，因此，能评上高级职称并获得相应经济待遇的教师比例较少。调研中发现，在一些乡镇学校，具有教师职称的教师并非都在教学一线，部分具有高级职称的教师在后勤管理岗位，这些人不直接参与教学活动，却占用着高级职称的名额，严重影响了年轻教师的职称晋升。由于职称名额的限制，许多教师认为高级职称很难获得，所以其在工作中产生了懈怠情绪，也在一定程度上影响了教师的教学积极性。因此，这需要我们更深入地探讨如何更好地发挥职称激励教师的功能。

采访者：您认为职称评审应该如何改革？

受访者：首先，职称评审以教师的政治思想、文化专业知识水平、教育教学能力、工作成绩和履行职责五个方面在平时考核的基础上进行全面考核，注重平时的工作表现。

其次，我县出台职称晋升积分办法，优先解决工作时间长的、工作业绩突出教师的职称问题；建议国家出台相关政策，实行评聘分离，即取消职称评审指标限制，对符合条件的教师全部评定相应职称，将职称聘任权限下放至用人单位，按岗聘任。

最后，建议政策向农村倾斜，增加农村中小学教师高、中级职称的比例。

三 学科教师分布不均

通过调研各县城乡中小学教师的学科情况，发现大多数地区基本能够保证语、数、英三门学科的教师，尤其是语文和数学学科的教师所占比重很高。虽然调研的是整个基础教育阶段的学科专任教师情况，但音、体、美三科教师所占比重仍然很小，其中，体育科目的专任教师比重略高于其他两科，音乐和美术两科教师的比重大致相当。

对于学科专任教师分布情况，我们不得不考虑现有的教师队伍能否达到国家"开足、开齐课程"的要求。通过访谈，了解到大多数学校会因某一学科专任教师短缺，采取"临时聘用代课教师"或"由学校专任教师兼任"的措施，以至于兼任教师的工作量加大，教学效果不佳。由此可知，对学科存在的偏见以及对各学科专任教师编制分配的不合理，导致一些科目专任教师不足，甚至导致这些科目没有相应学科背景的教师，这一方面造成学校很难"开齐、开足课程"；另一方面采取临时聘用代课教师的做法，既是对学生的不负责，也使城乡教育差距越来越大，不利于教育均衡目标的实现。针对该情况，参与座谈的教师认为"对于紧缺学科教师问题的措施一是制定各种优惠政策，引进所缺学科教师；二是对现任教师进行转岗或综合素质培训；三是鼓励'一师多能'，鼓励现有教师学习第二专业，培养各种技能，以适应多学科教学"。通过以上这些举措，尽量保证各学科师资充足，以满足教学要求。

四 专业不对口，应改革教师招考制度

专业情况是考察教师专业结构的一个较为重要的指标。由于现有专任教师队伍中教师的专业情况比较复杂，所以在前文没有罗列出来。但是通过访谈发现，地区教育主管部门及学校领导对教师的专业情况有着很大的担忧，同时对其也有着较高的要求。

> 师范院校应在招收生源上加强审查并提高要求；严格控制教师招考和准入，尽量面向师范专业的学生招考，限制非师范生录取的比例。
>
> （某县学校校长）

另外，他们从现有教师的教学教研中发现了一些问题，因而希望师范院校能够高度重视师范类学生的招生问题，以保证后期从业时的教育质量。同时，他们也反复强调在教师的准入上，应优先招录师范类毕业生，因为他们认为"师范专业毕业生学有所专，理论水平较高，也不欠缺课堂实践，登上讲台后能快速地适应课堂教学，比较容易进入角色，上手快，课堂效果好"。

通过访谈的内容可以看出，目前新入职的教师质量普遍较低，这引起了相关教育部门的高度重视，因而，改革师范类院校现有不合理的招生和培养制度势在必行；同时，虽然教师资格证报考放开了名额限制，但是学校仍更倾向于选择完整接受过几年系统师范教育的学生。所以，建议对教师资格制度进行进一步的改革，确保"准教师"教学能力的整体性提高。

五 荣誉称号结构不合理

通过对前文的数据分析发现，城乡中小学在教师荣誉称号分配方面存在一定的问题，主要是各地区各学段获得荣誉称号的机会不均等。针对上述问题，一方面可能是城镇学校的各方面条件较优，通过内在吸引、外在"层层拔高"的手段，使大部分农村优秀教师流向城镇中小学，形成优势资源的集聚效应，这造成获得荣誉称号教师主要集中在城镇地区；另一方面可能是在以县为主的管理体制下，各名额、各指标由上到下层层分配，农村学校在此过程中不占优势，因此较难获得相应的指标。

因此，统筹考虑城乡教育，尽早实现城乡教育一体化，国家和地区应通过给予荣誉或经济补偿的手段，鼓励优秀教师扎根农村，对教师流动进行合理规范，保证农村地区也拥有一定数量的高质量教师，从而推动农村教育事业向前迈进。

六 非专业水平结构问题的原因分析

众所周知，我国西北地区经济发展落后，教育发展水平也与经济相对发达地区差距较大，尤其是西北农村地区的教育发展水平与其他地区的教育发展水平更是相距甚远。由于西北地区农村教师队伍质量的提高有助于农村学校教育水平的提高，因此，分析西北地区农村学校教师队伍问题的原因至关重要。本研究将通过对西北五省（自治区）的部分有代表性的县进行研究，对其教师的非专业水平结构进行分析，寻找其存在问题的原因。

（一）农村地区中小学教师老龄化

在我国改革开放初期，为了促进西北农村地区教育事业的发展，教育行政管理部门聘请了一部分民办教师到农村地区的中小学任教，现在这批教师已经步入老年期。同时，进入21世纪以后，全国师范教育结构进行大调整，中师院校多数停办，二级师范院校升格，而一级师范院校主要为高中培养合格的教师。另外，由于农村地区条件艰苦且待遇较低，有的教师指出：

> 没有住房。有医疗保险，但报销比例不高且手续比较烦琐，医疗卡有3%是在工资中扣除的，政府补贴3%。现在我们教学忙，自己的孩子没人照看，觉得对不起孩子。十三个教师分摊所有的课，并实行坐班制，没有业余生活，希望这样的情况能够得到一定的改善。

（某县学校教师）

有的校长指出：

> 农村地区教师生活环境非常艰苦，教师们的生活环境不好，条件艰苦。教师没有住的地方，"安居"才能"乐业"，特别是对农村教师来说，其流动性大，基层教师也没有商品房可以买，老师必须靠学校提供住房，1998、2006、2007年先后三次修学生宿舍楼，把教师的土房拆得一干二净，现在除了活动板房，没有一间教师住房，板房也只有20间，学校只能动员本地老师住在家里，或腾出办公用房让老师住，外面的房价高，也没有合适的房可以租。

（某县学校校长）

从这两段访谈内容中我们可以看到，农村地区条件艰苦，工作压力较大，住房问题得不到解决，这使农村地区优秀教师流失严重。有的教师指出：

> 近几年学校教师流失的问题非常严重，主要是流往自然环境、经济比较发达的地方去了，如安徽、江苏、上海、北京、广东等地。

（某县学校教师）

这些流失的教师大部分是为了追求更高的生活质量。因为这里沙尘暴肆虐且出现频繁，水资源紧缺，自然环境和生活环境较为恶劣，且经济待遇低下。有校长指出：

> 教师调到其他地区工作是因为外边的条件相对较好，工资待遇也比较高。比如，英语学科走了14名教师，有一个是省级骨干教师，他参加完陕西师大的国家培训后，就调走了，去了中山一中，而且他一走，他的爱人也走了，他的爱人也是我们学校的英语教师。

（某县学校校长）

另外，由于农村地区相应的奖励机制不到位，无法调动教师工作的积极性，而且职称评定也较为困难，这些都导致年轻的教师不愿留在农村学校任教，所以农村地区中小学教师队伍出现老龄化的问题。

（二）农村地区中小学教师性别结构失衡

首先，师范类专业男女生比例严重失衡。各地区各级各类的师范院校是培养本地区中小学教师的摇篮，其培养的师范生是当地中小学教师队伍的主要来源，因此，师范类专业学生的男女比例在一定程度上影响着当地中小学教师队伍的性别结构。2014年，华东师范大学一项关于高等院校师范生培养状况的调查显示，在27所师范类院校近万人的抽样中，女生占65.3%，男生仅占34.7%，并且比例有拉大的趋势。① 这个调查数据表明，师范专业的女生数是男生数的近两倍。在招聘教师时，即使降低招聘的条件，还是很难招到师范类专业的男生。因此，师范类专业男生少，是中小学教师男女比例失衡的首要原因。

究其原因，首先是受传统观念的影响。一方面，虽然社会经济发展迅速，但是大部分人的思想还是受传统的儒家思想的影响，人们较为推崇"学而优则仕"这一观念。这一观念将读书与仕途紧密相连，历年的国考、省考的人员暴涨无疑正是这一思想的表现。从古至今，大部分人都想通过读书来提高自己的社会地位，可以说，这一观念已深入人心。但是中小学教师尤其是农村中小学教师的仕途并不宽广，最高的职务便是成为学校的管理者。因此，愿意走仕途的男性并不会选择教师这一职业，即使选择了这一职业也会想尽一切办法进入学校管理层，这就是为什么农村地区中小学校长大多数是男性的原因。由此可见，传统观念不仅影响着人们对职业的选择，也影响着其对职业的规划；另一方面，受传统文化的影响，女性具有大方、温柔、有耐心等优良品质，因而选择师范类专业的女性居多，这不仅符合大众对教师职业的普遍看法，也符合大众对女性的整体认知；多数女性期望有一个较为稳定的、竞争压力不大的工作，中小学教师便是她们的首选。然而，男性选择这一职业往往会遭受到质疑，因此男性选择中小学教师作为职业的人数较少，这也是中小学教师男女比例失衡的原因之一。

其次，经济待遇和工作条件较差。男性作为"理性经济人"，工资待遇当然是其选择职业的重要因素之一。但据数据显示，我国小学教师的工资待遇并不高，如 2003 年，我国中小学教师的年平均工资为 1.33 万元，并且常有随意拖欠工资的现象发生。② 在 2012 年，我国中小学教师的平均工资是 2003 年的 3.6 倍，虽然增长明显，但是

---

① 王俊：《教师职业的性别标识探论——兼谈师范类院校男女生比例失衡问题》，《高等教育研究》2015 年第 6 期。

② 周建伟：《中小学教师性别结构失衡成因及其对策》，《教学与管理》2007 年第 6 期。但是

随着社会经济的发展，物价也随之增长。另外，2012年我国人均国内生产总值为3.84万元（6100美元），但同年我国中小学教师年平均工资为4.75万元，由此可得，2012年我国中小学教师收入指数为1.24。这一指数远低于人均国内生产总值3000美元的国家，教师收入指数应在7以上的标准。[①] 这就说明，我国中小学教师的收入水平远远低于发达国家，也与我国经济发展水平不符。

通过访谈，部分教师对他们的经济待遇和工作条件谈到：

采访者：您觉得您的工作条件怎么样呢？

受访者：反正这地方比起其他教育好的县，教育环境还是要差些。就是硬件啊，像多媒体教室等还是不太标准，反正学校还是尽量想办法吧。

采访者：办公条件呢？

受访者：现在是勉强够用的，以前比较紧张，一个办公室里面坐十几个人。现在反正也感觉到有些拥挤，但是没办法。

采访者：您工作差不多两年了，您觉得您生活状况怎么样呢？

受访者：从经济上来说，还可以，但是生活条件比较艰苦，我们在外面租的房子，生活方面确实很艰苦，但精神状态还可以吧。

从这段访谈对话，我们可以了解到，中小学教师的薪资水平和工作及生活条件是影响男性教师是否选择这一职业的原因之一。

最后，社会地位不高。目前，随着社会经济的发展，一个职业工资水平的高低，决定着该职业的社会地位。由于我国农村地区中小学的工作条件艰苦，教师任务、责任都很重，而且工资水平和社会地位都不高，导致越来越多的人尤其是男性教师不选择这一职业。同时，由于"男主外"的传统文化的影响，男性比女性承担着更多的生活压力，如房贷、养育后代、赡养老人等，但是中小学教师的工资并不

[①] 张倩：《中小学教师性别失衡问题研究》，湖南科技大学，2016年。

能满足他们日常生活的需要，这使男教师紧缺。如果男性选择这一职业，往往会被认为"没出息、没能力"，得不到社会大众的认可，这给男性教师的生活造成了严重的影响。另外，大部分人愿意找女性教师作为配偶，认为她们有文化、对后代的教育有帮助，而对中小学男教师则相反。根据我国某教育网站的调查显示，在所有被调查的中小学男教师中，有76%以上的人在婚配方面因薪酬、社会地位低而遭到拒绝。[1] 通过访谈，了解到教师对这一职业的看法：

采访者：您教了十年书了，您认为教师这个职业怎么样啊？

受访者：首先感觉挺累的，素质教育提了很多年，但一直没有一个考核标准，重点还是看成绩。上面压老师，老师压学生，反正挺累的。

采访者：您教了21年书了，时间比较长，您感觉教师这个职业怎么样？

受访者：教师这个职业确实非常辛苦，如果长久这样下来的话，身心有点疲惫。在目前这种机制下，感觉越来越累。刚开始几年好像从各方面稍微轻松一些，因为年轻，热情也高。但是一方面自上而下的管理越来越紧；另一方面，现在子女大多都是一个到两个，家长对子女的关注度越来越高，要求越来越高，公众对教育的关注度也越来越高，所以教师也不好当。另外，教育上的制度越来越细化，所有细化方面的落脚点都在教师身上、教学上，所以总体感觉上比较累。

从访谈中我们可以看到，教师们认为该职业不仅压力大，而且工作比较累。男性教师不仅有教育教学这一方面的压力，还有来自家庭和社会方面的压力，而家庭和社会对他们的质疑，往往是导致男性不选择教师这一职业的直接原因。

---

[1] 王莺莺、唐福华：《小学教师男女比例失调的原因及对策》，《湖南城市学院学报》2006年第5期。

第五节　甘肃省 L 县教师队伍状况的个案研究

一　研究目的与内容

过去十多年来，L 县的教师队伍建设取得了重要成就，特别是在实施中英、中欧甘肃基础教育项目后，新课程改革中，教师素质有了普遍性的提高。但是，L 县属国家级贫困县，相对而言，基础教育底子薄，师资队伍整体素质不高；山区和边远地区教师数量不足，素质偏低，年龄老化，还存在许多代课教师；教师队伍不能适应"办让人民群众满意的教育"的需求，不能适应课程改革的需要。

为切实促进 L 县教师队伍建设和管理，深入推进素质教育，提升基础教育质量，迫切需要对 L 县教师队伍建设的现状、存在的问题，以及今后发展的战略目标和对策进行全面、深入和系统的研究，需要从促进教师发展和提升学校效能和教育质量的视角对教师管理制度、评价和激励制度进行有针对性的研究，从而为科学地加强教师队伍建设提供可靠的知识基础和决策依据。

通过本研究，全面、深入和系统地了解 L 县教师队伍建设基本情况，了解教师队伍在数量、学历、性质（公办/代课等）、称号（特级/各级骨干/带头人）、城川山区、学科、年龄上的分布，为 L 县制定教育发展规划和教师队伍建设规划提供坚实的科学依据。

二　样本的选择

采用量化和质化相结合的研究方法。具体采用问卷法、访谈法、文本收集法，以尽量全面地获得第一手资料。

（一）样本校的选择

为了能够全面地掌握全县教师队伍的状况，本研究在全县选择60所样本校，其中普通高中 5 所，职业高中 2 所，初级中学 19 所（县直 4 所、农村川区 4 所、山区 11 所），县直小学 4 所，农村中心小学 12 所（川区 3 所、山区 9 所），村级小学 11 所（川区 5 所、山区 6 所），农村山区教学点 3 所，幼儿园 4 所（县直 1 所、农村川区 2 所、农村山区1所)。

为了能够充分反映不同学校教师队伍状况,在样本校的选择上,研究组与L县教育局充分交流,每个区域选择不同类型的学校;基于教育均衡发展的考虑,分别选择了城区、川区、山区的学校若干。通过此种方法选择的样本校,既包括经济较发达的城区,也包括最薄弱的川区,样本校都具有较好的代表性。

在样本校选择的基础上,研究组在L县对主管教育的教育局长进行了个别访谈,此外,还在每个样本校对校长进行个别访谈。在征得访谈对象允许情况下录音并将其整理为文本。共采访L县教育局长1人,学校校长60人。

每个学校负责《L县教师队伍情况统计表》的填写与汇总,先由学校汇总上报研究组,之后再由研究组对统计数据进行汇总,最终形成L县教师队伍情况统计表。

对于每个样本校,研究组一方面收集了学校教师队伍建设及管理与评价的书面报告;另一方面还收集了教育局关于教师队伍建设的政策、规章制度等文件资料。

1. 参与问卷调查的教师和学生的选择与组织

在本研究中,教师为整群抽样,将教师集中在会议室统一填写问卷,学校领导和教育局工作人员回避;学生为整班抽样,每个学校随机选择1—2个年级的班,集体进行学生抽样,考虑到学生填写问卷的能力,根据样本学校具体情况,主要选择4—12年级学生,在教室中当堂完成,班主任回避。问卷填写先由研究组人员说明调查目的、问卷填写方法和保密承诺等情况,再让学生填写调查问卷,最后问卷当场收回并封存于档案袋中。

本研究共发放教师问卷1075份,回收991份,回收率为92.19%,其中有效问卷为968份,有效率为97.68%;发放学生问卷1190份,回收1154份,回收率为96.97%,其中有效问卷1150份,有效率为99.65%。

2. 访谈教师和学生的选择

在每所样本校选取2—3位教师进行个别访谈,并以学生为焦点进行团体访谈。研究组人员在组织教师和学生填写问卷的过程中选择若干访谈对象，然后根据教师的意愿、时间、学科等选择比较合适的 2—3 位进行访谈，充分考虑访谈教师的年龄、性别、职称、职务等因素的代表性；学生访谈则选择各年级的学生，充分考虑性别、学业成绩等因素的代表性（幼儿园除外）。教师和学生访谈均在单独的房间进行，访谈者首先交代说明访谈目的并作出保密承诺，在征得访谈对象同意后录音，并转录为文本（后期在保持原义的基础上对其进行了适当的编辑加工）；此次共访谈教师 136 人，访谈学生 306 人。

三　L 县教育基本情况

L 县位于甘肃省中部、白银市南端，总流域面积 6439 平方公里，有耕地 460 多万亩，辖 28 个乡镇、284 个行政村、11 个社区，总人口 58.47 万人，其中农业人口 53.48 万人，是甘肃省地域和人口大县。L 县平均海拔 2025 米，年平均气温 7.9℃，年平均降水量 370mm，年平均蒸发量 1800mm。L 县是国家扶贫开发重点县之一。全县贫困面广，贫困人口多，贫困程度深，扶贫开发难度大，2002 年被国家确定为扶贫开发工作重点县。

L 县有西北教育名县之盛誉。自古崇文修德、尊师重教，仅明清两代就有进士 20 人、文武举人 115 人、贡生 369 人。自恢复高考以来，已向全国输送大学生 7 万多人，其中获得博士学位的 1000 多人、硕士学位的 5000 多人，"状元村""状元户"持续涌现。因此形成了"领导苦抓、家长苦供、社会苦帮、教师乐教、学生乐学"的"三苦两乐"L 教育精神，创造了薄弱经济基础支撑庞大教育体系的特殊 L 现象，走出了一条革命老区、贫困地区自力更生、艰苦奋斗办教育的实践之路，在全省乃至全国产生了较大影响。

全县现有各级各类学校 475 所，其中普通高中 5 所，中等职业学校 4 所（含民办学校 1 所，成人教育学校 1 所），初级中学 47 所，小学 292 所，教学点 53 个，幼儿园 74 所。在校学生共有 124781 人，其中普通高中学生 20099 人，职业学校学生 5783 人，初中学生

40596 人，小学生 50540 人，幼儿园（包括学前班）儿童 7763 人。全县现有教职工 8166 名（专任教师 8104 名、工人 62 名），其中男教师 5436 名，女教师 2668 名。专任教师中，幼儿园教师 143 名，小学教师 3746 名，初中教师 2799 名，高中教师 1180 名，职业学校教师 283 名。

四　L 县教师队伍基本情况

近年来，L 县教师队伍建设取得了显著成效。目前，全县教职工总数 8430 名（专任教师 7725 名、代课教师 705 名）。专任教师中，小学（教学点）3746 名，初中 2799 名，高中 1180 名。具体如下：

表 3-64　　　　　　L 县教师数量及结构

		合计	小学（教学点）	独立初中	独立高中
学校数（所）		353	303	45	5
学生数（人）		93288	36050	33607	23631
教职工总数（人）		8430	4402	2848	1180
省上下达基本编制（个）		8624	—	—	—
专任教师总数（人）		7725	3746	2799	1180
代课教师数（人）		705	656	49	—
所缺专任教师数（人）		843	91	119	633
专任教师职称结构（人）	无职称	424	215	187	22
	初级	4820	2322	1826	672
	中级	2149	1173	664	312
	高级	332	36	122	174
专任教师学历结构（人）	硕士	7	0	1	6
	本科	3800	991	1764	1045
	专科	2297	1365	819	113
	高中及以下	1621	1390	215	16
专任教师中学历补偿教育人数（人）		5035	2631	1810	594

续表

		合计	小学（教学点）	独立初中	独立高中
专任教师年龄结构（人）	25 岁以下	408	211	165	32
	26—30 岁	1816	1052	549	215
	31—35 岁	1718	923	582	213
	36—40 岁	1028	295	482	251
	41—45 岁	584	298	174	112
	46—50 岁	1041	508	378	155
	51 岁以上	1130	459	469	202
特级教师（人）		7	4	1	2
骨干教师（人）	省级	53	29	4	20
	市级	382	215	72	95
青年教学能手（人）	省级	24	15	5	4
	市级	51	31	14	6
学科带头人（人）	省级	2	1	0	1
	市级	27	15	2	10

五　L县教师队伍存在的问题

（一）教师专业水平结构

1. 教师学历结构不合理，教师教学能力不足

如图3-24所示，L县中小学专任教师中具有高中及以下学历的教师有1621名，占专任教师总数的19.23%；具有专科学历的教师所占比重为27.25%；具有本科学历的教师所占比重为45.08%；获得硕士学历的教师有7名，占专任教师总数的0.08%；这与国家规定的各级学校教师学历标准还有较大差距。

如图3-25所示，总体来看，小学、初中和高中阶段专任教师的学历差别非常大。从《中华人民共和国教师法》的规定来看，这种差别是正常的。不过，该县有1621名高中及以下学历的教师，其中小学和初中教师所占比重分别为85.75%和13.26%；而高中阶段的情况相对较好，有7名硕士学历的教师，所占比重为85.71%。因此从数据上可以看出，该县各学段专任教师的学历分

布差异显著。

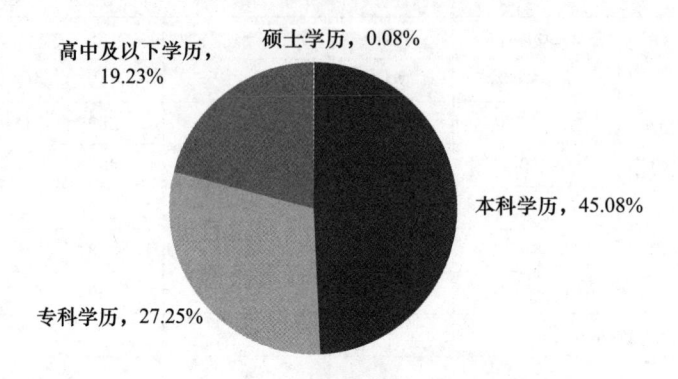

图 3-24 中小学专任教师学历结构

注：由于问卷填写疏漏，造成总和有偏差。

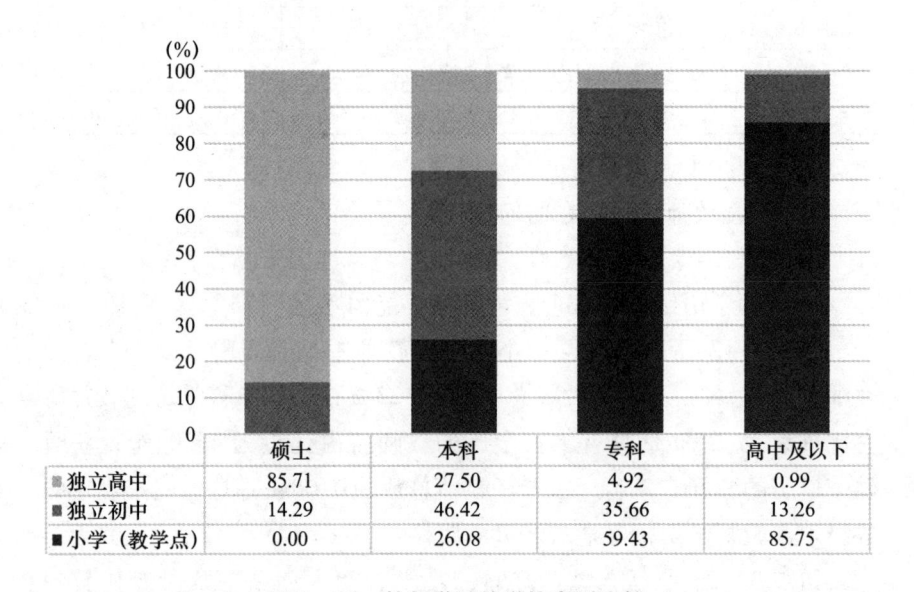

	硕士	本科	专科	高中及以下
独立高中	85.71	27.50	4.92	0.99
独立初中	14.29	46.42	35.66	13.26
小学（教学点）	0.00	26.08	59.43	85.75

图 3-25 教师学历的学校类型比较

注：数据之和大于100%，原因在于教师通过学历补偿教育提升了学历，会出现同时拥有两个学历的情况。

从表 3-64 我们已经知道，小、初、高三个学段中均有大量的教师接受过学历补偿教育，这些教师的比重分别占各学段教师总数的

59.77%、63.55%、50.34%,这说明教师参与在职学历进修的热情较为高涨,参与比例大。而且有超过一半的教师通过函授、自考和夜大等方式提高学历水平,但是在调查中教育部门领导和教师普遍反映函授教育的有效学习时间短,学习质量普遍不高。

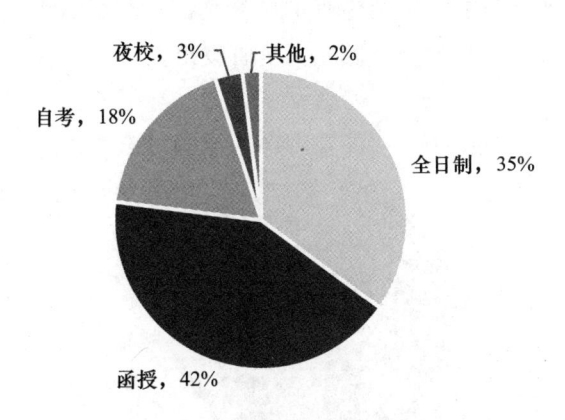

图 3-26 教师最高学历获取方式

总体而言,如图 3-26 所示,在调查的教师中,有42%的教师通过函授获取最高学历,有18%的教师通过自考获取最高学历,只有35%的教师的最高学历是通过全日制方式获取的。初中的课程已经具有很强的学科性,在强调教师专业化的时代,如何增强教师专业对口是需要关注的问题,这就需要在各级教师招聘考试中增强针对性,另外,促进一定范围内教师的有序、有效的流动,加强教师的在职培训也可缓解这一问题。

采访者:老师通过补偿教育获得的学历跟他所教的专业之间吻合性怎么样?

受访者:现在教师的"学非所教"的现象比较突出,包括咱们初中有些学校的教师在职提高的时候,比如说英语专业本科就很难取,不管是自学考试还是其他考试,他就报的政治啊,相对轻松的专业,就是纯粹是为了获取学历。绝大多数老师通过补偿教育获得的学历跟他所教的专业不吻合。

（某高中校长）

由此可以看出，虽然通过学历补偿教育，教师的学历层次有了明显提高，教师队伍的学历结构有了显著改善，但是由于后期接受的教育专业不对口，使高学历—低能力矛盾突出。

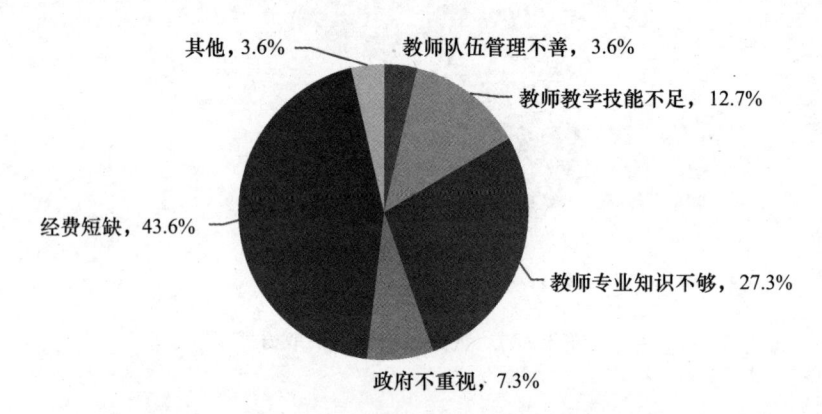

图 3-27　校长认为影响教师队伍建设的最大困难

注：由于问卷填写疏漏，造成总和有偏差。

在校长问卷中，60 名校长认为影响学校教师队伍建设的因素依次为："教师编制短缺""经费短缺""教师教学知识与技能不足"。可见，虽然教师知识与能力不足在学校教师队伍建设难题中排序第三，但仍然有超过 1/5 的校长认为这是最大的难题，这似乎与前述的教师高学历有一定的矛盾。教师虽然有较高学历，但教学的胜任力并不高，显而易见这与中小学教师在短期内通过函授、自学等较为速成的方式提高学历有关。

在对 1154 名学生的问卷调查中，有近 1/3 的学生认为他们的老师在教学中有时会出现知识方面的错误，有一些学生认为他们的老师经常出现错误，说明有部分教师专业和通识知识并不能完全满足教学的需要。

造成教师高学历—低能力的原因较多。在与教育局局长、校长的访谈中，普遍反映的主要原因有：教师的招考、进修、培养制度不完善，不合乎教师专业发展规律。

首先，省教师招考制度与地方教师需求不吻合。甘肃省公开对所有招考学科教师实行统一的考试，考试科目为外语和一门文化课。这种考试制度极大地忽视了地方学校教师需求上的学科性差别。

"总之，学文科的就占便宜，考的主要是英语，其实是谁的英语好，谁就基本能考上。这与专业没有关系嘛！"（某校长访谈）。

特别是音乐、美术、体育等科目的教师就很难考上。但是，音乐与美术教师往往又特别紧缺。

其次，教师自考、函授进修中的"学非所教"。许多教师为了更容易通过进修取得学历，会选择如中文、教育管理等比较容易获得学历的专业，从而造成比较普遍的"学非所教"的现象。

采访者：现在很多老师的学历是通过函授、自考这种方式获得的，"学非所教"的情况多吗？

受访者：这个情况比较多。

采访者：具体来说在我们学校老师中有多少位？

受访者：我们学校一百一十多位老师中有十多位。有的（老师）教的是数学，函授的是体育，有的教的是物理，函授的是中文。

（某中学校长）

最后，非师范院校的培养教师的观念较为淡薄，这造成学生从师技能不强的问题。由于教师资格证较易获得，许多工程专业、服务类专业的中专和大专生也开始从事教师工作，但是由于他们大多缺乏从师的基本知识和技能，因此，适应教学工作需要较长时间。

"现在很多老师的学历都是这几年弄的,现在弄个学历很容易,都不值钱,中专文凭都多得很,现在的高职招生学生两百多分就能录取,你说高职能好到哪里去?"

(某中学校长)

"现在考取教师资格证放开了,谁都可以考,考试也有问题,说白了,就是谁会背书谁就能考上。其实,很多人,主要是非师范院校的毕业生,他们不具备教书育人的基本素质。"

(某小学校长)

2. 不同类型学校的教师职称结构不同,高级职称专任教师不足

(1) 各学段教师职称情况及对比分析

专任教师中获得初级职称的有62.39%;获得中级职称的教师不足1/3,为27.82%;获得高级职称的教师所占比重只有4.30%,还没有评职称的教师所占比重为5.49%。从专任教师职称比例看,具有初级职称教师的比例过高。

如图3-28所示,在一定数量的不同等级职称下,各学段的职称分布存在差异。总体而言,高中阶段教师职称相对较高,表现为具有高级职称的教师比例最高(52.41%),具有初级职称的教师比例最低(13.94%)。

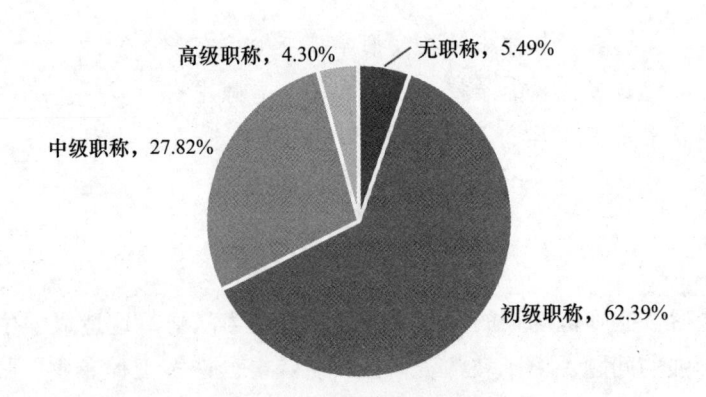

图3-28 专任教师职称结构

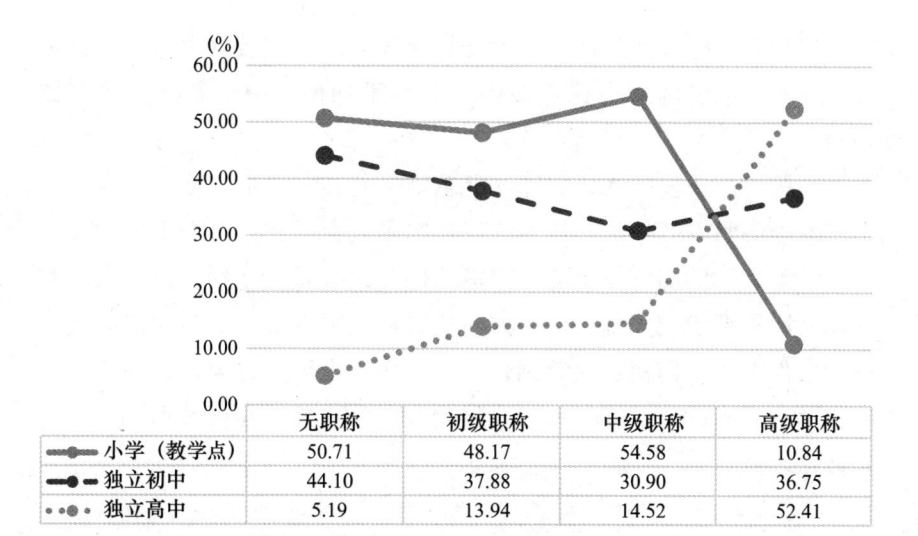

	无职称	初级职称	中级职称	高级职称
小学（教学点）	50.71	48.17	54.58	10.84
独立初中	44.10	37.88	30.90	36.75
独立高中	5.19	13.94	14.52	52.41

图 3-29　教师职称结构的学校类型比较

（2）教师职称评定制度中的具体问题

在调研过程中我们了解到，教师职称方面主要面临两个问题，一个是评职称的条件，另一个是名额问题。通过对回收的问卷进行数据统计与分析可以看出，总体上教师对职称评定制度的态度一般，说明在合理性和公平性上教师的认同度并不强，具体数据如表 3-65 所示。

表 3-65　　　　教师对职称评定制度的看法　　　　单位：%

	非常合理/ 困难/公平	比较合理/ 困难/公平	一般	不太合理/ 困难/公平	非常不合理/ 困难/公平
合理性	6.7	31.5	33.1	18.7	9.7
难度	44.3	37.8	10.8	2.9	4.1
公平性	6.6	27.4	34.0	21.0	11.0

教师认为职称评定比较难，具体表现为有 37.8% 的教师认为比较难，有 44.3% 的教师认为非常难，两者合计超过 80%，这足以说明教师职称评定制度的难度非常高。

在不同类型教师职称评定制度的看法上，小学教师中持合理性和公平性看法的教师所占比重最高，略高于均值。中学教师看法与此相同。

问题一：学段越低，职称评定越难，尤其农村小学教师更难

关于评职称的条件，各学校都是按照教育局和人事局下发的关于教师评审职称的文件执行的，评审条件并没有城乡差别，但是农村教师高级职称评定较为困难。一方面，农村教师主观上认为评审高级职称的条件对于他们而言太苛刻；另一方面，由于农村学校在高级职称的限额上本身就比城市学校少，因此客观上造成了农村教师评审高级职称比较困难。

采访者：您觉得在这个学校评职称难不难？

受访者：我们这个学校评职称很难。够条件的教师多，但是名额比较少。有些够条件的教师要等上六七年，以前还有等十几年的教师。现在情况有所好转，但是也得等上好几年。

采访者：那您觉得您什么时候可以提升职称呢？

受访者：最近几年希望不大。

（某中学教师）

受访者：我们学校一些年纪大一点的老师，到退休年龄还没有晋升到中级职称。

采访者：为什么啊？

受访者：给的名额少啊，听他们说挺难的，县上分配的名额太少。

（某小学教师）

采访者：你觉得咱们老师评职称难吗？

受访者：难度是比较大的。这几年分的名额少得很，我们小学的和中学的相比，农村的和城里的相比，同样一个老师的话，如果在城里职称就解决掉了，在农村就不行，中学要比小学的好一些。

（某小学校长）

调查发现，许多一级教师认为高级职称很难获得，所以在工作中产生一定的懈怠，因此，需要探讨如何更好地发挥职称激励教师的功能。农村教师职称评定难的问题，迫切地需要相关部门出台相应政策使其得到公平的解决。农村教师本身的工作环境和生活环境较差，理应在职称评定、津贴等方面给予其特殊照顾。

问题二：职称评聘制度存在问题

  采访者：你们学校评定职称难吗？
  受访者：评定职称倒是不难，难的是聘任。现在评聘是两条线。聘不上这个职称就没有体现这个价值，总之大家普遍反映这个制度不合理。

（某中学教师）

  采访者：现在教师评职称有哪些条件？
  受访者：一般就是在学校的常规工作做好，再一个就是发表论文。
  采访者：您认为发表论文这个条件合理吗？
  受访者：这算一项硬性条件，发表论文也很（让人）头疼。不这样规定好像也没有办法。我就实话实说，很多老师发表论文就是完成任务，他写的论文可能和他的教学没有关系，就是为了凑数，还有些老师就掏钱找人写论文，写的是什么他自己可能都不清楚。

（某小学教师）

评审职称的条件由教育行政部门确定，因此各学校要求基本相同，主要是看教龄、教学成绩、年度考核、发表论文等，教师们普遍认为其他评审条件基本合理，而发表论文这一条件限制已成"鸡肋"，一部分教师认为，虽然发表论文并不能完全反映教师真实的教育教学水平，但在"教师应当成为研究者"的今天，也或多或少能够衡量教师的教育教学能力。而绝大部分教师，尤其农村教师则认为发表论文这一条件太难，而且也不能说明教师的教育教学能力。

(3) 教师结构性短缺，学科结构不合理

研究者通过对校长、教师的访谈，对该县的专任教师的学科情况有了一些了解：

> 采访者：您提到的"教师的结构性短缺"是什么意思呢？
>
> 受访者：像我们现在历史、地理、生物等科目都没专业老师，都是其他学科的老师兼课，或者是中途转到这个专业上的，像音乐、技术课程的专业老师特别缺乏。
>
> 采访者：缺乏到什么程度？
>
> 采访者：像我们这个农村学校，从我进到这个学校已经快20年了，只分配来一个正规（专业）的音乐专业毕业的大学生，到我们校一年多就调到县城学校去了。现在学校的音乐课只有让别的稍微会点音乐的老师兼课。

（某初中教师）

> 采访者：贵校学科比例如何？
>
> 受访者：学科结构很不合理，比如说小三科：生物、政治、地理这样的学科几乎没有专业的教师，这些学科都是由退下来的其他学科老师，或是相对成绩上不去的老师去教这些学科。
>
> 采访者：为什么这样的学科要让别的老师代替？
>
> 受访者：不这样做，这个课就开不了。因为没有这方面的老师。全省注重中考、统考科目。在老师的配备上，英语、语文、数、理、化等这些学科（还可以），其他学科的老师相对（不重视），你说素质教育咋提高呢？

（某中学校长）

对主科教学的重视，使得相关学科的教师编制充足，而造成大量的小学科专任教师短缺，使得由其他学科教师兼任或聘用代课教师的现象比较突出。L县目前仍有705位代课教师，其中有93%的教师分布在小学（教学点），所以亟须努力去解决学科结构不合理的问题。

(4) 获得荣誉教师数偏少

L县获得省市级"骨干教师""青年教学能手"和"学科带头人"荣誉称号的教师数为546人，占现有专任教师总数的7.07%。其中获得省级荣誉的教师数为79人，市级460人，分别占专任教师总数的1.02%和5.95%。

L县共有骨干教师435名，占专任教师总数的5.63%；有青年教学能手75名，占专任教师总数的0.97%；有学科带头人29名，占专任教师总数的0.38%。可以看出，L县获得荣誉的教师数偏少。

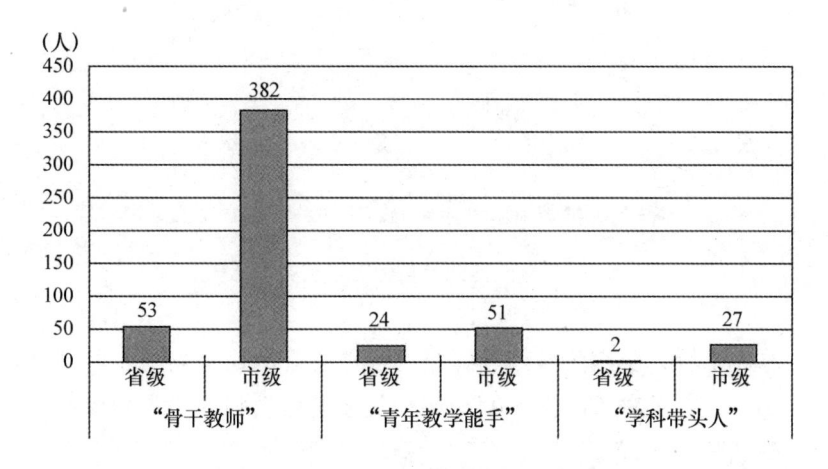

图3-30　现任教师中获得省市级荣誉人数

此外，获得荣誉称号的教师主要集中在小学阶段，初中阶段的教师获得的最少。就小学阶段而言，获得"骨干教师"和"青年教学能手"的比例分别为55.87%和61.33%，具有"学科带头人"称号教师的比例为55.17%。总体来说，在小学阶段获得特级教师、骨干教师、青年教学能手以及学科带头人称号的教师比例均达到了55%以上，远高于中学阶段教师获得荣誉称号的比例。

就中学阶段而言，初中教师中获得"特级教师""骨干教师"以及"青年教学能手"荣誉的人数分别占教师人数的14.29%、17.48%、25.34%，由图3-31得知，高中教师获得"特级教师""骨干教师"

以及"学科带头人"荣誉的教师比例高于初中教师，但是获得"青年教学能手"荣誉的比例低于初中教师。

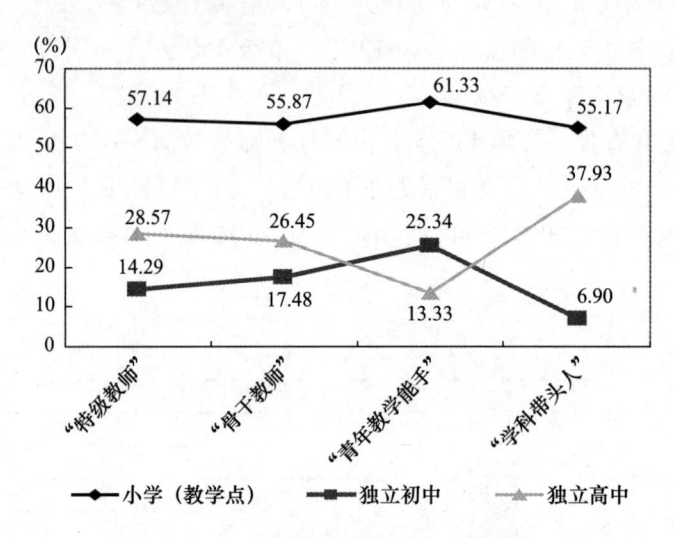

图 3-31 获得荣誉教师的学校类型比较

总体来看，小学阶段的教师获得各种荣誉的比例均高于其他阶段的教师，这在某种程度上不利于调动其他阶段教师的工作积极性与研究教学的热情。

3. 非专业水平结构

（1）编制教师紧缺，代课教师上任

L县普通中小学有教职工8430人，省上下达基本编制数为8624人，实有教职工数比编制数少194人；有专任教师7725人，有代课教师705人。L县共缺专任教师843人（不包括代课教师），占应有专任教师总数的10.91%，亟须补充教师数量是L县今后若干年教师队伍建设的重要任务。

通过调研数据统计得出，L县小学有学生36050人，独立初中有学生33607人，独立高中有学生23631人；它共有教职工8430人，其中小学（教学点）4402人，独立初中2848人，高中1180人；便可以得出小学阶段教职工与学生之比为1∶12.21，初中阶段为1∶

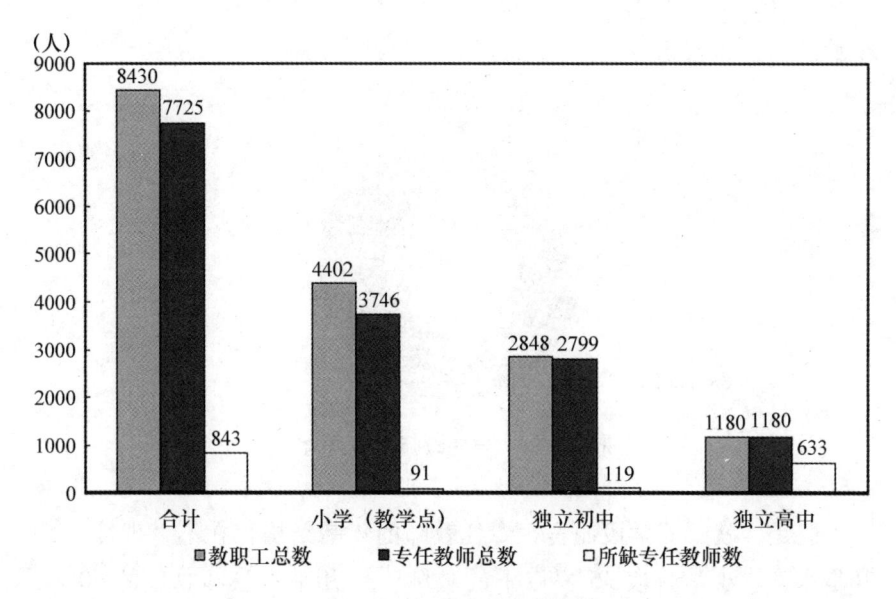

图 3-32 教师队伍数量

8.47，高中阶段为 1∶4.99。其次，小学、初中和高中阶段各有专任教师 3746 人、2799 人和 1180 人，小学、初中和高中各阶段专任教师与学生之比为 1∶10.39，1∶8.33 和 1∶4.99。

L 县小学和初中各有代课教师 656 人、49 人。代课教师主要聚集在小学，尤其是在农村小学。普通中小学共缺专任教师 843 人，其中小学缺 91 人，初中缺 119 人，高中缺 633 人。与现有教师规模比较而言，高中教师缺口较大，补充普通高中教师的任务最为紧迫。

调研发现，几乎所有的农村小学都存在专任教师短缺的问题，尤其缺少体育、美术、音乐和计算机技术的专业教师。此外，还存在两个问题：一是农村小学本有的一些骨干教师流向城镇学校；二是农村小学补充教师困难。这主要是因为学龄儿童减少，以及快速出现的农村小学生到城镇就学的潮流使农村小学班额较小，许多班级学生不到 20 人，因此仅仅按照师生比配置教师的标准很不符合农村学校的变化形势。

（2）教师年龄结构总体较为合理，各学段年龄结构差异显著

35 岁以下的专任教师所占比重为 50.9%，36—45 岁和 46 以上的专任教师所占比重分别为 27.1% 和 22.0%。总体而言，专任教师的

年龄结构分布较为合理。

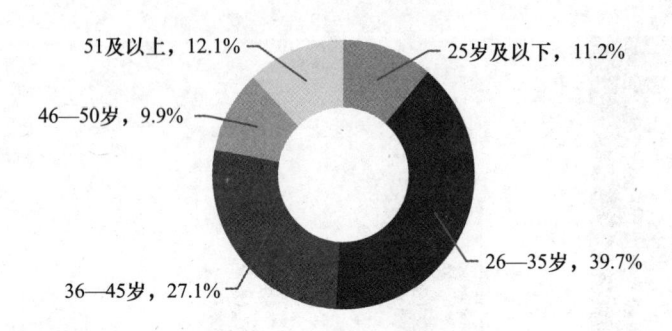

图 3-33　专任教师年龄结构

51及以上, 12.1%
25岁及以下, 11.2%
46—50岁, 9.9%
26—35岁, 39.7%
36—45岁, 27.1%

但是，就不同学段而言，专任教师的年龄结构存在不合理性，尤其是小学。小学阶段35岁以下的教师群体几乎占教师总数的60%，36—45岁的教师仅为15%左右，这说明小学阶段专任教师年龄趋于低龄化，年轻教师居多，青壮年教师明显不足，这一方面显示了小学专任教师后备力量充足，另一方面，教师过于年轻，这说明其教学经验可能存在不足。初高中阶段的教师年龄结构较为合理，31—45岁的教师占多数，师资力量雄厚。

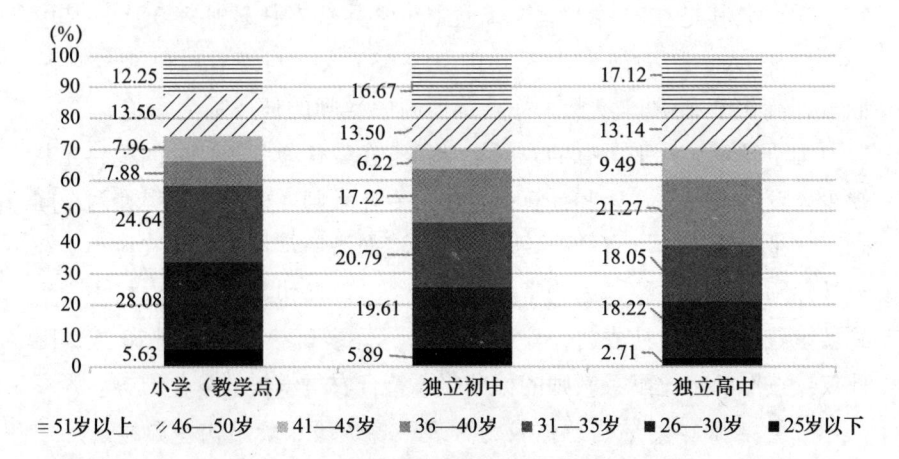

学段	51岁以上	46—50岁	41—45岁	36—40岁	31—35岁	26—30岁	25岁以下
小学（教学点）	12.25	13.56	7.96	7.88	24.64	28.08	5.63
独立初中	16.67	13.50	6.22	17.22	20.79	19.61	5.89
独立高中	17.12	13.14	9.49	21.27	18.05	18.22	2.71

图 3-34　各学段专任教师年龄分布情况

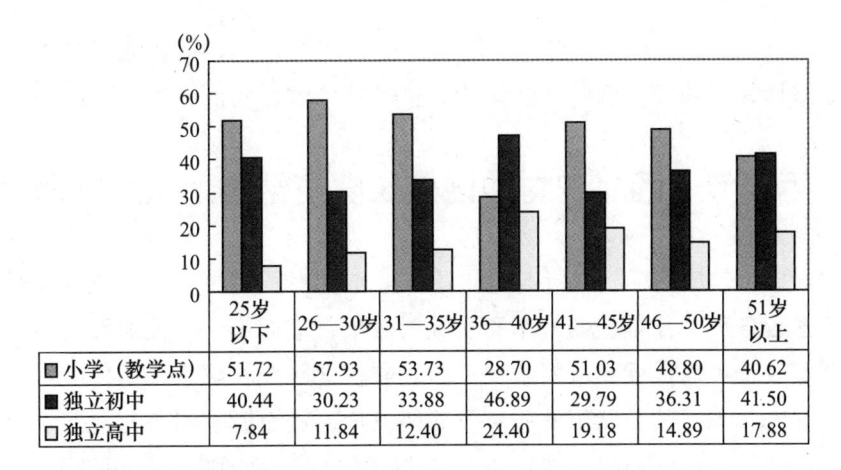

	25岁以下	26—30岁	31—35岁	36—40岁	41—45岁	46—50岁	51岁以上
小学（教学点）	51.72	57.93	53.73	28.70	51.03	48.80	40.62
独立初中	40.44	30.23	33.88	46.89	29.79	36.31	41.50
独立高中	7.84	11.84	12.40	24.40	19.18	14.89	17.88

图3-35 教师年龄结构的学校类型比较

此外，对不同学段的学校进行对比可以看出，小学教师年龄相对较小，表现为30岁以下教师人数较多，40岁以上教师人数较少。小学和初中51岁以上教师人数相对于高中这一年龄段教师人数较多。高中教师年龄结构相对比较合理，老年教师少，中青年教师较多，35岁以下青年教师也较多，形成较为合理的梯队。但据访谈和观察，我们发现一些农村小学很少有年轻教师。

总之，通过对L县进行个案分析，可以看出该县在致力于教师队伍结构建设中所做的努力。现有教师团队一定程度上可以保证教育教学的开展，但是对其专业水平结构和非专业水平结构进行细化分析得出，该县与其他县的情况大致类似，即教师学历层次较低，高学历的教师比重低；初级职称的教师占总数的多半，职称结构不合理；职称结构水平较低；由于教师结构性缺编，许多小学科是由其他教师兼任或聘用代课教师，专业不对口问题突出；荣誉称号的设定比例略低，不易调动教师工作积极性。该县师资短缺问题仍然存在，尤其农村小学（教学点），不利于保证教育教学的开展及教育公平的实现；教师年龄结构整体是合理的，但是具体来看，小学（教学点）阶段存在年轻教师比重大，小、初、高三个学段46岁以上的教师所占比重都较大，说明存在潜在的老龄化问题。

综上所述，L县在教师队伍建设上任重而道远，需要通过种种有益举措，尽快完善教师队伍结构，推动地区教育向前更快发展。

第六节 西北农村地区校长队伍结构现状及问题

校长是履行学校领导与管理工作职责的专业人员，其专业性关系到学校各项工作推进的效率和实施的效果，进而影响学校的发展。一个好校长可以成就一所好学校，西北农村地区校长队伍的结构决定了西北农村地区校长队伍的质量及功能发挥，进而影响到西北地区农村学校的教育教学质量。校长首先是教师，作为教师队伍的领导力量，校长队伍结构状况影响整个教师队伍的结构与质量。

一 专业水平结构现状及问题

（一）学历

1. 小学校长

如表3-66所示，调研团队选取了宁夏回族自治区H县，新疆维吾尔自治区J县和K县，对其城乡小学校长的学历进行了调研。从表中可以看出，三个样本县城乡小学校长的目前学历大多为本科，但是在新疆维吾尔自治区的J县和K县，其农村小学校长中也有一定比例的大专和其他学历。经过城乡对比我们发现，三个样本县县城小学校长的目前学历层次较高，而农村小学校长的学历层次有待提升。

表3-66　　　　　　城乡小学校长目前学历的比较

	宁夏H县				新疆J县				新疆K县			
	农村		县城		农村		县城		农村		县城	
	人数（人）	比重（%）	人数（人）	比重（%）	人数（人）	比重（%）	人数（人）	比重（%）	人数（人）	比重（%）	人数（人）	比重（%）
硕士及以上	0	0.0	0	0.0	0	0.0	0	0.0	0	0.0	0	0.0
本科	12	100.0	7	100.0	35	76.0	1	100.0	4	50.0	2	100.0
大专	0	0.0	0	0.0	9	19.6	0	0.0	4	50.0	0	0.0
其他	0	0.0	0	0.0	2	4.3	0	0.0	0	0.0	0	0.0

第三章　西北农村地区中小学教师队伍结构的现状与问题　147

如表 3-67 所示，通过对农村小学校长第一学历与目前学历的对比，我们发现，三个样本县农村小学校长的第一学历主要以其他学历或者大专学历为主，本科学历的比重较低。但是在目前学历中，除新疆维吾尔自治区 K 县以外，宁夏回族自治区 H 县和新疆维吾尔自治区 J 县的农村小学校长的学历都已上升到本科，其中宁夏回族自治区 H 县的本科学历所占比重达到了 100%，其他两县的大专和其他学历所占比重均下降，这说明这两县的校长可能已通过学历补偿教育来提升自己的学历层次。但在新疆维吾尔自治区 K 县数据中，农村小学校长第一学历以大专学历为主，所占比重为 50.0%，其次是本科学历和其他学历并重，其比重均为 25.0%，在目前学历中，本科学历所占比提高了 25.0%，大专学历所占比仍为 25.0%，其他学历所占比

表 3-67　　　农村小学校长第一学历与目前学历的比较

	宁夏 H 县				新疆 J 县				新疆 K 县			
	第一学历		目前学历		第一学历		目前学历		第一学历		目前学历	
	人数（人）	比重（%）	人数（人）	比重（%）	人数（人）	比重（%）	人数（人）	比重（%）	人数（人）	比重（%）	人数（人）	比重（%）
硕士及以上	0	0.0	0	0.0	0	0.0	0	0.0	0	0.0	0	0.0
本科	2	16.7	12	100.0	6	13.0	35	76.1	2	25.0	4	50.0
大专	3	25.0	0	0.0	25	54.4	9	19.6	4	50.0	4	50.0
其他	7	58.3	0	0.0	15	32.6	2	4.3	2	25.0	0	0.0

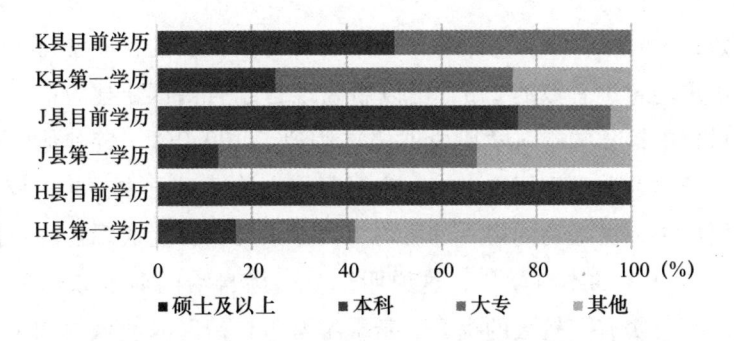

图 3-36　农村小学校长第一学历与目前学历的比较

下降到了0.0%，这说明新疆维吾尔自治区 K 县农村小学校长学历层次虽然有了一定程度的提升，但相比其他两个县仍有不足，仍需要校长们继续努力，努力提高自己的学历水平，同时相关教育行政部门也可提拔一些优秀的高学历的管理人才，补充到校长队伍中，以优化校长的整体学历结构。

2. 初中校长

由于部分数据缺失，表3-68中只有宁夏回族自治区 H 县城乡初中校长目前学历的数据。从该数据中我们可以看出，宁夏回族自治区 H 县县城初中校长的目前学历全是本科，而农村初中校长的目前学历中还有1/4是专科学历，这说明县城初中校长的学历结构较优，农村初中校长的学历结构有待改善。

表3-68　　　　城乡初中校长目前学历的比较

	宁夏 H 县 农村 人数（人）	宁夏 H 县 农村 比重（%）	宁夏 H 县 县城 人数（人）	宁夏 H 县 县城 比重（%）	新疆 J 县 农村 人数（人）	新疆 J 县 农村 比重（%）	新疆 J 县 县城 人数（人）	新疆 J 县 县城 比重（%）	新疆 K 县 农村 人数（人）	新疆 K 县 农村 比重（%）	新疆 K 县 县城 人数（人）	新疆 K 县 县城 比重（%）
硕士及以上	0	0.0	0	0.0	0	0.0	—	0.0	0	0.0	—	0.0
本科	6	75.0	3	100.0	8	0.0	—	0.0	6	66.7	—	0.0
大专	2	25.0	0	0.0	0	0.0	—	0.0	3	33.3	—	0.0
其他	0	0.0	0	0.0	0	0.0	—	0.0	0	0.0	—	0.0

如表3-69所示，三个样本县中农村初中校长的目前学历多为本科，比重均超过总数的2/3，由以新疆维吾尔自治区 J 县为最，其目前农村初中校长的本科学历所占比重达到了100.0%，较其他两县而言，校长的目前学历层次更高。宁夏回族自治区 H 县农村初中校长的学历层次中，由最初的第一学历均为大专学历，转变成现在的目前学历中有75.0%的本科学历，这说明宁夏回族自治区 H 县农村初中校长的学历层次有了较大的提升。新疆维吾尔自治区 K 县农村初中校长的目前学历也以本科学历为主，但该县农村初中校长第一学历为本科

的比重本就较高，因此，增幅并不算大，且目前学历为大专的比重仍较高，为33.3%，与第一学历为大专学历的比重相比没有变化，这说明新疆维吾尔自治区K县农村初中校长的学历层次有待提升。

表3-69　农村初中校长第一学历与目前学历的比较

	宁夏H县				新疆J县				新疆K县			
	第一学历		目前学历		第一学历		目前学历		第一学历		目前学历	
	人数（人）	比重（%）	人数（人）	比重（%）	人数（人）	比重（%）	人数（人）	比重（%）	人数（人）	比重（%）	人数（人）	比重（%）
硕士及以上	0	0.0	0	0.0	0	0.0	0	0.0	0	0.0	0	0.0
本科	0	0.0	6	75.0	1	12.5	8	100.0	5	55.6	6	66.7
大专	8	100.0	2	25.0	7	87.5	0	0.0	3	33.3	3	33.3
其他	0	0.0	0	0.0	0	0.0	0	0.0	1	11.1	0	0.0

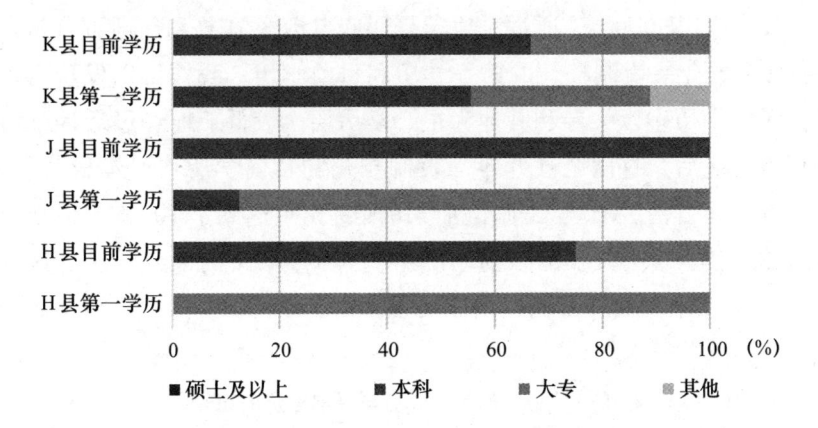

图3-37　农村初中校长第一学历与目前学历的比较

3. 九年一贯制校长

在调研的三个县中，只有宁夏回族自治区的H县和新疆维吾尔自治区的J县有九年一贯制学校，并且H县的九年一贯制学校只存在于农村地区。如表3-70所示，宁夏回族自治区H县和新疆维吾尔自治区J县城乡九年一贯制校长目前学历均以本科为主，其中H县农村和

J县县城的九年一贯制校长目前本科学历所占比重达到了100.00%，J县农村的九年一贯制学校校长的目前学历虽也以本科学历为主，但仍存在16.67%的大专学历。

表3-70　　　　城乡九年一贯制校长目前学历的比较

	宁夏H县				新疆J县			
	农村		县城		农村		县城	
	人数（人）	比重（%）	人数（人）	比重（%）	人数（人）	比重（%）	人数（人）	比重（%）
硕士及以上	0	0.00	—	—	0	0.00	0	0.00
本科	7	100.00	—	—	10	83.33	2	100.00
大专	0	0.00	—	—	2	16.67	0	0.00
其他	0	0.00	—	—	0	0.00	0	0.00

如表3-71所示，通过对比宁夏回族自治区H县和新疆维吾尔自治区J县九年一贯制校长的第一学历和目前学历，我们可以发现，校长的第一学历多以大专和其他为主，学历层次较低，而经过后期学历补偿教育之后，这两个县九年一贯制校长的目前学历均以本科为主，且宁夏回族自治区H县目前本科学历所占比重达到了100%，但新疆维吾尔自治区J县校长的目前学历中仍有16.67%的大专学历，这说明H县九年一贯制校长的目前学历水平高于J县。

表3-71　　　　九年一贯制校长第一学历与目前学历的比较

	宁夏H县				新疆J县			
	第一学历		目前学历		第一学历		目前学历	
	人数（人）	比重（%）	人数（人）	比重（%）	人数（人）	比重（%）	人数（人）	比重（%）
硕士及以上	0	0.00	0	0.00	0	0.00	0	0.00
本科	0	0.00	7	100.00	0	0.00	10	83.33
大专	3	42.86	0	0.00	9	75.00	2	16.67
其他	4	57.14	0	0.00	3	25.00	0	0.00

第三章 西北农村地区中小学教师队伍结构的现状与问题

总之,通过对宁夏回族自治区 H 县、新疆维吾尔自治区 J 县和 K 县的数据的对比分析,我们发现,城乡中小学校长的第一学历水平参差不齐,且多为低学历,而经过后期的学历补偿教育之后,校长的学历层次有了明显的提升,目前学历多以本科为主,学历层次得到了提升,这说明入职后的学历补偿教育对提升校长的学历层次有一定的影响;但是城乡之间也存在着一定的差异,表现为:县城校长的学历水平高于农村校长;农村初中校长的第一学历水平优于农村小学校长。

■ 硕士及以上
■ 本科
■ 大专
■ 其他

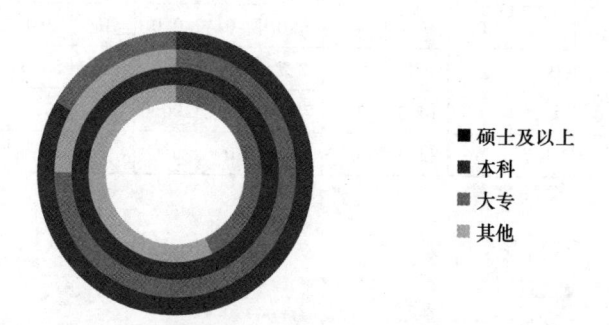

图 3-38　九年一贯制校长第一学历与目前学历的比较示意图

注:由内到外分别是宁夏回族自治区 H 县第一学历、目前学历,新疆维吾尔自治区 J 县第一学历、目前学历。

(二) 职称

1. 小学校长

如表 3-72 所示,城乡小学校长的职称等级不一。宁夏回族自治区 H 县城乡小学校长的职称以高级职称为主,且占比很大,表现为:农村小学校长的高级职称所占比重为 91.7%,城镇小学校长的高级职称所占比重为 85.7%;新疆维吾尔自治区的 J 县和 K 县城乡小学校长的职称均以中级职称为主,同时 J 县农村小学校长中还有 8.7% 的初级职称,K 县农村小学校长中还有 50% 的初级职称。这说明新疆维吾尔自治区的两个样本县农村小学校长的职称水平总体偏低,不过县城相较于农村而言,其小学校长的职称水平略优。职称水平是反映一个地区教师整体素质的一个重要指标,校长职称水平偏低,在一定程度上可能会影响其领导力,因此提升校长的职称水平需要引起学校和相关教育行政部门的重视。

表 3-72　　　　　城乡小学校长职称的比较

	宁夏 H 县				新疆 J 县				新疆 K 县			
	农村		县城		农村		县城		农村		县城	
	人数(人)	比重(%)	人数(人)	比重(%)	人数(人)	比重(%)	人数(人)	比重(%)	人数(人)	比重(%)	人数(人)	比重(%)
无职称	0	0.0	0	0.0	0	0.0	0	0.0	0	0.0	0	0.0
初级职称	0	0.0	0	0.0	4	8.7	0	0.0	4	50.0	0	0.0
中级职称	1	8.3	1	14.3	36	78.3	1	100.0	3	37.5	2	66.7
高级职称	11	91.7	6	85.7	6	13.0	0	0.0	1	12.5	1	33.3

	H县农村	H县县城	J县农村	J县县城	K县农村	K县县城
■高级职称	91.7	85.7	13.0	0.0	12.5	33.3
■中级职称	8.3	14.3	78.3	100.0	37.5	66.7
■初级职称	0.0	0.0	8.7	0.0	50.0	0.0
■无职称	0.0	0.0	0.0	0.0	0.0	0.0

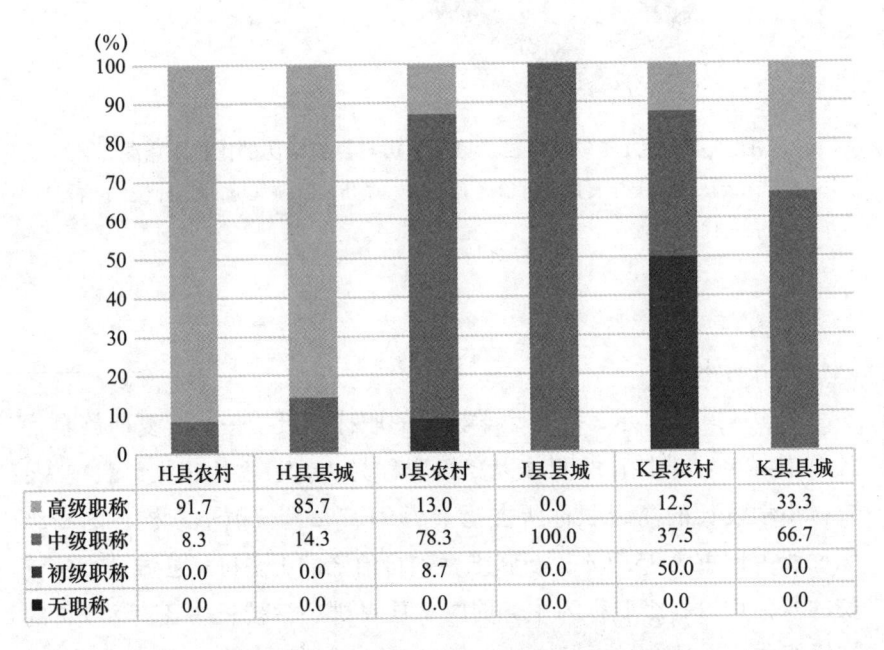

图 3-39　城乡小学校长职称比重的比较

2. 初中校长

如表 3-73 所示,三个样本县城乡初中校长的职称以中级职称和高级职称为主。首先，就农村地区来看，宁夏回族自治区 H 县农村初中校长的高级职称所占比重为 75%，中级职称所占比重为 25%，这说明 H 县农村初中校长的职称水平较高。新疆维吾尔自治区 J 县和 K 县农村初中校长的职称以中级为主，但仍然存在一定比重的初级职称，其中 J 县农村初中校长中有 12.5% 的初级职称，K 县有 33.3% 的初级职称，这说明这两个县农村初中校长的职称水平偏低，与同县县城地区相比有一定的差距，因此还需要当地不断努力以提升校长的职称水平。其次，从县城来看，宁夏回族自治区 H 县县城初中校长的职称以中高级职称为主，其中中级职称所占比重为 66.7%，高级职称所占比重为 33.3%，这说明 H 县县城初中校长的职称水平较高。新疆维吾尔自治区 K 县县城初中校长中中高级职称所占比重相同，均为 50.0%，这说明 K 县县城初中校长的职称水平也较高。

表3-73　　　　　　　城乡初中校长职称的比较

	宁夏 H 县				新疆 J 县				新疆 K 县			
	农村		县城		农村		县城		农村		县城	
	人数（人）	比重（%）	人数（人）	比重（%）	人数（人）	比重（%）	人数（人）	比重（%）	人数（人）	比重（%）	人数（人）	比重（%）
无职称	0	0.0	0	0.0	0	0.0	—	—	0	0.0	0	0.0
初级职称	0	0.0	0	0.0	1	12.5	—	—	3	33.3	0	0.0
中级职称	2	25.0	2	66.7	5	62.5	—	—	4	44.5	1	50.0
高级职称	6	75.0	1	33.3	2	25.0	—	—	2	22.2	1	50.0

3. 九年一贯制校长

如表3-74 所示，宁夏回族自治区 H 县和新疆维吾尔自治区 J 县城乡九年一贯制校长的职称以中高级为主。首先，就农村九年一贯制校长的职称情况来看，H 县农村地区高级职称所占比重为 71.43%，中级职称所占比重为 28.57%；J 县农村地区高级职称所占比重为 33.33%，中级职称所占比重为 58.33%，但同时，J 县农村地区还有 8.33% 的初级职称，这说明相较于 H 县，J 县农村九年一贯制校长的职称水平还有待提升。其次，从县城九年一贯制校长的职称情况来看，新疆维吾尔自治区 J 县校长中中高级职称所占比重相同，均为50.00%，这说明其校长的职称水平较高。

表 3-74　　　　　城乡九年一贯制校长职称的比较

	宁夏 H 县 农村 人数（人）	宁夏 H 县 农村 比重（%）	宁夏 H 县 县城 人数（人）	宁夏 H 县 县城 比重（%）	新疆 J 县 农村 人数（人）	新疆 J 县 农村 比重（%）	新疆 J 县 县城 人数（人）	新疆 J 县 县城 比重（%）
无职称	0	0.00	—	—	0	0.00	0	0.00
初级职称	0	0.00	—	—	1	8.33	0	0.00
中级职称	2	28.57	—	—	7	58.33	1	50.00
高级职称	5	71.43	—	—	4	33.33	1	50.00

二　非专业水平结构现状及问题

调研团队选取了宁夏回族自治区 H 县，新疆维吾尔自治区 J 县和 K 县，并对这三个县校长的数量、年龄和性别情况进行了调研，具体情况如下。

（一）校长数量现状及问题

表 3-75　　　　　　城乡校长数量情况

			小学 农村	小学 县城	中学 农村	中学 县城	九年一贯制 农村	九年一贯制 县城
宁夏	H 县	人数（人）	12	7	8	3	7	0
		占比（%）	32.43	18.92	21.62	8.11	18.92	0.00
新疆	J 县	人数（人）	95	1	8	0	12	2
		占比（%）	80.51	0.85	6.78	0.00	10.17	1.69
	K 县	人数（人）	66	2	9	2	0	0
		占比（%）	83.54	2.53	11.39	2.53	0.00	0.00

如表3-75所示，首先，从小学来看，宁夏回族自治区H县的农村小学校长所占比重比县城小学校长所占比重高出13.51个百分点；新疆维吾尔自治区的J县和K县的农村小学校长所占比重比县城小学校长所占比重分别高出79.66和81.01个百分点。这说明了H县、J县和K县的小学校长主要集中在农村地区。其次，从中学来看，宁夏回族自治区H县的中学校长也主要集中在农村地区，且其所占比重比县城中学校长所占比重高出13.51个百分点，新疆维吾尔自治区J县和K县的中学校长也主要集中在农村地区，且其所占比重比县城初中校长所占比重分别高出6.78和8.86个百分点。最后，从九年一贯制学校来看，H县、J县和K县的九年一贯制校长也都主要集中在农村地区，这说明了农村地区的九年一贯制学校也较多。因此，总的来说，在三个样本县中，小学、中学和九年一贯制学校的校长都主要集中在农村地区。

（二）校长年龄结构现状及问题

1. 城乡小学校长的年龄情况比较分析

校长年龄结构是衡量校长队伍结构合理性的重要指标之一。首先，从农村小学来看，如表3-76所示，宁夏回族自治区H县校长的年龄主要分布在41—50岁以上，新疆维吾尔自治区J县校长的年龄主要分布在36—45岁，其中36—40岁的年龄所占比重最大，为28.81%。K县校长的年龄主要分布在36—40岁和46—50岁，且在36—40岁的年龄所占比重最大，为48.10%。其次，从县城小学来看，如表3-77所示，H县校长的年龄主要分布在46—50岁，所占比重为13.51%。J县只有一位年龄在31—35岁的校长。K县校长的年龄主要分布在36—40岁和41—45岁，其所占比重均为1.27%。通过对以上数据的分析，我们发现，H县县城小学校长的老龄化问题较农村严重，J县农村小学校长的年龄结构较为合理，但也存在潜在的老龄化问题，K县农村小学校长主要以中年为主，但同时也出现了较为严重的老龄化问题。

表 3-76　　　　　　　　农村小学校长年龄情况

		25岁及以下	26—30岁	31—35岁	36—40岁	41—45岁	46—50岁	50岁以上
H县	人数（人）	0	0	0	1	4	4	3
	占比（%）	0.00	0.00	0.00	2.70	10.81	10.81	8.11
J县	人数（人）	0	9	14	34	27	11	0
	占比（%）	0.00	7.63	11.86	28.81	22.88	9.32	0.00
K县	人数（人）	0	0	3	38	1	24	0
	占比（%）	0.00	0.00	3.80	48.10	1.27	30.38	0.00

表 3-77　　　　　　　　县城小学校长年龄情况

		25岁及以下	26—30岁	31—35岁	36—40岁	41—45岁	46—50岁	50岁以上
H县	人数（人）	0	0	0	0	1	5	1
	占比（%）	0.00	0.00	0.00	0.00	2.70	13.51	2.70
J县	人数（人）	0	0	1	0	0	0	0
	占比（%）	0.00	0.00	0.85	0.00	0.00	0.00	0.00
J县	人数（人）	0	0	0	1	1	0	0
	占比（%）	0.00	0.00	0.00	1.27	1.27	0.00	0.00

2. 城乡中学校长的年龄情况比较分析

首先从农村中学来看，如表 3-78 所示，宁夏回族自治区 H 县校长的年龄主要分布在 31—35 岁和 46—50 岁，且在 46—50 岁的年龄所占比重最大，为 10.81%。新疆维吾尔自治区 J 县校长的年龄主要分布在 31—45 岁，其中 31—35 岁的年龄所占比重最大，为 2.54%。K 县校长的年龄主要分布在 41—45 岁，且年龄所占比重达 10.13%。其次从县城中学来看，如表 3-79 所示，H 县校长的年龄主要分布在 46—50 岁，其所占比重为 5.41%。J 县县城中学没有校长。K 县校长的年龄主要分布在 41—45 岁，其所占比重为 2.53%。通过对以上数据的分析，我们发现，H 县农村中学校长的老龄化问题较县城严重，J 县农村中学校长的年龄结构较为合理，K 县城乡中学校长均主要以中年为主，其年龄结构相对合理。

表 3-78　　　　　　　　农村中学校长年龄情况

		25 岁及以下	26—30 岁	31—35 岁	36—40 岁	41—45 岁	46—50 岁	50 岁以上
H 县	人数（人）	0	0	3	1	1	4	2
	占比（%）	0.00	0.00	8.11	2.70	2.70	10.81	5.41
J 县	人数（人）	0	1	3	2	2	0	0
	占比（%）	0.00	0.85	2.54	1.69	1.69	0.00	0.00
K 县	人数（人）	0	0	1	0	8	0	0
	占比（%）	0.00	0.00	1.27	0.00	10.13	0.00	0.00

表 3-79　　　　　　　　县城中学校长年龄情况

		25 岁及以下	26—30 岁	31—35 岁	36—40 岁	41—45 岁	46—50 岁	50 岁以上
H 县	人数（人）	0	0	0	0	1	2	0
	占比（%）	0.00	0.00	0.00	0.00	2.70	5.41	0.00
J 县	人数（人）	0	0	0	0	0	0	0
	占比（%）	0.00	0.00	0.00	0.00	0.00	0.00	0.00
K 县	人数（人）	0	0	0	0	2	0	0
	占比（%）	0.00	0.00	0.00	0.00	2.53	0.00	0.00

3. 城乡九年一贯制学校校长的年龄情况比较分析

首先从农村九年一贯制学校来看，如表 3-80 所示，宁夏回族自治区 H 县校长的年龄主要分布在 31—35 岁和 41—45 岁，且在 41—45 岁人数所占比重最大，为 13.51%。新疆维吾尔自治区 J 县校长的年龄主要分布在 31—45 岁，且分布较为均匀。K 县没有九年一贯制学校。其次从县城九年一贯制学校来看，如表 3-81 所示，H 县和 K 县没有九年一贯制学校。J 县校长的年龄主要分布在 31—40 岁，且分布较为均匀。通过对以上数据的分析，我们发现，H 县农村九年一贯制学校校长主要以中年为主，这表明其校长的年龄结构较为合理，但也存在着潜在的老龄化问题。J 县城乡九年一贯制学校校长的年龄结构均较为合理。

表3-80　　　　　　农村九年一贯制学校校长年龄情况

		25岁及以下	26—30岁	31—35岁	36—40岁	41—45岁	46—50岁	50岁以上
H县	人数（人）	0	0	3	0	5	1	1
	占比（%）	0.00	0.00	8.11	0.00	13.51	2.70	2.70
J县	人数（人）	0	1	2	2	2	0	0
	占比（%）	0.00	0.85	1.69	1.69	1.69	0.00	0.00
K县	人数（人）	0	0	0	0	0	0	0
	占比（%）	0.00	0.00	0.00	0.00	0.00	0.00	0.00

表3-81　　　　　　县城九年一贯制学校校长年龄情况

		25岁及以下	26—30岁	31—35岁	36—40岁	41—45岁	46—50岁	50岁以上
H县	人数（人）	0	0	0	0	0	0	0
	占比（%）	0.00	0.00	0.00	0.00	0.00	0.00	0.00
J县	人数（人）	0	0	1	1	0	0	0
	占比（%）	0.00	0.00	0.85	0.85	0.00	0.00	0.00
J县	人数（人）	0	0	0	0	0	0	0
	占比（%）	0.00	0.00	0.00	0.00	0.00	0.00	0.00

（三）农村地区校长性别结构现状及问题

1. 城乡小学校长的性别结构比较分析

校长年龄结构是衡量校长队伍结构合理性的指标之一。如表3-82所示，在农村小学校长中，J县和K县男性校长所占比重均高于女性，其中J县高出68.65个百分点，K县高出58.23个百分点；在县城小学校长中，J县女性校长所占比重高于男性，高出0.85个百分点，K县男性校长所占比重高于女性，高出2.53个百分点。通过以上数据分析，我们发现，J县农村小学校长多为男性，存在校长性别男女比例失衡的问题；K县县城小学校长均为男性，而且农村小学男性校长所占比重超出女性很多，这表明K县城乡小学校长中也存在着性别比例失衡的问题。

表3-82　　　　　　　　　城乡小学校长性别情况

			农村		县城	
			女	男	女	男
宁夏	H县	人数（人）	—	—	—	—
		占比（%）	—	—	—	—
新疆	J县	人数（人）	7	88	1	0
		占比（%）	5.93	74.58	0.85	0.00
	K县	人数（人）	10	56	0	2
		占比（%）	12.66	70.89	0.00	2.53

2. 城乡中学校长的性别情况比较分析

如表3-83所示，从总体上来看，J县和K县城乡中学女性校长所占比重均为0，且两县的中学男性校长多分布在农村地区。具体分析来看，J县农村中学均为男性校长，其所占比重为6.78%，而在其县城中学中没有校长。K县城乡中学也均为男性校长，其中农村所占比重为11.39%，县城所占比重为2.53%。通过以上数据分析，我们发现，J县农村中学校长均为男性，存在校长性别比例失衡的问题；K县城乡中学校长也均为男性，且农村中学男性校长所占比重更高，这表明K县城乡中学校长中也存在着性别比例失衡的问题，且农村地区的这一问题更为严重。

表3-83　　　　　　　　　城乡中学校长性别情况

			农村		县城	
			女	男	女	男
宁夏	H县	人数（人）	—	—	—	—
		占比（%）	—	—	—	—
新疆	J县	人数（人）	0	8	0	0
		占比（%）	0.00	6.78	0.00	0.00
	K县	人数（人）	0	9	0	2
		占比（%）	0.00	11.39	0.00	2.53

3. 城乡九年一贯制学校的校长的年龄情况比较分析

如表3-84所示，首先，从具体分析来看，J县农村九年一贯制学校均为男性校长，所占比重为10.17%，而县城九年一贯制学校男女性校长分布均匀，其所占比重均为0.85%。这说明J县农村九年一贯制学校校长性别比例失衡，而其县城九年一贯制学校校长性别结构较为合理。其次，从城乡对比来看，J县农村九年一贯制学校男性校长所占比重高于县城，高出9.32个百分点，这说明J县九年一贯制学校男性校长主要集中在农村地区。另外，K县没有九年一贯制学校。

表3-84　　　　城乡九年一贯制学校校长性别情况

			农村		县城	
			女	男	女	男
宁夏	H县	人数（人）	—	—	—	—
		占比（%）				
新疆	J县	人数（人）	0	12	1	1
		占比（%）	0.00	10.17	0.85	0.85
	K县	人数（人）	0	0	0	0
		占比（%）	0.00	0.00	0.00	0.00

三　W县农村小规模学校校长专业发展水平结构的个案研究

（一）研究设计

1. 研究思路

为了解我国农村小规模学校校长专业发展水平的现状，发现我国农村小规模学校校长专业发展存在的问题，剖析影响农村小规模学校校长专业发展的原因，同时也为我国农村小规模学校校长专业发展的相关研究提供一定的参考，我们开展了"W县农村小规模学校校长专业发展水平结构的个案研究"，本研究拟按如下思路展开。

首先，对"农村小规模学校"和"中小学校长专业发展"的已有相关研究进行整理分析，以了解国内外学者对"农村小规模学校"

和"校长专业发展"的研究成果,归纳总结出其研究的主要内容,确定本研究的研究问题,充分吸收已有研究的精华,并反思现有研究中存在的问题和不足。

其次,选取 W 县参加农村小规模学校校长培训的 50 位校长作为研究对象,统一发放调查问卷让其填写,然后再次深入 W 县通过深度访谈法和观察法等方法进一步获取第一手的研究资料。

最后,对获取的研究资料进行归纳整理和分析,通过整理分析对样本学校的校长队伍结构和专业发展水平的现状作出描述,挖掘现状背后存在的各种问题,深入剖析影响农村小规模学校校长专业发展的原因,同时提出切实可行的有效策略,以期通过该研究能在一定程度上促进农村小规模学校的校长获得更好更长远的发展,同时也促进城乡义务教育均衡发展。

2. 研究方法

综合考虑本研究的特点,研究组主要采用了调查研究的方法,具体而言,主要运用以下几种研究方法进行研究资料的收集。

(1) 问卷法

这是本研究的主要研究方法之一。本研究设计的问卷包括基本信息和基本内容,基本信息涉及校长的性别、年龄、最后学历、职称、职务、教龄及担任校长年限等问题;问卷基本内容参考《义务教育学校校长专业标准》,从"专业理解与认识""专业知识与方法""专业能力与行为"三个维度设计了问卷题目。

本研究选取甘肃省定西市 W 县参与该县农村小规模学校校长培训的 50 位校长作为研究对象,在他们参加培训期间统一发放问卷并当场回收。共发放问卷 50 份,回收 50 份,其中有效问卷 47 份,有效率为 94%。通过收集翔实、客观的资料,来了解该县农村小规模学校校长专业发展水平的现状和存在的问题。

(2) 访谈法

结合本研究的目的、之前调查中发现的问题以及问卷的发放情况,访谈法也是本研究主要的研究方法之一,主要采取半结构化访谈的形式。访谈提纲的问题是在前期问卷的基础上从"专业理解与认识""专业知识与方法"以及"专业能力与行为"三个方面进行的更深入的提问，主要从农村小规模学校校长的学校规划发展、营造育人文化和引领教师发展等方面设置了访谈问题，这些问题对农村小规模学校校长在调查问卷中反映出的问题进行了追问。

依据校长专业发展的四阶段理论，农村小规模学校校长的专业发展阶段可以分为初始期（1—3年）、发展期（4—8年）、自治期（9—13年）、倦怠期（13年以上）四个阶段。同时该理论指出，处在不同发展阶段的校长对自己面临的困境应该有不同的认识。因此，根据校长专业发展的四阶段理论，本研究拟选取处于初始期（任职1年的L校长和任职3年的Z1校长）、发展期（任职5年的D校长和任职7年的Z2校长）、自治期（任职9年的C校长和任职11年的H校长）以及倦怠期（任职13年的J校长和M校长）四个不同发展阶段的农村小规模学校校长各两位，共计8位参与培训的农村小规模学校校长。对他们进行正式的和非正式的访谈，访谈过程中可根据需要酌情选择笔录或录音，最后对访谈资料进行整理归类和分析，以期能对农村小规模学校校长专业发展水平现状存在的问题及其影响因素进行深入的探究。

（3）观察法

本研究拟采用参与式和非参与式相结合的观察方法。首先，通过参与W县农村小规模学校校长的培训，深入农村小规模学校进行观察，主要包括对农村小规模学校的校园文化、听评课、校本教研等方面的观察，以获得与本研究相关的资料；其次，通过了解参培校长的后期反馈和对他们的跟踪观察，进一步深入了解农村小规模学校校长专业发展存在的问题以及原因。

（二）W县农村小规模学校校长队伍结构现状

在此次调查研究中，问卷分别对调查对象的性别、年龄、最高学历、职称、教龄、担任校长年限以及是否参加过培训等基本情况进行了调查，很好地反映了W县农村小规模学校校长队伍结构的现状。如表3-85所示，在性别结构上，男性校长所占比重达到93.62%，女性校长所占比重仅为6.38%，这表明W县农村小规模学校中男校

第三章 西北农村地区中小学教师队伍结构的现状与问题　163

长的数量远远多于女校长，同时也表明当地可能女性担任小规模学校校长的机会很少，也或者一部分女性选择了其他职业。

表3-85　W县50位农村小规模学校校长的基本资料

类别	组别	人数（人）	占比（%）
性别	男	44	93.62
	女	3	6.38
年龄	30岁以下	2	4.25
	30—39岁	34	72.35
	40—49岁	11	23.40
	50岁及以上	0	0.00
最高学历	大专	19	40.43
	本科	28	59.57
职称	中学高级	1	2.13
	中一、小高	16	34.04
	中二、小一	29	61.70
	中三、小二	1	2.13
教龄	5年及以下	0	0.00
	6—10年	12	23.53
	11—15年	25	53.19
	16年及以上	10	21.28
担任校长年限	3年及以下	25	53.19
	4—5年	7	14.89
	6—10年	12	23.52
	11年及以上	3	6.38
是否参加过培训	有	43	91.49
	没有	4	8.51

注："中一"指中学一级教师；"中二"指中学二级教师；"中三"指中学三级教师；"小高"指小学高级教师；"小一"指小学一级教师；"小二"指小学二级教师。

在年龄结构上，W县50位农村小规模学校校长的年龄均在50岁以下，其中，40—49岁中年校长所占比重为23.40%，30—39岁的中青年校长所占比重高达72.35%，30岁以下的校长所占比重为4.25%，这表明参与调查的农村小规模学校校长以中青年居多，呈现出年轻化的趋势。

在最高学历上，W县50位农村小规模学校校长中大专学历占40.43%，本科学历占59.57%，这表明参与调查的农村小规模学校校长的最高学历已基本实现了达标，但是还有一部分校长的学历水平有待进一步提升。

在职称结构上，W县50位农村小规模学校校长中中学高级教师占2.13%，中一或小高占34.04%，中二或小一占61.70%，中三或小二占2.13%，这表明调查的农村小规模学校校长队伍以中级职称为主，而高级职称的校长数量明显偏少，这说明优秀的农村小规模学校校长相当缺乏，迫切需要通过促进校长专业发展来加强农村小规模学校校长队伍建设。

在教龄结构上，W县50位农村小规模学校校长中，教龄在5年以下的校长所占比重为零，这表明这50位校长在任职前已经度过了新手型教师的阶段，他们已较为熟悉学校的发展；教龄在6—10年的校长所占比重为23.53%，教龄在11—15年的校长所占比重为53.19%，在16年及以上的校长所占比重为21.28%，这表明调查的农村小规模学校校长教龄多半在10年以上了，就教师发展阶段来说，他们已经成为熟手型教师，对学校的管理运行也已经有了一定的了解，这对开展校长工作是很有帮助的。

在任职年限上，W县50位农村小规模学校校长中，任职年限在3年以下的校长所占比重为53.19%，4—5年的校长所占比重为14.89%，6—10年的校长所占比重为23.52%，11年及以上的校长所占比重仅为6.38%。根据相关研究，校长的初始期需要1—3年，发展期需要4—8年，自治期约需8年以上，由此看出这50位校长还处在对学校发展的探索期，但是他们也有很大的潜力，因为度过初始期之后，发展期的校长自信心会大涨，对学校的管理也更上手。

在是否参加过培训上，W县50位农村小规模学校校长中，参加过培训的校长所占比重为91.49%，没有参加过培训的校长所占比重仅为 8.51%，这说明农村小规模学校校长的培训机会较多，希望以后能继续重视小规模学校校长的培训。

（三）W 县农村小规模学校校长队伍专业素质结构的现状

根据《义务教育学校校长专业标准》，校长的专业能力是指，校长在"专业理解与认识""专业知识与方法""专业能力与行为"三个维度，具备的规划学校发展、营造育人环境、领导课程教学、引领教师发展、优化内部管理以及调适外部环境六种能力状况。

1. 农村小规模学校校长规划学校发展方面的现状

规划学校发展是校长为实现学校的可持续发展以及学生的全面发展应有的专业责任，校长应组织学校的力量深入分析所在学校的历史脉络并且科学地预测学校未来的发展趋势。规划学校发展融入了校长的个人教育信念、思想以及价值观，同时在规划学校发展的过程中要能够正确定位学校的发展方向，凸显学校发展特色，评价反馈以能及时调整学校的发展方向，以共同愿景引领学校的可持续发展以及学生的全面发展。

（1）专业理解与认识发展的状况

农村小规模学校校长规划学校发展方面的专业理解与认识是指校长对学校办学理念、办学特色以及学校的发展规划应具有的教育思想、信念以及价值观。关于规划学校发展方面的专业理解与认识的衡量指标包括三点。指标一为明确学校的办学定位，不遗余力地实施义务教育政策，保障适龄儿童和少年有平等的接受义务教育的机会，尽力保障农民工子女、家庭经济困难学生以及残疾儿童的受教育权利；指标二为重视学校发展规划，聚集全体师生的智慧，树立学校发展的共同目标；指标三为尊重关于学校的传统及实际，提炼学校的办学理念，凸显学校的办学特色。参与调查的 50 位校长在规划学校发展方面专业理解与认识的现状如图 3-40 所示。

从图 3-40 中可以看出，就参与调查的农村小规模学校校长在规划学校发展中专业理解与认识的满意程度上，指标一中"非常不满意"所占比重为 0.00%，"不太满意"所占比重为 10.64%，"满意"所占比重为 14.89%，"比较满意"所占比重为 40.43%，"非常满意"所占比重为 34.04%；指标二中"非常不满意"所占比重为 2.10%，"不太满意"所占比重为 19.10%，"满意"所占比重为 48.90%，"比较满意"所占比重为 27.70%，"非常满意"所占比重为 2.10%；指标三中"非常不满意"所占比重为 6.40%，"不太满意"所占比重为 27.70%，"满意"所占比重为 40.40%，"比较满意"所占比重为 25.50%，"非常满意"所占比重为 0.00%。基于以上数据，我们发现，参与调查的农村小规模学校校长对规划学校发展方面专业理解与认识的前两个指标基本满意，但是对指标三不是很满意，即校长对学校传统和学校实际、学校特色以及学校办学理念的专业理解与认识方面还不满意。

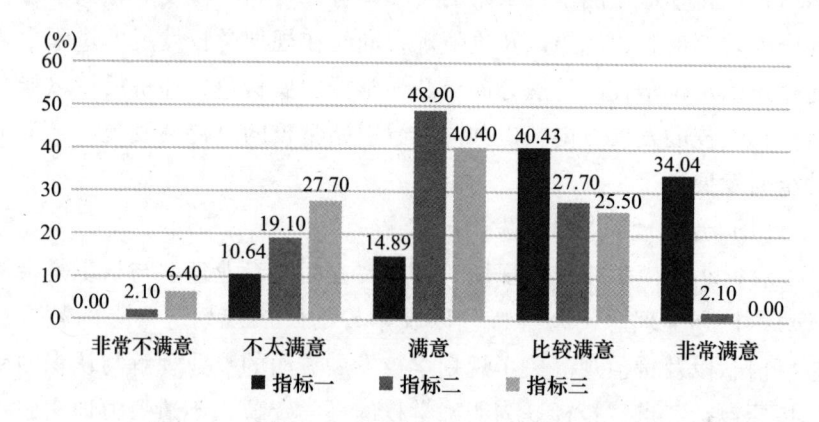

图 3-40 农村小规模学校校长规划学校发展中专业理解与认识的满意程度

（2）专业知识与方法发展的状况

农村小规模学校校长规划学校发展方面的专业知识与方法是指校长对国家法律法规和教育方针政策、国内外的学校发展趋势以及制定学校发展规划的理论和方法技术的了解程度，根据《义务教育学校校长专业标准》，其内容包括三个指标：指标一是熟识国家的有关教育的方针政策、法律法规以及学校管理方面的规章制度；指标二是了解国内外关于学校发展与改革的基本趋向，学习并借鉴成功校长的办学经验；指标三是熟悉有关学校发展规划的制定和实施与测评的相关理

第三章 西北农村地区中小学教师队伍结构的现状与问题

论与方法。参与调查的50位农村小规模学校校长规划学校发展方面专业知识与方法的现状如图3-41所示。

从图3-41中可以看出,农村小规模学校校长规划学校发展的专业知识与方法还是有所欠缺的。就参与调查的农村小规模学校校长在规划学校发展中专业知识与方法的满意程度上,指标一中"非常不满意"所占比重为0.00%,"不太满意"所占比重为6.40%,"满意"所占比重为29.80%,"比较满意"所占比重为31.90%,"非常满意"所占比重为31.90%;指标二中,"非常不满意"所占比重为2.13%,"不太满意"所占比重为44.68%,"满意"所占比重为44.68%,"比较满意"所占比重为6.38%,"非常满意"所占比重仅为2.13%;指标三中,"非常不满意"所占比重为2.13%,"不太满意"所占比重为27.66%,"满意"所占比重为55.32%,"比较满意"所占比重为12.77%,"非常满意"所占比重仅为2.13%。基于以上数据,我们发现参与调查的农村小规模学校校长对规划学校发展方面专业知识与方法只对指标一比较满意,对指标二和指标三都不太满意,且对这两个指标"比较满意"和"非常满意"的程度也很低。

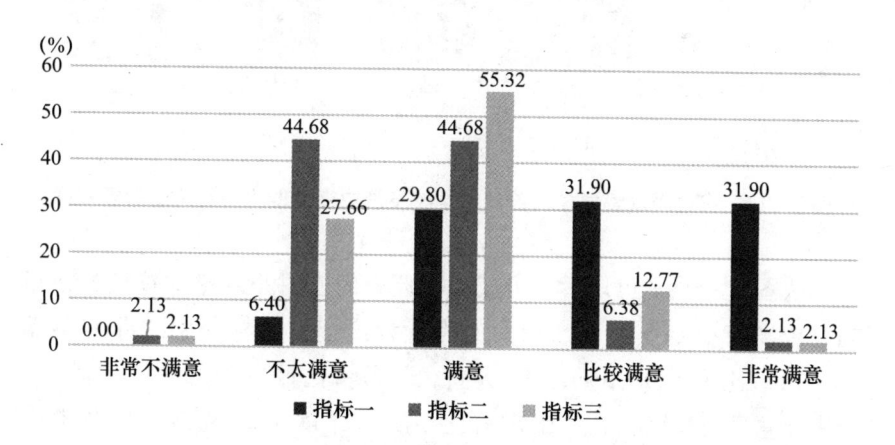

图3-41 农村小规模学校校长规划学校发展中专业知识与方法的满意程度

(3)专业能力与行为发展的状况

农村小规模学校校长规划学校发展的专业能力与行为是指校长对

学校发展规划的制定、实施、评价以及反馈，依据《义务教育学校校长专业标准》，其主要有四个衡量指标：指标一是诊断学校的发展现状，及时发现并且研究分析学校在发展过程中存在的主要问题；指标二是组织教师、家长、社区和学生全方位参与学校发展规划的制定，确定学校的中长期发展目标；指标三是学校发展规划的落实，拟定学年和学期的工作计划，引导教师制定具体的行动方案，并且在人、财和物等方面提供条件支持；指标四是监察学校发展规划的实施，依据执行情况及时调整学校发展规划，完善行动方案。参与调查的50位农村小规模学校校长在规划学校发展方面的专业能力与行为的现状如图3-42所示。

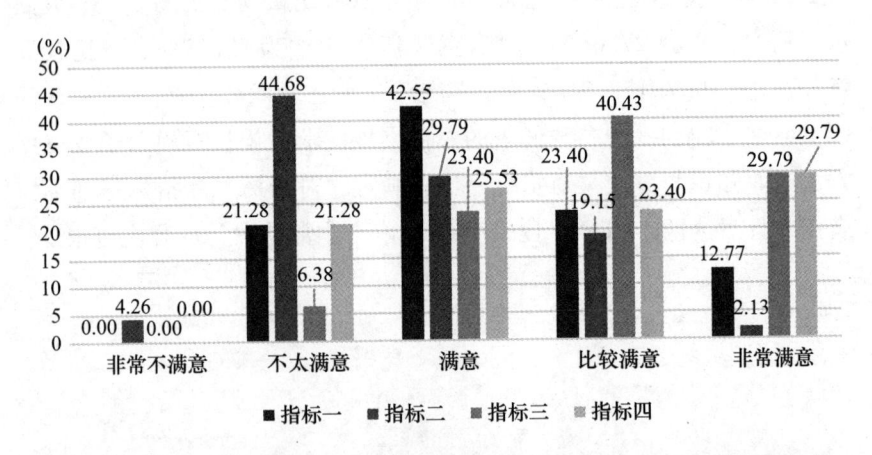

图3-42 农村小规模学校校长规划学校发展中专业能力与行为的满意程度

从图3-42中可以看出，就参与调查的农村小规模学校校长在规划学校发展中专业能力与行为的满意程度上，指标一中"非常不满意"所占比重为0.00%，"不太满意"所占比重为21.28%，"满意"所占比重为42.55%，"比较满意"所占比重为23.40%，"非常满意"所占比重为12.77%；指标二中"非常不满意"所占比重为4.26%，"不太满意"所占比重为44.68%，"满意"所占比重为29.79%，"比较满意"所占比重为19.15%，"非常满意"所占比重仅为2.13%；指标三中"非常不满意"所占比重为0.00%，"不太满意"所占比重为 6.38%,"满意"所占比重为 23.40%,"比较满意"所占比重为 40.43%,"非常满意"所占比重为 29.79%;指标四中"非常不满意"所占比重为 0.00%,"不太满意"所占比重为 21.28%,"满意"所占比重为 25.53%,"比较满意"所占比重为 23.40%,"非常满意"所占比重为 29.79%。这表明参与调查的农村小规模学校校长对规划学校发展方面专业能力与行为的四个指标中的指标一、三、四都比较满意,但是对指标二还是不太满意,他们认为自己还需要进一步提升专业发展水平。

2. 农村小规模学校校长营造育人环境方面的现状

营造育人文化是在学校育人功能的发挥和育人环境的优化等方面对校长的专业素质的客观要求。校长应该坚持育人为本的办学理念,努力优化学校的育人环境,在办学过程中体现德育为先,树立育人环境的理念,将立德树人看成学校文化建设方面最根本的任务,促使学校德育工作能有效地实施,培养学生的道德素质,使学生形成正确的人生观、世界观、价值观,培养学生的社会责任感和历史使命感,促使学生人格品质得到健康发展。

(1) 专业理解与认识发展的状况

农村小规模学校校长营造育人环境方面的专业理解与认识是指校长对学校德育工作、学校文化建设方面所具有的教育思想、信念和价值观。依据《义务教育学校校长专业标准》,其包括三个指标:指标一是将德育工作放在素质教育的首要地位,全方位加强建设学校的德育体系;指标二是明确学校德育工作的重点是学校文化的建设,注重学校文化教育的隐性功能,将文化育人看成治校办学的重要途径和内容;指标三是热爱祖国的传统文化,积极发挥我国优秀传统文化的教育价值和时代意义,注重当地文化的重要性。参与调查的农村小规模学校校长在营造育人环境方面的专业理解与认识的现状如图 3-43 所示。

从图 3-43 中可以看出,就参与调查的农村小规模学校校长在营造育人环境的专业理解与认识的满意程度上,指标一中"非常不满意"所占比重为 0.00%,"不太满意"所占比重为 6.38%,"满意"

所占比重为27.66%，"比较满意"所占比重为42.55%，"非常满意"所占比重为23.40%；指标二中"非常不满意"所占比重为0.00%，"不太满意"所占比重为14.89%，"满意"所占比重为34.04%，"比较满意"所占比重为40.43%，"非常满意"所占比重为10.64%；指标三中"非常不满意"所占比重为0.00%，"不太满意"所占比重为21.28%，"满意"所占比重为40.43%，"比较满意"所占比重为25.53%，"非常满意"所占比重为12.77%。这表明参与调查的农村小规模学校校长对营造育人环境方面的专业理解与认识的三个指标相对比较满意，但对指标二非常满意的人比较少。

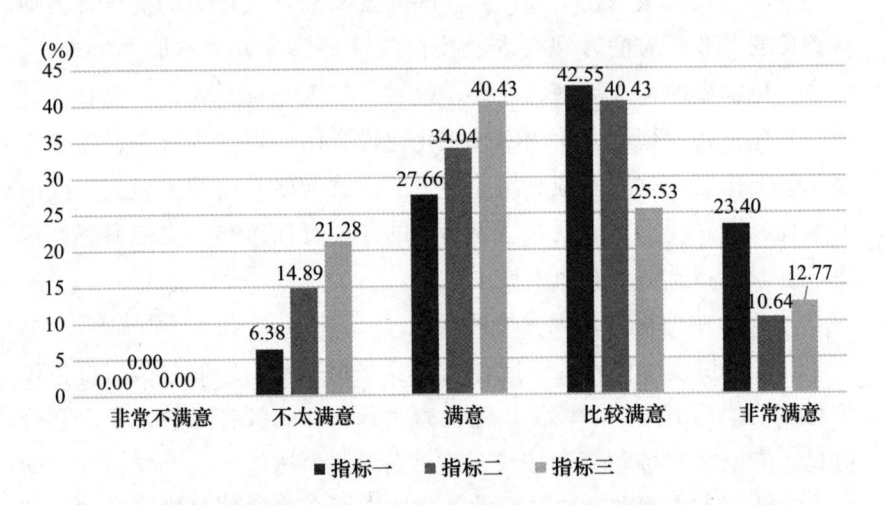

图3-43 农村小规模学校校长营造育人环境中专业理解与认识的满意程度

（2）专业知识与方法发展的状况

农村小规模学校校长营造育人环境方面的专业知识与方法是指校长对自身具有的自然科学与人文社会科学知识、校园文化建设的基本理论以及处于不同年龄阶段的学生心理健康发展和思想品德形成的规律和特点的掌握程度。依据《义务教育学校校长专业标准》，其包括三个衡量指标：指标一是校长应具有广泛的人文社会科学和自然科学知识，具备良好的艺术鉴赏和表现方面的知识；指标二是校长应熟悉校园文化建设方面的基本理论，掌握并熟悉学校教育中融入优秀文化的途径与方法；指标三是掌握各个年龄阶段的学生心理健康发展与思想品德形成的规律和特点，掌握学生思想和道德养成的过程以及教育方法。三个指标的具体发展状况如图3-44所示：

从图3-44中可以看出，就参与调查的农村小规模学校校长在营造育人环境的专业知识与方法的满意程度上，指标一中"非常不满意"所占比重为6.38%，"不太满意"所占比重为44.68%，"满意"所占比重为29.79%，"比较满意"所占比重为17.02%，"非常满意"所占比重仅为2.13%；指标二中"非常不满意"所占比重为0.00%，"不太满意"所占比重为32.61%，"满意"所占比重为39.13%，"比较满意"所占比重为19.57%，"非常满意"所占比重仅为8.70%；指标三中"非常不满意"所占比重也为0.00%，"不太满意"所占比重为21.28%，"满意"所占比重为44.68%，"比较满意"所占比重为25.53%，"非常满意"所占比重仅为8.51%。基于以上数据，我们发现参与调查的农村小规模学校校长对营造育人环境方面的专业知识与方法的三个指标中只对指标三比较满意，对指标一和指标二还不是很满意。

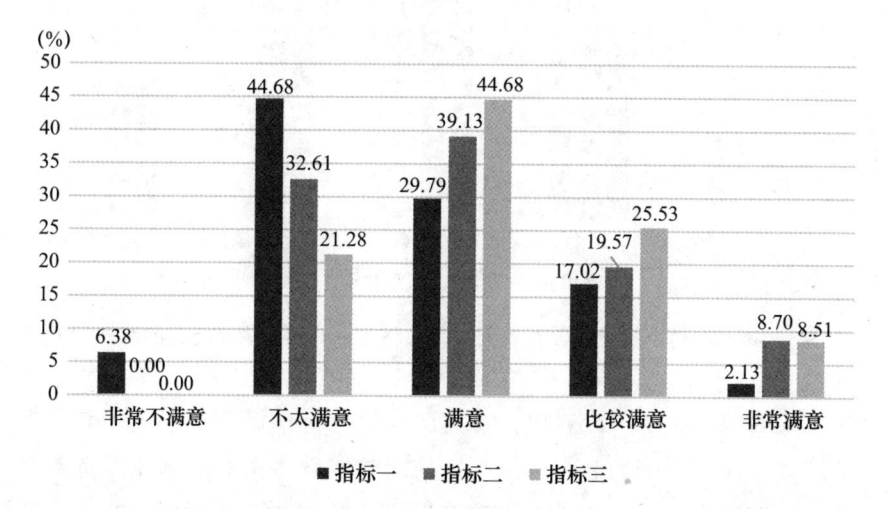

图3-44 农村小规模学校校长营造育人环境中专业知识与方法的满意程度

(3) 专业能力与行为发展的状况

农村小规模学校校长营造育人环境方面的专业能力与行为是指校长应具有创设优良育人环境，落实校长育人文化方面的能力和行为，依据《义务教育学校校长专业标准》，其内容包括三个衡量指标：指标一即精心营造学校的人文氛围，创设优良的学风、教风和校风，制定体现学校办学特色与教育理念的校歌、校训、校标和校徽；指标二即精心开展校园文化艺术节和科技节等文化活动，利用传统节日和重大节庆日等具有特别意义的日子组织特别的活动，开展有意义的主题教育活动；指标三即创设绿色健康的校园信息网络环境，防止各种不良文化和学校的周围环境对学生产生的不利影响；指标四即聚集学校文化建设的各种力量，充分发挥社团、教师和学生的主体作用，为班集体、少先队、共青团以及学生社团等开展活动提供一定的条件，充分保证学生的活动时间。具体发展状况如图3-45所示：

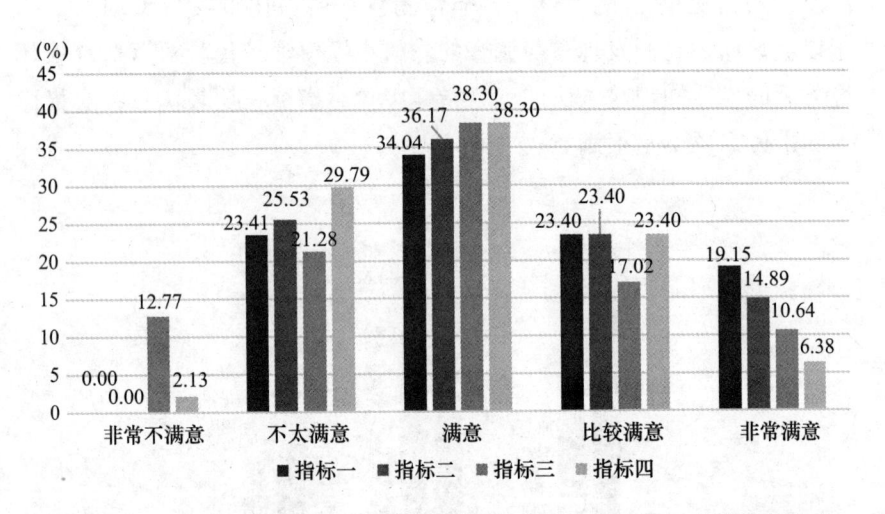

图3-45 农村小规模学校校长营造育人环境中专业能力与行为的满意程度

从图3-45中可以看出，参与调查的农村小规模学校校长营造育人环境方面专业能力和行为的总体情况较好。各指标的具体满意情况分析如下：指标一中"非常不满意"所占比重均为0.00%，"不太满意"所占比重为23.41%,"满意"所占比重为34.04%,"比较满意"所占比重为23.40%,"非常满意"所占比重为19.15%;指标二中"非常不满意"所占比重为0.00%,"不太满意"所占比重为25.53%,"满意"所占比重为36.17%,"比较满意"所占比重为23.40%,"非常满意"所占比重14.89%;指标三中,"非常不满意"所占比重为12.77%,"不太满意"所占比重为21.28%,"满意"所占比重为38.30%,"比较满意"所占比重为17.02%,"非常满意"所占比重也仅为10.64%;指标四中"非常不满意"所占比重为2.13%,"不太满意"所占比重为29.79%,"满意"所占比重为38.30%,"比较满意"所占比重为23.40%,"非常满意"所占比重为6.38%。基于以上数据我们发现,参与调查的农村小规模学校校长对营造育人环境方面的专业能力与行为的指标一、二、四较为满意,但是对指标三还不是很满意,即对自己在学校校园信息网络建设方面的能力还不满意。

3. 农村小规模学校校长领导课程教学方面的现状

领导课程教学是校长依据国家有关素质教育的要求与课程政策,制定课程并且领导课程的职责。为促进学生的全面发展,校长一定要充分注重学校课程的实施,并且不断创新和改革课程。

(1) 专业理解与认识发展的状况

农村小规模学校校长领导课程教学的专业理解与认识是指校长在学校的教育质量、教学规律以及教师教学智慧与经验方面应该有的思想、信念和价值观,依据《义务教育学校校长专业标准》,其有三个衡量指标:指标一是面向全体学生,因材施教,全面提高教育教学质量;指标二是尊重教育与教学规律,重视对学生创新精神、责任意识以及实践能力的培养;指标三是重视教师的教学智慧与经验,积极促进教育教学的改革和创新。具体的发展状况如图3-46所示:

从图3-46中可以看出,参与调查的农村小规模学校校长对领导课程教学方面的专业理解与认识总体较为满意。对各指标中的满意情况分析如下:指标一中"非常不满意"所占比重为0.00%,"不太满意"所占比重仅为2.13%,"满意"所占比重为21.28%,"比较满

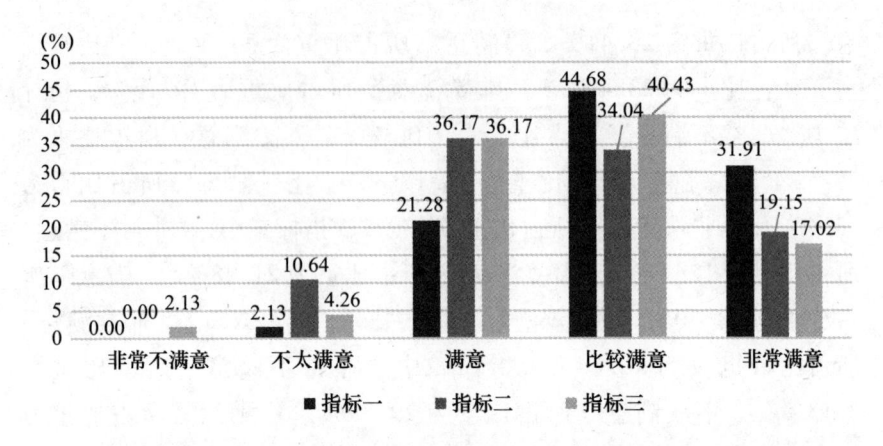

图3-46 农村小规模学校校长领导课程教学中专业理解与认识的满意程度

意"所占比重为44.68%，"非常满意"所占比重为31.91%；指标二中，"非常不满意"所占比重为0.00%，"不太满意"所占比重为10.64%，"满意"所占比重为36.17%，"比较满意"所占比重为34.04%，"非常满意"所占比重为19.15%；指标三中，"非常不满意"所占比重为2.13%，"不太满意"所占比重为4.26%，"满意"所占比重为36.17%，"比较满意"所占比重为40.43%，"非常满意"所占比重为17.02%。由此可以看出，参与调查的农村小规模学校校长对领导课程教学方面的专业理解与认识的三个指标都比较满意。

（2）专业知识与方法发展的状况

农村小规模学校校长领导课程教学的专业知识与方法是指校长应明确各个阶段学生的培养目标与课程的标准，应具有课程开发、实施以及评价的有关知识，应掌握课堂教育教学和教育信息技术应用方面的原理与方法。依据《义务教育学校校长专业标准》，校长专业知识与方法发展状况的衡量指标有三个：指标一是掌握学生不同发展阶段的培养目标和课程标准；指标二是熟悉课程的开发、编制、实施和评价，掌握教材教辅使用的有关知识，了解国内外关于课程教育教学的改革经验；指标三是谙熟课堂教学和教育信息技术应用的一般原理与方法。农村小规模学校校长对领导课程教学中专业知识与方法具体的发展状况如图 3-47 所示。

从图 3-47 中可以看出，总体而言，参与调查的农村小规模学校校长对领导课程教学方面的专业知识与方法比较满意。对各指标中的满意情况分析如下：指标一中"非常不满意"所占比重为 0.00%，"不太满意"所占比重为 10.87%，"满意"所占比重为 50.00%，"比较满意"所占比重为 34.78%，"非常满意"所占比重为 4.35%；指标二中"非常不满意"所占比重也为 0.00%，"不太满意"所占比重为 11.91%，"满意"所占比重为 36.17%，"比较满意"所占比重为 43.40%，"非常满意"所占比重为 8.51%，；指标三中"非常不满意"所占比重也为 0.00%，"不太满意"所占比重为 7.66%，"满意"所占比重为 42.55%，"比较满意"所占比重为 33.40%，"非常满意"所占比重为 16.38%。基于上述分析我们发现，参与调查的农村小规模学校校长对领导课程教学方面的专业知识与方法的三个指标都较为满意，但是相对来说，对三个指标持有非常满意态度的人很少，这说明参与调查的农村小规模学校校长中还有部分校长的领导课程教学方面的专业知识与方法还有提升的空间。

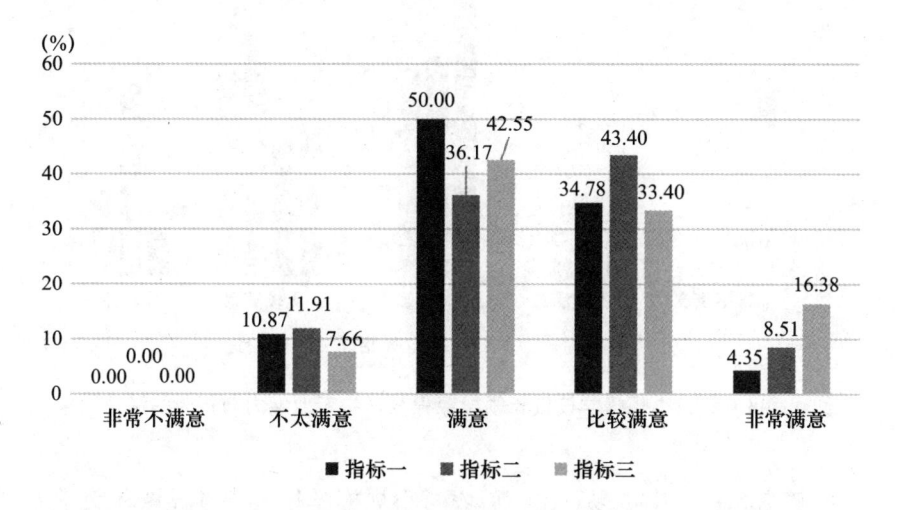

图 3-47 农村小规模学校校长对领导课程教学中专业知识与方法的满意程度

(3) 专业能力与行为发展的状况

农村小规模学校校长领导课程教学方面的专业能力与行为是指校长对三级课程、课程标准、听评课制度以及教研活动和教学改革的执行程度。依据《义务教育学校校长专业标准》，其衡量指标有四：指标一是有效统筹国家、地方和学校三级课程，确保国家课程和地方课程的落实，促进校本课程的开发和实施，为所有学生提供不同的课程教学资源；指标二是认真落实义务教育课程标准，不任意提升课程难度，不占用音乐、体育、美术以及少先队活动等的课时，确保学生每天有一个小时参加校园体育活动；指标三是建立听评课制度，进入课堂听课并给出反馈，每学期的听课时数不少于地区教育行政部门的规定的数量；指标四是组织并开展教学改革和教研活动，建立完善的教育教学评价制度，不片面追求学生考试成绩和升学率。农村小规模学校校长领导课程教学方面的专业能力与行为发展的满意程度，具体发展状况如图 3-48 所示：

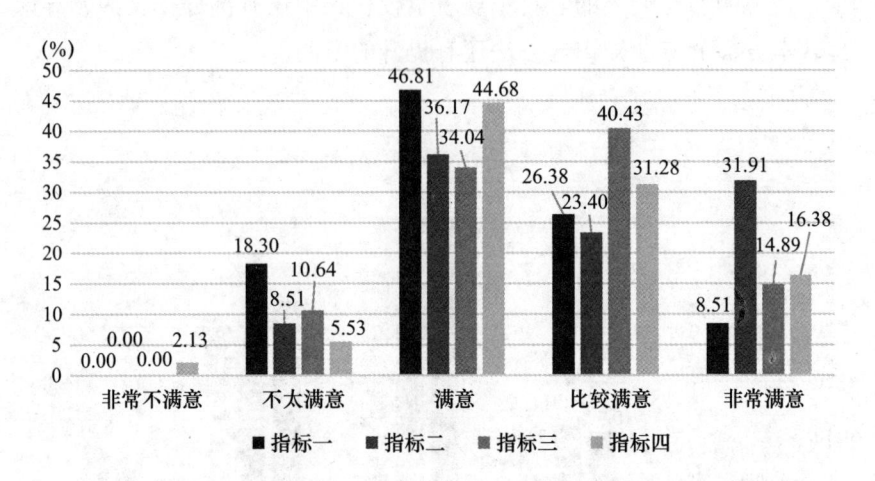

图 3-48 农村小规模学校校长领导课程教学中专业能力与行为的满意程度

从图 3-48 中可以看出，就农村小规模学校校长领导课程教学方面专业能力与行为发展的满意程度上，指标一中"非常不满意"所占比重为 0.00%，"不太满意"所占比重为 18.30%，"满意"所占比重为46.81%,"比较满意"所占比重为26.38%,"非常满意"所占比重仅为8.51%;指标二中"非常不满意"所占比重为0.00%,"不太满意"所占为8.51%,"满意"所占比重为36.17%,"比较满意"所占比重为23.40%,"非常满意"所占比重为31.91%;指标三中"非常不满意"所占比重也为0.00%,"不太满意"所占比重为10.64%,"满意"所占比重为34.04%,"比较满意"所占比重为40.43%,"非常满意"所占比重为14.89%;指标四中"非常不满意"所占比重为2.13%,"不太满意"所占比重为5.53%,"满意"所占比重为44.68%,"比较满意"所占比重为31.28%,"非常满意"所占比重为16.38%。基于以上数据我们发现,总体上来看参与调查的农村小规模学校校长对领导课程教学方面的专业能力与行为的三个指标都较为满意,仅有2.13%的校长对指标四非常不满意。

4. 农村小规模学校校长引领教师发展方面的现状

校长承担着领导和指导学校教师发展的重任,应该成为教师专业发展的引领者、服务者、指挥者以及倡导者。在新课程改革的背景下,校长要从理念、知识与能力等方面对教师的发展不断进行指导,并能真正地和教师一起发展。

(1) 专业理解与认识发展的状况

农村小规模学校校长引领教师发展方面的专业理解与认识是指校长具有关于学校教师队伍的教育思想、信念以及价值观,并能尊重学校的每一位教师和教师专业发展的规律。其具体的衡量指标有三个:指标一是教师作为学校改革与发展最珍贵的资源,应该得到信任、赏识、尊重;指标二是校长应该把学校看作促进教师专业发展的主要阵地;指标三是了解教师专业发展的特点和规律,促进教师的内在发展。具体发展状况如图3-49所示:

从图3-49中可以看出,就农村小规模学校校长在引领教师发展方面的专业理解与认识的满意程度上,指标一中"非常不满意"所占比重为2.13%,"不太满意"所占比重也为2.13%,"满意"所占比重为14.89%,"比较满意"所占比重为36.17%,"非常满意"所占比重为44.68%;指标二中"非常不满意"所占比重为0.00%,

178 西北农村中小学教师队伍结构与政策体系研究

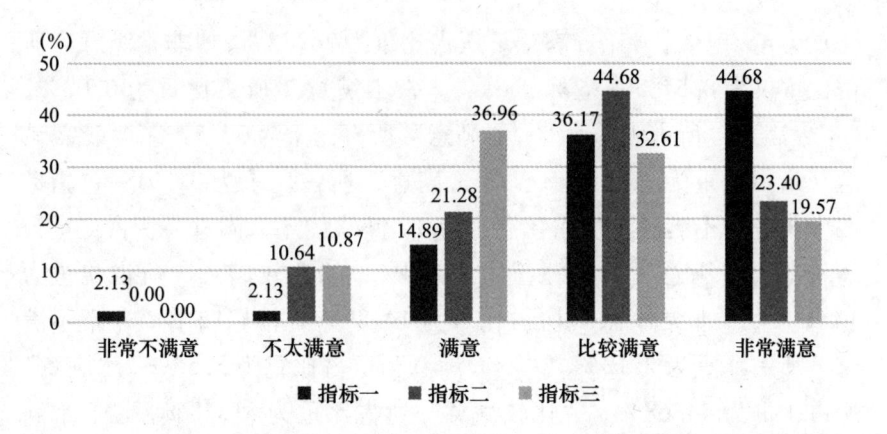

图3-49 农村小规模学校校长引领教师发展中专业理解与认识的满意程度图

"不太满意"所占比重为10.64%,"满意"所占比重为21.18%,"比较满意"所占比重为44.68%,"非常满意"所占比重为23.40%;指标三中"非常不满意"所占比重也为0.00%,"不太满意"所占比重为10.87%,"满意"所占比重为36.96%,"比较满意"所占比重为32.61%,"非常满意"所占比重为19.57%。由以上数据可以看出,总体而言,参与调查的农村小规模学校校长对引领教师发展方面的专业理解与认识比较满意,三个指标中"满意""比较满意"和"非常满意"所占比重较"不满意"均相对较高。

(2) 专业知识与方法发展的状况

农村小规模学校校长引领教师发展方面的专业知识与方法是指校长应掌握的有关教师职业素养、教师的权利和义务、教师专业发展的相关理论和教师教育教学活动的知识与方法等。其具体的衡量指标有三:指标一是掌握教师职业素养和教师的权利及义务的相关知识和理论;指标二是掌握有关教师专业发展和引导教师进行教育教学活动的相关理论与方法;指标三是明确建设学习型组织的方法和促进教师主动发展的对策。具体发展状况如图3-50所示。

从图3-50中可以看出,就农村小规模学校校长引领教师发展中的专业知识与方法的满意程度上,指标一中"非常不满意"所占比重为0.00%,"不太满意"所占比重为2.13%,"满意"所占比重为

27.66%,"比较满意"所占比重为38.30%,"非常满意"所占比重为31.91%;指标二中"非常不满意"所占比重也为0.00%,"不太满意"所占比重为23.40%,"满意"所占比重为42.55%,"比较满意"所占比重为27.66%,"非常满意"所占比重为6.38%;指标三中"非常不满意"所占比重也为0.00%,"不太满意"所占比重为27.66%,"满意"所占比重为34.04%,"比较满意"所占比重为29.79%,"非常满意"所占比重为8.51%。由以上数据可以看出,总体而言,参与调查的农村小规模学校校长对引领教师发展中的专业知识与方法的三个指标都较为满意,但相比于指标一,对指标二和指标三非常满意的人相对较少。

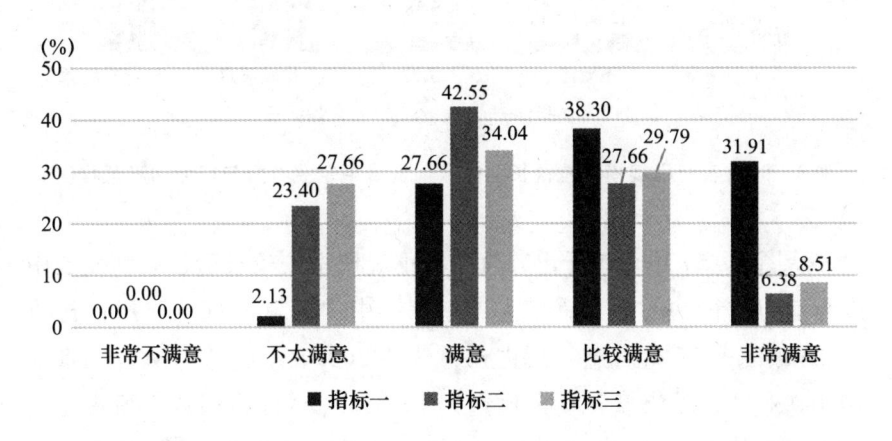

图3-50 农村小规模学校校长引领教师发展中专业知识与方法的满意程度

(3)专业能力与行为发展的状况

农村小规模学校校长引领教师发展的专业能力与行为是指校长对与教师专业发展相关的一系列事务的实施与执行程度,其衡量指标有四个:指标一是建立健全有关教师专业发展的制度,完善教、研、训三位一体的机制,要求教师完成五年不少于360课时的培训任务;指标二是重视所有教师的发展,加强对年轻教师的培养,支持并积极响应教师支教政策,引导教师依据自己的专业成长经历拟定专业发展规划,指导教师对信息技术的应用;指标三是有效进行师德师风的教育，制定教师职业道德规范的要求，禁止教师对学生进行体罚或者变相体罚，严格禁止教师进行有偿补课；指标四是确保教师的待遇和合法权益得到保障和维护，关心教师的身心健康，建立激励制度以促进教师的发展。具体发展状况如图3-51所示。

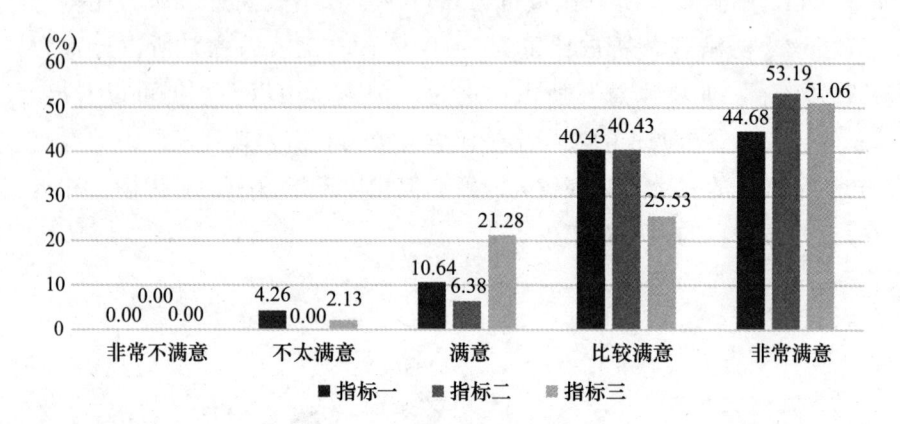

图3-51 农村小规模学校校长引领教师发展中专业能力与行为的满意程度

从图3-51中可以看出，就农村小规模学校校长引领教师发展中专业能力与行为的满意程度上，指标一中"非常不满意"所占比重为0.00%，"不太满意"所占比重为4.26%，"满意"所占比重为10.64%，"比较满意"所占比重为40.43%，"非常满意"所占比重为44.68%；指标二中"非常不满意"和"不太满意"所占比重均为0.00%，"满意"所占比重为6.38%，"比较满意"所占比重为40.43%，"非常满意"所占比重为53.19%；指标三中"非常不满意"所占比重也为0.00%，"不太满意"所占比重为2.13%，"满意"所占比重为21.28%，"比较满意"所占比重为25.53%，"非常满意"所占比重为51.06%。基于以上数据我们发现，总体上来说，农村小规模学校校长对引领教师发展中的专业能力与行为的三个指标都比较满意。

5. 农村小规模学校校长优化内部管理方面的现状

作为学校管理者的校长，应具有较强的学校组织与管理能力，应善于管理学校和经营学校,能担当起学校管理者的职责。另外,还应该在学校组织运行、资源配置、团队建设、教师的任用考评、良好校园文化建设、学校制度的拟定完善等方面切实承担起职责,能利用有效措施保障学校的良好运行和健康发展。

(1) 专业理解与认识发展的状况

农村小规模学校校长优化内部管理方面的专业理解与认识是指校长具有的有关提高学校内部管理效率的一系列教育思想、信念和价值观。其衡量指标有三:指标一是坚持依法治校,积极接受社会、学生以及教职员工的监督;指标二是崇尚以德立校,严格律己,处事公正,廉洁奉献;指标三是倡导民主管理和科学管理,坚持教书育人、管理育人、服务育人。具体发展状况如图 3-52 所示。

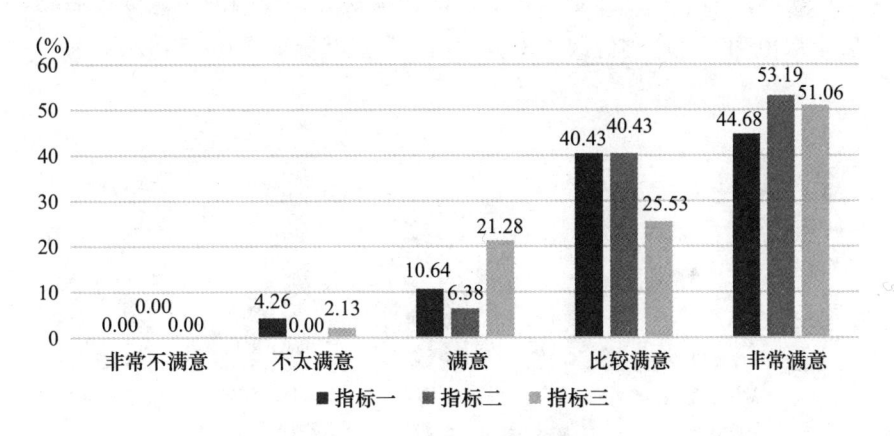

图 3-52 农村小规模学校校长优化内部管理中专业理解与认识的满意程度

从图 3-52 中可以看出,就关于农村小规模学校校长优化内部管理中专业理解与认识的满意程度上,指标一中,"非常不满意"所占比重为 0.00%,"不太满意"所占比重为 4.26%,"满意"所占比重为 10.64%,"比较满意"和"非常满意"所占比重分别为 40.43%和 44.68%;指标二中,"非常不满意"和"不太满意"所占比重均为 0.00%,"满意"所占比重为 6.38%,"比较满意"和"非常满意"所占比重分别为 40.43%和 53.19%;指标三中,"非常不满意"

所占比重也为 0.00%，"不太满意"所占比重为 2.13%，"满意"所占比重为 21.28%，"比较满意"和"非常满意"所占比重分别为 25.53% 和 51.06%。基于以上数据我们发现，农村小规模学校校长对优化内部管理中专业理解与认识的三个指标都比较满意，甚至对三个指标非常满意的比重达到了 40.00% 以上。

（2）专业知识与方法发展的状况

农村小规模学校校长优化内部管理方面的专业知识与方法是指校长应该具有的关于国家政策对校长职责、学校内部管理的基本理论以及与管理一切学校事务相关的知识与方法，其衡量指标有三：指标一是明确国家有关政策与法律法规对校长职责的定位和对校长工作的要求；指标二是明确学校领导与管理的基本理论和方法，熟悉国内外学校管理的基本走向；指标三是了解学校的人事财务、校园网络、资产后勤、安全保卫和卫生心理健康等事务。具体发展状况如图 3-53 所示。

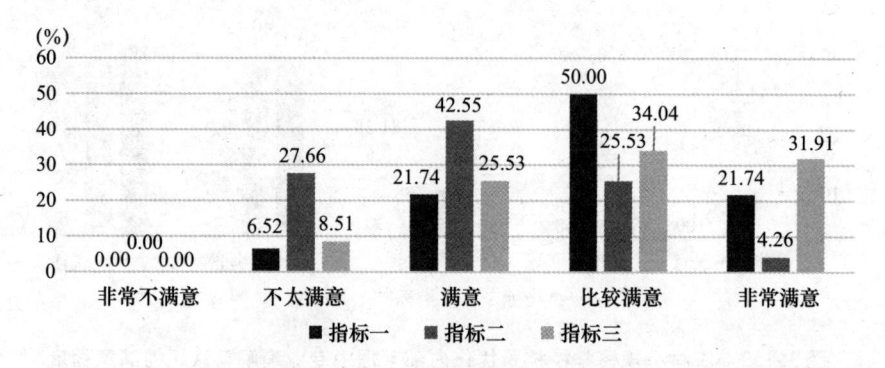

图 3-53 农村小规模学校校长优化内部管理中专业知识与方法的满意程度

从图 3-53 中可以看出，就农村小规模学校校长对优化内部管理中的专业理解与认识的满意程度上，指标一中"非常不满意"所占比重为 0.00%，"不太满意"所占比重为 6.52%，"满意"所占比重为 21.74%，"比较满意"和"非常满意"所占比重分别为 50.00% 和 21.74%；指标二中"非常不满意"所占比重也为 0.00%，"不太满意"所占比重为 27.66%，"满意"所占比重为 42.55%，"比较满意"和"非常满意"所占比重为25.53%和4.26%；指标三中"非常不满意"所占比重也为0.00%，"不太满意"所占比重为8.51%，"满意"所占比重为25.53%，"比较满意"和"非常满意"所占比重分别为34.04%和31.91%。基于以上数据我们发现，大部分参与调查的农村小规模学校校长对优化内部管理中的专业理解与认识达到了满意及以上的水平。

（3）专业能力与行为发展的状况

农村小规模学校校长优化内部管理方面的专业能力与行为是指校长在管理学校内部事务上应具有的能力和行为，校长作为学校的管理者，应该具有较强的学校管理和组织能力。其衡量指标有四：指标一是凝聚学校领导班子的力量，认真对待党组织关于学校重大决策的建议，使党组织的政治核心作用在学校中得到充分发挥；指标二是支持教职工积极参与学校管理，制定校务会议等管理和领导制度；指标三是健全学校的人事、财务以及资产管理等方面的规章制度，提升学校管理的规范化，收取各种费用时不违背国家相关规定，不向学生推销或者变相推销一切商品和服务以谋得利益；指标四是努力建设平安校园，创设并完善学校的各种管理机制，正确面对并妥善处理学校的意外事件。具体发展状况如图3-54所示。

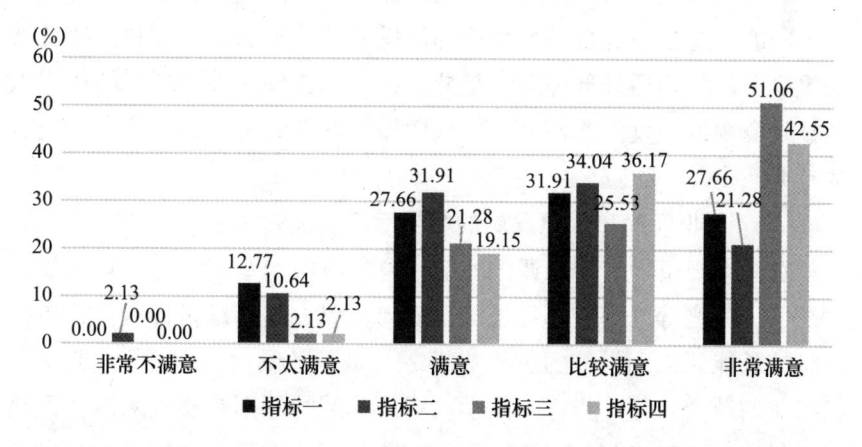

图3-54 农村小规模学校校长优化内部管理中专业能力与行为的满意程度

从图3-54中可以看出，就农村小规模学校校长对优化内部管理中的专业能力与行为的满意程度上，指标一中"非常不满意"所占比重为0.00%，"不太满意"所占比重为12.77%，"满意"所占比重为27.66%，"比较满意"和"非常满意"所占比重分别为31.91%和27.66%；指标二中"非常不满意"所占比重为2.13%，"不太满意"所占比重为10.64%，"满意"所占比重为31.91%，"比较满意"和"非常满意"所占比重为34.04%和21.28%；指标三中，"非常不满意"所占比重为0.00%，"不太满意"所占比重为2.13%，"满意"所占比重为21.28%，"比较满意"和"非常满意"所占比重分别为25.53%和51.06%；指标四中"非常不满意"所占比重为0.00%，"不太满意"所占比重为2.13%，"满意"所占比重为19.15%，"比较满意"和"非常满意"所占比重为36.17%和42.55%。基于以上数据我们发现大部分参与调查的农村小规模学校校长对优化内部管理方面的专业能力与行为都比较满意，四个指标中的"满意""比较满意"和"非常满意"所占比重大大超出了"不满意"的比重。

6. 农村小规模学校校长调适外部环境方面的现状

作为校长，对内要负责学校的全部工作，对外要代表学校和社会、家长以及社区进行沟通。调试外部环境是指校长应履行校长公共关系职能，是学校优良外部环境的创设、校外资源的开发和持续发展的重要手段。调适外部环境，是校长在保障学校和外部环境的适应以及校外资源的开发的基础上，以期学校能够良好运行和持续发展应有的专业职责。

（1）专业理解与认识发展的状况

农村小规模学校校长调试外部环境方面的专业理解与认识是校长对社区、家庭等外部教育环境的理解与认识，其衡量指标有三：指标一是校长能认识到学校的主要功能之一是服务社会（社区），敢于承担相应的社会责任；指标二是学校对外关系的原则是实现双赢，因此校长要肩负起积极与校内外开展合作和交流的重任；指标三是高水平的办学，表现为坚持学校和社会（社区）、家庭的良性互动。具体的发展状况如图3-55所示：

从图3-55中可以看出，就农村小规模学校校长调试外部环境中的专业理解与认识的满意程度上，指标一中"非常不满意"所占比重为2.13%，"不太满意"所占比重为10.64%，"满意"所占比重为31.91%，"比较满意"和"非常满意"所占比重分别为29.79%和25.53%；指标二中"非常不满意"所占比重为0.00%，"不太满意"所占比重为17.15%，"满意"所占比重为36.30%，"比较满意"和"非常满意"所占比重为37.91%和8.64%；指标三中"非常不满意"所占比重也为0.00%，"不太满意"所占比重为8.51%，"满意"所占比重为40.43%，"比较满意"和"非常满意"所占比重分别为23.40%和27.66%。基于以上数据我们发现，大部分参与调查的农村小规模学校校长对调试外部环境中的专业理解与认识达到了满意及以上的水平，他们认为自己能较好地认识学校与社区、家庭等外部教育环境的关系。

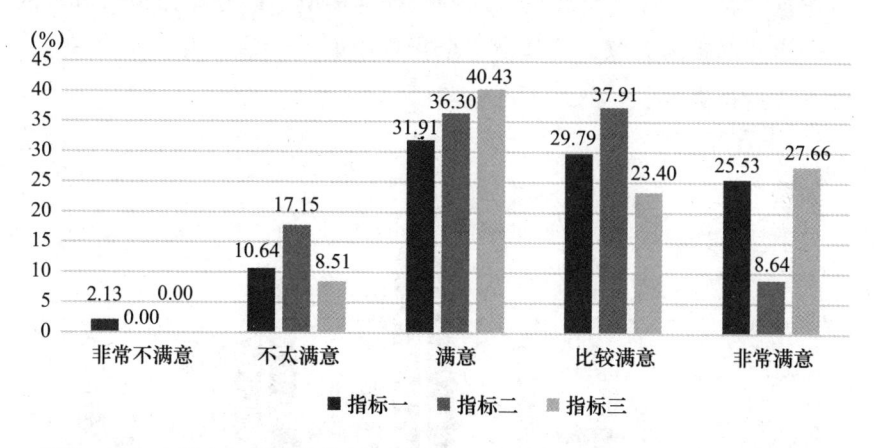

图3-55 农村小规模学校校长调试外部环境中专业理解与认识的满意程度

（2）专业知识与方法发展的状况

农村小规模学校校长调试外部环境中的专业知识与方法是指校长应具备有关其他社会公共服务机构教育功能的知识与方法，其衡量指标有三个：指标一是明确学校对外的公共关系以及家校合作的基本理论和方法；指标二是熟悉学生的家庭和所在社区的基本情况，积极取得和学生成长与学校发展有关的信息；指标三是挖掘各级各类不同社会公共服务机构的教育功能。三个指标的具体发展状况如图3-56所示：

从图3-56中可以看出，就农村小规模学校校长调试外部环境中的专业知识与方法的满意程度上，指标一中"非常不满意"所占比重为0.00%，"不太满意"所占比重为10.87%，"满意"所占比重为43.48%，"比较满意"和"非常满意"所占比重分别为36.96%和8.70%；指标二中"非常不满意"所占比重也为0.00%，"不太满意"所占比重为6.38%，"满意"所占比重为42.55%，"比较满意"和"非常满意"所占比重为36.17%和14.89%；指标三中"非常不满意"所占比重也为0.00%，"不太满意"所占比重为21.28%，"满意"所占比重为31.91%，"比较满意"和"非常满意"所占比重分别为38.30%和8.51%。基于以上数据我们发现，参与调查的农村小规模学校校长对调试外部环境中的专业知识与方法的三个指标都较为满意，尤其是三个指标中的"满意"和"比较满意"所占比重相当大。

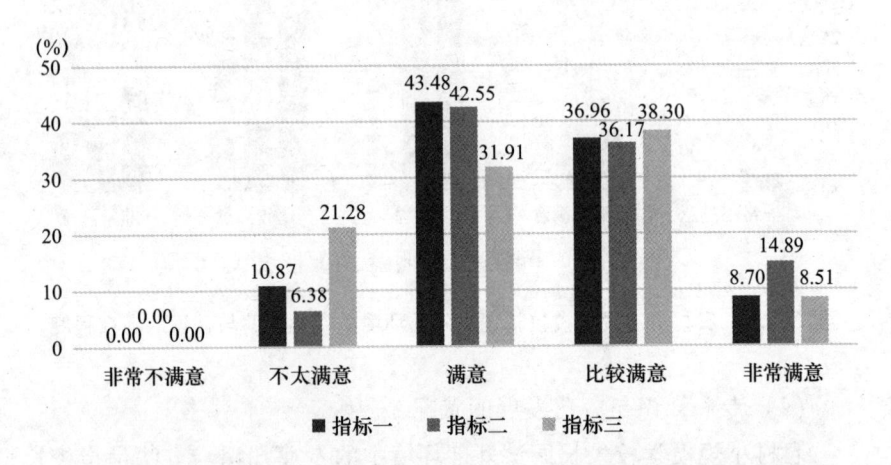

图3-56 农村小规模学校校长调试外部环境中专业理解与认识的满意程度

第三章 西北农村地区中小学教师队伍结构的现状与问题

（3）专业能力与行为发展的状况

农村小规模学校校长调试外部环境中专业能力与行为是指农村小规模学校的校长对除学校以外的各种环境的具体要做的事情。其衡量指标有四个：指标一是优化学校外部的育人环境，通过获得社会的不同教育资源支持学校教育；指标二是充分发挥家长委员会的积极作用，允许社区与其他相关人士参与学校的管理与监督，自觉接受其关于改进学校工作的意见建议；指标三是建立教师的家访制度，运用家长会、家长学校以及家长开放日等不同的形式，引导和协助家长了解学校工作和学生的身心发展，帮助他们掌握科学合理的家庭教育方法；指标四是充分发挥学校在社区建设中的重要作用，组织并鼓励师生参加社会（社区）公益服务。具体的发展状况如图 3-57 所示。

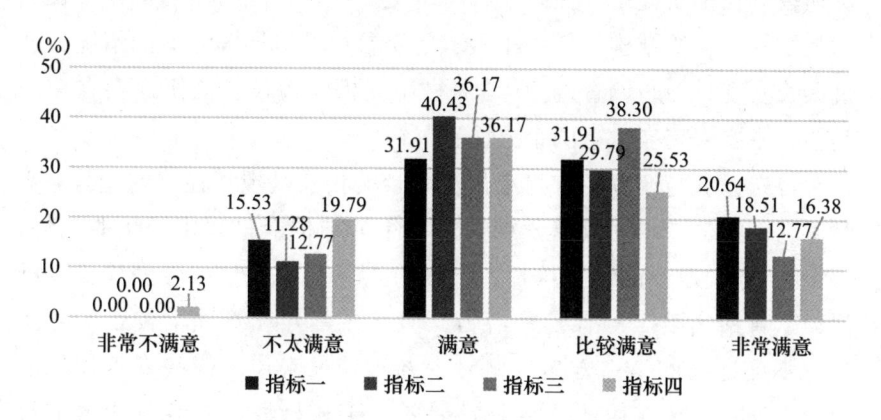

图 3-57 农村小规模学校校长调试外部环境中专业能力与行为的满意程度

从图 3-57 中可以看出，就农村小规模学校校长调试外部环境中专业能力与行为的满意程度上，指标一中"非常不满意"所占比重为 0.00%，"不太满意"所占比重为 15.53%，"满意"和"比较满意"所占比重均为 31.91%，"非常满意"所占比重为 20.64%；指标二中"非常不满意"所占比重为 0.00%，"不太满意"所占为 11.28%，"满意"所占比重为 40.43%，"比较满意"所占比重为 29.79%，"非常满意"所占比重为 18.51%；指标三中"非常不满意"所占比重也为0.00%,"不太满意"所占比重为12.77%,"满意"所占比重为36.17%,"比较满意"所占比重为38.30%,"非常满意"所占比重为12.77%;指标四中"非常不满意"所占比重为2.13%,"不太满意"所占比重为19.79%,"满意"所占比重为36.17%,"比较满意"所占比重为25.53%,"非常满意"所占比重为16.38%。基于以上数据我们发现,总体上来看参与调查的农村小规模学校校长对调试外部环境中的专业能力与行为的四个指标都较为满意,非常不满意的人很少。

(四) W县农村小规模学校校长队伍存在的问题

任何个人发展都不可能摆脱自身背景因素的影响,因此对校长专业发展问题的研究首先要关注校长背景因素基本情况,也就是校长队伍建设。在本研究中,主要了解了W县50名农村小规模学校校长的年龄结构、学历结构、任职年限、是否参加过培训等方面的情况,通过调查发现,参与调查的50位农村小规模学校校长队伍还存在一些问题,主要表现在以下两个方面:

首先,参与调查的农村小规模学校的校长呈现年轻化的趋势。W县参与调查的农村小规模学校校长在年龄结构上呈现年轻化的趋势,年龄在40岁以下的青年校长占总数的76.6%,虽然年轻的校长充满活力,肯踏实苦干,有发展潜力,但是在领导和管理学校工作时还是有不足之处的。一方面,相对中老年校长来说,这些青年校长的教育理论功底比较薄弱,专业发展还处于初始期,在专业能力上可能会有欠缺。参与调查的校长中,大多数校长都是从教师培养起来的,可以说是"半路出家",几乎没有接受过科学的、系统的关于学校领导与管理的专业训练。同时,通过对部分校长的访谈了解到,在任职前并没有接受过岗位培训,因此,他们缺少有关学校领导管理的专业理论,虽然在任职后会组织参加一些校长培训,但效果微乎其微,有关学校领导与管理的专业理论知识依旧很缺乏;另一方面,参与调查的小规模学校的年轻校长在教育实践中缺乏创新:他们在教育实践当中教育思想还不活跃、不成熟,眼界不够宽广,解决问题的深度不够,常常浮于表面,循规蹈矩,在学习老校长的办学经验时"照搬照套",不懂得变通和创新。在社会转型的新时期,农村小规模学校校长应当成为社会基层教育的精英人才,应当具有明确的专业理解与认识、专业知识与方法和专业能力与行为,应当成为教育家型校长。

其次,参与调查的农村小规模学校的校长缺乏系统、科学的培训。校长培训是推进校长专业化发展,全面提高校长综合素质,丰富校长,特别是年轻校长教学理念和科学知识的有效途径。[①] 在社会转型的新时期,校长的专业理论知识也应该不断得到更新。为此,校长应积极参加各种培训,努力更新完善自己的理论素养。此外,通过参加培训,还可以强化专业理解与认识、增强专业知识与方法,提高自己的专业能力与行为。

调研中,部分农村小规模学校的校长反映自己参加培训的次数很有限,尤其是参与省级和国家级培训的机会更少,他们能参加的只是市县级组织的一些的培训,其中一部分还是远程网络培训。在培训的内容上,参与访谈的部分小规模学校校长认为培训教授的理论与实践是脱节的,一些网络培训只是关于理论的培训,没有增加实践环节,而且培训的时间也比较短,这样学习的理论知识很快就被淡忘了,由此,培训效果可以略见一斑。以下是某校长关于参加培训的访谈记录:

> 我参加过县上的"网一起陇上行"校长培训,这是县上统一组织的,把我们安排在一个多媒体教室里看几天的视频,刚开始感觉还行,可是越听越没意思,全是理论性的东西,没有实践性的,没有多大效果,培训完后到学校实际操作的时候又感觉力不从心了,慢慢地把培训的内容也忘了。
>
> (某小学校长)

[①] 李文科:《论中小学校长专业发展和培训工作专业化》,《湖南师范大学教育科学学报》2005年第2期。

（五）W县农村小规模学校校长专业素质结构存在的问题

1. 专业理解与认识不强

校长作为农村小规模学校的领导者和管理者，其核心任务之一应是把教育理念转化成学校明确的发展规划，同时应在教育理念和教育信念的指导下，在学校工作中制定符合自己学校的发展规划并有效实施。校长专业理解与认识的不强体现在参与调查的农村小规模学校校长对规划学校发展方面的理解与认识还不够深刻，主要是对学校的传统和实际、办学特色以及办学理念的理解和认识不够深刻，因此需要进一步强化校长在这些方面的理解和认识。办学理念是校长管理和领导学校的基础，只有当校长有较强的办学理念的时候，办学才会得心应手，才能够合理地分配学校的资源，了解学校的传统和实际，制定符合自己学校特色的发展规划。在实地观察过程中，我们发现校园中已有的硬件设施得到了较大的改善，但是他们却忽视了学校软实力的提升。对部分农村小规模学校的校长进行访谈之后，我们发现他们对于学校没有明确的定位，学校的发展也没有共同的目标。以下是关于某校长对学校办学特色的认识的访谈记录：

问："您认为您的学校要办出特色最大的困难在哪里？"

L校长："从我自身来说，教育理论基础还是不太扎实，我们很努力地去了解学校的传统和实际，办出学校特色，但是在具体做的过程当中，我们发现问题还是很多的，首先就是一些教育理论方面的问题，甚至我们对'学校特色'这个教育学领域的专业术语都不太理解。"

H校长："最大的困难可能还是自己，我在农村小规模学校已经待了8年时间了，应该说对学校的发展以及学校的运行有了很清楚的认识。但是提到学校特色，我还是比较惶恐的，因为自己近些年来由于工作较忙，很少有时间自己读些教育理论方面的书，对学校并没有一个明确的认识和定位，也没有办学理念方面的思考，像其他的小规模学校一样，走一步算一步，说不定哪天学校就关门了。"

2. 专业知识与方法欠缺

专业知识与方法是校长领导学校和开展管理活动的基础和指导，为校长提供有效的智力支持和引导，因此校长在管理和领导学校的工作过程中必须要掌握一定的专业知识和方法，这有助于提高校长管理学校的效率，也有利于提升校长的领导水平，进而便于自己开展教育教学工作。专业知识与方法的欠缺主要体现在规划学校发展和营造育人环境方面，校长应该通过各种途径不断地更新自己的专业知识结构，丰富自己的专业知识和方法。

（1）规划学校发展方面存在的问题

第一，参与调查的校长在借鉴国内外优秀校长的成功办学经验方面有所欠缺。农村小规模学校的校长一般是由学区任命的，而且担任校长之前可能是教师，这样的校长其专业知识与方法往往不健全，对于与校长相关的学校领导与管理方面的知识知之甚少，在学校管理中可能会心有余而力不足。因此，学习优秀校长的成功经验对校长领导学校有指引作用，同时也可以据此反思自己的专业发展，在向优秀校长学习成功经验的过程中发现优秀校长的闪光点，也可以明确自己与他们之间的差距，反思自己在学校发展过程中应该怎样才能做得更好，而不是一味地凭借经验去管理学校。

问：请问您目前学习和借鉴优秀校长办学成功经验的最大困难在哪里？

Z2校长：目前借鉴优秀校长成功办学经验的最大困难我认为是在教师。我们学校的网络比较发达，关于教育管理的书籍也比较多，自己平时有时间的时候就去看看，了解国内外的学校改革和校长办学的成功经验。当我信心十足地想在学校大干一场时，学校的教师给我浇了一盆冷水，教师的不积极致使活动不能开展，只能半途而废，从网上和书上学到的知识不能应用。随着时间的流逝，这些理论知识也忘了。

第二，参与调查的农村小规模学校校长关于学校发展规划的制定、实施以及监测的理论知识与方法有所不足。通过调研，我们了解到大部分校长都是从教师一路升上来的，因此他们对学科专业知识和国家的教育法律法规以及政策都有较好的了解，但是相对来说缺乏与学校领导和管理相关的知识与方法，尤其是对学校未来发展有引领作用的学校发展规划方面的知识。

问：请问您有过学习学校发展规划制定方面理论、方法和技术的机会吗？

M校长：没有，小规模学校教师数少，但班级还是六个，因此像我们这样的学校，我们在管理学校的同时更重要的是学校的教学，每天的课表都排得很满，很少有时间去学习学校发展规划制定方面的理论和方法。

Z1校长：没有，一方面各种条件都有限，缺少关于学校发展规划的理论与方法方面的书籍，网络不发达，自己的时间和精力也都有限；另一方面，自己的专业能力和水平也很有限，一听到学校发展规划感觉很高大上，觉得自己肯定读不懂，因此没有兴趣也不愿去自己主动发现学校发展规划的理论与方法方面的知识。

(2) 营造育人环境方面存在的问题

第一，参与调查的农村小规模学校的校长普遍认为自己的自然科学和人文社会科学知识不足。在实地调研中发现，由于农村小规模学校规模很小，教师人数也少，因此校长也承担了学校的教学工作，而且其所承担的教学任务与其他老师基本一样。同时，小规模学校的校长还要按时参加学区或者教育局的会议，这样一来校长的工作很忙碌，有时甚至会占用他们的休息时间，因此他们很少有时间去学习基础的自然科学和人文社会科学知识。

第二，参与调查的农村小规模学校的校长没有学习过关于学校文化建设的基本理论。学校文化建设是学校发展的主要组成部分，为了学校更好的发展，校长必须要学习学校文化建设的基本理论。但是，在调查中，校长普遍反映自己没有机会去学习学校文化建设的基本理论，虽然有部分校长观摩学习过一些学校文化建设较好的学校，但是没有参加过关于学校文化建设的专题培训，缺少基本理论的支撑，因此在实际的操作中还是根据自己的经验进行，观摩学习的作用也未真正发挥。

问：请问您有过学习校园文化建设基本理论的机会吗？

D校长：没有，条件很有限，也没有针对这方面的专题培训，虽然我们也去过一些学校文化建设比较好的学校观摩学习但是由于缺乏理论基础的支撑，因此在具体的实践中，还是根据自己的经验进行学校文化建设，感觉参观了和没参观都一样。

J校长：没有学习过，我参加的培训很有限，而且内容很广，很烦琐，基本上有关学校领导与管理的各方面内容都涉及，但是都讲不透，关于学校文化建设基本理论的学习更是遥远，平时我们学校的校园文化都是由我和我们的教师一起设计的，没有什么理论可言。

3. 专业能力与行为不足

校长的专业能力与行为是校长专业理解与认识以及专业知识与方法在实践中的体现，是学校高效管理的决定因素，是校长专业发展的关键一步。校长专业能力与行为体现了校长在具体实践中的教育观念，专业能力与行为的不足主要体现在规划学校发展、营造育人环境、引领教师发展等这几个方面的不足。校长应该加强自己的专业能力与行为，提高自己的专业发展水平，从而促进学校的发展，进而促进城乡义务教育均衡发展。

（1）规划学校发展存在的问题

通过实地调查我们发现，参与调查的农村小规模学校的校长在规划学校发展方面的能力有限，对学校发展规划不是很理解，有些学校虽然有简单的学校中长期发展目标，但基本上是应付差事的，甚至学校发展目标是校长自己一个人做出来的，缺少与教师、学生、家长以及社区的沟通。但是我们知道，学校发展规划并不是校长一个人说了算的，一个好的发展规划应该是多方共同努力的结果。以下是对某教师关于学校发展规划的访谈记录：

> 我们学校由于交通比较方便，上级检查比较多，所以为了应付检查，我借鉴网上的学校中长期发展规划，自己随便做了一个，但是没多少意义，检查过后，这些东西放在文件夹里不会再出现，根本不会起到任何作用。

（2）营造育人环境存在的问题

由于近年来甘肃省"全面改薄"等项目的帮助，我们在实地的考察中发现，农村小规模学校的校园文化建设比较好，看得出来也凝聚了校长、教师和学生共同的心血。但是，在校园文化建设取得一定成就的同时，校长对校园文化建设中的学校绿色校园信息网络的建设的认识还不是很成熟。

> 问：请问您目前在建设校园信息网络方面最大的困难是什么？
>
> L校长：我们学校目前连基本的办公电脑都缺乏，更别说校园网了。由于学校的规模比较小，因此学校的经费十分有限，没有购置计算机的钱。这两年甘肃省改薄确实改善了部分农村学校，但是我们学校比较偏僻，只有十个学生，学校随时可能关门，因此县上在分配资源的时候，不会先考虑我们。
>
> Z2校长：学校的电脑比较少，只有两台计算机，也快不能用了，但是学校的校园网是有的。我认为目前建设学校信息网络的最大困难是计算机，如果连基本的硬件都达不到，更不要说建设绿色健康的校园网络信息文化了。

（3）引领教师发展存在的问题

"百年大计，教育为先；教育大计，教师为先"，教师是学校的宝贵资源，学校的发展离不开教师的发展，教师的发展有赖于学校校长

第三章 西北农村地区中小学教师队伍结构的现状与问题

的管理和领导,教师发展的重要组成部分是教师的专业发展。"校长管理和领导学校的重要任务之一是促进教师的专业发展,是教师专业发展的根本动力"[1],校长的领导力是激起教师发展需要和职业尊严的一种重要影响力,能够启动教师专业发展的内在动力。[2] 校长应该具备的引领教师发展的能力与行为是校长关于教师发展的教育理念和知识在实践中的体现。我们发现参与调查的农村小规模学校的校长对教师的发展还是很关心的,同时他们也认为自己学校在推进校本教研、建立健全教师专业发展机制方面还有些困难,还需要在这一方面做出进一步的努力。以下是关于某教师对校本教研的认识的访谈记录:

问:您认为您的学校在推行校本教研中最大的困难在哪里?

M校长:教师少,而且缺乏积极性。我们学校的校本教研仅仅是应付检查,五个老师七个班,人走不开,学生的安全很重要。学校虽然有教研室,但是由于教师工作量大,而且教师的教学科目也不一样,因此很少开展学校的校本教研,学校的教研室也成为摆设,里边的桌子都蒙了一层灰,在有领导检查的时候我们才会打开教研室,应付检查。

D校长:最大的困难是校本教研的创新吧,我们小规模学校的校长平常很少有机会参加省培或国培等各种各样的培训,更不用说教师了,他们培训的机会更少,专业能力和水平也十分有限。因此,在推进校本教研的过程中,教师很难去创新,也屡屡碰壁,这样导致教师的积极性受挫,进而使推进校本教研变得更加艰难。

---

[1] 张彦聪、葛孝亿:《我国中小学校长专业素质结构的发展研究——基于N-Vivo 9.0的政策文本分析》,《基础教育》2016年第2期。
[2] 马焕灵:《校长领导力促进教师专业发展的机理与策略》,《中国教育学刊》2011年第3期。

第七节　西北农村地区中小学教师
队伍结构的总体判断

一　教师队伍结构

（一）专业水平结构

通过对西北五省（自治区）部分县的调研及参照 2014 年《中国教育年鉴》的数据，分析得出：

1. 学历

在小学阶段，全国总体情况是农村专任教师中专科学历和本科学历的居多，专科学历的教师超过教师总人数的一半，之后是本科学历，而研究生学历的比重最低。西北五省（自治区）农村小学专任教师的学历结构与此类似，只是新疆维吾尔自治区专科学历的教师比重较高，本科学历的教师比重较低，其教师队伍的学历水平整体偏低。从调研县的教师学历分布情况来看，几乎 1/3 以上的教师接受过学历补偿教育。通过学历补偿，多数县教师学历以大专为主，人数超过了一半，有的县本科学历的教师比重超过全国平均水平，说明通过学历补偿教育有利于改善地区教师学历结构。

与小学阶段不同的是，初中阶段农村专任教师的学历多是本科，且比重远远高于小学的平均值，同时研究生学历的比重也略有上升，由小学的 0.18% 升为 0.59%，说明随着学段的不断上升，对教师的学历也有着更高的要求。西北五省（自治区）除新疆维吾尔自治区外，其余四省（自治区）的本科学历的教师比重均略高于全国均值，尤其青海省，且该省教师研究生学历的比重也高于全国 0.86 个百分点，总体可以看出，青海省的教师学历结构以高学历为主，结构较优。然而新疆维吾尔自治区整体学历水平较低，虽然拥有本科学历的教师人数居多，但明显低于全国平均值，且专科学历的教师仍占有较大比重，因此新疆维吾尔自治区教师学历结构较为不合理。通过观察调研县的统计数据看出，大部分县的学历结构基本合理，只有新疆维吾尔自治区的两个县，其专科学历和本科学历比重基本相当，与全国平均水平相比较而言，本科学历的人数过少，专科学历的人数又过多，这造成整个教师队伍学历水平较低。

总之，通过分学段来看西北五省（自治区）总体及调研县的专任教师学历情况，得出陕西省、甘肃省和宁夏回族自治区三地与全国同期学历结构相当，青海省的初中阶段教师学历结构优于全国，而新疆维吾尔自治区无论是小学还是初中，专任教师的学历水平都略低于全国平均水平，这也提醒地区教育主管部门尽快制定有效举措来提高教师整体学历水平，改善教师学历结构。

2. 职称

就小学阶段而言，目前全国农村地区的专任教师职称以初级和中级为主，其中中级职称的教师所占比重为50.96%，高级职称的教师很少。西北五省（自治区）的农村小学专任教师职称也是以初级和中级为主，与全国不同的是，除青海省外，其余四省（自治区）的小学专任教师初级职称的比重大于中级。以甘肃省为例，初级教师所占比重是55.60%，中级教师所占比重为34.73%，其职称比重与全国初级和中级职称的教师比重相反，说明该省小学专任教师职称结构不太合理。

通过观察调研的样本县，可以看出教师的职称结构各地差异很大。除宁夏回族自治区外，其余地区未定职称的教师比重较高，初级职称和中级职称的教师居多，高级职称的教师仍居少数。但是宁夏回族自治区的两县却并非如此，H县和I县高级职称的教师分别占总数3.25%和9.84%，远远高于全国平均值1.95%。

在初中阶段，专任教师的职称仍以初级和中级为主，高级职称所占比重为14.43%，与小学的1.95%相比，其比重有了很大增长。西北五省（自治区）的农村初中专任教师职称也是以初级和中级为主，与全国不同的是，除青海省外，其余四省（自治区）的初中专任教师初级职称所占比重大于中级。仍以甘肃省为例，初级职称的教师有一半多，与该职称占全国的1/3相比，差别很大。青海省的中级职称和高级职称教师所占比重较高，其中，高级职称的比重略高于全国平均值。

总体而言，全国中小学专任教师的职称均以中级和初级为主。同比之下，西北五省（自治区）中，青海省中小学专任教师职称结构与全国相似，甚至优于全国的职称结构，而其他省区职称结构相对不合理，高级职称的人数较少，职称水平整体偏低，这不利于调动教师教学积极性，因而亟须各省各地区进行职称改革。

3. 学科

通过调研各县城乡中小学教师的学科情况，发现大多数地区语、数、英三门学科的教师基本能够保证，尤其是语文和数学科目的教师比重很高。其余学科的教师比重较低，尤其是音、体、美三科。体育科目的专任教师在部分地区所占比重较为合理，音乐和美术两科目的教师比重大致相当，数量明显不足，比如一些地区甚至不足1%，很难"开齐、开足课程"。

总之，农村中小学普遍缺乏素质课和专业课教师。在"应试教育"的框架下，素质教育往往被忽视，总体来看，农村地区中小学相对缺乏体育、音乐、美术、综合实践活动等素质课教师和外语、科学、信息技术等专业教师，这造成教师学科结构缺失，不利于农村全面实施素质教育，也会进一步拉大城乡教育差距。

4. 荣誉称号

因条件所限，在问卷中的荣誉称号只涉及了"特级教师"、省级与市级"骨干教师""青年教学能手"和"学科带头人"，通过对城乡中小学及九年一贯制的调研得出：各县的荣誉称号问题大致相似，即目前荣誉称号设定的数量较少，且数量的分配上存在向县城、初中倾斜的问题，这使农村地区专任教师获得荣誉称号的机会更少，且多为市一级的荣誉，级别相对较低。

通过上述的学历、职称、学科和荣誉称号的分析，可以看出西北五省（自治区）部分县的教师专业水平结构大致合理，甚至一部分地区要优于全国平均水平。但是大多数地区还不同程度地存在问题，比如，学历层次较低，职称分配不合理，各学科教师分配不均，专任教师不对口，荣誉称号制度设置不当等问题都亟须国家和地区通过一些可行性措施来帮助他们尽快解决。

（二）非专业水平结构

1. 数量

从 2014 年《中国教育统计年鉴》中可知，首先，在小学阶段，全国教师数量的总体情况是：全国农村地区的专任教师在全国教师总数中占有很大的比重，比城市地区专任教师高了 55.52 个百分点；代课教师和兼任教师也占有很大的比例，说明了我国代课教师主要集中在农村地区。西北五省（自治区）农村地区小学阶段教职工数量与全国农村地区小学阶段的教职工数量的情况类似，但宁夏回族自治区小学阶段的农村地区教职工数量低于全国平均水平；在专任教师数量方面，宁夏回族自治区、新疆维吾尔自治区的农村地区专任教师比全国平均水平分别低了 3.71 和 47.05 个百分点；在代课教师和兼任教师方面，青海省、宁夏回族自治区和甘肃省的代课教师所占比重均高于全国平均水平，且青海省代课教师所占比重最高，高出全国平均水平 9.06 个百分点，这说明西北五省（自治区）亟须颁布可行的政策和引进一批优秀人才，来解决代课教师和兼任教师的问题。从调研县的教师数量来看，其虽均低于全国平均水平，但尚能满足本地区教育教学的需要。但是甘肃省 B 县、C 县和新疆维吾尔自治区的 K 县所缺的专任教师数较多，尤其是甘肃省 B 县，占到了全县教师总数的 4.11%。同时，甘肃省 A 县、B 县和 C 县和宁夏回族自治区的 H 县均有代课教师，但 H 县的代课教师所占比重比全国平均水平高了 3.4 个百分点。综上所述，所调研县虽然能满足本地区教育教学的需要，但是存在兼任教师和代课教师的问题需要及时解决。

其次，在中学阶段，全国农村地区的专任教师数量占全国教师总数的比重很大，代课教师和兼任教师所占比重较小，但主要集中在农村地区。西北五省（自治区）农村地区中学的教师数量情况与全国的情况类似，但宁夏回族自治区和新疆维吾尔自治区的教职工总数低于全国平均水平；宁夏回族自治区的专任教师所占的比重低于全国平均水平 7.35 个百分点，而甘肃省比全国平均水平高了 17 个百分点；西北五省（自治区）均有代课教师和兼任教师，但是青海省的代课教师最多，甘肃省的兼任教师最多。从调研县的教师数量来看，其尚能满足本地区中学阶段教育教学的需要，青海省 E 县的教职工总数所占比重比专任教师高了 32.11 个百分点，这说明 E 县的中学教师主要集中在县城地区。总的来说，所调研的 11 个县的中学虽有代课教师，但数量不多，所以教师结构相对合理。

最后，通过分学段来看西北五省（自治区）整体及调研县的教师数量，中小学均存在一定数量的代课教师和兼任教师，且农村地区小学的代课教师数量多于初中的代课教师数量，这说明西北五省（自治区）代课教师主要集中在农村地区的小学阶段。

2. 年龄

首先，在小学阶段，从调研县的教师年龄来看，总体来说西北五省（自治区）部分县域内的农村教师年龄结构较为合理，但也存在教师老龄化和潜在老龄化的问题。甘肃省 A 县的农村小学教师老龄化问题较为严重，青海省 E 县已经出现了教师老龄化和潜在的老龄化问题；宁夏回族自治区 H 县已经出现教师老龄化问题；而新疆维吾尔自治区两个县的教师年龄结构相对合理。

其次，从 2014 年《中国教育统计年鉴》中可知，在中学阶段，全国农村地区的教师年龄主要分布在 25—44 岁。从调研县的教师年龄来看，在所调研县的农村中学中，年龄在 50 岁以上的教师所占比重高于全国平均水平，其中宁夏回族自治区的 H 县、I 县和新疆维吾尔自治区的 J 县和 K 县的教师老龄化问题严重，且所调研的县均存在潜在的教师老龄化问题。

最后，通过分学段来分析西北五省（自治区）部分县域内中小学教师年龄来看，无论是中学还是小学均存在着教师老龄化问题，且农村地区的教师老龄化问题更加突出。

3. 性别

从 2014 年《中国教育统计年鉴》中可知，首先，在小学阶段，从全国范围来看，女性教师数较多。从西北五省（自治区）小学教师性别情况来看，男女教师性别比例不协调，其中陕西省、宁夏回族自治区和新疆维吾尔自治区的女性教师所占比重比男性教师分别高出了 25.36、23.8 和 41.7 个百分点，尤其新疆维吾尔自治区小学阶段男女教师比例失衡问题相对严重。从调研县的教师数量情况来看，其均存在着不同程度的男女教师比例失衡的问题。具体表现为：青海省 E 县男性教师所占比重比女性教师高了 24.48 个百分点；宁夏回族自治区的 H 县和 I 县的农村地区的男性教师所占比重比女性教师分别高出了 10.55 和 9.32 个百分点，县城地区的女性教师所占比重比男性教师分别高出了 37.54 和 36.2 个百分点；新疆维吾尔自治区的 J 县和 K 县农村地区的女性教师所占比重比男性教师分别高出了 30.61 和 19.9 个百分点。

其次，在中学阶段，从全国范围看，其情况与小学阶类似，也是女性教师比男性教师多。从西北五省（自治区）中小学教师性别情况来看，整体来说，西北五省（自治区）男女教师比例相对合理，但甘肃省女性教师人数所占比重比男性教师少了 17.16 个百分点；新疆维吾尔自治区的女性教师所占比重比男性教师高出了 29.88 个百分点。因此，除甘肃省的男性教师人数多于女性教师外，其他四个省均是女性教师人数多于男性教师，且新疆维吾尔自治区的中学男女教师比例存在失衡的问题。从调研县的教师数量情况来看，所调研县均存在不同程度的男女教师比例失衡的问题，其中青海省 E 县的男性教师所占比重比女性教师高出了 14.82 和 40.53 个百分点，宁夏回族自治区和新疆维吾尔自治区整体的男性教师数多于女性教师数，且从数据可以了解到农村地区的男性教师数普遍高于女性教师数，但新疆维吾尔自治区的两个县是女性教师比男性教师多。

综上所述，通过分学段来分析全国、西北地区整体及西北五省（自治区）部分县域内中小学教师性别情况，无论是中学还是小学均存在着不同程度的男女教师性别比例不协调的情况。在小学阶段，除新疆维吾尔自治区外，其他省农村地区的男性教师普遍多于女性教师；在初中阶段，除甘肃省和青海省的部分县以外，其他省的农村地区的男性教师均比女性教师多。

二 校长队伍结构

（一）专业水平结构

由于条件有限，调研团队选取了宁夏回族自治区 H 县，新疆维吾尔自治区 J 县和 K 县三个县作为研究对象，对三个样本县的校长进行了调研。同时，学历和职称作为专业水平结构中两个最重要的要素，调研团队对此也进行了重点调研。

1. 学历

通过进行城乡对比，我们发现城乡小学校长的目前学历大多为本科，但是新疆维吾尔自治区的两个县农村校长中仍有一定比例的大专和其他学历。总体来看，县城学校的校长的目前学历层次较高，而农村地区的校长学历结构有待优化。

通过对比农村小学校长的第一学历与目前学历，发现校长们的第一学历以大专和其他学历为主，而本科学历所占比重较低。但是校长们通过学历补偿教育，基本都获得了大专及以上学历，且本科学历的比重大大增加。

总之，一些农村地区小学校长无论是第一学历还是目前学历，其学历层次均较低，亟待接受学历补偿教育，另外，教育行政部门也可选拔高学历、高能力的人才注入校长队伍中，从而改善现有的校长队伍存在的学历水平较低的状况。

在初中阶段，农村初中校长的目前学历多为本科，基本所有县的校长本科学历所占比重均超过总数的 2/3，学历结构基本合理。

观察调研县校长学历结构可以看出，中小学多数校长第一学历层次较低，通过学历补偿教育获得了目前较高层次的学历，使校长的学历结构得到了改善。

2. 职称

通过进行城乡对比，发现各样本县小学阶段城乡校长的职称结构存在差异：宁夏回族自治区 H 县的城乡校长均以高级职称为主；而新疆维吾尔自治区的两个县中多数校长仍只有中级职称，且部分农村校长只有初级职称，职称水平总体偏低。

在初中阶段，各样本县的校长以中级职称和高级职称为主，其中中级职称的人数居多。同小学阶段情况相似，新疆维吾尔自治区的两个县的农村地区仍有一定比重的校长只有初级职称。

通过对所得数据分析，各样本县农村小学校长职称结构要优于初中校长职称结构，且对比而言，宁夏回族自治区 H 县中小学校长职称结构相对合理，但新疆维吾尔自治区的两个县农村中小学校长职称层次较低，职称结构不太合理。这就需要该地区加快职称改革，尽快优化校长职称结构，以增加校长的工作积极性，真正起到引领带动作用，推动学校发展变革。

总之，从调研所得数据来看，各样本县城乡中小学校长学历大多是通过补偿教育提上来的，但仍有学历层次偏低的问题存在，尤其是农村地区。校长职称结构大致合理，这可能与校长的身份有关，但是其是否具备相应的教学和管理能力则不得而知了。

（二）非专业水平结构

由于条件有限，调研团队选取了宁夏回族自治区 H 县，新疆维吾尔自治区 J 县和 K 县作为研究对象，对其校长情况进行了调研。校长的数量、年龄、性别作为非专业水平的重要因素，调研团队对其进行了重点分析。

1. 数量

通过城乡对比，在小学阶段、初中阶段和九年一贯制学校中，宁夏回族自治区 H 县和新疆维吾尔自治区的 J 县和 K 县的校长主要集中在农村地区，且农村地区的九年一贯制学校较多。

2. 年龄

通过城乡对比，首先，在小学阶段，校长的年龄均分布在 31 岁以上。其中，宁夏回族自治区 H 县农村地区校长的年龄主要分布在 41 岁以上，县城地区校长的年龄主要分布在 46 岁以上；新疆维吾尔自治区 J 县和 K 县农村地区的校长年龄在 36—40 岁所占的比重最大，县城地区的校长较少。

其次，在中学阶段，校长的年龄均分布在 31 岁以上。宁夏回族自治区 H 县农村地区和县城地区的校长的年龄均在 46—50 岁所占的比重较大；新疆维吾尔自治区 J 县农村地区校长的年龄在 31—35 岁所占的比重最大，K 县农村地区校长的年龄在 41—45 岁所占的比重最大，而县城地区校长的年龄主要分布在 41—45 岁。

最后，在九年一贯制学校中，校长的年龄主要分布在 26 岁以上。

宁夏回族自治区 H 县，农村地区校长的年龄在 41—45 岁所占的比重较大；新疆维吾尔自治区 J 县农村地区的校长年龄主要分布在 26—45 岁，而县城地区校长的年龄主要集中在 31—40 岁。

综上所述，无论在哪个学段，校长多为中年和老年，青年校长较少，这说明所调研县的校长均存在老龄化和潜在老龄化的问题。

3. 性别

通过城乡对比，首先，在小学阶段，农村地区的男性校长均比女性校长多，且主要集中在农村地区。其中，新疆维吾尔自治区 J 县农村地区的男性校长所占比重比女性校长高了 68.65 个百分点，但县城地区的女性校长比男性校长多；K 县农村地区和县城地区的男性校长所占比重均高于女性校长。

其次，在中学阶段，县城和农村地区的校长主要分布在农村，但其中没有女性校长。例如，新疆维吾尔自治区 J 县的校长都在农村地区，且都是男性校长；K 县农村地区和县城地区也均是男性校长，且多集中在农村地区。再次，在九年一贯制学校中，男性校长居多，且主要集中在农村地区。其中，新疆维吾尔自治区 J 县没有女性校长，且农村地区的男性校长比县城地区的多。

综上所述，在任何学段，所调研县的校长均以男性为主，且主要集中在农村地区。

我国农村教育的发展一直比较落后，尤其是偏远地区农村小规模学校的教育质量更是偏低。农村小规模学校的教育质量和发展与农村小规模学校校长的专业发展之间有着密不可分的关系，具体来说，农村小规模学校的校长专业发展影响农村小规模学校的教育质量。所以，农村小规模学校校长专业发展水平的提高，有助于农村小规模学校的教育质量提升，继而促进农村教育质量的提高，促进城乡义务教育的均衡发展。

第四章　农村中小学教师队伍建设政策研究

第一节　师范生招生政策

一　招生政策概述

1977年采取志愿报名、统一考试、市地初选、学校录取的办法，要求考生具有高中或相当于高中的文化水平，同时规定录取新生时，要优先保证师范和农业院校生源，毕业后由国家统一分配。1982年，政策规定对老少边穷地区考生根据当地实际情况适当降低录取分数线，同等条件下优先录取，同年国家进行了"定向招生、定向分配"试点，把招生来源和毕业生去向分配结合起来，通过适当降分录取政策来帮助边远地区和艰苦行业培养人才。1983年，教育部正式提出了"定向招生、定向分配"的办法，《一九八二年普通高校招生工作的意见》首次实行优惠加分的录取政策。同年教育部《关于中等师范学校招生工作的通知》提出："为解决边穷地区师资缺乏问题，各地可……安排一定的指标，按照定向招生、定向分配的原则，从农村、边远地区招生。"5月，《中共中央、国务院关于加强和改革农村学校教育若干问题的通知》改革高等学校的招生和毕业生分配制度，打开人才通向农村的路子，农村职中毕业生报考专业对口的全日制高等学校，文化课要求可适当降低，报考专科的，可免试外语，在不影响国家计划的前提下，实行计划外的合同制招生，采取推荐与统考相结合的办法，招收由集体负担学费和自缴学费的学生。1986年3月，原国家教委《关于加强和发展师范教育的意见》，继续提出坚持定向招生、提前录取，照顾边远地区和少数民族地区的原则。

1993年出台的《中国教育和改革发展纲要》提出，高校应在专业设置、招生和教学上拥有充分的办学自主权，倡导在政府的宏观指导下，高校自主实施教学、科研工作，根据自身特色调整专业设置，制定招生方案、招生比例以及合理配置资源等。1994年，在《中国教育改革和发展纲要实施意见》中进一步明确："不断积极进行高校招生收费和就业制度改革，实行学生缴费上学，毕业后自主选择职业的新体制"，并开始对保送生制度进行改革，严格管理，强化对保送生质量的控制。1999年1月，《面向21世纪教育振兴行动计划》，在采用新的机制和模式的前提下，2000年高等教育本专科和研究生招生规模将进一步扩大，从有利于中小学实施素质教育、高等学校公平选拔合格人才、扩大高等学校办学自主权和社会稳定的原则出发，进行高考科目、内容、方法和制度的改革试点，增加对学生能力和综合素质的考核分量，探索适合不同地区和学校特点的高等学校招生、考试、评价的方法和制度。同年6月，中共中央国务院关于《深化教育改革全面推进素质教育》的决定进一步扩大高等学校招生、专业设置等自主权，高等学校可以到外地合作办学。

2001年出台的《国务院关于基础教育改革与发展的决定》建立并进一步完善适应素质教育要求的考试评价制度和招生选拔制度，有条件的地方要取得新的突破。同年7月1日，《全国教育事业第十个五年计划》改革考试评价和招生选拔制度，基本完成了毕业生就业制度改革。深化考试内容和考试方式改革，加强对学生能力和素质的考查。放宽入学年龄限制，探索多次机会、双向选择、综合评价的高等学校招生选拔方式。2004年4月7日《教育部关于做好为农村高中培养教育硕士师资工作的通知》，明确了农硕的推荐条件及其相应的权利和义务。2006年10月30日《教育部办公厅关于做好2007年农村学校教育硕士师资培养计划实施工作的通知》指出，农硕的服务范围是"国家扶贫开发工作重点县"和"省扶贫开发工作重点县"的农村学校，以中学为主。教育部办公厅2007年5月18日《教育部办公厅关于做好教育部直属师范大学免费教育师范生招生工作的通知工作》，确保做好教育部直属师范大学免费教育师范生招生工作，要求各地高度重视，精心实施；提前批次录取；免费师范生入学前组织签订师范生免费教育协议，做好入学报到工作；要加大实行师范生免费教育的宣传力度。随后，《国务院办公厅转发教育部等部门关于教育部直属师范大学师范生免费教育实施办法（试行）的通知》，教育部直属师范大学师范专业实行提前批次录取，择优选拔热爱教育事业，有志于长期从教、终身从教的优秀高中毕业生。2007年9月29日的《教育部办公厅关于做好2008年农村学校教育硕士师资培养计划实施工作的通知》和2009年9月25日的《教育部关于做好2010年农村教育硕士师资培养计划实施工作的通知》进一步明确了推荐学校、推荐人的条件，下达推免名额，就复试录取的相关信息作了规定。

2012年1月，根据《关于完善和推进师范生免费教育的意见》的要求，教育部要根据中小学教师队伍建设的需要，统筹安排六所教育部直属师范大学每年免费师范生招生计划，合理确定分专业招生数量，确保招生培养与教师岗位需求有效衔接。同时，文件增加了教育部直属师范大学免费师范生自主招生的权力，适当增加了教育部直属师范大学免费师范生自主招生人数，自主招生人数不超过年度免费师范生招生计划的10%。同年8月20日，《国务院关于加强教师队伍建设的意见》提出，要完善师范生招生制度，科学制订招生计划，确保招生培养与教师岗位需求有效衔接，实行提前批次录取，选拔乐教适教的优秀学生攻读师范类专业。同年9月20日，《关于大力推进农村义务教育教师队伍建设的意见》决定采取定向委托培养等特殊招生方式，扩大双语教师，音、体、美等紧缺薄弱学科和小学全科教师培养规模，在师范生免费教育和"特岗计划"中向音、体、美教师倾斜。11月，《关于深化教师教育改革的意见》提出，各地要根据中小学教师队伍建设需要，科学确定师范生招生规模，统筹安排招生计划，合理确定分专业招生数量，确保招生培养与教师岗位需求有效衔接。师范生实行提前批次录取，鼓励高校增加面试环节，录取乐教适教的优秀学生攻读师范类专业。扩大教育硕士、教育博士招生规模，培养高层次中小学和中等职业学校教师。2014年8月18日出台的《教育部关于实施卓越教师培养计划的意见》中指出，建立合作共赢长效机制。高校与地方政府、中小学建立"权责明晰、优势互补、合作共赢"的长效机制。地方政府统筹规划本地区中小学教师队伍建设，科学预测教师需求的数量和结构，做好招生培养与教师需求之间的有效对接；进一步强化招生环节，推进多元化招生选拔改革。通过自主招生、入校后二次选拔、设立面试环节等多样化的方式，遴选乐教适教的优秀学生攻读师范专业，加强入校后二次选拔力度，根据本校特点自行组织测试选拔。设立面试环节，考察学生的综合素质、职业倾向和从教潜质。

二 招生政策存在的问题

（一）政策内容存在的问题

1. 免费师范院校招生计划中非免费师范生的名额过少

2012年1月出台的《关于完善和推进师范生免费教育的意见》指出，适当增加部属师范大学免费师范生自主招生人数，自主招生人数不超过年度免费师范生招生计划的10%。这样一来，大大增加了非免费师范生的压力，对于想报考这几所院校的缴费入学的师范专业，在各院校招生计划一定的情况下，免费师范生占去了大部分招生名额甚至全部的招生名额，对于这些想报考缴费入学的师范专业的学生能被录取的机会就要小得多。那么对于这样学生是否公平？这一制度设计的初衷当然是好的，但是一个好的制度安排不应当在对某一部分形成优待的同时，客观上对另一部分造成利益损失。如果部属师范大学只能设立免费教育的师范专业，而且毕业生被优先安排在中西部地区工作，那么东部地区中小学的优质师资供给势必会在一段时间内出现缺口，这会对国家整体的教育健康发展造成不利影响。

2. 准师范生异地是否允许高考尚未明确

2012年8月《关于做好进城务工人员随迁子女接受义务教育后在当地参加升学考试工作的意见》指出："进一步做好随迁子女升学考试工作，是坚持以人为本……各省、自治区、直辖市人民政府要根据城市功能定位、产业结构布局和城市资源承载能力，根据进城务工人员在当地的合法稳定职业、合法稳定住所（含租赁）和按照国家规定参加社会保险年限以及随迁子女在当地连续就学等情况，确定随迁子女在当地参加升学考试的具体条件。"① 对此问题有两种截然不同的立场。一种立场主张放开户籍限制，在满足某些要求的前提下，允许外省籍考生参加本地高考，以体现教育的公平正义。另一种立场对异地高考持强烈反对意见，高考招生指标是教育部根据一定的原则和准则，而将招生指标切分到本地区，因而作为稀缺资源的招生指标理当为本地考生所享有；当外地考生参加本地高考时，则这种异地高考就侵占了本地考生的利益。由于权力的下放，导致地方政府左右为难，加之人们对此众说纷纭，莫衷一是。异地高考之争，不仅折射出市场经济条件下，我国高等院校招生制度设计中的身份困境，而且还反映出我国社会对当下高等教育隐含的基于身份的群体间不平等。

（二）政策执行中存在的问题

1. 招生过程中免费师范生招生人数偏多，招生结构失衡

有调查研究表明，在免费师范院校招生过程中，东北师范大学、华中师范大学、西南大学和陕西师范大学免费师范生招生人数占师范生的百分比分别为59.0%、93.6%、92.4%和84.0%。② 四所院校招收免费师范生的人数占师范生总数的比例很大，招收免费师范生人数平均占师范生总数的82.25%，这样招收非免费师范生人数就很少。免费师范生毕业后按照国家的相关规定需要履行一定的义务，很多家庭完全有能力支付学生上大学，许多这样的学生不愿意报考免费师范生，他们不愿意履行免费师范生的义务，但是他们热爱教育事业，愿意成为一名教师，愿意报考缴费入学的师范生。但是，由于招生政策的限制，他们能够考上的几率就相当小，他们从事教育事业的机会就

---

① 周兴国：《身份困境与政策选择——兼论高考招生改革的未来之路》，《徐州工程学院学报》2013年，第100页。

② 数据来源：中国教育报整理，2007年。

很小。这在一定程度上就影响了教育的公平。

2. 性别歧视凸显

2012年高考招生工作中,多所高校对男女生分别画线,女生沦为高考招生工作的"他者"[1]。据相关研究表明,上海外国语大学公布的提前批次录取分数线中,女生最低分数线普遍高于男生;在辽宁省,理科女生的录取分数高于男生57分;在天津市,理科女生的录取分数高于男生58分;在广西壮族自治区,文科女生的录取分数高于男生65分。[2] 中国人民大学小语种专业提前批次的最低录取分数线也因"女低男高"而被推入风口浪尖,在北京市,文科女生的最低录取分数线高于男生13分。随后,更多的"男女有别"进入公众视野。在广东省,中国政法大学理科女生的投档分数线比男生高44分。[3] 对外经贸大学的小语种专业的录取分数线也是女高男低。如果说中国人民大学小语种专业因为学生人数少,"男女有别"对公平的影响尚且有限,那么更多高校将步其后尘,高考招生的性别公平问题凸显。录取中对女生群体的歧视与排斥,不仅限于某个大学的某些专业,而是涵括了多个学科和专业。其主要形式有两种:一是配额录取,二是限招男生。

(三) 政策评估过程中存在的问题

免费师范生招生政策自2007年实施以来,已经过了整整10个年头。在这10年来究竟该政策的可行性、效益、效率、效果和价值如何?在具体招生过程中是否按原定政策执行?是否达到了原来吸引优秀青年从教,提倡教育家办学,支援中西部农村教师队伍建设的预期目标?这时候就需要教育政策评估主体依据一定的评估标准、使用专门的评估方法,对教育政策决策过程、文本、执行过程、执行结果以及教育政策实施环境等相关因素进行事实判断和价值判断,用来监测

---

[1] [法] 西蒙娜·德·波伏娃:《第二性》,中国书籍出版社1998年版,第17页。
[2] 王秋实:《5名女律师指责高考分数线"女高男低"歧视》,2012年,据http://edu.qq.com。
[3] 杨兴:《高考分数线分男女只因性别失衡》,2012年,据http://opinion.hexun.com。

和监督教育政策是否达到了预期政策目标。①

1. 评估多以内评估为主，非官方的专业评估机构缺乏

在具体的招生政策评估活动中，评估主体至少包括教育部六所直属师范院校、各个省的高考招生部门、各个省的大学生就业指导中心、免费师范生毕业后的就职学校，以及当地政府及其人事、教育等部门。目前而言，对于该政策的评估多以教育部门和自我评估为主，导致评估主体出现"既是运动员，又是裁判员"的局面，在评估背后，涉及利益的博弈，作为六所教育部直属免费师范院校，无论是在优质生源的招生，还是其他各环节，都存在着激烈的竞争，教育部门希望看到的是一种和谐共生的局面，决不允许"绝对好"和"绝对差"的两个极端局面出现；作为师范院校自己而言，没有哪一个不希望自己被评估为优秀，在招生过程中吸引更加优质的生源。基于上面各自利益的考虑，免费师范生招生政策的评估很难保持中立性，即评估机构或评估者需要保持价值中立的立场，不持偏见，所呈现出来的信息应该是客观公正与全面的，而不是有选择性地呈现出委托评估者想看到的结果。而目前非官方的专业评估机构缺失，尤其是缺乏可以针对不同类型、不同层级的教育政策进行评估的专业性组织。从国家层面看，1986年，经国务院批准建立了"国家教育发展研究中心"，并设置了专门进行教育政策实施效果评估的教育政策评估研究室；从地方层面看，各省、各地级市也相继成立了教育政策研究所，以分析社会环境对于教育改革的政策诉求，个别教育发达地区还根据教育的不同类别，对政策研究室进行了分类设置。如上海市教科院分别设置了"高等教育研究所""基础教育研究所"等，专门负责该领域教育政策问题的研究。② 由此可见，专门针对免费师范生招生政策评估的专业机构并没有被纳入国家政策，即便是官方评估组织，其本身就属于政府组织的一个机构，对上级政府极易产生依赖，有时在上级政府

---

① 白贝迩、司晓宏：《教育政策评估的困境及其超越》，《教育理论与实践》2016年，第20页。

② 胡伶、全力：《我国教育政策评估的成就问题与建议》，《辽宁教育行政学院学报》2009年，第49页。

的压力下,无法独立而客观地对教育政策做出评价。评估主体的单一极易造成评估结果的主观性,缺乏外部非官方性的政策评估组织参与,导致不够客观的政策评估结果。

2. 评估标准系统性不强

教育政策评估标准是对教育政策属性或不同方面在质上的规定,是政策评估者进行评估时应坚持和遵循的客观尺度,是用来判定教育政策活动优劣的准则。[1]

评估标准的设立是教育政策评估的关键,评估标准的科学性直接决定了评估结果的客观性及有效程度。目前,免费师范生招生政策评估标准林立,有学者将该政策在某一时期,某一地区的可行性作为评估标准;有的学者将免费师范生政策的初衷,即吸引优秀人才从教,提倡教育家办学,支援中西部教师队伍建设的目标实现度作为教育政策的评估标准;有学者将免费师范生招生政策的价值大小作为评估标准,以政策对社会、经济环境和社会秩序影响的合理性以及公众的态度作为评价标准。[2] 由于不同评估者使用不同的评估标准,导致对免费师范生招生政策的评估结果莫衷一是。

三 招生政策的改进建议

(一) 政策制定过程中

1. 师范院校招生计划应该确保一定数额的非免费师范生

同一所招收师范生的院校应该确保一定数额的非免费师范生名额。这既是教育公平的体现,又能保证生源的多样性,有利于素质教育的实施。提供一部分的收费师范教育有利于满足不同考生的不同需要,这不失为一种公平而又灵活的做法。[3] 根据以往的经验,免费师范教育的学生大部分来自经济相对落后的家庭和地区。这些学生往往学习认真、吃苦耐劳、成绩优秀,这有利于他们将来承担繁

---

[1] 胡伶:《教育政策评估体系的架构研究》,《教育理论与实践》2008年,第20页。
[2] 王素荣:《教育政策评估指标体系研究》,《教育理论与实践》2006年,第6页。
[3] 黎婉勤:《关于师范生免费教育的若干思考》,《教师教育研究》2007年第3期。

重的中小学教育工作。但由于其家庭经济条件和成长环境的影响，他们往往在艺术素质、中英文口头表达、人际交往、社会见识等方面有所欠缺，这对他们今后从事中小学素质教育会造成一定的困难。同时提供免费和收费两种选择可以保证生源的多样性。选择缴费上学的师范生一般来自城市或家境较好的家庭，他们往往比贫困生有更多机会接受更优质的基础教育。他们往往见多识广，可能会更容易表现出活泼开朗、大胆自信的个性特征，而这些恰恰是中小学素质教育对教师的要求。

2. 建立基于学籍的招生制度

在目前的社会和教育发展水平的条件下，实现异地高考需要改变以户籍为条件的招生制度，走向基于学籍的高考招生制度。为此，必须系统地考虑异地高考中的"平等对待"问题，即在否定以户籍为条件的高考招生政策选择中，以学籍为参加高考的首要条件，同时以户籍为取得学籍的必要条件，以稳定的居所、稳定的职业为取得学籍的选择条件。将这种政策选择称为"二阶条件递进设置"，双重的制度设计将使城市教育资源的容纳与方便随迁子女升学、高等教育的平等与社会经济的发展之间取得很好的平衡关系，从而真正实现"进一步解决外来务工子女的升学问题，让非户籍地考生享有与本地考生相同的高考资格，使更多外来务工子女能够更好地享受父母务工所在地的教育资源，让非户籍地考生享有与本地考生相同的高考资格"。

(二) 政策执行过程中

1. 师范院校招生过程中应提供免费和收费两种选择，确保招生数量相当

目前，在社会贫富悬殊，人们自主愿望增强的背景下，同一所招收师范生的院校同时提供免费和收费两种选择应该是一种比较稳妥的做法。[1] 在招生过程中，除了免费的师范教育以外，有必要继续在教育部直属师范大学设立缴费入学的师范专业。各院校招收免费师范生的招生人数应该控制在一定的范围之内，我们不能让一项政策促进了

---

[1] 黎婉勤：《关于师范生免费教育的若干思考》，《教师教育研究》2007 年第 3 期。

教育的公平，同时又损害了教育的公平。建议各院校招收免费师范生的计划应是师范生招生计划总数的一半左右为宜，如果招收的比例过大，就会严重限制报考缴费入学的师范生，影响了教育的公平。如果招收的比例过小，这一政策的实施则很难有效推动我国教育事业的发展。因此，同一所招收师范生的院校应该确保一定数额的非免费师范生。

2. 政府要严格落实招生中的性别平等

高校招生政策作为教育政策的组成部分，政府应严格监管其制定和执行情况，高度聚焦男女两性的不同需求，实施切实可行的专业选择机制，纠正就业市场的性别歧视现象，杜绝高考录取分数线分性别画线，严格要求落实招生政策的性别平等，严格执行就业市场的反歧视法规，严厉打击用人单位的歧视行为。在政府公共部门的招录工作中尊重女性，一视同仁。试想，如果公共部门都歧视女性，如何要求私营企业做到性别平等？当就业市场中的性别歧视问题不复存在时，高校招生政策的男女平等便是水到渠成的事了。

（三）政策评估过程中

1. 评估组织构成实现多元化

由于我国免费师范生招生政策尚无专门的评估组织，无论自评还是官方评估总是避免不了"自卖自夸""偏听则暗"的局限，而实现评估组织多元化是解决这一问题的最佳途径。政策评估市场化是鼓励民间评估组织的发展关键。在西方发达国家，教育政策评估已经发展为一个产业，政策评估机构普遍存在于民间和政府内部，并且这些评估机构的评估专业水平普遍较高，对于免费师范生招生政策的评估，可以借鉴西方发达国家教育政策评估的做法。[①] 首先，免费师范生招生政策评估项目应实行社会范围内的招标，建立健全政策评估市场机制。其次，在我国培育独立的第三方评估机构。一方面，可以保证评估组织的独立地位；另一方面，还可以利用其发展空间获得广泛的社

---

① 白贝迩、司晓宏：《教育政策评估的困境及其超越》，《教育理论与实践》2016年第1期。

会关系资源，使民间组织和官方组织在免费师范生招生政策评估中互不隶属、各司其职、各负其责。最后，充分利用被誉为"第四种力量"的大众媒体，鼓励公众、报纸及电视媒体积极参与到免费师范生招生政策的评估中来，使与所有利益相关的声音得到表达，从而加深对教育问题的挖掘，充分传递民意，调解纠纷。

2. 设计合理的教育政策评估标准

教育政策评估标准的非系统性问题，影响了政策评估结果的全面性与完整性。以"形式""事实""价值"三个方面为基点构建教育政策的评价标准，可以涵盖教育政策评估的各方面。"形式标准"即免费师范生招生政策文本目标表述是否具有确定性，在政策语言使用上有无含混不清；与其后续的免费师范生的培养、深造以及将来的就业、退出的相关政策是否具有一致性；免费师范生招生政策程序是否具有法定性，即招生政策的决策程序和执行程序是否符合程序规定，决策过程和执行过程是否做到了科学民主。"事实标准"包括免费师范生招生政策自实施以来所产生的效益和影响，以及免费师范生招生政策的目标达成情况和社会成员对该政策的认可度和满意度，依据这些客观指标对招生政策进行评估，可以揭示教育政策在运行期间对国家、社会和个人产生了怎样的影响或起到了什么样的作用。"价值标准"，即评估主体理想、信念和价值追求的反映。免费师范生有其自身的特点，其终极价值是人的价值，目的在于促进受教育者的发展。因此，招生政策的价值标准应体现促进教育的发展和促进人的发展两个方面。我国正处于全面建成小康社会的关键时期，在这种情况下，师范生招生政策的评估标准的建构应做到与时俱进，及时引入新的评价标准，如教育的均衡发展、公平、民主等。

第二节 师范生培养政策

一 培养政策概述

中华人民共和国成立后，我国借鉴苏联教育模式，基本建立起了一套从小学到高中的比较完整的教育体系。1952年，教育部颁发并试行《关于高等师范学校的规定（草案）》，培养全心全意为人民教育事业服务的初等教育和幼儿教育师资；同时教育部发出《关于大量短期培养初等及中等教师师资的决定》，提出为适应大量和急迫的需要，培养师资的工作应以短期训练为重点。① 然而，1958 年的"大跃进"和"文化大革命"对教育事业的破坏严重，使邓小平在 1977 年主持工作后，大力提倡尊师重教、办好师范教育。

1985 年 5 月，《中共中央关于教育体制改革的决定》提出，把发展师范教育和培训在职教师作为发展教育事业的重要战略举措。1986 年颁布的《中华人民共和国义务教育法》提出，师范教育是培养基础教育师资的"工作母机"。1993 年，原国家教委进一步明确师范专科学校必须坚持为基础教育，特别是农村基础教育所需要的合格师资服务的办学方向。② 1993 年 10 月颁布的《中华人民共和国教师法》、1995 年 3 月颁布的《中华人民共和国教育法》，以及 1995 年 12 月颁布的《教师资格条例》指出，各级人民政府应当采取措施，为少数民族地区和边远贫困地区培养、培训教师。③ 1999 年 1 月颁布的《面向 21 世纪教育振兴行动计划》指出，高等学校要跟踪国际学术发展前沿，成为知识创新和高层次创造性人才培养的基地，重视培养高层次创造性人才的团结、协作和奉献的精神，要大力推进高等专科教育的人才培养模式的改革，本科教育要拓宽专业口径，增强适应性，今后 3—5 年，将专业由 200 多种调整到 100 多种。要继续推进"面向 21 世纪教学内容和课程体系改革计划"，并建成 200 个文、理科基础性人才培养基地，100 个各科类基础课程教学基地和 20 个大学生文化素质培养基地，使之成为具有国内先进水平的教学示范基地。同年 6 月颁布的《中共中央国务院关于深化教育改革全面推进素质教育的决定》提出，应实施素质教育，以培养学生的创新精神和实践能力为重点，造就四有新人和德智体美等全面发展的社会主义事业建设者和

---

① 金铁宽：《中华人民共和国教育大事记》，山东教育出版社 1995 年版，第 121 页。
② 何东昌：《中华人民共和国重要教育文献》，海南出版社 1997 年版，第 712 页。
③ 郭齐家：《中华人民共和国教育法全书》，北京广播学院出版社 1995 年版，第 516 页。

接班人。①

2001年颁布的《国务院关于基础教育改革与发展的决定》鼓励综合性大学和其他非师范类高等学校举办教育院系或开设获得教师资格所需课程，支持西部地区师范院校的建设，推进师范教育结构调整，逐步实现三级师范向二级师范的过渡，制订适应中小学实施素质教育需要的师资培养规格与课程计划，探索新的培养模式，加强教学实践环节，增强师范毕业生的教育教学与终身发展能力。2004年，国务院批转教育部《2003—2007年教育振兴行动计划》全面推动教师教育创新，构建开放灵活的教师教育体系，改革教师教育模式，将教师教育逐步纳入高等教育体系，构建以师范大学和其他举办教师教育的高水平大学为先导，专科、本科、研究生三个层次协调发展。同年4月7日颁布的《教育部关于做好为农村高中培养教育硕士师资工作的通知》规范了农硕的培养方式。2006年10月30日颁布的《教育部办公厅关于做好2007年农村学校教育硕士师资培养计划实施工作的通知》进一步规定了农硕培养学校、培养方式。2007年5月颁布的《国务院办公厅转发教育部等部门关于教育部直属师范大学师范生免费教育实施办法（试行）的通知》，从2007年秋季开始，在北京师范大学、华东师范大学、东北师范大学、华中师范大学、陕西师范大学和西南师范大学六所教育部直属学校试行师范生免费教育。有志从教并符合条件的非师范生，在入学两年内，可在教育部和学校核定的计划内转入师范专业，并由学校按标准返还学费、住宿费，补发生活费补助。免费师范生可按照学校规定在师范专业范围内进行二次专业选择，免费师范毕业生经考核符合要求的，可录取为教育专业硕士研究生学位，教育部直属师范大学要抓住实行师范生免费教育的良好机遇，围绕培养造就优秀教师和教育家的目标，大力推进教师教育改革，特别要根据基础教育发展和课程改革的要求，精心制定教育培养方案；安排名师给免费师范生授课，选派高水平教师担任教师教育

---

① 教育部法制办公室编：《中华人民共和国教育法律法规规章汇编》，华东师范大学出版社2009年版，第35页。

课程教学，建立师范生培养导师制度，按照"学为人师、行为世范"的要求，加强师范生师德教育。强化实践教学环节，完善师范生在校期间到中小学实习半年的制度。2007年7月颁布的《教育部关于大力推进师范生实习支教工作的意见》明确了师范生教育实习时间、实习支教、实习基地、合作机制、经费保障。9月29日颁布的《教育部办公厅关于做好2008年农村学校教育硕士师资培养计划实施工作的通知》再次明确了培养学校和培养方式，扶贫县所在省（自治区、直辖市）内具有教育专业硕士学位培养资格的高等学校；先由省级教育行政部门安排到签约的农村学校任教3年，取得教学实践经验。第4年，农村师资教育硕士生到培养学校注册入学，脱产学习教育专业硕士学位研究生课程。第5年，农村师资教育硕士生返回任教学校工作岗位，边工作、边学习，通过现代远程教育等方式完成课程学习，并撰写学位论文。学生毕业通过论文答辩后，由学校按规定授予教育专业硕士学位并颁发硕士研究生学历证书。2009年9月25日颁布的《教育部关于做好2010年农村教育硕士师资培养计划实施工作的通知》决定，进一步扩大"农村学校教育硕士师资培养计划"规模，并与"农村义务教育阶段学校教师特设岗位计划"结合实施。

2011年10月8日颁布的《教师教育课程标准（试行）》提出创新教师教育课程理念：要围绕培养造就高素质专业化教师的目标，坚持育人为本、实践取向、终身学习的理念，创新教师培养模式；强化实践环节，加强师德修养和教育教学能力训练，着力培养师范生的社会责任感、创新精神和实践能力；优化教师教育课程结构；改革课程教学内容；开发优质课程资源；改进教学方法和手段；强化教育实践环节；加强教师养成教育；建设高水平师资队伍；建立课程管理和质量评估制度；加强组织领导和条件保障。2012年8月20日颁布的《国务院关于加强教师队伍建设的意见》指出，应培养造就高端教育人才，实施中小学名师、名校长培养工程，坚持培养与引进兼顾，教学与科研并重，加强高等学校高层次创新型人才队伍建设。实施好"千人计划""长江学者奖励计划"和"创新团队发展计划"等人才项目，造就集聚一批具有国际影响的学科领军人才和高水平的教学科研创新团队。2012年9月20日，教育部、中央编办、国家发展改革委员会、财政部人力资源社会保障部颁布的《关于大力推进农村义务教育教师队伍建设的意见》指出，应进一步完善教育部直属师范大学师范生免费教育政策，为农村学校定向培养补充"下得去、留得住、干得好"的高素质教师。扩大实施"农村学校教育硕士师资培养计划"和"服务期满特岗教师免试攻读教育硕士计划"。采取定向委托培养等特殊招生方式，扩大双语教师、音体美等紧缺薄弱学科和小学全科教师培养规模，在师范生免费教育和"特岗计划"中向音、体、美教师倾斜。依托现有资源，加强少数民族地区双语教师培养培训基地建设，每年培训一批少数民族双语教师。同年11月，《关于深化教师教育改革的意见》指出，应构建开放灵活的教师教育体系，创新教师教育模式，健全优秀中小学教师与高校教师共同指导师范生教育实习的机制，完善教师教育类课程教师分类管理和考核评价办法，承担教师教育类课程的中青年教师，应到中小学从事至少1年的教学工作。2014年8月18日颁布的《教育部关于实施卓越教师培养计划的意见》，明确了实施卓越教师培养计划的目标要求，指出分类推进卓越教师培养模式改革、建立高校与地方政府、中小学"三位一体"协同培养新机制、加强卓越教师培养计划的组织保障。2015年6月8日颁布的《乡村教师支持计划（2015—2020年）》指出，应鼓励地方政府和师范院校根据当地乡村教育实际需求加强本土化培养，采取多种方式定向培养"一专多能"的乡村教师。2016年3月17日颁布的《教育部关于加强师范生教育实践的意见》通过明确教育实践的目标任务、构建全方位的教育实践内容体系、丰富创新教育实践的形式、组织开展规范化的教育实习、全面推行教育实践"双导师制"，协同建设长期稳定的教育实践基地来加强师范生的教育实习。

二 培养政策存在的问题

（一）政策内容及其执行中存在的问题

1. 政策内容偏离预期，政策执行具有缺损性

教师培养政策自"开放"的号角吹响以后，一些并不具备条件的

综合性大学、非师范院校、高职院校纷纷加盟培养教师的队伍。这样的院校举办教师教育的兴奋点往往并不在教师教育，而在于填补学科空白，完善学科门类，加速学校综合化进程。致使教师培养市场混乱不堪，培养质量难以保证。针对不恰当做法和不规范行为，2005年教育部颁发的《关于规范小学和幼儿园教师培养工作的通知》（教师〔2005〕4号）指出，培养小学和幼儿园教师的学校首先必须达到国家规定的基本办学条件要求，具备举办教师教育的基本条件，并要求各省级教育行政部门组织开展小学和幼儿园教师培养工作的专项评估。2007年国务院批转教育部《国家教育事业发展"十一五"规划纲要》，提出要"逐步形成开放灵活、规范有序的教师教育体系"，首次增加了"规范有序"四个字，有深刻内涵和现实针对性。应该说，这两份政策文件带有政策修补的意味，但执行、落实情况并不理想，大多数省份并没有开展专项评估。

2. 遭遇挟持，政策内容缺乏独立性

在上述政策文件中，除了个别以"培养小学教师"为题名和关键词外，绝大多数都是以"培养中小学教师"为题名和关键词的。比如：1999年3月，教育部颁布的《关于师范院校布局结构调整的几点意见》提出，要"进一步拓宽中小学教师来源渠道，鼓励一批高水平综合性大学参与培养中小学教师"。1999年6月，中共中央、国务院颁布的《关于深化教育改革全面推进素质教育的决定》提出，应"鼓励综合性高等学校和非师范类高等学校参与培养、培训中小学教师的工作，探索在有条件的综合性高等学校中试办师范学院"。这似乎没什么不对。中学教师和小学教师被合称为"中小学教师"，是一种频率很高的现象，这在许多语境中，是可以被理解和接受的。但是，这个指称在客观上忽略了中学教师和小学教师各自的专业特性，这值得我们高度警惕。事实上，仔细研读这些以"培养中小学教师"为题名和关键词的政策文件，可以发现其内容基本上适用于"中学教师"的培养，即小学教师培养工作在政策层面遭遇了"挟持"与"绑架"。比如，"非定向""多元开放""综合性高校参与"是上述政策的主旋律，其实这样的主旋律只适宜在中学教师培养中唱响，也就是说中学教师的来源可以多元化,但小学教师应当由专门的教师教育机构来培养。教育部师范教育司管培俊司长指出:"培养高中以上的教师,可能综合大学和高水平师范大学更具实力,更有后劲,因为他具备学科优势和多学科综合的优势,师资力量的优势;而初中以下,尤其是小学和幼儿教育,其他师范院校培养的毕业生似乎更有优势,不仅过去、现在,将来也是如此。"[1]

3. 调研缺失,政策制定带有随意性

教师教育的健康发展,首先有赖于教育决策者的正确决策,而正确决策的前提很大程度上又依赖教师教育研究者对政策的充分研究所提供的智力支持。我国教师教育政策建设的现实却是"决策者和研究者是两个范畴,两种工作规范,两种文化。长期以来,研究者把政策放在研究的视野之外,决策者也没有把政策与研究联系起来"[2]。仅以2002年9月10日教育部颁发的《关于加强专科以上学历小学教师培养工作的几点意见》(以下简称《意见》)为例,应该说,这个政策文件是小学教师培养规格、培养主体、培养体系发生重大变革的指导性文件,但是,由于决策者与研究者未能有效融通、有机结合,未能深入实际广泛调研,致使文件的内容安排、出台时机都有不少缺陷,随意性较强。比如:"教师教育转型的实质不是培养形式的变化,而是水平的提高。"[3] 仔细研读这一文件,我们可以发现,小学教师专业水平、培养质量的提高并没有成为这个文件的关注重点,相反,却是学历、培养主体、管理体制等形式问题成为重点关注的内容,显得有些轻重不分,本末倒置。顾明远先生对这份文件引发的改革有过一个评价:"这些改革的后果是什么呢?说得极端、激进一些,即是削弱了师范教育体系,降低了教师专业化水平,其中损失最大的是小学教师。"[4]

---

[1] 康丽:《实施师范生免费教育是国家战略——访教育部师范教育司司长管培俊》,《中国教师报》2010年。
[2] 袁振国:《中国教育政策评论》,教育科学出版社2002年版,第357页。
[3] 顾明远:《论教师教育的开放性》,《高等师范教育研究》2001年,第1页。
[4] 顾明远:《我国教师教育改革的反思》,《教师教育研究》2006年,第4页。

(二)政策评估过程中存在的问题

1. 政策评估经费短缺,评估结果无法保障

由于师范生的培养已经完成三级示范向二级师范的过渡,因此师范生的培养最少三年,且随着教师资格的放开,非师范生也走向了教师岗位,因此,教师培养政策评估不仅需要花费更多的时间,而且评估客体对象成分复杂,是一项耗时、耗力、耗财的严肃工程。由于教师培养政策评估经费等资源的短缺导致我国当前绝大多数政策评估都只是通过抽取小样本,运用简单的访谈、问卷、资料查询等形式来实现的,其得来的结论往往经不住推敲。而对于培养政策本身的评估,由于经费的匮乏,很难邀请到教师培养政策评估方面的资深专家,对于培养政策中存在的问题只能迁就,且全国教师培养的效果、价值如何,是否达到了培养目标,是否能够胜任中小学教学,或者距离培养目标还有多大差距,后续培养政策怎么改进,由于经费短缺,缺乏大数据研究,培养政策的评估只能流于形式。评估的经费来源匮乏,严重制约着教师培养政策评估工作的开展,使评估无法发挥应有的效果。

2. 评估人员专业化程度低

随着教师资格的开放,教师队伍将变得越来越复杂,由于师范生的学历、专业等的差异,评估人员专业素养的高低对教师培养政策评估质量将有很大影响。我国目前尚无相关的教育培养政策评估人员职业资格标准,也尚未有高校设置教师培养政策评估的相关专业,很多因素造成了政策评估人员整体专业化程度不高的事实。在对某一高校的师范生培养政策进行评估时,临时组建评估团队的情况屡见不鲜,由于对培养政策文本内容不清楚,对培养政策实施背景亦不了解,使评估成了"走过场",未能真正实现政策评估的监督、监控作用。

同时,师范生培养政策评估对于培养师范生的高校有着直接的利害关系,他们总是希望政策评估有利于自身。"人们从潜意识里对自己及自己的选择计划和运行有所偏爱,喜欢品评他人及其作为而不愿接受他人批评。组织总是习惯一如既往地运行,不喜欢变革,而评估

往往意味并伴随着批评和变革。"① 因而，培养政策评估必然会受到有关人员的消极对待甚至阻挠，从而影响评估工作的顺利进行。

三 培养政策的改进建议

(一) 政策制定及其执行过程中

1. 加强政策执行力

一是要有适切的目标，即政策的指向要清晰。教师培养政策要依据教师专业特性和培养规律，着眼水平提高而非形式变化。二是要有明确的职责。谁是执行主体，各自承担什么职责要非常明确。三是要有合理的路径。许多时候，大而无当的意见解决不了任何问题，必须要有明确的时间表、清晰的路线图。2005 年，教育部颁布的《关于规范小学和幼儿园教师培养工作的通知》，要求各省级教育行政部门组织开展小学和幼儿园教师培养工作的专项评估。但因为没有确立时间表和路线图，致使执行情况很不理想。四是要有科学的考评。例如，教育部直属师范大学实施师范生免费教育是一种示范性举措，地方政府和师范院校积极跟进应成为一种常态，但因为缺乏科学的专项考评，致使该项工作目前开展得还很不平衡。五是要有到位的监督。及时对执行结果进行反馈总结，是提高管理执行力的有效手段，约谈、问责、限期整改等应成为监督的重要工具。

2. 找准政策着力点，构建教师教育标准

随着我国基础教育课程标准的实施和课程改革的不断深入，社会各界对教师教育质量和教师专业持续发展越来越关注。事实上，我国研制教师教育标准的工作早在几年前就已启动，其内容涵盖"中小学教师专业标准""教师教育课程标准""教师教育机构资质标准""教师教育质量评估标准"四个方面，但何时出台尚未确定，鉴于此，研究组认为，一是各级教师专业标准应该是独立的，而不是"裹挟"，尤其是在中小学教师专业标准之中，唯有如此，方能体现教师的专业特性。二是高度重视教师的教育素养要求，在专业情意、专业技能、

---

① 袁振国：《中国教育政策评论》，教育科学出版社 2001 年版。

专业知识方面体现各学段的教师素质的特点，避免盲目追求学历和学术性导致教育性削弱的现象重演。在调研中，有的校长提到：我们现在需要"一专多能"的教师，应鼓励师范生和教师学习第二专业，培养多种技能，以适应多学科教学。三是确立教师教育机构资质标准，必须纠正大众的"高水平、综合性大学一定能培养高水平教师"的想法，要高度重视教师培养经验、文化的因素。

3. 加大省级政府统筹力度

在原来的行政管理体制下，中学教师主要由教育部直属师范院校和省属师范院校培养，小学教师的培养长期以来基本上是交由市、县负责（省级教育主管部门虽然设有"师资处"一类的业务指导、规划部门，但因人权、财权、事权的体制障碍，事实上或无心过问，或鞭长莫及，财政投入、招录计划、课程方案、队伍建设等缺乏保障，培养质量也得不到可靠保证）。随着省管县行政体制改革的实施，《教育规划纲要》指出，要"进一步加大省级政府对区域内各级各类教育的统筹"[①]。鉴于小学教师培养已纳入高等教育序列，推进小学教师本科化也势在必行，再加上各地对小学教师的需求开始从"数量满足"走向"质量提高"，在这种背景下，小学师资的培养由省里统筹规划，培养小学师资的师范院校由省里统一管理，既是必要的，也是可行的，建立相对独立的现代小学教师教育体系的时机已经成熟。例如，湖南省从2010年起在国内率先启动初中起点本科层次农村小学教师培养。按照"自愿报名、择优录取、定向培养、公费教育、定期服务"的原则，采用二·四分段、分专业方向的培养模式：学生入学后前两年按中职学生注册学籍，学习基础文化课程；两年期满参加当年普通高校招生对口升学考试，考试成绩达到省当年划定录取控制分数线的，升入本科层次学习4年。本科修业期满，成绩合格者由湖南第一师范学院颁发初中起点本科文凭及学士学位证书。[②] 在调研中，

[①] 中共中央、国务院：《国家中长期教育改革和发展规划纲要（2010—2020年）》，《中国教育报》2010年。

[②] 林溪：《不断创新农村小学教师培养机制》，《中国教师报》2010年。

也有的校长提出，应建立国家、省、市、县四级教师培养培训机制，促进教师的专业成才和能力提升。

（二）政策评估过程中

1. 多渠道设立专门的资金保障

对于教师培养政策评估过程中经费短缺的问题，我们可以借鉴国际经验，通过设立基金会等形式吸引社会资金注入。这样不仅可以为评估活动提供宽松的资金保障，而且可以因社会力量的加入而提高教育政策评估结果的质量。具体而言，一是可以借鉴国外公共政策评估的经验；二是建立专门的教师培养政策评估基金，拓展资金来源渠道，鼓励社会各界注入资金，以促进政策评估的开展；三是政府专门划拨，即将教师培养政策评估资金直接划拨到政策实施预算中；四是鼓励成立营利性的政策评估机构。科学的政策评估对政策本身有价值贡献，政府可以为第三方评估创造市场，鼓励民间的评估组织以较少的成本赢得政策价值回报。

2. 制定培养政策评估人员的专业标准

培养政策评估人员作为专业人员，应该具备相应的专业标准。其专业标准应该包括专业知识、专业技能、专业精神、专业伦理等。[1] 在美国等国家，早在20世纪70年代就设立了评估专业，培养了许多评估学科的高素质人才，如评估博士等，使教育政策评估活动向职业化方向发展。我们可在借鉴外国经验的基础上，发展高校相关专业的评估课程，加强教师培养政策评估人员的资格培训，保证培养政策评估领域的人才需要和人才质量。合理搭配具体培养政策评估项目的评估人员。教师培养政策评估作为评估理论与评估实践相结合的高难度活动，即使是专业评估人员，也会受其自身知识、能力方面的限制。因此，在对某一具体培养政策实施评估之前，合理选择搭配评估人员显得尤其重要。如对农村教师队伍培养政策进行评估，就需要具有农村教育知识背景、熟悉农村教师队伍结构、了解农村教师培养政策和

---

[1] 胡伶、全力：《我国教育政策评估的成就、问题与建议》，《辽宁教育行政学院学报》2009年，第49页。

了解当前农村教育形式等方面的专家团队。同时这个团队中既要有人能把握宏观趋势，又要有人熟悉地方具体情况。

四 农村小学全科型教师培养的专项政策研究

近年来，我国农村学校办学条件有所改善，教师素质有所提高，但由于城乡二元体制依然存在，作为"理性经济人"的农村优秀教师不断向城镇学校流动，使城乡师资力量差距拉大，这不仅造成了我国农村地区教师资源短缺，教师队伍结构不平衡的现状，而且也限制了农村学校的发展。在此背景下，党的十八大报告提出，国家要大力促进教育公平，在义务教育阶段着重推进农村义务教育学校标准化建设，合理配置教育资源，重点向农村、边远、贫困、民族地区倾斜。

（一）小学全科型教师政策发展概述

《国家中长期教育改革和发展规划纲要（2010—2020年）》明确提出要"逐步实行城乡统一的中小学编制标准，对农村边远地区实行倾斜政策"，"配齐音乐、体育、美术等学科教师，开足开好规定课程"。2011年10月，教育部颁发了《教师教育课程标准（试行）》，文件中要求：未来的小学教师必须具备"知识博、基础实、素质高、能力强、适应广"的特征。2012年9月，国家教育部、发改委等在《关于深化教师教育改革的意见》中明确提出："完善小学教师全科培养模式。同年，教育部等五部委在《关于大力推进农村义务教育教师队伍建设的意见》中指出："采取定向委托培养等特殊招生方式，扩大双语教师、音乐、体育、美术等紧缺薄弱学科和小学全科型教师培养规模。"2014年8月颁布的《教育部关于实施卓越教师培养计划的意见》明确提出："针对小学教育的实际需求，重点探索小学全科型教师培养模式，培养一批热爱小学教育事业、知识广博、能力全面、能够胜任小学多学科教育教学需要的卓越小学教师。"2015年国家颁布了《乡村教师支持计划（2015—2020年）》，随后甘肃省结合本地区的实际情况，出台了具体的实施办法，明确规定"统筹省内师范院校招生计划，改革培养模式，精准免费培养'小学全科''中学一专多能'的乡村教师"。由此可见，培养小学全科型教师已经成为我国加强教师队伍建设、优化教师队伍结构，促进教育均衡发展的一个重要举措。

（二）农村小学全科型教师政策实施中存在的问题

国家并没有专门颁布关于农村小学全科型教师的专项政策，但在各项政策中都提到了培养全科型教师，农村小学全科型教师政策实施的问题主要集中在对农村小学全科型教师的培养上。

1. 课程设置不合理

农村小学全科型教师的培养课程设置比较全面，但是仍存在诸多问题。

首先，各类课程比例不合理。从世界范围来看，国外发达国家培养小学全科型教师的课程一般由通识课、专业课及教育类课程组成，但课程的构成比例不同。我国教师教育在理论上一直存在"学术性"与"师范性"的争论，在课程实践中长期存在着"重学科专业课程，轻教育专业课程"的倾向。[①] 虽然在制订农村小学全科型教师的培养计划时，许多课程专家已经关注到这一问题并努力改变这一现象，但是这一问题并没有得到实质性的解决。众所周知，通识课程与学科专业知识有利于扩大师范生的知识视野和提高其专业知识素养，但由于课时有限，只能开设一些基础课程，有一些小学教师必须的书法、音乐、简笔画等课程并没有足够的课时来学习。

其次，存在着"重理论，轻实践"的问题。我们一直认为"理论指导实践"，作为一名合格的教师只有掌握大量的理论知识，在理论指导下进行实践，才能达到最佳教育效果。因此，在小学教师培养计划中，把大部分的课时用来安排学生对教育理论的学习，而对于教育技能和教育实践只用很少的时间。师范院校希望师范生有一个夯实的理论基础，这有助于他们成为研究型教师。这一出发点固然是好的，但是，作为一名小学教师，本职工作是教学，没有技能和实践的训练，教育教学理论便不能有效地指导实践。

[①] 王健：《小学教育专业教育类课程存在的问题及对策探讨》，《无锡教育学院学报》2003年。

最后，从全科型教师的课程设置中看，课程设置中忽视了教育管理类课程。教师不仅仅是教书匠，他要对整个班级学生的成长负责，需要制定班级管理制度，从而保障教学效果。作为一名教师，需要具备管理班级的能力，这是现代教师必备的素养之一。

2. 基本功不扎实，综合能力较差

作为一名合格的小学全科型教师需要具有扎实的基本功，广博的科学文化知识及综合能力。但是，现在的师范生训练基本功的意识较薄弱，同时，师范院校把大部分时间用在教育理论和学科知识的学习上，在"三笔一话"上分配的课时较少，因此，学生在基本功方面的训练不多。根据小学生的身心发展规律，在小学阶段，琴、棋、书、画，吹、拉、弹、唱样样精通的全科型教师更有利于学生的成长与发展。但是，现在小学教师培养呈现分科化趋势，这虽然有利于教师成为学科专家型教师，但是这样的专门化趋势不利于小学生的身心发展，也不能满足农村小学对小学教师的需要。农村小学存在着规模小，人数少的特点，需要一个教师能教多门学科，需要具有童心，有较高的指导、组织能力并能带领学生进行丰富多彩的实践活动的农村小学全科型教师。

3. 职业情意、职业意识不强

农村小学全科型教师定向于农村，在农村这个特殊的场域，由于自然环境、经济环境等因素的影响，需要具有农村教育情怀，有坚强职业意识和职业情意的师范生到农村小学去工作。但是，学生在报考该专业时，由于对此专业的了解较少、迫于父母的压力及就业压力等原因，造成学生缺少内在的学习动力。"职业认同度的高低对于稳定他们的专业思想和提高学习积极性具有重要的激励作用。"[①] 由于初中生或高中生对农村小学全科型教师这一概念比较模糊，他们并不了解以后工作的性质、环境，缺少对农村小学全科型教师这一职业的准备，对这一工作的职业情意、职业意识不强。农村小学全科型教师需

---

① 肖其勇、张虹：《免费定向农村小学全科教师职前培养的意义、困境与策略》，《教育评论》2014年。

要具有浓厚的农村教育情怀，这也是成为一名合格的农村教师必备的品质。"即使有最完善的法案，最英明的指令，最好的教科书，而负责去实施的人没有饱满的热情，对自己的使命不是满腔热忱，对事业不付出激情和信仰……那么一切都是枉然的"[①] 由于学生刚刚从中学升入大学，社会历练少，没有形成正确的价值观、世界观，更不了解我国农村教育的紧迫性，他们对农村社会、农村教育的问题了解较少，没有形成改变农村教育现状的社会意识和社会责任感。因此，部分农村小学全科型教师对其未来的职业认识较为模糊，还没有坚定的职业情意与坚强的职业意识。

4. 教育实践效果不理想

教育实践是培养农村小学全科型教师的重要组成部分，也是培养一名合格的小学教师的必要环节。教育实践分为"教育见习"与"教育实习"两个部分，这个过程可以使师范生对农村小学教育形成一个感性的认识，提高对农村教师这一职业的认识水平，提高对农村环境的适应能力，加强职业意识，并完成师范生向农村小学教师的角色转换。教育实践对能否成为一名合格的农村小学教师具有重要意义，但是在现实情境中，教育实践存在着很多问题。

首先，实习内容单一，实践时间短。教育见习、实习的内容不仅是上好一节课，还包括熟悉班队工作、了解学校管理和进行教育调查研究等。但是，在实践过程中，指导教师和师范生在提高教学能力和班级管理能力方面的投入往往较多，忽视了课外活动组织和师生交流等方面的训练。同时，学生希望指导教师能多指导他们一些教学技巧、如何将理论运用于实践和科研能力，但是指导教师在科研能力方面对学生的指导不足。同时，由于见习期普遍为一到两周，实习期最多为一个星期，在这期间，师范生多是听课、批改作业等，上讲台的实践机会较少，在这短短的时间内很难掌握教育教学技能，很难较好地了解小学教师的工作要求。

其次，经费不足，缺乏稳定的实践基地。教育实践活动需要资金

[①] 成有信：《十国师范教育和教师》，人民教育出版社1990年版。

的支持，师范生在实习学校实习期间，实习学校为师范生提供的住宿、伙食等方面的开支都需要师范院校支付，但是由于师范院校经费紧张，给实习学校的经费有限，甚至实习学校要为教育实践补贴资金，这使部分小学不愿意接受实习任务。这就导致师范院校没有稳定的实习基地。实习基地不稳定，使师范院校与小学脱节，师范生很难将理论应用于实践。也有的学校是因为怕实习生耽误本学校的教学进度和质量，所以不愿意接收实习生。

最后，实习学校指导教师对师范生的指导不到位。师范生到实习基地实习，小学指导教师应该向其开放课堂，并给他们演示示范课，给他们上讲台讲课的机会，并对其进行有效的指导。但是，由于现在小学教师的工作任务多，教学压力、科研压力让他们没有多余的精力对实习生进行有效的指导。同时，他们担心如果放手将课堂交给实习生，学校的教学进度和教学质量将会受到影响，又由于学校没有对指导教师采取有效的奖励激励机制，从而造成他们指导教师这项工作的积极性降低，对师范生的指导不到位，这就严重影响了师范生的实习效果。[1]

（三）培养农村小学全科型教师的政策建议

农村小学全科型教师，是指在农村小学任教的全科型教师。我们期望该类教师的专业素养不低于其他小学教师的素养。除了满足《小学教师专业标准（试行）》对一般小学教师的基本专业要求外，农村小学全科型教师还应具有了解农村社会、农村小学生身心发展特点及农村教育的特殊性；具有浓厚的农村教育情怀，能够自愿投身于农村小学教育事业；具有广博的知识、全面的能力以及健全的人格心理；能够胜任国家所规定的小学教师所应教授的所有科目和内容四方面的素质。同时，培养农村小学全科型教师是解决农村教师队伍现实问题，促进义务教育均衡发展和推进教育公平的有力举措。当前和今后一段时间，国家和地方政府、师范院校要高度重视农村小学全科型教师的培养。

---

[1] 肖其勇：《农村小学全科型教师协同培养机制探索》，《中国教育学刊》2015年。

1. 给国家和地方政府的建议

（1）以地方师范院校为主进行培养

一方面，地方师范院校负有为地方教育发展服务的责任，为地方培养"适销对路"的师资是其应有之责；另一方面，地方师范院校基于已有的师范教育基础和与地方农村小学建立的良好合作关系的基础，相较于教育部直属师范院校有"接地气"的优势，它们最了解地方师资需求。

（2）省级统筹，定向培养

首先，省级政府要统筹省内农村小学师资需求和师范院校招生计划，并按照"严格标准、精准招考、统一选拔"的原则，牵头制定农村小学全科教师培养工作的实施方案、招生办法、招生简章等，协调全科教师培养工作的统筹管理和具体实施过程中的相关工作；其次，政府的财政部门要统筹落实农村小学全科型教师培养经费，并对资金的使用情况进行监督管理；再次，省政府要根据本地区实际情况，分年度选拔学业优秀、家庭困难、志愿服务乡村教育的优秀的高中毕业生和初中毕业生到师范院校就读，实行定向培养，对培养合格并有意愿到农村小学从教的农村小学全科型教师，签订服务协议；最后，政府的人力部门要深化农村小学教师的退出与准入制度改革，根据农村小学的实际情况，做好全科教师的培养计划下达和毕业后的录用工作。

（3）免费培养

农村小学全科型教师是面向农村、面向基层、面向小学的，因此，国家和地方政府要充分认识到农村小学全科型教师的培养对农村义务教育的重要性，要认识到农村小学教育的"公共产品"属性，认识到农村小学全科型教师的培养是政府的责任，应有政府财政负担培养费用。根据各地财政状况，农村小学全科型教师培养经费由中央财政专项转移支付或中央财政与地方财政按比例分担，大力支持师范院校培养农村小学全科型教师，而且要对积极参与、有贡献的师范院校给予奖励。

（4）尽快出台《农村小学全科型教师培养指导意见》

目前，一些地方和地方院校对农村小学全科型教师的培养不够重视，具有较大随意性。《农村小学全科型教师培养指导意见》应充分强调农村小学全科型教师培养的重要性，应明确地方各级政府、地方师范院校、农村小学和地方教研机构对农村小学全科型教师培养的责任；提出培养方案，包括课程方案的指导意见。

2. 给地方师范院校、地方政府、教研机构和小学的建议

建构"四位一体"的培养机制，地方师范院校、区县政府、教研机构和小学结成共同体，主要是建立由师范院校引领、政府主导、教研机构助推、小学参与的互动机制。这种机制是以教师发展为目标，体现教师教育机构一体化发展，共同构建协同发展的共同体，从而形成培养主体多维的农村小学全科型教师培养机制。[①]

在培养农村小学全科型教师过程中，地方师范院校首先要明确培养方向，注重对学生的农村职业情意的培养；其次，地方师范院校应兼顾"学术性"和"师范性"。地方师范院校除了要合理设置全科教师的课程外，还应聘请优秀的一线农村小学全科教师进入大学课堂，现身说法，为师范生讲授教育教学经验，帮助其树立正确的农村教育理念和农村教育情怀，为使他们成为一名合格的乡村教师奠定情感基础。

农村小学是培养小学全科型教师的实践基地，师范院校应与农村小学建立联系，并定期安排师范生到农村小学见习、实习，同时，还可以让他们在课堂上学到的理论付诸实践，在实践中加深对理论的理解，为以后进入工作岗位时尽快适应农村小学教育教学做好铺垫。

无论是地方师范院校培训全科型教师还是小学提供实践场所，都离不开政府和教研机构的帮助与支持。政府在培训农村小学全科型教师方面应给予充分的政策与财力支持。首先，教研机构应积极参与到地方师范院校拟定小学全科教师的课程方案与教育见习、实习的方案过程中，并对师范生的见习、实习进行指导，从而提高他们的专业热情与农村教育情怀；其次，应对师范生在教育实践活动中出现的新情

---

① 肖其勇：《本科层次农村小学全科型教师职前培养标准研究》，《教育理论与实践》2014年。

况、新问题进行总结并及时反馈给师范院校;再次,教研机构应参与指导教师就业录用、岗前培训、专业发展等相关具体工作;最后,还应对全科教师进行跟踪了解和评估等工作,并对进入工作岗位的全科型教师的新情况新问题开展研究,为师范院校的培养方案的调整提供咨询建议。

3. 给地方师范院校的建议

(1) 积极探索培养模式,设计合理的课程方案

培养农村小学全科型教师是我国地方师范院校教师教育的新研究。从世界范围来看,发达国家培养本科小学教师皆使用综合培养模式。例如,美国主要采取"2+2"模式,即前两年是通识教育,主要学习社会科学和自然科学的多个领域;后两年是教育教学知识和一学期的实习。[①] 在课程设置方面,美国首先比较重视小学教师对通识知识的掌握,其次是对专业知识和教育类知识的掌握。20世纪80—90年代,我国的中等师范院校在课程设置方面,首先是着眼于学生的全面发展,注重对学生基本功的训练;其次是非常注重学生的教育实践活动,不仅定期安排教育见习、实习,而且每个班级要与一个小学班级联系,帮助该班级的教师组织学生学习,参与学生活动,使其在此过程中,积累实践经验,了解小学生特点并锻炼教育教学技能。

进入21世纪以后,我国地方师范院校探索出两种培养模式:"3+1"模式与"3+2"模式。"3+1"培养模式,即培养本科层次的教师,其中,"3"即大学四年有三年时间在高等学校完成全科课程学习,"1"即一年时间在地方教师研训机构指导下在基地学校进行见习、研习、实习。[②] 在课程设置上,主要包括"通识教育课程""学科教育课程""教师专业课程"和"实践性课程"四类。通过实行这种开放性合作办学模式培养出来的毕业生一般专业素养好,但可能存在培养出来的毕业生"下不去"与"留不住"的问题。"3+2"培养模式类似曾经的中等师范教育的培养模式,主要指直接从初中招

---

① 王智秋:《小学教育专业人才培养模式的研究与探索》,《教育研究》2007年。
② 黄俊官:《论农村小学全科型教师的培养》,《教育评论》2014年。

生，实行"五年一贯制"，三年中专，两年大专的"三·二分段制"专科教育。实行"3+2"模式，学生就读五年，进行"全科培养、低龄培养、定向培养、专门培养"[①]。在课程设置上，以必修课和选修课为中心，设置了"科学文化""教学技能""教师理论"等几类课程，并建立了农村小学实习基地，定期进行教育实践活动。这种模式虽然有利于培养出"下得去""留得住"的农村小学全科型教师，但可能会存在"教不好"的问题。

地方师范院校在小学全科型教师培养模式上，应该将"3+2"模式与"3+1"模式并行起来。招生对象应着眼于优秀的高中毕业生和有意愿为农村基础教育付出的优秀初中毕业生，并鼓励男生积极报考。值得强调的是，在招生过程中应着重招收农村地区的孩子，他们也最了解农村小学教育的实际情况，具有农村教育情怀、改变家乡基础教育的愿望，而且熟悉农村生活环境，具有与农村社会沟通交流的"先天优势"。

农村小学全科型教师的重点在"全"上，要求农村小学全科型教师不仅需要具有专业的学科知识、教育教学知识、通识性知识相互结合的知识体系，而且还要具有全面的综合能力。要对学生进行全科的综合教育（乡土知识），要消除学科之间的壁垒，对学生进行综合培养，并形成具有地方特色的农村小学全科教师培养模式。这就要求地方师范院校要设计制定科学合理的小学全科型教师培养的课程方案，构建"通识课程、学科基础课程、专业课程、实践课程"与"必修课、选修课"有机结合的课程体系。

（2）建立完善的评价制度

在评价制度方面，国外发达国家对师范生的考核很严格，如美国采用第三方评价的方式对师范生进行评价。在德国，师范生想要具有到小学任教的资格，必须要经过两次国家教师考试和一次由师范院校组织的考试，三次考试合格后才可以成为一名正式的小学教师。20世纪末，我国的中师教育也有一套量化的、复杂的、严苛的综合评价

---

① 黄俊官：《论农村小学全科型教师的培养》，《教育评论》2014年。

体系，将学习成绩与学生参加的各种实践活动结合起来进行综合测评。

目前，师范院校要建立起完善的农村小学全科型教师的评价制度，应该包括培养前（招生）评价、培养过程评价和培养结果评价，评价的目的是保证招生和培养的质量，保证培养出来的农村小学全科型教师是合格的。

关于培养前（招生）评价，应采用笔试和面试相结合的方式，除了考察高中或初中毕业生的学业成绩外，更重要的是采用面试的方式，考察报考学生从事、服务农村小学教育的志愿和心向，从而选拔出基础知识扎实，且适合农村教师职业的学生进入到地方师范院校学习。

培养过程评价主要是地方师范院校对农村小学全科师范生在学校期间的学习状况进行评价，通过每个学期的期中、期末考试，定期举行教师技能考试和试讲比赛等方式，准确评价其所掌握的教育教学的知识与技能，同时，还要持续关注他们从事、服务农村小学教育的意愿。对于确实不适合从事、服务农村小学教育的学生，及时做出学习专业更换与调整的建议。

培养结果评价主要是针对毕业生所做的评价。评价主体应由地方师范院校的教师、小学一线教师代表和教育行政部门组成，主要评价毕业生所掌握的教育教学方面的知识与技能，通过专业性考试、专业化面试、试讲、答辩等方式评价他们是否具备农村小学全科型教师应有的素养，只有评价合格的学生才可获得到农村小学任教的资格。

目前，培养高质量农村小学全科型教师既是改变农村教育现状、在短时间内缓解农村教育问题、建设农村小学教师队伍及提高农村教育质量的应然之路，也符合教育规律和教师培养的发展趋势。但是，我国农村小学全科型教师的培养起步较晚，有许多理论和实践方面的问题有待解决。因此，我们期望，国家和地方政府、师范院校必须高度重视农村小学全科型教师的培养，并将本地区的实际与国内外成熟的全科型教师的培养理念和实践经验相结合，积极探索，总结经验，尽快为农村小学全科型教师的培养摸索出新路子，从而提升农村教师队伍的整体素质，促进我国农村基础教育发展。

第三节 教师准入政策

教师资格制度是对教师从事教育教学专业活动所制定的规则和规定，① 是教师准入的前提，也是保证教师质量，提高教育水平的基础。随着我国"普九任务"的基本完成，教育的发展越来越凸显出从"追量"到"求质"的态势。然而，由于我国的特殊国情，诸多教师的合格学历是通过继续教育取得的，与发达国家教师学历相比，我国教师学历整体水平偏低。《教师资格条例》等法律对教师资格的门槛定位过低，在一定程度上阻碍了教师专业发展和教育质量的提高。在知识经济和新课改的背景下对教师提出了新的要求，"要保证国家能够得到所需要的教师，唯一可行的办法是提高准入教师的标准，而且要提高到一个前所未有的新水平"②。

科教兴国，教育为本，振兴教育，师资为要，优化师资，培养先行。制定、修改、完善一整套教师资格准入制度，对于建设高素质、专业化的教师队伍至关重要，尤其是对于我国这样一个农业大国来说，更是当务之急，也是促进教育公平的应有之义。

一　政策演变历程

（一）起步阶段（1949—1966 年）

中华人民共和国成立后，由于我国的教育系统尚未健全，国家并没有及时对教师资格制度作出具体的政策规定。1949 年，教育部钱俊瑞副部长在第一次全国教育工作会议上的总结报告中提出"教育工作者必须为政治服务"，不存在"政治之外"的教育，也不存在"为教育而教育"。由此可见，当时的教育具有明显的政治倾向，必须为

---

① 朱旭东：《教师资格制度相关问题研究》，《河南大学学报》2009 年，第 123 页。
② 国家教育发展与政策研究中心：《发达国家教育改革的动向和趋势（第二辑）》，人民教育出版社 1988 年版，第 293 页。

政治服务，这才是教育工作者必须具备的最基本素质。但凡能从各级各类师范院校顺利毕业，便具有担任教师的资格。会议上还提出，我国教师上任之前，需要参加短期的教师培训班，拥有初级或中级师范资格证书才可以入职。1963年3月，《关于讨论试行全日制中小学工作条例草案和对当前中小学教育工作几个问题的指示》颁布实施，其中规定了除师范院校的毕业生外，还要每年从其他初等学校、高等学校中选择出一部分毕业生来担任中小学教师。这一政策扩大了中小学教师的来源，强调了师范院校是培养中小学教师的主要渠道，同时也对教师资格的学历要求进行了规定。

（二）恢复阶段（1978—1995年）

"文化大革命"结束以后，为恢复发展教育事业，在邓小平同志的倡导下，出台了一系列措施整顿教师队伍，提高教师队伍质量。主要有两个方面的措施：一是通过普通中等师范学校招收民办教师；二是民办教师依据其政治思想表现和工作态度，教学业务能力和教学效果，文化程度考核合格者，颁发合格证件，实现"民转公"。我们知道民办教师大多在农村，一方面为民办教师提供个人培养和培训渠道，在很大程度上促进其专业水平的提高；另一方面，通过"民转公"等国家认可的方式，调动了民办教师的积极性和工作热情，对于优化农村教师队伍结构，提高农村教育教学质量起到了积极作用。1978年，《关于加强和发展师范教育的意见》颁布，明确提出了"高中教师具有师范学院或相当于这一级的高等院校毕业程度，初中教师需具有师范专科学院或相当于这一级的师范专科学院毕业程度，小学教师具有中等师范学院毕业程度"。这项政策对农村中小学教师的学历提出了明确要求，虽然存在局限性，但在当时的情况下，这项政策在很大程度上改善了农村师资队伍的水平，并为今后的教师政策的颁布提供了依据。

1985年颁布的《中共中央关于教育体制改革的决定》指出："必须对现有的教师进行认真的培训和考核……有具备合格学历或有考核合格证书的，才能担任教师。"由此，中小学教师进修热潮拉开帷幕，为教师资格制度奠定了良好的基础。1986年2月颁布的《关于加强在职中小学教师培训工作的意见》指出，师训工作的质量标准是"使现有不具备合格学历或不胜任教学的教师，取得考核合格证书或合格学历"。1986年4月12日通过了《中华人民共和国义务教育法》，其中第13条规定"国家建立教师资格考核制度，对合格教师颁发资格证书"。同年9月，国家教委颁布了《中小学教师考核合格证书实行办法》，对不具备国家规定学历的教师，经过培训并通过相应的考核后颁发《教材教法考试合格证书》或《专业资格证书》。1988年7月，国家教委发布了《关于中学教师〈专业合格证书〉考试及格成绩与系统进修高师本科、专科单科结业成绩互相承认问题的通知》，初步理顺了考核合格证书制度与教师进修的关系。为提高教师进修和培训效率、教师在取得合格证书后继续取得学历证书及尽快适应工作需要等创造了条件。

1993年颁布的《教育体制改革和发展纲要》指出"积极推进以人事制度和分配制度改革为重点的学校内部管理体制改革……中小学逐步实行教师资格制度和职务等级制度"。1995年3月18日，第八届全国人民代表大会第三次会议通过《中华人民共和国教育法》，[①]首次以国家法律形式，明确规定国家应实行教师资格制度。自此以后，要想取得教师资格，必须具备相应的学历，这促进了农村中小学教师进修培训的热潮，对提高农村教师学历可以说是大有裨益。同年12月12日，国务院颁布了《教师资格条例》，[②]对教师资格的分类与适用，教师资格的条件，教师资格考试，教师资格认定等都作了详细规定。其中第五条和第十九条提到："取得教师资格的公民可以在本级及其以下等级的各类学校和其他教育机构担任教师。"这种自上而下的融通规定在相当程度上解决了农村中小学教师资源短缺的问题。

（三）发展阶段（1996—2008年）

1996年，国家教委颁布了《关于师范教育改革和发展的若干意见》，健全完善各类师范院校，"师"与"非师"双轨并进培养，师

[①] 王全乐：《我国中小学教师培训制度的历史研究》，《继续教育研究》2005年。
[②] 同上。

范院校毕业即可取得教师资格证书，以此来吸引"非师"和社会优秀人才从教。1997年7月，国家教委下发了《关于教师资格过渡工作中若干问题的处理意见》，对教师资格过渡中的认定权限、范围以及未评聘职务的民办教师过渡问题、学历问题和教师调任融通适应问题作了规定和说明。

1999年1月，国务院转批教育部《面向21世纪教育振兴行动计划》中提出：要拓宽教师来源渠道，向社会招聘具有教师资格的非师范类高等学校优秀毕业生到中小学任教，改善教师队伍结构。认真解决边远山区和贫困地区中小学教师短缺问题，要进一步完善师范毕业生的定期服务制度，对高校毕业生（包括非师范类）到边远贫困的农村地区任教，采取定期轮换制度，并享受国家规定的工资倾斜政策。鼓励各级政府机关公务员到中小学任教。按照此文件的规定，凡取得教师资格的人，无论师范生也好，非师范生也罢，都可以被招聘或被录用从事教师工作，这对于中小学教师基本"供求平衡"的大中城市，其现实的好处也许并不显著，但对于占有中国中小学教育绝大多数"份额"却长期师资严重短缺的广大农村，则无疑是一个盼望多年的喜讯。1999年6月，中共中央国务院关于《深化教育改革全面推进素质教育》的决定全面实施教师资格制度，开展面向社会认定教师资格工作，拓宽教师来源渠道，引入竞争机制，完善教师职务聘任制，提高教育质量和办学效益。中小学根据学校编制聘用教师，可面向社会公开招聘，经县以上教育行政部门审批；高等学校依法自主聘任教师，吸引优秀人才从教。[①] 实施教师资格制度，向全社会招聘教师，可以说在相当一段时间内都将是解决农村教师如此紧缺的最有效的出路。

2001年颁布的《关于基础教育改革与发展的决定》提出全面实施教师资格制度，建立"能进能出，能上能下"的教师任用新机制，健全和完善考核制度，辞退不履行职责的教师，实施教师资格准入制度，严格教师资格条件。同年5月14日，教育部制定了《关于首次

---

① 田汉族：《刚性教师交流制的实践困境与法律思考》，《教师教育研究》2011年。

认定教师资格工作若干问题的意见》，就教师资格认定的范围、程序、学历条件、教育教学能力等方面做了具体规定。2003年颁布的《国务院关于进一步加强农村教育工作的决定》提出要严格执行国家颁布的中小学教职工编制标准，抓紧落实编制核定工作。在核定编制时，应充分考虑农村中小学区域广、生源分散、教学点较多等特点，保证这些地区教学编制的基本需求。所有地区都必须坚决清理并归还被占用的教职工编制，对各类在编不在岗的人员要限期与学校脱离关系。建立年度编制报告制度和定期调整制度。有关部门要抓紧制定和实施职业学校和成人学校的教职工编制标准。应依法执行教师资格制度，全面推行教师聘任制。应严格掌握教师资格认定条件，严禁聘用不具备教师资格的人员担任教师。应拓宽教师来源渠道，逐步提高新聘教师的学历层次。教师聘任应实行按需设岗、公开招聘、平等竞争、择优聘任、科学考核、合同管理。各省（自治区、直辖市）要制定切实可行的实施办法，指导做好农村中小学教职工定岗、定员和分流工作。积极探索建立教师资格定期考核考试制度，要将师德修养和教育教学工作实绩作为选聘教师和确定教师专业技术职务的主要依据。①这为解决农村学校编制紧缺问题带来了福音，通过教师资格的定期考核，对于其专业道德和专业素质提出了更高的要求，对于整体上提高农村学校教师队伍素质奠定了基础。

  2007年颁布的《国家教育事业发展"十一五"规划纲要》继续强调"严格教师资格准入制度和中小学新任教师公开招聘制度，把好教师入口关……加强中小学教师编制管理，合理配置教师资源，完善教师岗位分类管理、公开招聘、业绩评价和薪酬分配办法，不断优化教师队伍"。2008年9月颁布的《中小学教师职业道德规范》和《高等学校教师职业道德规范》进一步严格制定了对教师资格申请者的思想品德、职业道德、社会公德等方面的要求。同年12月，《国务院关于深化农村义务教育经费保障机制改革的通知》加快推进了教育综合

---

① 《国务院关于进一步加强农村教育工作的决定》，2007年3月，http://www.gov.cn/zhengce/content/2008-03/28/content_5747.htm.

改革。深化教师人事制度改革，依法全面实施教师资格准入制度，加强农村中小学编制管理，坚决清退不合格和超编教职工。打破了以往农村学校只进不出的不合理规定，保证了农村教师队伍的畅通和更新，"进得去，出得来"的补充机制，为农村教师队伍注入了新的活力。

（四）统考阶段

2009年3月，教育部颁布的《关于进一步做好中小学教师补充工作的通知》提出实施教师资格国家统考的设想。2010年颁布的《国家中长期教育改革和发展规划纲要（2010—2020年）》提出"健全教师管理制度，完善并严格实施教师准入制度，严把教师入口关，国家制定教师资格标准，提高教师任职学历标准和品行要求。全面建立'国标、省考、县聘、校用'的教师管理和准入制度"。同年12月，办公厅印发了《关于开展国家教育体制改革试点的通知》，健全教师管理制度、加强教师队伍建设被确立为改革试点的十大任务之一，并明确指出要开展教师资格考试改革和教师资格定期注册试点。2011年9月，按照国家教育体制改革试点工作的总体部署，我国开始在湖北和浙江两省启动教师资格国家统考试点工作。今后凡是申请中小学和幼儿园教师资格的人员，都必须参加国家统一的教师资格考试。

2011年10月，教育部公布《考试标准（试行）》以及笔试部分和面试部分的《考试大纲（试行）》，确定了不同学段相应的考试内容。同年10月，《教师教育课程标准（试行）》对幼小中职前教师教育的学制、学分、学时、学科以及教育实践作了明确规定。同年12月12日《中小学教师资格考试暂行办法》规定，考试坚持育人导向、能力导向、实践导向和专业导向，突出考察申请教师资格人员从事教师职业所必需的职业道德、专业知识与基本能力。

2012年4月，教育部办公厅印发了《关于2012年扩大中小学教师资格考试改革和定期注册制度试点工作的通知》，决定在浙江、湖北两省的基础上，新增河北、上海、广西、海南4个省（自治区、直辖市）。同年8月20日颁行的《国务院关于加强教师队伍建设的意见》提出要严格教师资格和准入制，修订《教师资格条例》，提高教师任职学历标准、品行和教育教学能力要求，健全新进教师公开招聘制度，探索符合不同学段、专业和岗位特点的教师招聘办法，继续实施并逐步完善农村义务教育阶段学校教师特设岗位计划，探索吸引高校毕业生到村小学、教学点任教的新机制。一方面，通过特岗增加教师准入数量，缓解农村中小学教师队伍结构失衡的矛盾；另一方面，为解决农村教师教非所学的问题提供了新思路。全面实施教师资格考试和定期注册制度。决定进一步扩大中小学教师资格考试和定期注册改革试点范围，在浙江、湖北等15个省（自治区、直辖市）试点基础上，新增13个省（自治区、直辖市）为试点省份。

教育部2013年8月印发的《关于扩大中小学教师资格考试与定期注册制度改革试点的通知》和《关于印发〈中小学教师资格考试暂行办法〉〈中小学教师资格定期注册暂行办法〉的通知》，决定从2013年下半年起，向全国推广中小学教师资格考试。2015年起，教师资格考试纳入全国统考，由教育部考试中心统一制定考试标准和考试大纲，组织面试和笔试，并建立试题库。对今后中小学教师资格考试时间调整完善如下：笔试一般在每年的3月和11月各举行一次；面试一般在每年5月和次年1月举行。

二 教师资格政策对农村教师队伍结构的意义

（一）可以使农村中小学教师的来源多元化，减少"近亲繁殖"

农村初中小学教师绝大部分来自当地师专，中小学教师绝大部分是当地中师毕业，长此以往，学科背景单调、教学风格单一、知识结构老化，教学方法陈旧，创新能力不强，严重阻碍了教师专业发展和教师整体水平的提升。而通过教师资格考试，拓宽了教师的渠道来源，来自社会各界的合格教师，由于学历背景、专业知识等各不相同，可以增强其效仿的榜样，为农村教师队伍输入新鲜血液，激发教师活力，这对改变教师队伍的学缘结构十分有利。

（二）择优聘任有利于增加农村教师的稳定性

教师资格制度中的一项重要规定是取得教师资格的人员可以在本

级及其以下的学校任教。这样，具有教师资格的人员将会大大超过聘任人数，教育行政部门学校可以在这些人员中择优聘任。选择高学历（或者是高一级资格）的人到农村中小学任教，而且将来中小学评聘教师职务的条件统一后，农村中小学教师也可以评聘高级职务，即便高学历的人在低层次农村中小学校任教也没有评聘职务方面的后顾之忧，得以安心在低层次的农村中小学校任教。

（三）有利于教育行政部门和学校择优聘任农村教师

从具有教师资格的人员中聘任教师，不同于被动地接受上级分配来的毕业生，主动权在教育行政部门和学校。因此，可以从本地区，本学校教师队伍的学缘、学历、年龄、专业等方面形成合理结构，且在具有资格并希望从教者中形成了一定的竞争，从而提高农村学校教师聘任质量。与我国经济和教育情况相似的墨西哥，一度和我国中小学一样，教师成分复杂，素质参差不齐。自20世纪80年代实行中小学教师资格制度后，规范了教师条件，拓宽了来源渠道，使中小学教师素质显著提高。日本教师资格制度比较完善，具有教师资格的人员只有1/6能够从事教师工作，但他们仍大力推行教师资格制度，鼓励社会各界人员通过考试取得教师资格，始终保持庞大的教师"买方市场"优势。教师资格制度作为解决农村特别是边远落后地区中小学师资紧缺的途径，其重要性是不言而喻的。

三 教师资格政策存在问题分析

（一）教师资格国考引发新一轮的不公平，农村地区"师范无用论"猖獗

我国教师资格省考向国考过渡已然是大势所趋，是社会发展的必然。然而正是所谓的教师资格"国考面前，人人平等"又衍生出了新的不公平。公平更多强调的是其预期性和异质化，即人人得所当得。根据相关规定，凡获取教师资格证者，必须参加国家教师资格统一考试。不可否认，从师范生的角度考虑这种群体的平等势必会酿成最大的不公，从这一点上看，不排除对师范生与非师范生一刀切的嫌疑。由于主客观因素，在师范生中有一半以上是农村户口，师范毕业

生自然申请到教师资格证书的合法性被严重质疑甚至推翻，师范与非师范生起点与过程的差异被极端忽视，师范生的特殊优势被严重弱化。农村学生励志从教建设家乡的梦想再一次变得遥遥无期。选择师范，源自认可，源自教育的权威与尊严，源自家庭期待与自我实现，尤其对于传统的农民家庭来说，更是如此。但国考使师范生与教师资格处于两不相容的处境：即便师范毕业，考不到教师资格证，一切为零，以至于许多农村师范毕业生一方面要花费更多的成本去考取教师资格证；另一方面还得承担在师范专业学习四年毕业后失业的风险，于是"师范无用论"开始在农村叫嚣，对师范教育形成倒逼之势。根据麦克马洪（McMahon）对教育公平类型的划分，所谓"垂直公平"即不同者受不同待遇的差异化公平，显然这种不同者受相同待遇的平等是有悖教育公平的。效率与公平是否可以同日而语，确实是一个两难的选择，教师资格国考改革则是以牺牲公平来谋取效率。（我国非师范生数量远远多于师范生）而这种被牺牲的公平也没有任何补偿的余地。在逐步试点改革中，对于不同地区、不同考生，先试点与后试点的国考与省考的不同要求难免让学生产生心理不平衡，这种无意而为之的区域不公平映射到个体身上，势必会加剧个体的不公平，试问全国范围内的公平要何以体现？

（二）自上而下的单向融通难以满足学生以及教师发展的需要

《教师资格条例》第五条提到"取得教师资格的公民，可以在本级及其以下等级的各类学校的其他教育机构担任教师"。据此可知，教师资格可以实现自上而下的单向融通，这对于解决当时师资紧缺问题大有裨益。随着教师持续不断地得到补充，数量上的供求矛盾已基本得到解决，目前我国教育的主要矛盾已转向教育需求的大幅度扩大与所提供的优质教育资源不足的矛盾。教师作为重要的教育资源，要保证其质量，必然要求其培养、准入和培训的精准化，任何学科都有其独特的逻辑结构，任何学段的学生都有其特殊的身心发展规律，在当前"以生为本，以学定向"的时代背景下，存在知识时差、方法时差和能力时差等以资格定向的高学段教师是否在适应低学段任教过程中游刃有余，研究组认为很难自圆其说。教育的根本在于谋求学生的全面发展，而学生作为一个特殊的受教育群体，处于不同的学龄段总会在知、情、意、行等方面表现出不同的特点，教师只有了解了这些特点，才能更好地因材施教，最大限度地发挥其潜能，满足"两全一发展的要求"。高学段的教师所掌握或了解的并未涉及低学段学生的身心发展特点，很难保证其运用合适的方法因材施教。教育的发展越来越强调其学科的专业性和教师的专门化，必然要求教师学科与学段的精准准入与分配。这种单向融通看似满足了低学段的教育需求，但事实并非如此，除了学生不适应外，高学段教师是否能够用平等的眼光看待其他教师，不居高临下，不我行我素，发挥作用，相互合作，真正起到优化教师队伍结构"领头羊"的作用并形成教学共同体还值得商榷。这种高人一等的优越感，容易使教师满足而不谋求发展，在一定程度上会抑制其教学积极性，产生隐性的职业倦怠，专业情意缺失，职业认同边缘化，阻碍其专业发展。

(三) 教师资格准入的学历化和终身化取向

《中华人民共和国教师法》将教师资格分为幼儿园、小学、初中、高中、中职、中职实习指导教师和高等学校教师7类，并相应地规定了这7类教师的准入学历。对于农村中小学教师而言，由于教师队伍长期相对封闭，得不到及时更新，学历普遍偏低，第一学历尤为突出。为考取教师资格证，个别教师的学历存在水分，教师的文凭专业不对口，进修的文凭与自身所教的学科不符，教师学非所用，造成文凭贬值，一些教师的合格文凭来自培训，培训的时间一般不会太长，加上教师的工作比较繁忙，容易使培训过程流于形式，不能深入进行，致使教师所得的文凭质量不高。要知道学历是教师资格的充分不必要条件，而非充分必要条件，这种观念往往会形成重学历轻能力的倾向。提高学历及教师的入职门槛无可厚非，但学历与能力并驾齐驱，互补互融也很有必要。7类教师资格仅仅把学历作为分类的硬件，划分标准单一，为求"学历"而将"能力"置于次要位置，致使"学历"与"能力"处于不平衡的态势，如何实现"能力"与"学历"的关系由"跟跑"到"并跑"再到"领跑"的转变，改变"能力"退而求其次的现状，值得深思。教师资格证获取没有对准教师以往的专业、学科、年龄作出明确规定，为谋师职，不惜半路出家，教育领域业余选手与日俱增，与自己的专业兴趣做零和博弈。学非所考，考非所教，身兼数职的现象屡见不鲜，导致农村中小学教师队伍学科结构严重失衡，有学者对全国115所乡村小学的调查结果显示，品德、美术、音乐三门课程的开设率为70.8%，英语、科学、体育、综合实践活动、信息技术、地方课程的开设率分别只有60.4%、56.3%、52.1%、29.2%、29.2%和25.0%。[①] 教师资格的分类更多地凸显在"级"的层面，"类"的层面基本上是寥若晨星，对于特殊教育教师资格的规定仍处于真空地带。各类教师资格没有年龄的限制，这造成了教育者与教育对象极不对称的现象，教师队伍年龄结构失衡，"爷爷奶奶教小学，叔叔阿姨教初中"也就不足为奇了。教师资格基本属于终身有效，缺乏后续的监督和再次认定，且缺乏退出机制，使人容易产生一劳永逸的心理，尤为严重的是农村教师队伍得不到及时的更新，无论是对于教师还是学生都会产生教育学的视觉疲劳，缺乏专业热情，丧失教育活力，致使教师队伍结构良莠不齐。

四 对策与建议

（一）对非师范生的培养与准入严格要求

在教师资格统考的大背景下，为吸引优秀人员从教，不忘初衷砥砺前行，避免教师队伍陷入半青半黄的囹圄，研究组认为，在准教师的培养过程中，尤其对于非师范生而言，要增加教育类课程比重，应将"教育学""教育心理学"等教育类入门课程由选修变为必修，严格考核，改变以往选修课得过且过的态度。创新培养模式，实行"1.5+"的培养范式，即从入校起1.5年内学生进行通识知识和教育知识的学习，包括专业知识和专业技能，1.5年后根据自己的专长、兴趣等进行二次分流，师范生进一步学习教育理论与实践，非师范生

---

① 邬志辉：《关于乡村小学课程开设状况的调查与思考》，《生活教育》2015年，第25页。

则改读其他专业,这样做可以使得非师范生在将来的教师准入过程中不至于对教育基本理论一无所知。继续强化师范生的教育实习环节,建立成文的教育实习制度,① 保证足够的实习时间,建议至少实习一学期,并积极与实习学校协商,争取学段与专业对口的最大化,建立完善第三方教育实习考核评价体系。强化面试环节,提高面试在准入过程中的比例,增加面试的时间,在强调"双基"② 的基础上,更要突出学科的基本思想和基本方法。在非师范生入职的前两年,第一年要将其分派到相应的各级各类学校带薪实习,并建立试用制度,③ 与实习制度配套使用,完成一年的实习任务后,到入职学校进行为期一年的试用,在此期间,成立专门的教师审查小组,定期或不定期地对其进行检查,并成立家委会,家长走进学校,走进课堂,观课,听课,对其教学进行监督,年终根据检查情况和家委会建议考核,合格者留校,正式成为教师。推行导师制,新手教师必须向骨干教师或熟练教师学习1—2年,以合同的形式明确双方的权利与义务,早日实现新手教师的专业发展。完善教师退出机制,对不合格的教师取消或终止其教师资格,进一步加快我国的教师资格统考进程,争取早日实现全国范围内的教师资格统考。

(二) 规范教师资格融通

在我国各级学校中,综合课程与分科课程比例有所差异,基本呈现出从小学到高中综合课程逐步向分科课程过渡的趋势,级别越高,越强调其科目化、结构化、专业化和系统化。教师资格的融通应该因级因地而异,走弹性化之路,处理好学科界限与学科融通之间的矛盾。应该出台相关的政策文件,对不同地区、不同级别学校、不同学科应有不同的要求,在中西部"三区"④,由于师资短缺问题

---

① 刘丹丹:《教师资格制度对建设高素质、专业化教师队伍的影响》,《学校管理》2016年,第195页。
② "双基"是指师范生的基础知识和基本技能。
③ 刘丹丹:《教师资格制度对建设高素质、专业化教师队伍的影响》,《学校管理》2016年,第195页。
④ "三区"是三类地区的简称,即边远贫困地区、边疆民族地区和革命老区。

尚未得到根本解决，因此在考虑高级学校向低级学校融通的同时更应该兼顾学科性质之间的相近性，如初中数学教师可以教小学数学，初中历史教师可以担任小学品德与社会的教学任务，但绝不允许初中数学教师教小学语文。在特殊情况下，对于同一级别的学校在保证学科性质相近的基础上，也可以实现融通，如小学语文教师可以担任小学品德课的教学任务，初中化学教师可以担任初中生物课的教学任务，逐步来平衡农村中小学学科结构失衡的矛盾。但对于东部地区师资充足的情况，必须严格教师准入，保证教师资格种类与学科的一一对应。可以允许一人考多证，根据需要服从分配。在教师资格的融通上应有明文规定，进一步缩小在融通性方面的盲区，在教师准入之前，要求各级各类学校校长根据实际需求向相关教育部门提出申请，细化到"XX学校需要XX学科教师X名"，经相关部门鉴定、审批，在招聘环节，严格按照指标要求聘任，择优录用，尽可能地减少在师资相对充足的情况下，教师功利性和非理性的融通。

（三）严格教师资格认证，重建教师资格种类，取消终身制

要提高参加教师资格证书考试人员的标准，杜绝低学历者参加考试，将小学教师最低学历要求定为大专学历，初中教师最低学历要求定为本科学历。并尽快建立一整套监管体系，使新教师资格标准能得到有效严格的执行。应严格监管在职教师学历教育的质量。一些农村中小学教师的合格学历来自在职学历教育，而在职学历教育的质量得不到保证，对提高农村教师教学能力没有起到多大帮助，教育部门应尽快制定一套国家在职教师学历教育质量评定标准，并建立严格的监管制度，确保教师在职学历教育，这会对教师的整体素质的提高起到真正的促进作用。教师资格主要根据各级各类教育将其分为7类，7类之下再无子条目，与欧美等发达国家教师资格相比，我国略有不足。美国根据科目、年级和等级来分；德国教师资格分为实习教师资格、候补教师资格和正式教师资格三类；英国中小学教师资格证书分为教育学学士学位和教育学硕士学位证书两种；日本的教师资格分为幼儿园、小学、初中、高中教师资格证书和盲

人学校、聋哑学校、养护学校教师资格证书。① 在我国教师资格制度改革的过程中，在秉持本土特色的同时，可以适当地借鉴西方，尤其对于特殊教育而言，更应该出台相关政策弥补当前的盲区。结合国际经验来看，一般都遵循教师专业发展理论，把教师资格进行分期，教师专业发展理论认为，教师的专业成熟无疑是一个长期的发展过程，需要经历一系列的发展阶段。② 具体而言：1—3 年的专业适应和发展期；4—6 年的专业稳定期；7—18 年的专业实验期或重新评价期；19—30 年的平静期；31—40 年的衰退期。结合我国的现实，可将教师资格划分为短期（2—4 年），中期（5—8 年），长期（9—18 年）和终身。③ 按照规定学历达标者通过教师资格统考，颁发短期证书，有效期为 2—4 年，短期资格证书获得者必须参加工作，相应资格有效期规定的年限期满后，取得继续教育规定的学分者或二次资格测试合格颁发中期教师资格证书，以此类推，对确有贡献者颁发终身教师资格证书，取消教师资格终身化的特权，逢获得高一级资格证书者必须经过资格测试，对于连续两次测试不合格者，坚决予以辞退。保证教师准入与退出的畅通，切实达到了提高农村教师学历，优化农村教师队伍结构的目的。对于教师资格统考者的年龄根据各地实际作出规定，最大限度地保证教师队伍年龄结构的年轻化，改变农村教师队伍老龄化的现状。对于东部等师资相对充裕的地区，在教师资格的划分上，可以在学科为前提下再分阶段，如小学语文教师资格可分为：低（一、二年级），中（三、四年级）和高（五、六年级）三个等级，严格保证相应阶段的对应。为避免学非所教的现状，应明确规定学历、专业与学科的关系，大专学历者必须要求所教与所学的完全对口，本科学历者所学与所考学科性质应保持高度相关，研究生学历者可保持一定的弹性。

---

① 秦立霞：《美国教师资格认证制度研究》，教育科学出版社 2010 年版。
② 教育部师范教育司：《教师专业化的理论与实践》，人民教育出版社 2003 年版，第 50 页。
③ 胡悦：《我国教师资格政策研究：一种政策内容分析的视角》，《理论观察》2008 年，第 95 页。

第四节 教师编制政策和教师补充政策

一 政策演变历程

(一) 教师编制政策概述

中华人民共和国成立以来,国家颁发了多项中小学教师编制标准文件。1984年,教育部出台了《关于中等师范学校和全日制中小学教职工编制标准的意见》(以下简称"意见"),"意见"规定教职工的编制数"以校为单位,按班计算",即以"师班比"核算中小学教职工编制数。城乡初中和小学的编制标准有所区别,城镇高中、初中、小学每班教职工数分别是4.0、3.7、2.2,农村高中、初中、小学每班教职工数分别是4.0、3.5、1.4。"意见"在最末处对此做出说明:"考虑到农村地区学校分散、规模小、学生少等情况,因而班学额和编制标准有所不同。"这项政策成为我国第一个中小学教师编制标准,也使我国教职工编制在制定之初就存在"城乡倒挂"的问题。

2001年,国务院办公厅转发中央编办、教育部、财政部的《关于制定中小学教职工编制标准意见的通知》(以下简称"通知"),"通知"指出:"中小学教职工编制根据高中、初中、小学等不同教育层次和城市、县镇、农村等不同地域,按照学生数的一定比例核定",即根据学生数核定教职工编制数——"师生比"。其中"城市"指省辖市以上的大中型城市市区,"县镇"指县(市)政府所在地城区。以城市、县镇、农村不同地域下的不同教育层次的教职工编制标准分别是:高中阶段1∶12.5、1∶13、1∶13.5,初中阶段1∶13.5、1∶16、1∶18,小学阶段1∶19、1∶21、1∶23。目前制定农村教师编制的主要依据仍是该通知制定的标准。

从上述文件可以看到,国家确定教师编制要么是依据班级数、要么是依据学生数,总体来说依据比较单一,缺乏教育质量理念,缺乏城乡均衡发展导向,没有兼顾农村学校布局分散、班额较小等特点,也因此产生一系列问题,造成农村教师工作量(任课门类和周课时等）过大，产生教师队伍结构性短缺的问题。

基于贯彻执行国家颁布的教师编制标准的情况来看，我国的教师编制呈现出"城乡倒挂"的特点，在教师编制分配上偏向于城市教育，不利于农村教育质量的提升。具体表现为：第一，按照现行的教师编制，每一位农村小学教师要比城市小学教师多承担4.5个学生的教学任务，而每一位农村初中教师则要比城市初中教师多承担4个学生的教学任务。第二，现行教师编制没有充分考虑城乡（学校）的差异性。农村由于地域广、校点较多、校生源不足等而导致校均规模小，很难像城市学校那样产生规模效益。第三，在目前农村教师整体素质明显低于城市教师的情况下，国家在教师编制方面本应该给予农村教育一定的补偿，政策上应有所倾斜。但事实上，现行的教师编制制度并没有向质量较低的农村教育予以倾斜，现行的教师编制制度不符合教育公平中补偿原则的理念，也在很大程度上制约了农村教师队伍质量的提升。①

2002年，教育部关于贯彻《国务院办公厅转发中央编办、教育部、财政部关于制定中小学教职工编制标准意见的通知》的实施意见，为了控制班额数，该文件要求县级教育行政部门调控中小学班额（每班学生数）和班级数，"采取在校学生人数、标准班额、班级数、每班教师定员等指标，区别学校层次和地域分布，计算并分配中小学校编制数额"。城市、县镇、农村等不同地域下的高中、初中的班额均为45—50人，城市和县镇的小学班额为40—45人，农村地区的小学各地根据实际情况酌定。按照2001年发布的文件中的编制标准折算，各地域、各阶段的每班教职工编制数有所区别，高中阶段的城市、县镇和农村的数值分别为：3.6—4个、3.5—3.8个、3.3—3.7个；初中阶段城市、县镇、农村的数值分别是：3.3—3.7个、2.8—3.1个、2.5—2.8个；小学阶段城市和县镇的数值分别是：2.1—2.4个、1.9—2.1个，农村地区的小学编制数依情况酌定。从制定的标

---

① 周晔：《农村中小学教师队伍质量现实问题的基本判断》，《现代教育管理》2011年，第65页。

准可以看出，关于教职工的编制数，国家又重新以班级数为单位进行设定，即"师班比"。正是如此，此次教职工编制的改革并未对教师编制问题的解决，尤其是农村地区教师编制问题的解决发挥作用。

在随后的几年，国家也陆陆续续颁布了一些文件，或多或少地涉及农村地区教师编制问题。譬如 2010 年颁布的《国家中长期教育改革和发展规划纲要（2010—2020 年）》、2012 年颁布的《国务院关于加强教师队伍建设》和《关于大力推进农村义务教育教师队伍建设的意见》，里面均提到"逐步实行城乡统一的中小学教职工编制标准，对农村边远地区实行倾斜政策"，这些对农村教育的优惠政策有利于加快缩小城乡教育差距。文件中明确提出："各地要把农村义务教育教师队伍建设作为一项重大而紧迫的战略任务，摆在重中之重的战略地位"，这些都充分说明了国家对农村教育的重视，对农村教师队伍的关注。

2014 年中央编办、教育部、财政部颁发的《关于统一城乡中小学教职工编制标准的通知》提出："将县镇、农村中小学教职工编制标准统一到城市标准，即高中教职工与学生比为 1∶12.5、初中为 1∶13.5、小学为 1∶19。"同时考虑实际需求，对农村边远地区适当倾斜，提出："重点对学生规模较小的村小、教学点，按照教职工与学生比例和教职工与班级比例相结合的方式核定教职工编制"。较于以往的教职工编制标准，此次标准的设定打破了城乡"二元"差异，在一定程度上可以说是历史的进步。

2015 年，国务院发布《乡村教师支持计划（2015—2020 年）》，提出："乡村中小学教职工编制按照城市标准统一核定，其中村小学、教学点编制按照师生比和师班比相结合的方式核定"，按照班额、生源等情况统筹分配各校教职工编制的做法更加科学合理，也确保了乡村学校开足、开齐国家规定课程的实现。

纵观中华人民共和国成立以来教职工编制的改革，教师编制标准由仅仅"提出师资配置原则，具体由各级地方政府制定"到"提出'师班比'标准，具体由各部门依校情、城乡、地情制定"，再到"制订具体的城乡'师班比'标准、'师生比'标准，但农村各地斟定"，最后到"统一城乡中小学教职工编制标准"并向农村地区倾斜。可以说,教师编制标准在指导理念层面实现了由提出原则到制定具体标准,在政策执行层面实现了由各地方制订到国家制定全国城乡分级标准[1],在具体操作层面实现了由城乡差异到城乡标准趋同且逐渐向农村倾斜的巨大转变,这在教师编制改革史上是一个巨大的进步。

(二)教师补充政策概述

1983年5月颁布的《中共中央国务院关于加强和改革农村学校教育若干问题的通知》提出,有关高等学校要为农村培养和输送专门人才,为农村各类学校培训师资,鼓励教师到农村,特别是到老、少、山、边、穷地区任教,从大专院校和中等专业学校分配一定比例的毕业生,到农村各类中等学校任教。

1992年8月,原国家教委、国家计委、人事部、财政部联合下发了《关于进一步改善和加强民办教师工作若干问题的意见》指出:"辞退不合格民办教师和清退'计划外民办教师'后,短时间补充不上公办教师的,可以由县以上教育行政部门进行严格考试,聘请具有高中毕业以上文化程度,具备教师资格的人为临时代课教师。"同时还强调对于短时间内公办教师供给不足的地区可以聘请临时代课教师进行师资补充。

1999年6月,《中共中央国务院关于深化教育改革全面推进素质教育的决定》提出各地要制定政策,鼓励大中城市骨干教师到基础薄弱的学校任教或兼职,中小型城市(镇)学校教师应以各种方式到农村缺编学校任教,加强农村与薄弱学校教师队伍建设。应采取优惠政策,吸引和鼓励教师到经济不发达地区、边远地区和少数民族地区任教。

2003年召开了中华人民共和国成立以来第一次全国农村教育工作会议,出台了《国务院关于进一步加强农村教育工作的决定》提出建立和完善教育对口支援制度,积极引导鼓励教师和其他具备教师资格的人员到乡村中小学任教。国家继续组织实施大学毕业生支援农

---

[1] 周兆海、邬志辉:《工作量视角下义务教育教师编制标准研究——以农村小规模学校为例》,《中国教育学刊》2014年,第2页。

村教育志愿者计划；① 建立城镇中小学教师到乡村任教服务期制度，增加选派东部地区教师到西部地区任教、西部地区教师到东部地区接受培训的数量。此后，有关农村教师补充政策的数量显著增长，政策主题领域不断扩大，参与制定农村教师补充政策的部门显著增加，全面开始了农村教师补充的工作。

2004年发布的《2003—2007年教育振兴行动计划》也提到："积极引导和鼓励教师及其他具备教师资格的人员到乡村中小学任教，建立城镇中小学教师到乡村任教服务期制度。"②

2005年颁布的《关于引导和鼓励高校毕业生面向基层就业的意见》中提到："各地区各部门要站在党和国家事业发展全局的高度，实施高校毕业生到农村服务计划，从2005年起，每年招募2万名左右高校毕业生，主要安排到乡镇开展支教、支农、支医和扶贫工作。"③ 同年12月，时任国家总理温家宝在《关于当前农业和农村工作的几个问题》中指出，要制定相关政策和措施，引导和鼓励城市教师及具备教师资格的人员到农村中小学任教。

2006年5月颁布的《关于实施农村义务教育阶段学校教师特设岗位计划的通知》指出，应通过公开招聘高校毕业生到西部地区"两基"攻坚县县以下农村学校任教，引导和鼓励高校毕业生从事农村义务教育工作，创新农村学校教师的补充机制。从2006年起，用5年的时间实施"特设岗位计划"，特设岗位教师聘期3年，并对招聘主体、原则、对象条件和程序作出说明。实施这一计划的地区要进一步创新教师补充机制，今后城市、县镇学校教师岗位空缺需补充人员时，应优先聘用特设岗位教师。同年颁布的《中华人民共和国义务教育法》第33条规定："国家鼓励高等学校毕业生以志愿者的方式到农村地区、民族地区缺乏教师的学校任教。"④

---

① 国务院：《国务院关于进一步加强农村教育工作的决定》，2003年。
② 国务院：《2003—2007年教育振兴行动计划》，2004年。
③ 中共中央办公厅、国务院办公厅：《关于引导和鼓励高校毕业生面向基层就业的意见》，2005年。
④ 全国人大常务委员会：《中华人民共和国义务教育法》，2006年。

2007年颁布的《教育部直属师范大学师范生免费教育实施办法（试行）》指出："到城镇学校工作的免费师范毕业生，应先到农村义务教育学校任教服务二年。国家鼓励免费师范毕业生长期从教、终身从教。"①

2010年颁布的《农村学校教育硕士师资培养计划》对师资培养方式作出了规定："从具有推荐免试硕士研究生资格的高校中，选拔部分优秀应届普通本科毕业生，录取为'硕师计划'研究生，并与地方政府教育行政部门签约聘为编制内正式教师。"②"硕师计划"研究生须在县镇以下农村学校任教，服务期三年，并在职学习研究生课程。同年7月29日颁布的《国家中长期教育改革和发展规划纲要（2010—2020年）》提出，应吸引更多世界一流的专家学者来华从事教学、科研和管理工作，应有计划地引进海外高端人才和学术团队，创新农村教师补充机制，完善制度政策，从而吸引更多优秀人才从教；应积极推进师范生免费教育，实施农村义务教育学校教师特设岗位计划，完善代偿机制，鼓励高校毕业生到艰苦边远地区当教师；应继续实施农村义务教育学校教师特设岗位计划，吸引高校毕业生到农村从教；应加强农村中小学薄弱学科教师队伍建设，重点培养和补充一批边远贫困地区和革命老区所亟须的紧缺教师。

2012年9月20日教育部、中央编办、国家发展改革委、财政部人力资源社会保障部颁发的《关于大力推进农村义务教育教师队伍建设的意见》指出，应继续实施并逐步完善农村义务教育阶段学校教师特设岗位计划，大力推进各省（区、市）实施地方特岗计划，探索建立吸引高校毕业生到村小、教学点任教的新机制。全面实行新进教师公开招聘制度，加强省级统筹，规范招聘程序和条件，逐步建立农村教师补充新机制，多渠道扩充农村优质师资来源。进一步完善教育部直属师范大学师范生免费教育政策，为农村学校定向培养补充"下得去、留得住、干得好"的高素质教师。扩大实施"农村学校教育

---

① 国务院办公厅：《乡村教师支持计划（2015—2020年）》，2005年。
② 教育部：《农村学校教育硕士师资培养计划》，2009年。

硕士师资培养计划"和"服务期满特岗教师免试攻读教育硕士计划"。采取定向委托培养等特殊招生方式,扩大双语教师、音体美等紧缺薄弱学科和小学全科教师培养规模,在师范生免费教育和"特岗计划"中向音体美教师倾斜。依托现有资源,加强少数民族地区双语教师培养培训基地建设,每年培训一批少数民族双语教师。

2015年6月8日颁发的《乡村教师支持计划(2015—2020年)》中提出,要拓展乡村教师补充渠道。鼓励省级人民政府建立统筹规划、统一选拔的乡村教师补充机制,为乡村学校持续输送大批优秀高校毕业生。扩大农村教师特岗计划实施规模,重点支持中西部老少边穷岛等贫困地区补充乡村教师,适时提高特岗教师工资性补助标准。鼓励地方政府和师范院校根据当地乡村教育实际需求加强本土化培养,采取多种方式定向培养"一专多能"的乡村教师。高校毕业生取得教师资格并到乡村学校任教一定期限,按有关规定享受学费补偿和国家助学贷款代偿政策。各地要采取有效措施鼓励城镇退休的特级教师、高级教师到乡村学校支教讲学,中央财政比照边远贫困地区、边疆民族地区和革命老区的人才支持计划对教师专项计划给予适当支持。[①]

二 编制补充政策存在的问题

(一)教师编制存在的问题

国家对教师编制的确定依据比较单一,缺乏教育质量理念,缺乏城乡均衡发展导向,没有兼顾农村学校布局分散,班额较小等特点,造成农村教师工作量(任课门类和周课时等)过大,教师队伍结构性短缺问题比较突出。[②]

1. 教师编制标准不合理,超编与缺编共存

据2014年教育统计年鉴数据统计可知,我国小学阶段现有教职

[①] 国务院办公厅:《乡村教师支持计划(2015—2020年)》,2015年。
[②] 王正惠、袁桂林:《解决农村教师问题的若干对策》,《当代教育科学》2007年,第16页。

工共 5488941 人，有学生 94510651 人；如果按照 2014 年师生比 1：19 的教师编制标准进行测算，教职工将超编 514696 人，超了 9.38%。而在 2014 年，全国小学代课教师共有 151951 人，其中乡村地区有 78575 人，约占总数的 51.71%。农村地区大批量代课教师的存在很大限度上是由于在编教师的短缺，这与根据教师编制标准测算出的"超编"情况相矛盾。

  国家制定教职工编制标准是在一种假设的情况下，即各地域、各层次学校有着核定的班额数，依据师生比来核定教师编制。但是一方面随着城镇化的持续推进，大规模农村人口向城镇聚集，城镇人口剧增，随之导致了农村地区学龄人口下降；另一方面，农村地区受地理位置、交通等因素影响，人口密度小，分布分散，因而产生了小规模学校，其生源少、师资力量薄弱，甚至经常有"一生一校"的信息见诸报端。在多重因素的影响下，农村地区的班额根本不可能达到城镇规模。因而，完全依据师生比或班师比很难满足农村学校开展教学的需求，即使可以维持教学，教学质量几乎也很难得到保证。因为在教师数有限的情况下，大批量的教学任务会分配到教师的头上，"课时过多使农村教师身心疲惫感增强，课堂效果必然受到影响。并且过多的课时挤占了教师备课、设计教案等课前准备环节的时间，使课程准备不充分，教学时不能有效地深化和拓展。此外，过多的课时还使教师进行教学反思、听课评课以及培训的时间不足甚至没有，阻碍了教学水平的提升"[①]。有学者通过调查发现，"编制紧缺是造成农村教师任务繁重的深层原因，尤其是小学英语、体育、音乐、美术等学科教师极度紧缺，导致他们承受着城镇教师无法想象的工作量"[②]。

  城镇地区班额大，以国家标准进行教师编制的核定是合理、可行的，而农村地区条件特殊，虽然生源数量较少，但从促进学生全面发展的角度出发，是需要大量的高素质教师的。然而自 1987 年的有关

---

  ① 刘善槐：《我国农村学校教师编制测算模型研究》，《教育研究》2014 年，第 52 页。
  ② 王凯：《破解农村教师学习难题亟待制度调整》，《中国教育学刊》2011 年，第 5 页。

教师编制公布与实施以来，城乡标准的设定不一致使"城乡倒挂"问题一直存在，农村缺编问题大量存在，且情节较为严重。虽然国家已经注意到此问题的存在，并且近年来对农村教师问题多予以关注，也认识到教师编制应向农村学校倾斜，但是此问题由来已久，可能需要长期的努力才会有所改观。

此外，近些年来的分税制和税费改革使县、乡政府的财政收入大大减少，政府财政压力比较大，有些政府为了发展经济，往往会缩减教育预算，出现有编不补的情况。① 这种行径也加剧了农村地区的师资短缺状况。

总之，当前的教师编制配置方式难以满足农村、山区等分散的、小规模学校的基本教育需求，农村教师编制标准调整势在必行。

2. 编制结构失衡

教师结构性缺编是指教师总量达到或超过规定的编额，而农村中小学实际编额不足或数量不能满足教学需要而出现的缺编问题。② 目前农村地区教师编制结构失衡主要表现在教师的学科和专业、性别以及年龄上，具体情况如下。

从农村教师编制的学科和专业配置来看，失衡问题很严重。就学科而言，语文、数学等科教师占比过大，小科专任教师却严重不足。有学者对全国 115 所乡村小学的调查结果显示，品德、美术、音乐三门课程的开设率为 70.8%，而英语、科学、体育、综合实践活动、信息技术、地方课程的开设率分别只有 60.4%、56.3%、52.1%、29.2%、29.2% 和 25.0%。③ 由于小学科教师严重不足，农村教师一人教多科的现象非常普遍。有数据显示，有 29.07% 的教师兼任两门以上科目，几乎所有的语文、数学教师均需兼任音乐、美术和体育课程，而这些教师并无相关学科的学习背景：有 75.00% 的教音乐的教

---

① 唐松林、聂英栋：《超编与"缺人"：农村中小学师资队伍建设面临的一大难题》，《河北师范大学学报》2012 年，第 53 页。

② 张继平：《农村中小学教师结构性缺编的政策性思考——以宜昌地区教育为例》，《中国教育学刊》2012 年，第 36 页。

③ 邬志辉：《关于乡村小学课程开设状况的调查与思考》，《生活教育》2015 年。

师没有音乐专业学习背景，有 65.25% 的教美术的教师没有美术专业学习背景，有 64.58% 的教体育的教师没有体育专业学习背景。[1] 即使有的农村学校采取了跨科教学和多科教学等方式来应对学科配比失衡的问题，但仍有部分农村学校课程无法开齐。

农村教师性别比例已严重失调，女性化越来越明显。调查显示，县城小学女性教师占 78.26%，中心校小学女性教师占 75.27%，村小及教学点的女性教师占 60.17%。村小及教学点的女性教师比例虽然不如中心校和县城小学，但男性教师平均年龄（43.2 岁）偏大，而近些年来农村学校新补入的多为女性教师，随着这部分男性教师逐步退休，女性教师的比例会逐渐上升。农村教师的过分女性化不利于农村学校和农村学生的发展，对女性教师自身也有一定的制约。[2]

农村教师年龄结构趋于老化，教师平均年龄越来越大，并且越偏远地区教师平均年龄越大。在农村学校研究组所调查的 12 个省份中，有 7 个省份年龄超 45 岁的小学教师大于 30%，部分地区超过 45 岁的小学教师达到，甚至超过 50%。[3] 为解决农村地区教师队伍问题，国家及部分地方政府相继实施"特岗教师"计划，这虽在一定程度上解决了农村教师队伍的部分问题，但由于农村偏远地区条件艰苦、生活不便，年轻一代的教师不愿意去，所以与农村教师队伍总量相比，特岗教师比例过小，难以改变农村教师队伍整体年龄结构。

3. 编制类型

20 世纪 90 年代开始的农村地区学校布局调整，造成农村学校锐减。由于学校数量趋于减少，去距家较远的学校上学成为偏远农村地区孩子的必然选择，而寄宿制学校也应运而生，且近年来，寄宿制学校学生出现低龄化的状态。据 2014 年教育统计年鉴数据显示，农村小学寄宿制学生 1061.4 万人，初中寄宿制学生 2014.8 万人，这些学生需要生活照料、学习指导和心理辅导，需要专门的生活老师去照

---

[1] 刘善槐：《我国农村教师编制结构优化研究》，《教育研究》2016 年，第 83 页。

[2] 武晓伟、郑新蓉：《我国农村中小学教师性别结构的女性化——基于河北、云南、贵州三省的调查分析》，《教师教育研究》2015 年。

[3] 刘善槐：《我国农村教师编制结构优化研究》，《教育研究》2016 年，第 83 页。

管，但是教育部门并未为这些农村学校增加相应的专业化编制或增加相应的人员经费，而是将此工作分配给科任教师，由其兼任。这种做法虽然为农村地区节约了大量的人员经费，但挤占了科任教师的休息时间和工作精力，影响了其正常的教学工作和家庭生活，对教育教学质量会产生负面影响。

2016年开始，"全面二孩"政策放开，农村学校开始进入女性教师的生育高峰期。但是目前农村学校在编制设置中只有基本编制，一旦面临大量教师同时请假的境况，教学工作将很难展开，尤其是对于原本就存在师资短缺问题的农村学校而言就更是难上加难。

农村教师编制类型单一，缺乏机动、灵活的编制设置，这一方面难以满足越来越多寄宿制学校的管理需求；另一方面也难以应对农村学校突发状况，比如农村教师休产假、休病假和参加培训等问题。总之，应当在现有的农村教师编制上增设机动编制，保障教育教学工作的顺利、有序开展。

4. 编制管理方式

第一，教师退出机制的不完善。退出机制是指农村教育系统中一些质量不合格（包括学历不合格、学科不对口以及按教师专业化标准界定为不合格）的教师能够顺利退出农村教育体系的一种机制。[1]"当前的农村教师问题，深层次的问题是制度缺陷，即只有教师任职后期的'退休制度'，缺乏教师任职中期的'退出制度'。"[2] 由于缺乏退出机制，一些质量不合格的教师长年占据教师编制，部分人存在"吃空饷"的问题，他们在农村教育系统中积压而得不到有效清退，导致新教师无法补充进来。

第二，人事调动及管理不合理。我国推行新任教师公开招聘制度改革，逐渐实现"国标、省考、县聘、校用"的教师准入和管理制度。在编教师的人事管理权在教育局手中，教师由"学校人"的身

---

[1] 唐松林、刘静：《一个人才悖论：农村师资缺乏与大学毕业生"准入难"》，《当代教育论坛》2012年，第12页。

[2] 甘宇：《义务教育阶段农村教师退出机制探索》，《西南农业大学学报》2011年。

份变为"系统人",但是由于管理不到位,校际的教师交流尚存在诸多障碍,调动更是困难重重。面对农村教师编制短缺,专任教师,尤其是小科教师极为短缺的状况,本可通过学区内教师的"走教"在一定程度上得以缓解,却由于人事管理制度的限制,而导致这一解决方案难以实施。"在区域间,'编随人走'仍无法实现,这使生源流出端即使有编制剩余也无法及时补充到编制紧缺的生源流入地,导致'编制富余'与'编制紧缺'并存。"①

(二) 教师补充问题

1. 教师补充的目标规范不明,影响执行效果

虽然国家和地方颁布的政策文本中反复提到要"进一步加强农村教师队伍建设,提高农村教师队伍整体素质,促进义务教育均衡发展","促进""实现""达到"等词常出现在政策文本上,但往往只起到引领和倡导作用,仅从宏观层面对农村教师补充提出指导意见,缺乏具体的操作程序和工作办法。由于各地区政策执行者的个人素质、执行能力、对政策目标的认可程度、支持程度不尽相同,易导致政策实施过程中的盲目性和随意性,直接影响了政策执行的效果。

2. 相关补充程序设计不具体,导致政策执行出现偏差

首先,现有的政策文本对"由谁来实施农村教师补充政策"这一问题回答得模糊且不全面,除中共中央国务院外,至少还应当包括当地政府、各地方教育主管部门等。其次,对补充对象的服务年限、服务具体任务、相关待遇没有进行明确规定,只规定了一个大的方向,对于如何实施,也缺乏具体办法和要求。由于政策文本的针对性不强,很难适应各地农村学校的具体情况,因此政策在落实过程中很容易出现偏差。

3. 教师补充政策的配套措施不完善

通过对农村教师补充政策内容的梳理发现,农村教师补充政策的措施是通过多个政策逐渐规范起来的,现阶段的政策文本并没有明确

---

① 刘善槐、邬志辉:《我国农村教师编制的关键问题与改革建议》,《人民教育》2017年,第15页。

规定教师补充政策的具体实施方案,如果补充教师的利益得不到保障,那么补充教师的工作积极性就会降低,教学质量就难以保障,教师补充政策的实施就失去了价值。

4. 评估不够深入、全面,补充政策没有完全发挥应有作用

评估政策就其划分类型来说,有"事前评估""事中评估"和"事后评估"。由于教师补充政策种类繁多,就目前而言有"西部志愿者计划""支教、特岗、农硕计划"和"师范生顶岗实习"等,虽然在其目标上有着一致性,但由于补充主体和客体复杂,基于不同的背景,在补充政策评估的过程中难免会出现一些盲区。首先,由于补充政策中缺乏制约条款,难以建立有针对性的监督机制,就易导致对该政策的评估发生扭曲,给地方政府逃避义务教育投入责任带来便利,地方政府利用该政策将原本属于自己的义务教育投入责任转移给中央或省级政府,长期来看反而不利于义务教育的均衡发展;其次,政策评估忽视了超编招聘供大于求的现象,不仅严重影响补充政策的实际实施效果和可持续性,还可能直接破坏部分学校正常的教学管理秩序;最后,政策评估中对新的教师的招聘机制过分的肯定,没有辩证地权衡利弊,没有认识到补充政策效益的有限性,给不同政府部门间带来了新的利益冲突,且随着冲突的加剧将会影响到补充政策的实施秩序,危及政策的正常执行。

总的来说,教师补充政策评估在各个维度上均存在一些缺陷和问题。在政策时间维度,由于教师补充政策的权益性,在政策评估的过程中忽视了不同的补充政策时间的重新考量和调整,其后果要么就是时间太长导致教师留任率低,要么就是教师服务期满后陷入无编可入的境地,教师补充目的不能够顺利达成。

三 改进农村教师编制政策、教师补充政策的建议

(一)进一步明确农村教师补充政策的目标,科学核算编制总量

政策目标的制定,首先应厘清相关层面之间的逻辑关系,明确教师的补充是为了促进教师资源的均衡配置,从而实现义务教育均衡发展,最终实现教育公平。因此政府及教育行政部门在制定目标时,应

结合本地实际，摒弃政策文本目标导向的"虚化"，各地区应在国家政策目标的基础上，把目标阶段化、具体化，使目标易理解，便于操作，将目标落到实处。

农村地区因特殊的地理环境和人口状况，在教师编制核定上不同于城市地区，有其复杂性，"目前教师编制大多以师生比为准，但是城乡学校差异大的矛盾要求我们在核定编制时，不能以一个标准衡量，应充分考虑农村区域广、生源分散、教学点多的特点，通过选派大量师范毕业生到学校，保证这些地区教师编制的基本要求"。袁桂林教授指出，确定农村学校教师编制要多种因素共同考量，充分考虑我国农村、山区地广人稀、居住分散、交通不便、学校规模较小的实际情况，从农村学校教育教学的实际需要出发，除了考虑教师和学生比之外，还要考虑任课门数与教师比、周课时与教师比等因素，规模小的农村学校还要考虑年级数与教师比，分别制定出权重。[1] 从中可以看出，农村教师编制的设定很复杂，问题很突出，建议"师资配备向农村中小学倾斜，每年将新招录的教师，优先补充到缺编的农村中小学"。

农村地区教师编制核定应采用"自下而上"的形式，先由学校依据各学科的实际教育教学工作量，核定各学科教师的基本编制数，并上报，以县为基本区域统一调配各类编制；为农村学校设定一定比例的机动编制，使所有教师在一定周期内能有机会参加常规的教师培训，保证教师在休病假、女教师在休产假时不影响学校的正常教学工作的开展；加强中小学教职工编制的总量调控与统筹使用，完善教师流动政策，把教师从"学校人"变成"系统人"，使同一县域内中小学教职工编制互补余缺。[2]

（二）完善农村教师补充程序，规范编制管理制度

对于补充方式而言，在政策文本中通常会提到两个词："鼓励"与"支持"，但是究竟该如何鼓励，怎样支持却没有太多文本的叙述，这显然不利于农村教师补充政策的实施。目前我国农村教师补充

---

[1] 苏婷：《农村教育发展待解教师编制之困》，《中国教育报》2009年。
[2] 刘善槐：《我国农村教师编制结构优化研究》，《教育研究》2016年，第86页。

得多，流失得也快，这恐怕与补充政策规范得不全面有关。因此，政策文本应从补充的目标与任务、实施的原则与步骤、招聘方式等方面做出更加细致合理的规定。

无论是对新入职教师，还是对老教师，教育主管部门应做的都是完善其编制管理，加强对其的监管工作。要建立健全农村学校教师编制落实的监督问责机制，切实加强监督检查工作，严禁出现挤占、挪用和截留农村教师编制的情况，确保核定的教师编制必须用于农村基础教育学校。同时将农村教师编制落实情况作为考核各级政府相关部门及其领导的重要内容。

同时，应制定合理的教师退出机制，基于合情合理的原则，对一些考核成绩较差，且在经过专业培训后，仍然达不到教学要求的教师，根据教师职业标准的相关条例，应当将其调出农村师资队伍，并建立相应的安抚制度，通过分流、退出、离休等措施安排好退出人员的生活，以缓解其另谋他职的生存压力。通过合理的退出机制可以在一定程度上解决农村师资面临的"超编"与"缺人"的现实问题。①

（三）拓宽农村教师补充渠道，实施供给侧改革

农村学校教师结构性缺编一方面是由于大量年轻一代不甘于清贫，承受不住农村较为恶劣的环境，不愿到农村地区去从事教师行业；另一方面是语文、数学等学科占用了大量的教师编制，其他的小科目没有相应的编制可以补入教师。针对这两方面的问题，一是要增加农村教师的吸引力，二是要联合高等院校，在师范生培养上进行改革，以适应农村教育现状。譬如，某县教育部门负责人指出，该县每年都会确定一定数量的紧缺急需学科教师招聘指标，到西北师大进行定向招聘，通过招聘缓解紧缺学科教师缺额问题。此外，还会积极争取省市教师招考指标，对缺编学科、缺编学校进行补充。

就目前就业形势而言，教师岗位，尤其是农村地区教师岗位很难吸引大学毕业生就业，即使"下得去"，也难"留得住"，他们多以

---

① 唐松林、聂英栋：《超编与"缺人"：农村中小学师资队伍建设面临的一大难题》，《河北师范大学学报》2012年，第56页。

此为"落脚处""歇脚点",一旦机会来临,他们便会跳槽到其他岗位另谋生路。因而,国家应全面提高农村教师待遇,使农村教师待遇的岗位吸引力与公务员相当。同时兼顾差异,对较为偏远、交通不便的农村学校教师给予额外补贴,实施差异化待遇标准。以丰厚待遇吸引优秀的年轻教师"下得去,留得住,教得好"。

无论是依据现有农村教师编制标准,还是以教师工作量为依据建立新的教师编制模型,农村学校,尤其是农村小规模学校的教师数量都不可能很多,很难兼顾到教师的专业结构。因而,一方面可以通过让学区内的学校同享一个教师群体,即通过"走教"的方式促进教师在区域内进行流动,尽量保证各科教学的开展;另一方面可以改变地方师范院校现行的师范生培养模式,培养"一专多能"的新生教师队伍,使其能够胜任多学科教学工作。

此外,地方师范院校应招收本地区的志愿从事教育事业、甘于扎根农村、有农村教育情怀的学生,采用"后补偿"方式对其进行免费培养,"师范生入学后学校可为其提供学费、住宿费和生活补助银行贷款,如果师范生毕业后能够到农村小规模学校任教一定年限,则由政府代其偿还本息;如果其改变意愿,则就业后自行负担相应的贷款和利息"[1]。

同时,面对农村学校专任教师编制数短缺的现状,可考虑采用向社会购买服务的方法,来缓解农村教师编制紧缺问题。政策中应允许学校或地区教育机构向社会购买服务,"县级教育部门可按照统一的标准向社会招聘生活教师,对其进行系统培训,考核合格后分配到各个学校,其工资及相关待遇由县级教育部门承担"[2]。除此之外,农村学校的后勤人员的聘用也可以采取类似的方式,借以改变农村教师编制紧缺的状况。

(四)深入全面、综合评估,发挥补充政策应有的作用

为进一步完善教师补充政策评估过程,使其能为促进义务教育阶

---

[1] 刘善槐:《我国农村教师编制结构优化研究》,《教育研究》2016年,第87页。
[2] 同上。

段学校师资均衡配置更好地发挥作用，可从以下几个方面进行改进。

第一，强调事权不变，加强省级统筹。在教师补充政策评估过程中，评估主体始终认真对教师总量与缺口进行核查，在政策执行之前，要对其进行预评估，也即事前评估，科学预估财政和编制对补充教师的可容纳量。在事中评估环节要对补充教师的管理和配套服务工作作出判断：该政策的实施是否准确界定了实施范围，是否对各县（市）教师招聘人数进行了核定，是否对县（市）级政府按需申报、按编制可容纳量招聘进行了督促，这样就可以在全省范围内统筹分配教师岗位，使教师补充政策真正惠及师资补充确有困难的地区或学校。

第二，设计有针对性的监督考核机制。认真对补充政策内容本身进行评估，设计有针对性的监督检查机制，在补充岗位的设置上，对岗位的设置要建立必要的审核程序。以省级政府为评估过程中的监督主体，教育、编制、人社部门联合需要教师补充的实际教师总量和编制缺口进行核算，监督其教师需求申报情况，并和当地特岗教师的离任和留任情况结合起来，一方面防止补充教师超编，另一方面防止地方政府有编不补。建立"补充政策"实施工作巡查制度，监督县级政府在教师补充的任用、工资和其他福利待遇上的落实情况，将教师的生活情况纳入评估范围，进一步强化对教师的生活保障，确保教师享受到政策所规定的工资福利待遇，并对执行不到位的情况制定必要的考评奖惩办法。建立补充教师档案袋管理制度，落实对教师的跟踪管理，即每一个教师从确定录用开始就在当地教育行政部门建立一个专门的档案袋，该档案袋由教师带到任教学校，准确记录教师任教情况、获得奖惩的情况、担任其他工作等情况，以方便对教师工作的评估有据可寻，有法可依。

四　教师补充政策中的专项政策

专项政策一："特岗计划"实施的成效与问题分析

我国基础教育资源的城乡差距较大，分布极不均衡的现象，严重影响了教育公平的实现。实现义务教育均衡发展的着力点在于发展农村教育，教师是关键。因此，必须把乡村教师队伍建设摆在优先发展的重要战略地位。为发展农村教育，补充农村教师数量，提高农村教师的素质，国家出台了"农村义务教育阶段学校教师特设岗位计划"，简称"特岗计划"，它是中央实施的对西部地区农村义务教育的一项特殊政策。通过公开招募高校毕业生到西部"两基"攻坚县及县级以下农村义务教育阶段学校任教，引导和鼓励高校毕业生从事农村教育工作，逐步解决农村师资总量不足和结构不合理等问题，提高农村教师队伍的整体素质。

（一）"特岗计划"的发展阶段

1. 政策启动阶段

为了逐步解决农村师资总量不足和结构不合理等问题，提高农村教师队伍的整体素质，同时引导和鼓励高校毕业生从事农村教育工作，2006年5月，教育部、财政部等联合启动实施"农村义务教育阶段学校教师特设岗位计划"（以下简称"特岗计划"）。"特岗计划"旨在公开招募高校毕业生到西部"两基"攻坚县及县级以下农村义务教育阶段学校任教，所需资金由中央财政和地方财政共同承担，以中央财政为主。中央财政设立专项资金，用于特设岗位教师的工资性支出，并按人均每年1.5万元的标准，与地方财政据实结算。特设岗位教师在聘任期间，执行国家统一的工资制度和标准；其他津贴补贴由各地根据同等条件公办教师年收入水平和中央补助水平综合确定。招聘工作遵循"公开、公平、自愿、择优"和"定县、定校、定岗"原则，按照"公布需求、自愿报名、资格审查、考试考核、集中培训、资格认定、签订合同、上岗任教"的程序进行。另外，国家还针对计划的实施提出了相关的保障性政策，例如"农村学校教育硕士师资培养计划"以及要求"相关省（自治区、直辖市）要研究制定政策措施，鼓励特设岗位教师在3年聘期结束后，继续扎根基层从事农村教育事业"等。2007年，教育部发出《关于做好2007年农村义务教育阶段学校教师特设岗位计划工作的通知》，要求各地要认真总结2006年工作情况，有针对性地改进和加强2007年农村义务教育阶段学校教师特设岗位计划的实施工作，特别是要认真做好岗位设置工作。同时，该通知还指出"要特别注意做好特设岗位教师三年后的去留工作"。

通过两年间"特岗计划"的实施，西部地区共招聘特岗教师3.27万人，其中初中教师2.35万人，占71.9%，小学教师0.92万人，占28.1%。2007年招聘具有本科以上学历的教师占到68.4%，比2006年提高了近30个百分点。特岗教师覆盖设岗县（市）约400个，设岗学校4000多所。①

在总结前两年的基础上，2008年"特岗计划"政策实施工作出现如下新特点：第一，高度重视岗位设置。教育部要求各地深入细致地调查研究，在摸清拟设岗县教师队伍实际情况和需求的基础上，研究提出实施"特岗计划"县（市）学校的特岗教师数量，根据各地教师队伍实际情况、两年来计划执行总体情况和2008年申报数等核定设岗计划。第二，因地制宜，有的放矢。各地应按照文件精神，结合当地实际情况，认真研究制定本省（自治区、直辖市）2008年的具体实施方案，将特岗教师服务期满后的去留系列问题与教师正常补充等问题统筹考虑，提前进行规划。

2006—2008年是"特岗计划"政策实施的头三年，实施工作总体进展顺利。实施过程经历了由刚启动时注重统一性、规范性，到2008年开始初步放活，鼓励各地因地制宜上报数量、设置岗位及制定具体方案，并根据每年的实施情况不断完善政策。但由于此项政策是初次尝试并处于实施初期，难免衍生出一些问题，如政策宣传力度不够，政策执行不力等等。

2. 全面推进阶段

从2009年开始，"特岗计划"全面铺开，主要体现在以下四个方面。

（1）实施范围不断扩大

2009年，教育部等四个部门出台文件，表示要继续推进实施

---

① 《教育部简报》2007年第88期。

"特岗计划",政策实施范围由西部扩大到中部,由"两基"攻坚县扩大到国家扶贫开发工作重点县。规模由每年2万人扩大到每年5万人。2012年"特岗计划"实施范围扩大为《中国农村扶贫开发纲要(2011—2020年)》确定的11个集中连片特殊困难地区和四省藏区县、中西部地区国家扶贫开发工作重点县、西部地区原"两基"攻坚县(含新疆生产建设兵团的部分团场)、纳入国家西部开发计划的部分中部省份的少数民族自治州以及西部地区一些有特殊困难的边境县、少数民族自治县和少数民族县。2015年,"特岗计划"的政策实施范围又进一步将"连片特困地区以外的省级扶贫开发工作重点县"列为实施地区(见表4-1)。

表4-1   "特岗计划"政策实施范围演变

2006年	内蒙古、湖北、广西、海南、重庆、四川、贵州、云南、陕西、甘肃、宁夏、新疆、青海、新疆生产建设兵团
2007年	湖北、广西、海南、重庆、四川、贵州、云南、陕西、甘肃、宁夏、新疆、青海、新疆生产建设兵团
2008年	湖北、广西、海南、重庆、四川、贵州、云南、陕西、甘肃、青海、宁夏、新疆、新疆生产建设兵团
2009年	山西、内蒙古、安徽、江西、河南、湖北、湖南、广西、海南、重庆、四川、贵州、云南、陕西、甘肃、宁夏、新疆、青海、新疆生产建设兵团
2010年	河北、山西、内蒙古、吉林、黑龙江、安徽、江西、河南、湖北、湖南、广西、海南、重庆、四川、贵州、云南、陕西、甘肃、宁夏、青海、新疆、新疆生产建设兵团
2011年	河北、山西、内蒙古、吉林、黑龙江、安徽、江西、河南、湖北、湖南、广西、海南、重庆、四川、贵州、云南、陕西、甘肃、宁夏、青海、新疆生产建设兵团
2015年	河北、山西、内蒙古、吉林、黑龙江、安徽、江西、河南、湖北、湖南、广西、海南、重庆、四川、贵州、云南、陕西、甘肃、宁夏、青海、新疆生产建设兵团

(2)工资待遇不断提高

2006年"特岗计划"规定所需资金由中央和地方财政共担,以中央财政为主;中央财政设立专项资金,用于特设岗位教师的工资性支出，按照人均每年 1.5 万元的标准，与地方财政据实结算，其他津贴补贴由各地根据当地同等条件公办教师年收入水平和中央补助水平综合确定。2007 年中央将特岗教师的工资补贴标准提高到每年 1.9 万元；2009 年又提高到每年 2.1 万元；2012 年西部地区提高到每年 2.7 万元，中部地区提高到每年 2.4 万元；2014 年西部地区提高到每年 3.1 万元，中部地区提高到每年 2.8 万元。

表 4-2　　　　　　　　　　特岗教师历年工资补贴标准　　　　　　　　单位：万元

	2006 年	2007 年	2009 年	2012 年	2014 年
西部地区	1.5	1.9	2.1	2.7	3.1
中部地区	—	—	—	2.4	2.8

（3）"特岗计划"与"硕师计划"结合

教育部决定从 2010 年开始，进一步扩大"农村学校教育硕士师资培养计划"的规模，并与"农村义务教育阶段学校教师特设岗位计划"结合实施。将实施"硕师计划"与"特岗计划"紧密结合，可采取如下两种方式：一是录取为"硕师计划"的研究生可同时应聘为特岗教师。聘为特岗教师的，先到设岗县的农村义务教育阶段学校任教服务三年，并在职学习研究生课程，第四年，到培养学校脱产集中学习一年，毕业时获硕士研究生毕业证书和教育硕士专业学位证书。二是根据《教育部财政部人事部中央编办关于实施农村义务教育阶段学校教师特设岗位计划的通知》（教师［2006］2 号）精神，对于具备普通高等学校本科学历、三年聘期内年度（或绩效）考核至少一年优秀并继续留在当地学校任教的表现突出的特岗教师，经任教学校和县级教育行政部门考核推荐，培养学校单独考核，符合培养要求的可推荐其免试在职攻读教育学硕士。具体办法另行制定。

在三年服务期内，"硕师计划"研究生的待遇按照在职教师相关政策待遇执行。其中，被聘为特岗教师的"硕师计划"研究生，在农村义务教育学校任教三年期间，执行国家统一的工资制度和标准；

其他津贴补贴由各地根据当地同等条件公办教师年收入水平和中央补助水平综合确定。

(4) 岗位安排由侧重初中向优先满足村小、教学点转变[①]

2006年"特岗计划"明确规定：特岗教师岗位原则上安排在县级以下农村初中并适当兼顾乡镇中心学校。之后的几年也一直延续该规定。随着农村初中教师队伍质量的不断改善，2012年的"特岗计划"指出："应"加强初中与小学教师队伍补充协调发展"，这一要求扩大了特岗教师岗位安排的范围。2013年的"特岗计划"又进一步指出："要努力提高村小、教学点特岗教师招聘比例，推进偏远农村乡村学校教育质量的提高。"2014年"特岗计划"则提出："优先满足村小和教学点的教师补充需求，进一步提高村小和教学点的特岗教师招聘比例，将做好村小、教学点的教师招聘工作作为工作重点。"2015年"特岗计划"规定："县城学校不再补充新的特岗教师。"2016年"特岗计划"提出："特岗教师优先满足连片特困地区和国家扶贫开发工作重点县村小和教学点的教师补充需求。"从规定变化看，"特岗计划"的岗位安排将策略性地逐步解决农村师资不足问题，统筹兼顾，实现了从侧重初中向满足村小及教学点的转变。

(二) 农村"特岗计划"取得的成效与面临的现实困境

1. 农村"特岗计划"实施十年取得的成效

(1) 补充了乡村学校教师数量的不足

受我国城乡二元发展格局以及农村地区基础设施缺乏、交通不便等因素的影响，农村教师队伍数量不足、得不到有效补充成为制约农村教育发展的重要问题。长期以来，农村学校主要通过补充大量代课教师维持正常的教学秩序。大量代课教师的存在是我国农村学校教师供应不足的一个重要表征。"特岗计划"的实施为农村学校招聘教师从政策上提供了"源头活水"，一批又一批的高校毕业生积极响应国家号召加入农村教师队伍。据统计，2006—2015年"特岗计划"实

[①] 刘佳:《我国"特岗计划"实施十年后的回顾、反思与展望》，《现代教育管理》2017年。

施的这十年间,共为农村学校补充了 50.2 万名特岗教师,2016 年又招聘了 7 万名,合计 57.2 万名。① 随着"特岗计划"实施规模的不断扩大,全国代课教师也逐步被清退。农村教师队伍在数量增多的同时,教师队伍质量也在不断提高。

(2) 改善了农村教师队伍结构,提高了农村教师队伍质量

教师队伍整体学历偏低、学科结构不合理、老龄化等问题一直是阻碍农村学校发展的因素,而"特岗计划"的实施在一定程度上解决了这些问题。

首先,特岗教师的招聘对象都是应届本科毕业生,招聘的特岗教师年龄都在 30 岁以下,比较年轻。他们的到来给农村学校带来了青春的气息,招聘对象的年龄限制从源头上改善了农村教师队伍老龄化现象。

其次,"特岗计划"的实施优化了农村教师队伍的学科结构,改善了以往农村学校"数学老师教体育"的现象。教师学科结构的不合理长期影响着农村学校课程的开设,由于缺少专业的学科教师,农村学校音乐、体育、美术、计算机等课程长期得不到正常开设,这些课程常常是由语文、数学老师兼任,制约了农村学生的全面发展。"特岗计划"实行"三定(定县、定校、定岗)"原则以及按需设岗,旨在补足农村教师队伍学科结构缺口。"特岗计划"的实施有针对性地招募了一批短缺性学科教师。有关调查结果表明,特岗教师的分配重视学科均衡:语文学科占 14.8%,外语学科占 11.1%,理科(物理、化学、生物)占 14.8%,文科(历史、地理、政治)占 11.3%,音、体、美和信息技术学科占 13.1%,其他学科占 10.2%,足见"特岗计划"在缓解乡村学校教师学科结构性短缺方面的重要作用。②

最后,"特岗计划"的实施提高了农村地区教师队伍的学历。

---

① 刘佳:《我国"特岗计划"实施十年后的回顾、反思与展望》,《现代教育管理》2017 年。

② 徐继存:《农村特岗教师发展现状的调查研究》,《当代教育与文化》2012 年,第 58 页。

"特岗计划"的招聘政策规定：招聘对象以本科毕业生为主，可招少量应届师范类专业专科毕业生。该规定从学历层面确保了特岗教师的招聘质量。2014年招聘到岗的67372名特岗教师中，具有本科及以上学历的有52629人，占78.12%。其中，83%的特岗教师都是师范专业毕业，专业优势明显，他们能为农村学校带来先进的教学理念，促进教学方式的变革。"特岗计划"的实施让一大批本科以上学历的高校毕业生补充到农村学校，改善了农村教师队伍的学历结构，提高了农村教师队伍的质量。

（3）实现了乡村学校教师补充与管理机制创新

一方面，"特岗计划"探索出了一种新的农村教师补充机制，通过统一考试保障了农村教师在用人和选人上的公正性、透明性。由中央财政设立专项资金，教育部和财政部牵头实施，采取"国标、省招、县聘、校用"招聘模式，保证了资金来源和政策的顺利执行，缓解了地方政府及设岗学校的压力，尤其是在"以县为主体"的教育管理体制下，许多地方政府迫于财政的压力不招或者少招教师，从而导致的学校教师补充不及时、数量短缺的问题得到了一定程度的缓解；另一方面，"先进后出"的政策设计筛选出了愿意扎根农村的中小学教师。"特岗计划"通过合同管理的方式，规定特岗教师方与政府方的权责利，并以3年作为一个合同期。3年期满，对考核合格、自愿继续留在当地任教的特岗教师，由当地教育、财政、人事和机构编制部门做好相关接转工作，对选择重新择业的特岗教师为其提供帮助。这种合同式的管理机制，既保障了特岗教师的权利与自由，也能够让特岗教师用三年的时间，深入了解农村教师岗位，并准确判断自己的胜任能力及未来发展方向，实现了对特岗教师的规范管理。

（4）开辟了高校毕业生到基层就业的新渠道

"特岗计划"是国家为了促进大学生就业采取的一项措施，这项政策的出台很好地解决了大学毕业生在城里就业难又不愿去农村的难题。[1]

---

[1] 邹跃：《教育政策分析——以农村学校教师"特岗计划"为例》，《教育理论与实践》2010年，第59页。

"特岗教师政策"通过公开招募高校毕业生到西部"两基"① 攻坚县及县级以下农村中小学任教。"特岗计划"为大学生到基层就业提供了新的平台，使大学生在基层得到了锻炼，丰富了人生经验；同时使有志于从事教育事业的大学生积极投身农村教育，为解决农村地区师资问题提供了有效的途径。

2."特岗计划"在实施中存在的问题

（1）特岗教师的工资、补贴保障不到位

虽然国家在不断上调特岗教师的工资标准，但是随着消费水平的不断上涨，微薄的国家标准工资只能维持最基本的生活。虽然特岗计划中明确规定：其他津贴补贴由各地根据当地同等条件公办教师年收入水平和中央补助水平综合确定，但是本应由省级财政落实的这部分资金，其统筹落实主要依靠的事实上是地区和学校的收入状况。因此，大多数农村地区并未落实"特岗教师"的医疗保险等社会保障待遇。国家指定由地方政府承担的社会福利、补贴等保障措施的实现明显不到位。教师的工资待遇得到保障，教师的生活才有保证，才能安心工作。社会福利补贴保障不到位，特岗教师既要依靠微薄的基本工资维持生活，还要用它来承担"三险一金"等福利待遇的全额支付，他们的生活将会陷入窘境。

另外，在一些条件艰苦的偏远农村地区，仍未按新工资标准兑现"特岗教师"的工资。"特岗教师"工资发放程序复杂，需要由下到上进行层层申报。对于刚毕业的大学生而言，他们的生活没有除工资以外的其他支持，工资拖延、补助不到位使他们除了工作外，还要面对没有生活费来源的压力。调查显示，46.1%的"特岗教师"反映工资兑现不及时。②

（2）特岗教师聘任期满后的去留保障不完善

"特岗计划"明确要求"鼓励特岗教师3年聘期结束后，继续扎

---

① "两基"是"基本实施九年义务教育和基本扫除青壮年文盲"的简称。
② 张济洲：《农村"特岗教师"政策实施：问题与对策》，《教育理论与实践》2012年，第26页。

根基层从事农村教育事业。对自愿留在本地学校的，要负责落实工作岗位，将其工资发放纳入当地财政统发范围，保证其享受当地教师同等待遇"。虽然国家已经制定了相应的保障制度以消除特岗教师的后顾之忧，但此项中央制定的保障制度呈现出较强的理论性，即保障制度的产生基础相对理想。在实施过程中，聘任期结束后，特岗教师若想留在任教学校成为一名具有编制的正式教师，需要通过一系列复杂的考查和审核过程。特岗教师转正需要多个行政部门的共同配合才能完成，当多方协调存在问题时，特岗教师的去留则存在较大的不确定性。教育行政部门虽承担着人事管理权，但对于编制、工资等一系列与招募教师紧密相关的事项却只具备申请权，最终的审批权由人力资源与社会保障部门等其他行政部门所掌控。

因此，在特岗教师的去留问题方面，教育行政部门即使提供了原则性的保障性政策，但多方面因素的共同制约却在一定程度上削弱了保障制度的可控范围与程度，聘任期满后特岗教师转为正式教师的确定性和可操作性都不强。[①] 特岗教师流动性较大，农村教育稳定面临的挑战依然存在。招聘结束只是开始，如何培养出合格的、高质量的教师并使之留在农村长期任教才是关键。

（3）特岗教师专业发展得不到保障

首先，特岗教师的培训流于形式。特岗教师在经过笔试、面试之后，上岗之前一般都要经过7—10天的入职培训，主要形式为多媒体授课，以自学为主。由于新入职的特岗教师并不一定都是师范类大学的毕业生，他们中有的没有经过专业的师范训练，只是考取了教师资格证，具有初步的教育心理学知识。短期的入职培训缺乏针对性，大多数特岗教师表示，培训只是一种形式，并没有给他们的实际工作带来很多帮助。

其次，特岗教师在教学过程中仍然存在任教学科与所学专业不一致及一个教师讲授多门课程的现象。按照相关政策规定，在安排特岗教师上岗时应遵循"定县、定校、定岗"的原则，但特岗教师

---

① 孙颖、陶玉婷：《特岗计划的现实困境与破解思路》，《中国教育学刊》2012年。

在实际上岗时，岗位匹配度还不够高，存在"教非所学"现象。这反映出虽然特岗教师的出现在一定程度上改善了我国农村地区的教师结构，但县级以下学校仍然存在着师资短缺、科目不全的现象。长此以往既会对当地学校教育教学质量产生负面影响，也会在一定程度上影响特岗教师的工作热情和积极性，不利于特岗教师自身的专业发展。

多位研究者的调查显示，特岗教师承担的任务量大，工作繁杂，绝大部分时间都用在了教学方面，很难有精力去追求自身的专业发展，进修的机会和时间都特别少。在专业发展方面，特岗教师缺乏来自优秀教师的指导。再加上某些学校根本就没有把特岗教师的长远专业发展放在重要的位置，也很少去为特岗教师创造有利的条件，这样下去既不利于特岗教师的成长，也不利于学校教学质量的提高。另外，"特岗教师"多分配在农村贫困地区，面临的是教育投入严重不足，硬件设施落后，图书、网络资源匮乏等状况，缺乏良好的条件和氛围，从而限制了他们专业能力的成长。

（4）部分特岗教师入职动机不纯，职业认同感较低

部分特岗教师只是把这份职业当作谋生的手段：他们并不是为了支持农村教育而去应聘，而是把它当成自己的一个跳板，若有好的选择，就会脱离工作岗位，另谋出路，仅仅把担任特岗教师的工作经历看作一种过渡阶段。调查发现，大学生应聘"特岗教师"的动机各异，46.0%的大学生抱着试试看的态度，33.3%的大学生应聘者缺乏在农村开展教育工作的个性、价值观及职业志趣，仅将"特岗"看作个人自我锻炼、获得各种优惠政策"回城"的捷径，26.7%的大学生参加"特岗计划"是为了"解决就业问题"，21.3%的大学生参与"特岗计划"是因为他们有"教师职业理想"，仅有17.3%的大学生参与"特岗计划"是想"献身农村教育、奉献基层"[①]。

---

① 张济洲：《农村"特岗教师"政策实施：问题与对策》，《教育理论与实践》2012年，第26页。

(三) 深化"特岗计划"改革的政策建议

1. 提高特岗教师的工资待遇

首先，优化工资的发放手续。参照现行农村义务教育阶段经费保障机制中央专项资金支付办法，将特岗教师工资通过财政部下达后，由省或自治区财政部门及县级财政部门实行财政直接支付，简化资金拨付程序，减少支付环节。其次，落实特岗教师的绩效工资。采取中央、省或自治区、直辖市、县共同分担的办法，实行投入比例固定化，长期投入，解决特岗教师留任后县级财政的负担，分担由特岗教师期满留任后地方承担全部财政所形成的巨大压力，特别是偏远地区、少数民族地区，更应加大中央财政转移支付的力度。最后，筹措社会资金，完善特岗教师的福利待遇。可以采取公私合作的方式，融入更多非公有制部门、非营利性组织和相关企事业参与"特岗计划"，建立良好的社会组织关系，吸引企事业、基金组织对"特岗计划"的捐赠。

2. 完善特岗教师的留任与再就业保障机制

首先，特岗教师的留任很大程度在于编制。各县的教育行政部门虽然有教师的使用权、教育的人事权，却无编制权、财政权，对于编制、工资、社会保障等一系列与招聘条件紧密相关的事项只具备申请权，最终的审批权由人力资源与社会保障部门、财政部门等行政部门所掌控。因此，上述各部门应通力合作，积极创造良好的条件，对自愿留在本地学校的特岗教师，要负责落实其工作岗位，积极做好留任的相关服务工作，保障特岗教师期满留任后能够及时入编。其次，应为特岗教师的再就业开辟"绿色通道"。按照政策要求，国家及县级教育管理部门应充分尊重特岗教师三年服务期满后的择业选择权，同时还需实施一系列对特岗教师三年服务期满后进入国家机关、企事业单位的优先录取政策。为特岗教师的再就业开辟"绿色通道"有利于在公众间形成良好的评价。[1]

---

[1] 王孜、王现彬：《"特岗计划"实施过程中存在的问题及对策——以广西地区为例》，《北京教育学报》2016 年。

3. 保障特岗教师的专业发展

应在聘任期间为特岗教师提供更多的专业成长机会，对其进行职业生涯规划方面的指导。相对于正式教师来讲，特岗教师群体具有服务周期短、流动性强的特点，因此，无论是地方教育行政部门还是基层学校都会在潜意识中弱化对特岗教师的培养意识。新教师的专业成长需要一段时间，通常需要五年时间才能进入成熟期。新教师入职后的三年基本上是适应期，而初任教师在适应期的表现又各不相同，这与初任教师的个人素养和环境影响有直接联系。通常毫无教学经验的特岗教师在聘任期内正处于需要成长和帮助的阶段，因此，教育行政部门和基层学校作为外部干预力量，应给予其更多的发展与成长机会，增强特岗教师专业成长的动力，引导其对个体自身价值和社会价值的肯定，了解他们在专业成长方面的需求，指导其进行职业生涯规划，给予其专业发展上的指导和教学能力的培训，这对于特岗教师的服务效果及个人发展都有积极的意义。①

专项政策二：农村教育硕士师资计划实施的成效与问题分析

近年来，国家开始加大对农村教育的扶持力度。但办好农村学校，发展农村教育的关键在于农村师资的建设。为了提高农村教师的质量，解决农村教育发展的问题，国家于2004年启动"农村教育硕士政策"，从而提高了农村教师专业素质水平，促进教育公平。

（一）农村教育硕士政策概述

农村教育改革的核心部分是师资，师资既有利于农村教育质量的提高，也利于促进教育均衡发展。但是，目前我国农村教师队伍结构不均衡，师资水平参差不齐，农村教师综合素质不高，因而为农村教育事业注入新鲜血液是解决这些问题的有利举措。因此，国务院于2003年9月首次召开"全国农村教育工作会议"，主要是对当前农村教育形势进行分析，以加快农村教育发展，深化农村教育改革，推进

---

① 孙颖、陶玉婷：《特岗计划的现实困境与破解思路》，《中国教育学刊》2012年。

农村小康建设和城乡协调发展为主要任务。① 因此，为改善教师队伍结构，加强农村教师队伍建设和提高农村教师队伍整体素质，教育部于 2004 年开始实施"农村高中教育硕士师资培养计划"（2006 年改称"农村学校教育硕士师资培养计划"，以下简称"农村教育硕士政策"），选拔部分具有研究生推免资格的优秀应届本科毕业生（以下简称"农硕生"）到中西部地区"国家扶贫开发工作重点县"高中任教，以此来提高农村中学教师学历水平和综合素质。政策规定符合条件者享有免费攻读教育学硕士学位的待遇，同时规定必须履行在国家贫困县高中服务 5 年（脱产一年学习在内）的义务；服务期满后，原则上鼓励其在农村长期任教。② 因此，从 2004 年开始，在中西部 19 个省（直辖市、自治区）实施该政策，33 所大学参加推荐免试工作，21 所大学承担培养任务。③ 截至 2009 年，全国共有 4400 多名"农村教育硕士政策"研究生赴国家级和省级扶贫开发工作重点县的农村中学任教。④

（二）"农村教育硕士师资培养计划"在培养及政策实施中存在的问题

1. "农村教育硕士政策"在培养农硕生过程中的问题

（1）课程设置和培养模式不合理

首先，在课程设置上缺乏针对性。农硕生是在正规大学受过专业教育，并到农村基层进行教学实践后的学生，他们的课程内容应与全日制硕士研究生的课程区分开来。但是，目前农硕生的课程与全日制硕士研究生的课程相似，比较学术化，并没有体现出农硕生的特色。同时，农硕生面向的是农村，但是一些课程内容的设置更适用于城市，对解决实际教育教学工作中遇到的困难帮助不大。理论化、学术

---

① 中国教育新闻网：《国务院首次召开全国农村教育工作会议》，2009 年。
② 教育部：《教育部关于做好为农村高中培养教育硕士师资工作的通知》（教师函〔2004〕1 号）。
③ 郭利：《关于农村高中教育硕士师资培养问题的思考》，《现代企业教育》2007 年，第 133 页。
④ 百度百科：《农村教育硕士》，http://baike.baidu.com/view/6429932.htm。

化强的课程让农硕生感到乏味，且课程设置对他们的实际工作帮助不大，如此一来，即使让农硕生的学历得到提高，他们自身素质和教育教学能力也没有得到明显提高。

其次，分段式的培养模式，不利于农硕生的发展。农硕生的培养模式最开始是"1+1+1+2"模式，2006年后变更为"3+1+1"模式。这两种模式都是分段式的培养模式，培养时间缺乏连贯性，一定程度上不利于农硕生的专业素养的提高。同时，部分省市的基础设施建设不能满足农硕生获得学位的课程需求，这在一定程度上会导致农硕生学习质量下降，并影响其专业发展。

（2）对农村教育硕士师资教育的定位不准确

首先，国家培养农硕生的目的是希望他们提高农村教师队伍质量，改变农村教育现状，并将自己的一生奉献给农村教育事业。因此，农硕生需要有崇高的人生理想，需要有浓厚的农村教育情怀。同时，也需要将农村教育硕士师资教育准确定位在农村。但是，培养院校对农村教育硕士师资教育的特殊性认识不清，许多院校并没有明确的培养目标，致使农硕生在理论学习和实践技能之间摇摆不定，使其培养目标向学术化倾斜。

其次，培养院校应该对任教期间的农硕生进行跟踪教育，在他们的教育教学生活中给予其专业上的指导以及精神上的鼓励。然而，培养院校并没有及时与他们进行沟通，这使得农硕生在任教期间的孤独感和无助感增强，从而使其最初的奉献于农村教育事业及浓厚的农村教育情怀慢慢消退。

最后，农硕生在农村任教期间并没有导师的指导，而是在完成农村任教进入培养院校后才有的。而且，由于农硕生与导师之间互不了解，使在导师选择上出现盲目、研究方向不对口等问题。同时，由于近年来硕士研究生的扩招，研究生人数增多，导师的科研任务和教学任务繁重，这使部分导师在农硕生的培养上心有余而力不足。此外，培养院校的大部分导师的学术理论性较强，缺乏农村基础教育的实践经验，对农村教育情况了解得不多或者不够真实，且对所带农硕生的基本情况了解甚少，使其在后期的指导和管理上偏向于学术型研究生的教学和指导方式，这就很难满足农硕生专业学习的需要，不利于其专业发展和专业素质的提高。

总之，国家制定的农村教育硕士政策的初衷是完善农村教师队伍结构，促进教育均衡发展，但是政策本身仍存在许多问题，这有待进一步改进和完善。整个政策程序较为复杂，持续时间较长，政策实施过程中存在的大量的问题，使其实施效果不理想。同时，该政策涉及的部门、人员较多，耗费的时间、经费较多，成本较大，且协调、监管难度较大，并且缺少相应的信息反馈机制，各部门的协调、沟通不及时，招生难等问题亟须解决。

2. 农村教育硕士政策实施中的问题

国家培养农硕生是为解决农村师资匮乏和农村地区师资整体素质不高的问题，从而实现均衡农村教师队伍结构，提高农村地区教育水平，促进农村教育均衡发展的目的。因此，国家通过此政策，引导、鼓励优秀青年自愿服务农村教育事业，但在该政策实施过程中仍然存在着许多问题。

首先，国家不仅对农村教育硕士并没有一个明确的界定，而且在农硕生的录取要求上也没有作明确规定。同时，政策的宣传不到位，公众对农村教育硕士政策的不了解，使农硕生在找工作时存在困难，且在农硕生的优惠政策落实时缺乏具体办法，如："符合《高等学校毕业生国家助学贷款代偿资助暂行办法》条件要求的农村师资教育硕士生，3年后其在校学习期间的国家助学贷款本金及其全部偿还之前产生的利息由国家代为偿还"一项，就缺乏必要的说明及落实办法。[1] 同时，缺乏使农硕生继续留在农村任教的奖励机制，这使农硕生继续留校任教的积极性降低。因此，农硕生的精神需求和物质需求都得不到满足，从而使他们逐渐减少服务农村教育事业的决心，不利于农村教育事业的发展。

其次，在政策执行过程中，各个部门职责划分不明确，存在着选

---

[1] 姚赛男：《该确立怎样的培养观——基于管理者视角的反思》，《教育理论与实践》2011年。

择性的执行、替换性的执行、象征性的执行等，使政策执行不到位，政策失去实效性。另外，上级在制定政策中分工不明确、对各部门各环节规定不具体，这种行为导致各执行部门相互推卸责任，只做表面工作，而且政策执行程序繁杂，没有一个专门的管理机构，这使农硕生在学习生活中存在的问题得不到妥善的解决。[①] 同时，各地区农硕生毕业后存在大量流失的现状，导致社会对农村教育硕士政策持怀疑态度。并且，许多农村地区的学校及家长认为刚毕业的年轻学生没有教学经验，不能胜任教育教学工作，致使农村学校领导不敢重用农硕生，这大大打击了他们的工作积极性，使该政策的实效性降低。

最后，政府宣传力度不够，使许多省份在农硕生的招生环节中，都没有完成相应的招生计划，且生源的质量良莠不齐。同时，没有根据农村的实际需要招收农硕生，对招收人员的动机、思想意识、农村教育情怀等都没能进行全面的了解，这在一定程度上使农硕生的质量得不到保证。且在农硕生的分配上，没能考虑到农硕生的生源地及其流失的问题。另外，农硕生的培养经费、优惠措施得不到满足，且部分本科毕业生将农硕生这一身份作为工作的跳板，并没有真正想服务农村教育，有的甚至中途毁约。

(三)"农村教育硕士政策"改进的建议

1. 培养

首先，"农村教育硕士政策"的目标是为农村地区培养基础教育的骨干教师和学科带头人，因此，其培养方式要与全日制学术型硕士研究生的培养区分开来。在课程设置上，应突破传统的学术型研究生培养框架，与当今的课程改革和中小学的教学实际相结合，并多加一些实践课程，增加一些教学技能指导课，加强对其教学实践的指导。同时，要拓宽农硕生的知识面，培养其运用理论解决实际问题的能力，并且农硕生除了学习公共课程和必修课程外，还应该学习一些与农村地区实际特点相关的课程或专题，如"农村教育学""农村社会

---

① 谭志英：《湖北省"农村教育硕士"政策实施现状与对策研究》，硕士学位论文，华中师范大学，2014年。

学"及"农村文化学"等,并将一些农村教育学的相关书目列为其必读书目。另外,培养院校应改变分段式的培养模式,并加强与农村学校的沟通与联系,在其任教期间给予其更多的关注,帮助其解决实际教育教学问题,让他们体会到人文关怀。应多给农硕生提供一些参加比赛和培训的机会,尊重他们的选择,并给自愿留在农村任教的优秀农硕生提供更多的机会,让他们看到自己的发展前景。

其次,很多农硕生在读研期间感到导师理论性太强,不能很好地对其实践进行指导。因此,应该对农村教育硕士生实行"双导师制",即给农硕生配备两个导师:培养院校的资深教师作为学术型导师,同时农村学校的教师担任职业导师。培养院校的导师具有较强的理论基础,可以对农硕生的课程学习、研究和学术论文进行指导,侧重于对农硕生研究能力的培养;而服务学校导师实践能力较强,可以训练农硕学生教育教学实践技能,传授丰富的教学经验,可以增强农硕生对教学实践的实际感受,从而提高农硕生的教学成就感。实行双导师制既有利于培养学校与服务学校的导师联合起来对农硕生进行指导,又有利于在提升农硕生的课程理论水平的同时,提高他们的教育实践能力。[1]

总之,农村教育硕士的培养方案应注重其特殊性,制订符合其发展的培养计划,要与当今网络相结合,提供丰富的网络课程资源,同时,应根据农硕生的实际情况,给其同时配备有较高理论水平的导师和有较强实践能力的导师,对其进行跟踪指导,帮助其解决教育教学中遇到的困惑,使其学有所用,学有所成。

2. 政策实施

第一,加强农村教育硕士政策的宣传力度。高等院校作为"农村教育硕士政策"的执行者,不仅要将该政策传递给接收对象,还要收集、汇总来自学生的反馈信息。因此,具有推荐资格的高校要严格执行相关政策,全面而有效地落实各项措施。如果政策宣传不到位,信

---

[1] 胡佳静:《海南省农村教育硕士培养现状调查——对海南农村教育硕士和管理者的调查抽样分析》,硕士学位论文,海南师范大学,2014年。

息通道不畅通，相关的政策信息传播不出去，便会导致有些有意愿服务于农村教育的学生不能及时接收到信息，从而失去了一个宝贵的机会。所以，政府部门必须加大宣传力度。宣传对象应侧重于那些具有农村户籍，且自愿到农村任教的学生，可通过该政策吸引具有本地户籍的大学生回乡就业。宣传方式应采用多种途径，尤其是与互联网相结合。

第二，明确界定推荐院校和培养院校的资格。政策实施过程的重要环节是推荐学校和培养院校，若其遭到变更，便会使政策实施出现不连贯、不一致等问题。因此，能否有效地落实推荐学校和培养院校职责与政策实施的效果紧密相连。首先，推荐学校主要是指选拔农硕生的学校，这就要求推荐学校具有较好的培养本科毕业生的条件，最好是师范院校，这样学生在学校不仅能学到学科专业知识，还能学到"教育学""教育心理学"等教育专业知识，且能对其教育教学技能进行训练。若没有对教育教学知识进行专门学习，便很难达到提高农村教育教学质量的目的，因此，必须严格确定推荐学校的资格，只有这样才能选拔出合适的农硕生。其次，应严格界定培养学校，为农硕生的培养寻找合适的"土壤"。农硕生的特殊性决定了其在培养上要将理论与实践和农村实际相结合，这就要求培养学校突破培养全日制研究生的桎梏，要求学校与农村学校加强联系，实行"双导师制"，既要有理论性强的导师，又要有实践能力强的导师对其进行指导。同时，培养学校要有专门研究农村教育的教授专家，并为其开设相应的农村教育课程或专题。

第三，完善政策、明确各个部门的职责，建立信息反馈平台。一项政策要想在细节上得到完善和改进，使其程序规范化，强化其执行力度，提高其有效性，就必须做到：首先，必须明确概念，使政策目标更加具体且更具针对性。同时，要有检验政策实施效果的指标，如"什么样的本科毕业生才有报考农硕生的资格？""哪些高校具有培养农硕生的资格？"等等。其次，政策实施的具体环节要落实到具体部门及执行人员，明确各部门间的职责，如农硕生的优惠政策、奖励机制要具体到奖励办法、具体奖励单位及奖励的金额等。再次，由于该政策涉及部门较多，要想调动各级部门及人员，需要组织专项负责人和监管人员，组织、协调各级部门落实该政策，并加强对政策的监控力度，协调各部门之间的工作。最后，国家要建立统一的农村教育硕士政策信息反馈平台，让农硕生有一种安全感，能及时了解最新政策，准确知道自己的合法利益，有问题能及时无误地传达并得到回应。同时，通过平台可以使各部门及时沟通，加强政策实效性，监管部门能及时有效地得到信息，督促各个环节落实到位。①

第四，严格招生程序，放宽报考条件。招生环节直接关系到农硕生的质量及政策的实施效果，因此，各级教育部门应根据国家规定制订符合本地实际的招生计划。首先，各地区要先调查并收集本地各农村学校所需的科目及数量，省级教育部门再对这些信息进行汇总分析，确定出各科的总数，并根据各培养院校的特点合理分配农硕生的具体培养科目及名额。其次，各培养院校应先根据规定的条件对学生进行第一次筛选，再将筛选出来的学生上报给省级教育部门的负责人，再由他们对这些学生进行再次考核，以此来保证生源的质量，也可避免农硕生任教时专业不对口的问题。再次，省级教育部门还应考虑这些农硕生的生源地、服务农村教育事业的意愿等，从而减少优秀人才的流失。最后，应该放宽招生条件，增加对偏远地区的招生名额，并提供优惠政策，如降低分数、减免学费等吸引更多的农村地区的学生报考农村教育硕士师资培养计划。同时，在生源上不应仅局限于应届的本科毕业生，还应该让在编的、具备一定教育能力的优秀教师报考农村教育硕士师资培养计划，因为这些老师毕业后能够真正提高农村地区的师资水平，并为当地学校带来先进的教育理念和教学方法，也可以增加其工作的积极性，促进农村教育发展，这在一定程度上可以避免优秀人才流失的问题。

第五，建立相应的激励机制。地方政府要以国家政策为导向，以留住人才为目的，完善"农村教育硕士政策"，并保证其实施的有效

---

① 谭志英：《湖北省"农村教育硕士"政策实施现状与对策研究》，硕士学位论文，华中师范大学，2014年。

性。改变农村地区教育现状,需要各个相关部门的共同努力。首先,政府应建立有效的激励机制,如专门划拨出一部分经费给农村学校用于提高农硕的待遇。其次,对于服务期满并愿意继续留教的农硕生,要提高其在工作、生活、职称等各方面的待遇,并且要在提高其岗位津贴的基础上,完善医疗及养老保险的制度,使他们安心留教。再次,要让农硕生对农村学校产生归属感,激励农硕生实现自我,完成超我的转变。学校还应该营造一种融洽共进的氛围,提供教师彼此之间互相合作交流的平台,适当减少其工作压力,激励农硕生建立教师职业认同感以及服务农村教育事业的成就感,真正做到情感留人、待遇留人、事业留人。[①] 最后,对那些任期满后不愿意继续留校任教的农硕生,国家及相关政府部门应该拓宽其再就业的渠道,并制定相应的解决方案,如为其推荐实习单位,或者为优秀的农硕生分配具体的单位,也可以对参加事业单位或公务员考试的农硕生给予加分政策,帮助其解决硕士毕业的后顾之忧。

专项政策三:免费师范生政策实施的成效与问题分析

中华人民共和国成立以来,师范教育与其他高等教育类型无异,对招收学生实行免收学杂费制度和人民助学金制度。随着经济的发展和社会的进步,人们对高等教育的需求不断加大,改革开放开始,"收费走读,不包分配"的大学生群体开始出现。[②] 1984年,部分高校开始招收委培生,委培生或其单位需要缴纳部分委培费,1985年颁布的《中国中央关于教育体制改革的决定》,逐步开启了我国高等教育收费的进程,但对师范生依然免收学杂费,并供给其膳宿。1989年,国家教委,物价局和财政部联合颁布文件——《关于普通高等学校收取学费和住宿费的规定》,正式开始了我国高等教育收费制度,而师范院校作为国家特殊扶持的类别,仍然享受着免费的优惠政策。

---

① 胡佳静:《海南省农村教育硕士培养现状调查——对海南农村教育硕士和管理者的调查抽样分析》,硕士学位论文,海南师范大学,2014年。
② 范莉莉:《中国高等教育收费制度改革五十年》,《当代教育论坛》2005年。

1993年，中共中央、国务院下发了《中国教育改革和发展纲要》，既明确了师范教育的重要性，也提出了要建立师范毕业生服务期制度。此时，高等教育收费制度已然是大势所趋，然而师范教育尚未被纳入。1996年颁发的《高等学校收费管理暂行办法》再次明确了高等教育的收费原则，师范教育仍然享有免费特权，"农林、师范、体育、航海、民族专业等享受国家专业奖学金的高校学生免缴学费"①。直到1997年，师范院校终于被纳入收取学费的行列，中国免费师范教育的历史由此终结。由于失去了"免费"的特权，大多数高等师范院校开始走综合化发展之路，师范院校的专业性开始弱化，加之收费后师范生自由择业政策的出现和教育管理制度、教师配置制度等方面的制约，导致师资配置上出现了"自由化"倾向上的不均衡现象，严重制约了义务教育的均衡发展。2007年3月5日，时任总理温家宝在十届全国人大五次会议作《政府工作报告》时指出："在教育部直属师范大学实行师范生免费教育，建立相应的制度。"同年5月9日，《教育部直属师范大学师范生免费教育实施办法（试行）》②明确了免费试点的六所教育部直属师范大学及其免费师范生培养目标。该政策是继1997年师范教育收费政策十年后，再次开启了免费师范教育的大门，至此，我国师范教育迈入了新的发展阶段。

（一）师范生免费教育政策的演变历程回顾

2007年5月9日，国务院办公厅下发了《国务院办公厅转发教育部等部门关于教育部直属师范大学师范生免费教育实施办法（试行）的通知》（国办发［2007］34号），转发了由教育部、财政部、人力资源和社会保障部、中央编办联合制定的《教育部直属师范大学师范生免费教育实施办法（试行）》（以下简称"实施办法"），③决定从2007年秋季入学的新生起，在北京师范大学、华东师范大学、东北师范大学、华中师范大学、陕西师范大学和西南大学六所教育部

---

① 王智超：《师范生免费教育政策实施状况追踪研究》，吉林人民出版社2013年版。
② 教育部：《教育部直属师范大学师范生免费教育实施办法（试行）》，2007年。
③ 同上。

直属师范大学实行师范生免费教育。"实施办法"是师范生免费教育政策出台的标志性文件，规定了免费师范生享有免费接受师范教育，且毕业后有岗有编和免试攻读硕士学位的权利；同时履行毕业后必须服务基础教育十年以上，服务期间必须服务农村教育两年以上，生源地学校任教和服务期内不得报考脱产研究生的义务。并对其他相关部门的责任也作了说明。

教育部办公厅 2007 年 5 月 18 日颁发的《教育部办公厅关于做好教育部直属师范大学免费教育师范生招生工作的通知工作》指出，确保做好教育部直属师范大学免费教育师范生招生工作，免费师范生入学前组织签订师范生免费教育协议，做好入学报到工作。

2007 年 9 月颁发的《师范生免费教育协议》[①] 对上述文件进行了更为详细的说明补充。首先，从录取、协议书、培养、惠生、深造和条件保证六个方面明确了教育部直属师范大学的权利与义务。其次，从学制、两免一补（免学费和住宿费，补助生活费）、守法、专业选择、学业要求、就业、流动和深造八个方面对师范生的权利与义务作了详细的规定。再次，对生源所在地省级教育行政部门的五项权利与义务也进行了约定，特别提出要建立诚信档案，对于违约者，应命其退还已享受的免费教育费用并交纳违约金，同时公布其不诚信记录。最后，规定了免费师范生的退出机制，规定免费师范生经体检，由于身体等原因，经规定审批程序，可以退出，对于主观退出的师范生则制定了相对严厉的惩罚措施。

2010 年 5 月 18 日，教育部、人力资源和社会保障部、中央编办、财政部下发《教育部人力资源和社会保障部中央编办财政部关于印发〈教育部直属师范大学免费师范毕业生就业实施办法〉的通知》（教师〔2010〕2 号），[②] 对即将于 2011 年暑期毕业的首届免费师范生的就业工作做了安排和部署。明确了免费师范生生源所在地省级各部门的工作分工，并对免费师范生的就业和毕业后攻读硕士学位也提出了

[①] 教育部：《师范生免费教育协议》，2007 年。
[②] 教育部：《教育部直属师范大学免费师范毕业生就业实施办法》，2010 年。

具体要求。

2010年5月21日，教育部下发了《教育部直属师范大学免费师范毕业生在攻读教育硕士专业学位实施办法（暂行）》的通知（教师〔2010〕3号），①在对免费师范生就业工作作出具体安排后，进一步明确了关于免费师范生毕业后继续深造的相关工作要求。希望通过硕士研究生的培养，使免费师范毕业生具备先进的教育理念、良好的职业道德和创新意识、扎实的专业知识基础和较强的教育教学实践反思能力，为其将来成为优秀教师和教育家奠定坚实的基础。②文件指出了免费师范生攻读教育硕士专业学位的条件，及各教育部直属师范大学支持免费师范生攻读教育硕士专业学位的要求，对免费师范生毕业后的深造进行了明确规定。

2011年5月，为确保免费师范毕业生到中小学任教，保证政策实施的连贯性和有效性，教育部办公厅下发了《教育部办公厅关于免费师范毕业生就业相关政策的通知》（教师厅〔2011〕1号），③对免费师范生就业工作进行了部署。文件明确了免费师范毕业生跨省就业的条件；规范了免费师范毕业生跨省就业的程序；强调加强免费师范生履约管理。同时决定由各省具体规定到民办学校任教的免费师范毕业生的编制岗位和到农村学校任教服务等细则。

2011年10月，教育部办公厅下发了《教育部办公厅关于做好2012届教育部直属师范大学免费师范生就业工作的通知》（教师厅〔2011〕4号），④对2012届免费师范生的就业工作作出了部署和安排。强调各教育部直属师范大学，省级教育行政部门和各省级编制部门要通过互相配合做好免费师范生就业的指导、岗位安排、编制计划和就业教育等工作，确保免费师范毕业生能有岗有编，顺利就业。特

---

① 教育部：《教育部直属师范大学免费师范毕业生在攻读教育硕士专业学位实施办法（暂行）》，2010年。
② 马敏：《创新教师教育培养未来教育家》，《中国教育报》2007年。
③ 教育部：《教育部办公厅关于免费师范毕业生就业相关政策的通知》，2011年。
④ 教育部：《教育部办公厅关于做好2012届教育部直属师范大学免费师范生就业工作的通知》，2011年。

别指出，各省级教育行政部门要通过专场招聘会的形式，最大限度地提高免费师范毕业生的签约率。

2012年1月，在广泛调研和听取各方面意见的基础上，教育部、财政部、人力资源和社会保障部、中央编办联合下发了《关于完善和推进师范生免费教育的意见》，① 进一步明确规定并完善了免费师范生的招生计划、录取和退出机制、免费教育经费保障机制、培养措施、就业办法、专业发展的要求、免费教育政策、免费教育的保障机制。

2012年9月，国务院颁发了《国务院关于加强教师队伍建设的意见》，提出要发挥教育部直属师范大学的引领示范作用，鼓励支持地方结合实际情况实施师范生免费教育制度。② 据统计，到目前为止，全国已有16个省份开展了师范生免费教育。

(二) 免费师范生政策问题分析

1. 政策目标失真

"政策目标失真"是指由于教育政策理想价值和现实价值之间的不一致，导致政策活动没有实现理想价值向现实价值的转化。理想价值是政策决策者和公众所期望的政策结果，是虚拟价值；现实价值则是指教育政策实施活动所形成的现实结果。③ 通过上述政策文本目标的分析，我们可以得出该政策有着多重目标，而这种多重目标容易导致政策的"目标失真"，即核心价值不明。④ 尤其是在《实施办法》中提出的培养大批优秀教师和提倡教育家办学，与《就业实施办法》规定的回生源地从事中小学教育十年以上。前者以培养优秀教师和提倡教育家办学为目标，后者则以服务农村基础教育为使命，两种不同的目标方向很容易产生分歧：究竟是为了吸引优秀学生报考师范院校加强优秀教师的培养呢？还是为了扶贫帮困帮助西部地区改善落后的

---

① 教育部：《关于完善和推进师范生免费教育的意见》，2012年。
② 《国务院关于加强教师队伍建设的意见》，2012年，http: www.gov.cnzwgk.conten。
③ 刘复兴：《教育政策的价值分析》，教育科学出版社2006年版，第179页。
④ 吴晓蓉、姜运隆：《我国免费师范教育政策的回顾与反思》，《国家教育行政学院学报》2011年，第43页。

教育？抑或是二者兼有？其次，"免费"与"优秀"二者之间存在矛盾，"免费"意味着对贫困家庭的学生更有吸引力，并不意味着对优秀学生同样具有吸引力。再次，还存在着"有志"与"优秀"的矛盾，即有志从教者未必能达到教育部直属师范大学的录取分数线，而达线者未必有励志从教的决心，加之高校间的竞争日益激烈，部分高校纷纷向学术型和综合型转变，越来越注重非师范生的培养和科研成果，教育部直属师范大学这样的高校尤其如此，那么如何权衡"基层优秀教师培养"与"综合型和学术型"的关系就十分值得深究了。

2. 缺乏遴选与淘汰机制

在免费师范生的录取过程中，不能排除一定的随机性和盲目性。由于学生和家长缺乏对政策的了解，往往把高考分数作为填报志愿的唯一依据，高分与名校的结合对学生而言有着绝对的吸引力，反而忽视了自己的志向和兴趣。教育部直属师范大学的招生唯分数独尊，从而尽可能地降低招生成本而录取最优秀的准师范生，缺乏其他附加砝码，存在高考分数一锤定音的特点。据调查，在所有报考教育部直属师范大学免费师范生的考生当中38%的学生家庭并不富裕，30%的学生是为了回避就业压力，4%的学生是对政策不了解。[1] 试问，如果所招生源没有教育情怀，仅仅是为了经济负担和就业压力而步入师途，想必这样的招生与其初衷大相径庭，该如何实现教育家办学的宏愿？在《师范生免费教育协议》中，对师范生退出的相关规定刚性有余而弹性不足，在学习和服务期间，仅鉴于身体等客观原因准许退出，除此之外，其他一切主客观原因均属违约。在《就业实施办法》中更是强调，未能履行协议的毕业生，要按规定退还已享受的免费教育费用并缴纳违约金，已在职攻读教育硕士学位的，要取消其学籍，并将违约行为记入诚信档案和人事档案。[2] 显然，即使退出，也是需要以被迫性地支付高昂代价为赔偿的逃离，这种准进不准出，有去无

---

[1] 容中逵、刘卉：《免费师范生政策及其实施的更进研究——与国防生政策的比较分析》，《教育发展研究》2012 年，第 13 页。

[2] 教育部：《教育部直属师范大学免费师范毕业生就业实施办法》，2010 年。

回的牢笼以契约的名义进行道德绑架（诚信），将其仅仅捆绑在师范教育的牢笼内，即忽略了作为受教育者的志向与兴趣，又漠视了作为未来教育者的独特特征，不仅不利于引进真正优秀且长期热衷于教育事业的准教师，而且在一定程度上造成政策效力的缩水和教育资源的浪费。

3. "真公平"抑或"假公平"

免费师范生用两年的农村服务契约和十年的教师职业生涯用来置换大学四年的免费教育成本，这种带有"还债"性质的剪刀差似的形式上的公平是以牺牲免费师范生的学术自由、择业自由和深造自由为代价的，过分地强调教育资源大幅度向贫困地区倾斜，在某种程度上形成反向歧视。不少免费师范生都把接受免费教育当作"跳农门"以获取都市生活的资本，而这种强制的就业政策反而成了加速城乡二元结构的催化剂，限制了贫困学生向上层社会流动的可能性。一些师范大学还明确规定，师范生入学后不能转入非师范专业，而非师范专业的优秀且立志从教者可以转入免费师范专业，这显然大大减少了免费师范生选择专业的机会，教育机会均等难以保障。免费师范毕业生十年的契约期限一到，纷纷调往城市，那么给农村教育留下的又是什么？长此以往会形成"西部成为东部优秀教师的培养基地，农村成为城市优秀教师的培养基地"[1]的镜像，且强制回归生源地的就业政策完全置各地实际需求于不顾，师资供求失衡，进一步加剧了区域教育发展的两极化，分配不公进一步制约了效率公平。

《实施办法》指出，各地应先用自然减员编制指标或采取先进后出的办法安排免费师范毕业生，必要时接收地省级政府可设立专项周转编制。因为政策的优先和编制的有限，冠冕堂皇地排挤其他师范院校毕业生或长期待编的教师，对他们的权利公平造成严重威胁，这种喧宾夺主的特权避免不了某些师范生产生不思进取，坐等毕业的心理。以这种方式毕业的师范生有多大可能会成为一名优秀的农村

---

[1] 王善波：《均衡视角下免费师范生政策的失衡性研究》，《成人教育》2011年，第105页。

教师。

(三) 完善免费师范生政策的建议

著名的政策学家林德布洛姆（Charles E. Lindblom）认为，政策制定是一个没有起始、结束，且界限极为模糊的、相当复杂的分析性及政治性的过程。随着政策环境的变化，政策调整势在必行。

1. 准确定位培养目标

根据国家教育事业发展"十三五"规划，我国教育的发展已实现从数量的基本满足到质量的提升的飞跃，对优质师资的呼声水涨船高，只有打造一流的、高素质的教师队伍，才能为高质量的教育保驾护航。应重新准确定位培养目标，与其谋求目标多重化不如将其整合为"近景直接目标""中景目标"和"远景间接目标"。就"近景直接目标"而言，应立足于培养乐教、懂教、会教、善教的教师，为毕业后"下得去，留得住，教得好"的基层教师奠定基础；"中景目标"应致力于解决我国西部贫困地区的师资短缺问题，不断创新培养模式，进一步优化培养过程中的双导师制，加强与中小学的联系，强化教育实习，使学生不仅具备丰富的专业知识，广博的通识知识，而且具备扎实的专业能力，并初步形成一定的科研意识，具有较高的科研能力；就"远景间接目标"而言，应该注重培养自我反思意识与能力、课程开发的意识与能力、人际交往能力和科学研究的意识与能力，以此来实现教育家办学的宏伟目标。

2. 进出机制人文性与制度性并举

科南特（Conant, J. B.）在其专著《美国师范教育》中谈道："要提高师范生的质量，就应该从生源抓起，我们应该努力在全国基础上从中学毕业班最有才智的1/3人中招生，用以充当我国的教师，应该有一个为未来教师规定的最低程度的水平，而为此必须先检查一下入学师范生的学习能力。"在免费师范生的招录过程中，将高考成绩作为唯一的指标，择优录取应试能力较强的考生。在招生录取之前，要通过媒体等各种信息平台加强对免费师范生政策的宣传，考生要清楚地了解自己的权利与义务，将违约事件发生率降至最低。录取过程中要加入面试考核，综合考虑学生的兴趣、个性发展等其他方面的能力以及家庭条件,考查学生的入学动机和就业意向,必要时对其进行职业性向测试和心理测试,看其是否具备准教师的潜力和条件。

完善退出机制,体现人文关怀,伦理学家内尔·诺丁斯(Nel Noddings)说:我们不能继续忽视教育是为了人的幸福这一事实。① 刚极易折,应赋予退出机制更多的灵活性和人文性。在培养过程中,允许免费师范生入学两年后重新选择专业,在毕业生就业过程中,可根据实际情况缩短服务年限,做好跨省就业的协调工作,不是"从哪儿来到哪儿去"而是"哪儿需要到哪儿去",废除必须回生源地的硬性规定。违约金的处理力度要与学生的可承受度结合起来,尤其对于家庭困难的学生而言,如果求学期间表现优秀或作出突出贡献者,可准许其到大城市就业。根据服务时间的长短对其处罚限度区别对待,对于1年内退出者,处以2倍罚金并在诚信记录标注第一等级;2—3年内退出者,处以1.5倍罚金,诚信记录标注第二等级,以此类推,刚柔并济,保证政策效力最大限度的发挥。

3. 以自由为基础促进公平

教育与自由是共生的机制,两者不可分割。通过增加免费师范生政策的弹性,在一定程度上可以减弱对师范生的束缚,给予其更多的选择和自由度。入学两年后准许其自由选择专业,与非师范生相比,增加了更多均等参与社会竞争的机会,废除免费师范毕业生回生源地的规定,使其到最需要他们的地方去,激发其教育热情,保证了区域间的效率公平,同时为他们的自我实现提供了一个很好的平台。服务期限缩短到2—6年,将打破师范毕业生的心理顾虑,用4年的免费教育换2—6年的基层教师生涯,可以为他们后续的发展提供更加广阔的自由空间,可以实现他们"跳农门"的梦想。建立在自由基础上的公平才是真正的公平。按需分配而非按生源分配的人事制度在某种程度上给其他院校毕业生或长期待编的教师提供了更多的入编机会,最大限度地保障了他们的权利公平。

---

① Nell Nodding, *Happiness and Education*, Cambridge University Press, 2003.

第五节　职后的培训政策

一　中国中小学教师继续教育制度变迁的历程

（一）中小学教师培训恢复与重建时期（1978—1989年）

改革开放初期，我国中小学教师的学历及业务文化水平比较低，"哥哥姐姐教高中，叔叔阿姨教初中，爷爷奶奶教小学"是我国中小学教师队伍的普遍现象。于是，1978年10月，《关于加强和发展师范教育的意见》明确提出了中小学教师培训的学历达标要求。但由于当时我国各地师资状况发展不平衡，还存在一些教学有困难的教师，对他们进行系统的文化专业知识培训还为时过早。于是，1980年8月颁布的《关于进一步加强中小学在职教师培训工作的意见》指出要"制定和调整规划，要深入调查研究，切实弄清教师文化业务水平的现状，从实际出发，分类指导，根据'教什么，学什么'，'缺什么，补什么'的原则，把长远的文化、专业知识的系统学习和搞好当前教学工作的教材教法学习结合起来，做到层层有培训规划，人人有进修计划，对于教学有困难的教师，首先组织他们过好'教材教法关'，然后再系统进修文化、专业知识"。同时，该意见还对教师培训体系的恢复建立、教学计划的制订与培训教材建设、考核制度的建立、办学条件的改善等方面提出了许多具体要求。经过一段时间的培训，我国中小学教师文化业务素质得到了不同程度的提升。因此，1983年1月，《关于加强小学在职教师进修工作的意见》再次调整和修订了培训目标，重申了教师培训目标："再用三到五年时间，使小学教师的绝大多数文化水平达到中师毕业程度，并完全胜任教学工作"，提出"要坚持分类指导的原则，切实提高培训工作的质量"。其中依据教师发展水平的不同，提到四类培训对象，并对其提出了不同的培训要求，在很大程度上扩大了培训对象的范围。这两个文件对中小学师资培训工作的恢复与发展奠定了基础。

经过几年的"教材教法过关"培训和"学历达标"培训，教师职后教育工作初见成效，在政策上开始出现考核教师的法律法规。

1986年2月，国家教育委员会印发了《关于加强在职中小学教师培训工作的意见》，明确提出了师资培训工作的任务和要求，提出"只有具备合格学历或有考核合格证书的，才能担任教师"的要求。同年9月，国家教育委员会颁发了《中小学教师考核合格证书试行办法》，与教师教材教法培训和教师学历补偿教育相配套，设立《教材教法合格证书》和《专业合格证书》两种证书制度，解决教师教学能力欠缺，学历不合格的问题。1988年，国家教育委员会提出中小学教师取得《专业合格证书》必须参加统一考试，并规定"到1986年底为止，从事教育工作满20年以上的教师，经考核，文化业务基础比较扎实，教育教学效果较好的，可不要求其获得考核合格证书"，"凡没有取得《教材教法考试合格证书》的中小学教师，一律不得直接参加《专业合格证书》文化专业知识的考试"。

仅从学历"达标"情况看，截至1989年底，小学教师达到中师学历的比率已从1977年的47.1%上升到71.4%；初中教师达到高师专科学历的比率已从1977年的9.8%上升到41.3%；高中教师达到本科学历的比率已达43.5%。1990年，我国中小学教师达到国家规定学历的合格人数占教师总数的73.9%，并且有332万人取得了小学教师《专业合格证书》。广大教师在政治、文化、业务素质方面有了不同程度的提高，从根本上扭转了十多年前的大量教师不能胜任教学工作的局面。在这一时期，中小学教师培训工作在目标确定、体系构建、教学改革与教材建设、结业考核、基地建设等方面确立了发展方向，中小学教师在职培训工作逐渐走向正常化。但在培训目标和任务方面偏重于学历达标和学历补偿，培训内容以教材教法过关为重点。

（二）教师培训体系制度化和规范化发展阶段（1990—1998年）

1990年10月26日，国家教育委员会在四川省自贡市召开了"全国中小学教师继续教育工作座谈会"，拉开了中小学师资培训工作进入新阶段的序幕。会议指出"必须将中小学教师培训工作的重点有步骤地转移到开展继续教育上来"。因此，教师培训目标也随之发生了重大变化，"使每个教师都在现有基础上得到进一步提高"，"对于已到国家规定学历的教师进行以提高思想政治素质和教育教学能力为主要目标的培训"。1991年12月,国家教育委员会颁布《关于开展小学教师继续教育的意见》,指出"继续教育的内容一般应包括:政治思想和师德修养教育;教育理论学习、教材教法研究、教育教学实践和教师基本功训练;补充新知识新技能以及当地社会主义建设所需要的职业技能和乡土教育等方面"。1993年2月,中共中央、国务院发布《中国教育改革和发展纲要》,提出为适应面向21世纪的需要,必须走建设一支"人员精干、素质优良、待遇较高"的师资队伍的路子。《中国教育改革和发展纲要》规定国家将着手建立中小学教师资格制度。1994年开始颁布实施《中华人民共和国教师法》,教师的地位得到法律层面的提升。在该法案的第二章中,明确规定了教师享有参加进修或者其他方式培训的权利,这从根本上保障了中小学教师参加教师培训的合法权益。1996年又颁布实施《教师资格条例》。这一系列法律、条例的出台为中小学教师继续教育走向制度化、规范化,以及构建完善的教师继续教育体系奠定了坚实的基础。

在这一阶段,中小学教师在职培训工作开始由前期的"学历补偿教育""教学水平和能力补差教育"逐渐转向以注重提高教师教育教学能力为导向的"继续教育",并在中小学教师继续教育的法规制定、制度建设、模式探讨、体系构建等方面进行了许多卓有成效的改革与实验,如以普遍开展"教师基本功"训练为培训突破口、强调骨干教师培训的高标准与高要求等,为下一阶段的中小学教师继续教育改革与发展奠定了较好的基础。

(三) 跨越创新期 (1999—2009年)

20世纪末,中共中央国务院提出"全面推进素质教育,培养适应21世纪现代化建设需要的社会主义新人"。正是在这样的教育改革大背景下,教育部于1999年1月及时颁布了《面向21世纪教育振兴行动计划》并决定实施"跨世纪园丁工程"。主要内容是"大力提高教师队伍的整体素质,特别要加强师德建设;三年内以不同方式对现有中小学校长和专任教师进行全员培训和继续教育;加强中小学教师继续教育的教材建设;中小学专任教师及师范学校在校生都要接受计算机基础知识培训;加强和改革师范教育,提高新师资的培养质量。

尤其提出要重点加强中小学骨干教师队伍建设，在全国选拔培训 10 万名中小学及职业学校骨干教师，其中 1 万名由教育部组织重点培训，通过开展本校教学改革试验、巡回讲学、研讨培训和接受外校教师观摩进修等活动，发挥骨干教师在当地教学改革中的带动和辐射作用"。1999 年 9 月教育部颁布《中小学教师继续教育规定》，其中第八条明确提出："中小学教师继续教育要以提高教师实施素质教育的能力和水平为重点。"2000 年 3 月，教育部印发《中小学教师继续教育工程方案（1999—2002 年）》，决定在全国范围内实施作为"跨世纪园丁工程"重要内容的"中小学教师继续教育工程"，该方案明确提出："五年内对 1000 万中小学教师基本轮训一遍，提高教师队伍的整体素质，基本适应实施素质教育的需要。"为了给"中小学教师继续教育工程"的实施提供良好的政策环境，1999 年 9 月，教育部正式发布《中小学教师继续教育规定》，提出："参加继续教育是中小学教师的权利和义务。"实施"中小学教师继续教育工程"把教师培训工作推向了一个新阶段，它以新的方式（如现代远程教学、继续教育电视节目、计算机网络教室等）为教师终身学习提供了机会。

  2002 年 2 月，《关于"十五"期间教师教育改革与发展的意见》将师资培训目标进一步调整为发展教师的创新精神和实践能力。2004 年 3 月，教育部颁布了《2003—2007 年教育振兴行动计划》，提出了以"新理念、新课程、新技术和师德培训"为内容的中小学教师培训新要求，并于 2005 年颁布了《中小学教师教育技术能力标准》，其宗旨是提高中小学教师教育技术应用能力和水平。

  这一阶段，中小学教师继续教育确立了以提高教师实施素质教育的能力和水平、提高教师整体素质为目的的工作思路。我国中小学教师培训走上现代化和科技化之路。教师培训在模式、机制、体系建设等方面也取得了突破性进展，如将信息技术培训作为全员培训的突破口，将高科技运用于继续教育之中等新举措，为继续教育注入了新的内涵，充分体现了终身教育的理念。

  （四）深化发展期（2010 年至今）

  2010 年 1 月，教育部印发了《关于贯彻落实科学发展观进一步推进义务教育均衡发展的意见》,指出推进"均衡发展"是义务教育改革与发展的重要任务。推进义务教育均衡发展,必须合理配置教育资源,其中加强师资均衡配置是关键。2010年7月,中共中央、国务院印发了《国家中长期教育改革和发展规划纲要(2010—2020年)》,进一步阐明了加强教师队伍建设和继续教育的目标与方向,即以培养造就高素质专业化教师队伍为目标,以提高教师,尤其是农村中小学教师整体素质为工作重点,以加强师德建设、提高教师专业水平和教学能力为主要任务,进一步完善和创新教师培训制度。2010年6月,根据党的十七大关于"加强教师队伍建设,重点提高农村教师素质"的要求和《国家中长期教育改革和发展规划纲要》精神,为进一步加强教师培训,全面提高教师队伍素质,教育部、财政部决定从2010年起实施"中小学教师国家级培训计划"(以下简称"国培计划")。其中,"农村中小学教师置换脱产研修""农村中小学教师短期集中培训""农村中小学教师远程培训"被列为"中西部农村骨干教师培训项目实施方案"的培训重点。

2011年1月6日,在《教育部关于大力加强中小学教师培训工作的意见》中指出,"以农村教师为重点,开展中小学教师全员培训,努力构建开放灵活的教师终身学习体系。以农村教师为重点,有计划地组织实施中小学教师全员培训。要加强农村音乐、体育、美术、英语、信息技术、科学课程等紧缺学科教师培训"。2015年国务院办公厅印发的《乡村教师支持计划(2015—2020年)》中提出:"建立乡村教师校长专业发展支持服务体系""将师德教育作为乡村教师培训的首要内容""全面提升乡村教师信息技术应用能力""加强乡村学校音体美等师资紧缺学科教师和民族地区双语教师培训","按照乡村教师的实际需求改进培训方式,采取顶岗置换、网络研修、送教下乡、专家指导、校本研修等多种形式,增强培训的针对性和实效性"。

从2015年起,"国培计划"集中支持中西部地区乡村教师、校长培训。鼓励乡村教师在职学习深造,提高学历层次。2011年1月,教育部印发《关于大力加强中小学教师培训工作的意见》,指出当前和今后一段时期内中小学教师培训工作应按照"统筹规划、改革创新、按需施训、注重实效"的原则,以提高教师师德素养和业务水平为核心,以提升培训质量为主线,以农村教师为重点,开展中小学教师全员培训,努力构建开放灵活的教师终身学习体系。

在这一阶段,中小学教师继续教育的主要特征是国家高度重视农村中小学教师培训,由各级政府主导,以"项目"的形式整体推进教师继续教育工作,突出提高农村中小学教师整体素质。

纵观改革开放以来我国的教师培训政策,国家对教师培训工作国家提出了很多措施,从学历补偿到能力提升,大力发展教师继续教育,注重全面提高教师素质。经过一系列政策的实施,我国教师质量有了明显改善。但是,我国的教师培训质量不高也是不争的事实。我们在注重培训工作量的同时,也应该关注到教师培训的质量。纵观已有的教师培训政策可以看出,配套政策不完善是制约我国教师培训质量的主要原因,因此,分析中小学教师培训工作所存在的问题并寻求相应的解决办法与策略,仍是今后一个时期的重要研究。

二 中小学教师培训政策(机制)存在的问题

(一) 缺乏教师培训法律制度

我国现阶段只有《中华人民共和国教师法》和《中华人民共和国教育法》《中华人民共和国义务教育法》三部法律涉及教师培训。然而,这三部法律也只是对教师培训做出笼统的规定,对一些具体问题并无明文规定,诸如教师培训、培训证书认定、培训机构设立、考核办法、经费来源、不同发展阶段的教师在什么情况下接受什么样的培训等。这是教师培训效率低下的一个重要原因。中小学教师培训需要完善的法律法规作为保证,这不仅是对教师培训权利的保障,更是对教师培训者、主导者的约束。缺乏健全的法治基础,行政干扰一直存在,教师培训工作中"人治"现象凸显。专门的教师培训法律政策的缺乏,在一定程度上,导致教师培训效率低下。没有强硬政策的支持,很多教师培训的措施往往执行到一半,便不了了之。相关工作负责人员草草了事,形式上执行完就作罢。因为缺乏强硬的法律政策的支持,在责任追究上也往往力度不够。长此以往,工作人员的消极怠工、敷衍了事和措施执行的半途而废、力度不强便成为教师培训过程中亟待解决的问题之一。[1]

(二) 教师培训管理机构不健全

目前，我国的教师培训工作主要是由教育部教师司主管，但是当教师培训工作落实到省、市、县一级时则缺乏独立的主管部门，例如某些省是由师范教育处负责，有的则由人事处负责。到了市、县就由其教育局某一办公室代为管理，缺少"教师培训管理处"这一专门机构。无统筹管理教师培训工作的处室，无专业管理人员，教师培训没有了落脚点，工作处于被动状态。当前的教师培训多是由地方教育管理部门组织的，出现以下两点问题：第一，对各级、各种培训机构和组织无法进行有效的协调管理，尤其是国家现在大力提倡的民间组织、民间资金，无法使其依法、有效地参与到教师培训中；第二，无法确定各级各类教师培训机构在何时对哪些类型的教师做何种类型的培训，从而使培训的系统性、针对性和连续性无法得到保证。

在中小学校基本上没有专门负责组织学校教师培训的机构，也缺乏行之有效的管理办法，大多数学校是由校长决定派哪位教师去参加培训，或者是学校被动等待上级主管部门的通知。学校以及学校教师缺乏反映学习需求及培训需求的通道。教师培训本来应该是按需培训，是通过双向甚至多方沟通而定的，然而在这种缺乏完善的管理制度环境下，培训沟通只能通过自上而下的单一渠道进行。

(三) 教师培训激励机制不完善

我国的教师培训激励机制不健全是教师职后教育发展的一大阻碍。按《中华人民共和国教师法》第四章第十九条规定："各级人民政府教育行政部门、学校主管部门和学校应当制定教师培训规划，对教师进行多种形式的思想政治、业务培训。"也就说，教师培训的内容是由教育行政机关确定的，教师自身无选择权。[2] 这一规定就使培

---

[1] 刘媛媛：《中学教师培训制度研究》，硕士学位论文，山西师范大学，2015年。
[2] 蔚义峰：《从激励和监督的不足看教师培训的低效》，《内蒙古师范大学学报》2005年第10期。

训无法调动教师的积极性和参与性，教师培训是一种被动的参与，而不是教师积极的学习。参与培训对中小学教师而言意味着要付出除教育教学本职工作以外更多的时间和精力，许多中小学教师抱怨最多的不仅是培训没有任何实质性的收益，而且培训回去之后还要把学校落下的工作补上，而我国的教师培训质量一直不高，这也使他们在专业发展上没有太大的收效。因此，面对培训他们既要解决工作上的后顾之忧，又要舟车劳顿地付出时间和精力，这就使他们的培训积极性和参与性不高，一般都是抱着完成任务的心态接受培训的。

《中小学继续教育规定》中指出，教师职后教育考试成绩可以作为教师职务聘任、晋级职称的依据之一。但是在现实中，教师在培训中取得的成绩很少作为教师职务评聘、工资晋升、业务考核的参考依据，这也在很大限度上影响了教师的积极性和主动性。目前很多地方对教师的要求是教师不参加培训不可以晋升职称，这可以看作一种"变相"的教师培训激励机制，但是这样的激励机制又使得教师培训趋于功利化，并且不晋升职称的教师就不需要参加培训吗？没有相应的正面激励机制，就不能从根本上提高教师参与培训的积极性。

（四）培训效果一般，考核机制缺乏

据调查，教师培训多以短期培训为主，而短期培训的主要内容和目标主要集中在更新知识、了解教学改革信息等方面，培训效果也远不如长期的培训效果明显。且在培训过程中，培训内容多以理论灌输为主，培训过程也趋于形式化，加上部分教师参加培训的目的仅仅是完成任务，因而很难调动起农村教师参与的积极性，使培训效果不佳。而在培训结束返岗后，由于缺乏后续的跟踪指导和专业支持，有的教师基本上还是沿袭原来的教学方式，并无改变，有的教师虽然短时间内在教育理念、教学方式、工作态度和方式方面有一定程度上的改观，但是在学校大环境以及周围其他教师的影响下，其教学方式和理念又逐渐回到了原来的状态。总体而言，教师培训效果难以凸显，很难带动学校教育教学质量的提高。另外，就部分县级教育行政部门来讲，并没有建立起对培训教师完善而又有效的考核机制。各学校的考核工作依据学校负责人的意见自主进行，因此有的学校对外出培训的教师没有制定相应的考核办法；有的学校仅仅是让教师做一节汇报公开课，并根据汇报内容进行简单打分或者是直接写一份总结报告，仅此而已。这也是导致教师培训效果一般的重要原因之一。①

教师培训牵涉到教师自身、承训机构和教育主管部门等。在对教师培训政策评估的过程中，我国长期实施的都是管评办合一的评估体制，这种体制，有利于全面贯彻党的教育方针和政策，且有力地推动了教育的发展，可以集中力量办大事。但是，教育的发展是永无止境的，教师对培训的要求也是越来越高。长期实行的管评办合一评估体制，把社会拒绝于培训的管理与监督之外，而进行系统内的封闭式管理，这难以适应新形势的要求。长此以往，使教师培训几乎成了一个孤岛，完全成了承训机构、教师和教育主管部门自说自话的小天地。长期以来，对教师培训政策的评估，一般而言都不会偏离教育的大政方针，但确实存在着一些片面维护主管部门利益、权威的现象。例如，对承训机构或者参训教师的评估，在很大程度上都是根据培训过程中学员的职务、人脉和以往的经验做出判断，很少对其进行增值评估。教育主管部门的评估，从根本上来说，也属于自我评估的范畴。教育行政部门与承训机构的关系，在很大程度上属于上下级关系，一为主管部门，一为培训实体，是典型的"一家亲""一家人"，彼此之间，有着唇齿相依的关系。培训实体成为贯彻主管部门意志的机构，主管部门则成为培训实体的直接上司。这样的评估，就是典型的自己评估自己，自我封闭。管评办合一，实际上就是在一个封闭的系统中搞培训，从根本上切断了教师培训与外界的联系，培训的成效影响如何，意义何在，社会是没有发言权的，不仅如此，甚至在面对一些社会批评时，评估机构完全不予理会，仍然自说自话，自我表扬。

三 教师培训政策（机制）的改进建议

（一）完善教师培训的法律文本

完善中小学教师培训机制，首先要使教师培训制度法制化，同时

---

① 张文斌、周晔：《农村教师培训忧思》，《河北师范大学学报》2017年第2期。

要提高教师培训的相关政策和法规的法制性。《中华人民共和国教育法》和《中华人民共和国教师法》要以法的形式完善中学教师培训政策法规，不断构建培训制度的体系框架，不断完善第一个层次的《中华人民共和国教育法》、第二个层次的《中华人民共和国教师法》和第三个层次的《中小学教师继续教育规定》，同时要以完善配套的计划、草案、指标、办法、意见作为保障。政策法规的稳定性要逐渐增强，国家要尽快制定可操作的教师培训法规，对教师培训的经费来源、培训机构的设立、考核的办法、培训证的认定、不同的教师在什么情况下接受什么样的培训等方面都应有明确的表述，对于不合格的培训机构和培训不达标的教师也要有明确的规定。[1]

（二）健全教师培训管理机构

我国中小学培训制度亟待改革。中小学教师培训制度要逐渐由"自上而下"转变为"自下而上"。21世纪以来，大部分国家对教育培训制度进行了改革，多数国家对经济合作与发展组织提出的教师培训制度要从"自上而下"变为"自下而上"的重要性给予关注。我国教师培训制度的建设也可"自下而上"地开始，培训活动的计划组织、实施的权力不应集中在少数领导手中，而应把培训活动的实施主体和参与主体一体化，真正使实施主体了解参训教师的实际需求，从而制定合理高效的培训，同时使参训教师真正成为培训的主人，参与到制订培训计划、方案以及监督实施等工作中。[2] 同时，培训管理机构也需要进一步完善。培训管理机构为教师培训活动提供交流的平台，"自下而上"的培训制度更加需要管理机构为教师培训的组织实施提供及时的服务。分层的培训机构保障也有利于培训需求以及信息的及时沟通。

（三）改革教师培训激励机制

有效的激励机制是教师培训顺利开展的关键因素之一。激励教师参加教师培训，最重要的是激发教师的内部动力，即认识到自我发展

---

[1] 刘媛媛：《中学教师培训制度研究》，硕士学位论文，山西师范大学，2015年。
[2] 同上。

和自我提高的需要。社会发展的要求和对学生和社会的责任感应是其参加教师培训的真正原因。教师培训是教师自觉自愿的行动，更是教师职业生涯的必要组成部分。例如可以以加薪、升职等方式对教师进行激励。欧美一些国家为了调动教师参加培训的积极性，建立了教师职后教育的激励制度，例如建立进修与学位、加工资相结合的机制，取得了很大成效。因此，我国中小学教师职后教育激励制度有待进一步健全，需要采取更积极的措施鼓励教师参与到教师职后培训中来。但是，不论采取什么样的激励手段，都要有政策、制度作为依据和保障，否则各单位主体采取参差不齐的激励手段，依然会使激励机制失去公信力。例如，参加什么样的培训？教师参加培训应取得怎样的成绩？取得优异的成绩应该得到什么样的奖励？成绩不合格的教师又应该怎样对待？这一系列问题都需要有相应的政策法规去作答。同时，激励政策应从教师的实际需求出发，切实满足教师需求，给予教师鼓励，让他们感受到国家、学校是关注他们的个人成长的，是对他们的辛勤付出给予了积极肯定的。

（四）建立教师培训的考核机制

对参训教师的培训考核，既是培训效果的一种反馈形式，同时也有助于督促参训教师认真参加培训、积极内化培训知识。因此，建立对参训教师完善而有效的考核制度迫在眉睫。

管评办合一的评估体制使教师培训完全置于一个自我封闭的系统当中。系统论告诉我们：一个系统，只有随时保持与外界的联系，不断与外界进行物资和信息的交流，才能保证系统的勃勃生机，否则，系统连正常运行都有困难。只有在融进了新的因素之后，旧的平衡才能被打破，才会去寻求新的平衡。[①] 这个过程，就是改革的过程，就是工作改进的过程。

在教师培训政策评估过程中引进第三方评估，将在一定程度上改变这一状况。第三方教育评估是指评估中介机构根据委托部门明确的各项工作目标，依据一定的原则、方法和标准，按照专门的规范和程

[①] 黄行福：《第三方评估：期待教育的春天》，《江西教育》2014年第4期。

序，应用科学、可行的方法对学校收费行为、教育教学行为及教师从教行为等进行的专业化咨询和评判。这将意味着教师培养工作开展的如何，水平高不高，质量好不好，不是由教育部门自己说了算，还要根据第三方的评估报告提供的信息来体现。第三方评估，代表的是教育主管部门与承训机构之外的社会的利益，是社会对教师培训政策积极执行情况作出自己的评估，是培训系统之外的眼睛在审视。作为第三方，它们对培训政策的审视，是彻底抛开了利益，斩断了与培训的利害关系之后形成的判断，是站在社会的立场上看教师培训的。它们的审视就可能更客观，它们的意见和建议也可能更有参考价值。跳出培训看培训，立场不一样，视野不一样，成绩与亮点，缺点与错误，昭然若揭。之前难以发现的问题，就有可能在新的视野下被发现。第三方教师培训政策评估，可以彻底打破之前那种教育行政主导下的培训系统内部的平衡，让行政部门和承训机构在面对新的环境时，彻底反省，彻底改进，获得新生。

第六节　教师支教（轮岗交流）政策

一　政策的背景及历程

长期以来，由于我国城乡经济发展的不平衡导致了我国城乡结构二元分裂。这种分裂在教育上主要表现为城乡教育资源分配不均，导致城乡教育质量差距加大。而教师资源是促进城乡教育均衡发展的重要因素。教育的关键在教师，教师是一个学校的根基，教师的综合素质与质量直接影响着学校教育质量的高低。由于农村地区经济欠发达、条件艰苦等各种因素的影响，农村教师水平参差不齐。

在统筹城乡教育发展、实现免费义务教育均衡发展的大背景下，要缩小城乡教育差距，实现教育资源的城乡合理配置，树立教师资源均衡配置的发展观无疑是统筹城乡教育发展的重要基础。其实，早在20世纪90年代，我国就已经开始从师资配置角度关注城乡教育发展失衡导致的教育不公平现象了。1993年，国家出台的《中国教育改革发展纲要》中提出，应"进一步扩大师范院校定向招生的比例，建立师范毕业生服务期制度，保证毕业生到义务教育任教"①。这里所提到的"师范生毕业生服务期制度"实际上是指要求属于定向招生的师范毕业生应国家政策的号召到师资力量薄弱的地区服务指定的年限，力图从国家政策角度解决城乡教育师资配置不均的问题。1996年，国家教育委员会下发《关于"九五"期间加强中小学教师队伍建设的意见》，鼓励教师从城市到农村，从强校到薄弱学校任教，实行教师定期交流，该意见在我国教育政策体系中首次提出"教师定期交流"的概念，是对教师合理流动在政策层面的规定和方向引导。

1999年1月，国务院转批教育部《面向21世纪教育振兴行动计划》，其中提出，认真解决边远山区和贫困地区中小学教师短缺问题，要进一步完善师范毕业生的定期服务制度。高校毕业生（包括非师范类）到边远贫困的农村地区任教，采取定期轮换制度，并享受国家规定的工资倾斜政策。同年6月，中共中央、国务院颁发《关于深化教育改革全面推进素质教育的决定》要求合理配置教育资源，鼓励大中型城市骨干教师到基础薄弱学校任教或兼职，并指出"城镇中小学教师原则上要有一年以上在薄弱学校或农村学校任教经历，才可聘为高级教师职务"②；各地要认真做好各级各类学校转岗教师的管理服务工作，进一步建立和完善人才流动的社会化服务体系，搞好人才供求信息的收集和发布工作，开展转岗前职业培训，协调和促进教师的合理流动。

2002年颁发的《国务院办公厅关于完善农村义务教育管理体制的通知》提出，要积极稳妥地做好农村中小学教职工分流工作，农村中小学在编教职工分流参照行政机关工作人员的分流政策执行。2003年颁发的《国务院关于进一步加强农村教育工作的决定》指出，各省（自治区、直辖市）要制定切实可行的实施办法，指导做好农村中小学教职工定岗、定员和分流工作，建立城镇中小学教师到乡村任

---

① 《中国教育改革发展纲要》，中国教育出版社1993年版。
② 田汉族：《刚性教师交流制的实践困境与法律思考》，《教师教育研究》2011年第1期。

教服务期制度，再次明确指出城镇中小学教师晋升高级教师职务，应有在乡村中小学任教一年以上的经历。地（市）、县教育行政部门要建立区域内城乡"校对校"教师定期交流制度，该文件首次正式提出"轮岗交流制度"的概念。

2004年，国务院批转教育部《2003—2007年教育振兴行动计划》指出，要积极引导和鼓励教师及其他具备教师资格的人员到乡村中小学任教，建立城镇中小学教师到乡村任教服务期制度。2005年颁布的《关于进一步推进义务教育均衡发展的若干意见》，提出建立区域内骨干教师巡回授课、紧缺专业教师流动教学、城镇教师到农村学校任教服务等制度，积极引导超编学校的富余教师向农村缺编学校流动，切实解决农村学校教师不足及整体水平不高的问题。其中，"巡回授课"和"流动教学"是出现的新名词，也是教师流动议题在发展中不断细化的具体表现。同年12月，时任总理温家宝在《关于当前农业和农村工作的几个问题》中提出，要重视教育、卫生资源在城乡之间的合理配置，完善教师交流制度，制定相关政策和措施，引导和鼓励城市教师及具备教师资格的人员到农村中小学任教。

2006年颁发的《教育部关于大力推进城镇教师支援农村教育工作的意见》再次重申鼓励大中型城市教师到农村支教，加大对口支援工作力度。同年9月1日新修订的《中华人民共和国义务教育法》明确规定：县级人民政府教育行政部门应当均衡配置本行政区域内学校师资力量，组织校长、教师的培训和流动，加强对薄弱学校的建设。2008年12月《国家教育督导报告2008——关注义务教育教师》发布，该报告指出，各地要根据国家法律法规及相关政策的规定，适应当地经济社会的发展和学校布局的调整，统筹区域内教师编制和资源，完善教师聘任、调配、流动机制，积极解决农村教师不足、质量不高、骨干教师流失等问题，县级政府要统筹县域内城乡教师资源，灵活合理地配置教师。[1]

---

[1] 国家教育督导团：《国家教育督导报告2008——关注义务教育教师》，2008年，http://www.gov.cn/zwgk/2008-12/15/content_1178668.htm。

2010年出台的《国家中长期教育改革和发展规划纲要（2010—2020年）》，从原则上规定要缩小城乡差距及校间差距，并明确提出实行县区域内教师和校长交流制度，重点强调了教师和校长交流制度的建立，并规定了从财政、硬件设施、社会保障等配套措施上对教师流动予以跟进。同年，《教育部关于贯彻落实科学发展观进一步推进义务教育均衡发展的意见》继续强调要健全城乡教师交流机制，推动校长和教师在城乡之间、学校之间的合理流动，鼓励优秀校长和骨干教师到农村学校和薄弱学校任职、任教，发挥示范、辐射和带动作用。[1]

2012年9月20日，教育部、中央编办、国家发展改革委、财政部和人力资源社会保障部发布的《关于大力推进农村义务教育教师队伍建设的意见》指出，建立健全城乡教师校长轮岗交流制度，各地要建立县（区）域内教师校长轮岗交流机制，建立县（区）域内城镇中小学教师到乡村学校任教服务期制度，引导、鼓励优秀教师到乡村薄弱学校或教学点工作；城镇中小学教师在评聘高级职务（职称）时，要有一年以上的在农村学校或薄弱学校任教的经历。应支持退休的特级教师、高级教师到乡村学校支教讲学。推进校长职级制改革试点，探索实行校长任期制和定期交流制。

2013年11月，《中共中央关于全面深化改革若干重大问题的决定》明确提出，统筹城乡义务教育资源均衡配置，实行公办学校标准化建设和校长教师轮岗交流。其后，教育部表示，将实行校长教师交流轮岗作为统筹城乡义务教育资源均衡配置、办好让人民满意的教育是一项重要举措，这进一步提升了加强校长教师交流轮岗工作的重要性和紧迫性。教育部正在加快研究制定和出台《关于县（区）域内义务教育学校校长教师交流的若干意见》及配套工作措施，旨在未来3—5年通过建立校长教师交流轮岗制度的目标、扩大交流范围、创新交流的方式方法、强化交流激励保障机制以及建立"县管校用"

---

[1] 陈坚、陈阳：《我国城乡教师流动失衡的制度分析》，《教育发展研究》2008年第1期。

的义务教育教师管理制度等措施。进一步促进教师流动的制度化、稳定化。①

2014年8月18日颁布的《教育部关于实施卓越教师培养计划的意见》鼓励高校与中小学、教研机构、企事业单位和教育行政部门积极探索"协同教研""双向互聘""岗位互换"等教师发展新机制，县域教师轮岗交流政策作为促进教师资源均衡，实现义务教育均衡发展的政策选择。新华社2014年9月2日报道："教育部、财政部、人力资源社会保障部2日出台文件，提出义务教育阶段公办学校校长、副校长在同一所学校连续任满两届后，原则上应交流；在同一所学校连续任教达到地方教育行政部门规定年限的专任教师均应交流轮岗。"②

2015年6月8日，国务院办公厅颁发的《乡村教师支持计划（2015—2020年）》指出，应推动城镇优秀教师向乡村学校流动，全面推进义务教育教师队伍"县管校聘"管理体制改革，为组织城市教师到乡村学校任教提供制度保障。各地要采取定期交流、跨校竞聘、学区一体化管理、学校联盟、对口支援、乡镇中心学校教师走教等多种途径和方式，重点引导优秀校长和骨干教师向乡村学校流动。县域内重点推动县城学校教师到乡村学校交流轮岗，乡镇范围内重点推动中心学校教师到村小学、教学点交流轮岗。采取有效措施，保持乡村优秀教师队伍相对稳定。随后，教育部颁布《关于确定首批义务教育教师队伍"县管校用"管理改革示范区的通知》，开启了教师轮岗交流制度的大幕。

2016年，国务院出台的《国务院关于统筹推进县域内城乡义务教育一体化改革发展的若干意见》中明确提出："推动城乡教师交流，城镇学校和优质学校教师每学年到乡村学校交流轮岗的比例不低于符合交流条件教师总数的10%，其中骨干教师不低于交流轮岗教

---

① 古黟、孙志宇：《校长教师交流轮岗，你准备好了吗?》，《中国教育报》2013年11月20日。

② 新华每日电讯：《3—5年实现县域校长教师轮岗制度化》，2014年9月3日，http://news.xinhuanet.com/mrdx/2014-09/03/c_133616786.html，2014-9-3。

师总数的20%。结合乡村教育实际，定向培养能够承担多门学科教学任务的教师，提高教师思想政治素质和师德水平。"①

从1993年国家开始关注师资水平过低的问题，到2016年国务院提出城乡教师交流的具体措施，这一系列政策的提出，足以表明我国城乡师资失衡的严重情况以及国家对均衡城乡师资水平、促进教育公平的重视。政策的最终成果显著地表现在执行效果上。随着这一系列政策的出台，我国各地开始了通过教师流动促进义务教育均衡发展的实践探索，其中，城镇教师支援农村教育工作（以下简称"教师支教"）对于义务教育师资均衡配置起到了重要作用。"教师支教"形式主要有"教师轮岗交流""轮岗支教""对口帮扶""城乡教师交流""送教下乡""上示范课""教师定期流动"等，以各种形式开展的教师流动的最终目的是改善农村教师资源，缩小城乡教育差距，促进我国的教育公平。

当前，在统筹城乡发展的大背景下，为了有效实施统筹城乡教育发展的各项政策，深刻认识城乡教师资源配置问题的症结所在，我们有必要探讨城乡师资质量中存在的现实差距。从有关调查来看，自20世纪90年代以来，随着高等教育，尤其是教师教育的大发展，免费义务教育的实施以及国家政策向农村地区的倾斜，长期以来农村教师数量的短缺问题得到了有效的缓解。2007年，城市小学和农村小学的生师比分别为19.49∶1和18.38∶1，城乡普通初中的生师比分别为15.76∶1和16.08∶1（农村地区还要好于城市）。② 由此可以看出，城乡师资在数量上的差距问题已经得到有效解决。

然而，教师数量上的增加并不意味着教育质量的提高。农村地区的优质教师、骨干教师以及美术、音乐等艺术类教师的质量依然和城

---

① 《国务院关于统筹推进县域内城乡义务教育一体化改革发展的若干意见》，2016年，http://www.moe.gov.cn/jyb_xxgk/moe_1777/moe_1778/201607/t20160711_271476.html。

② 张金英、陈通：《我国城乡教育资源配置的实证分析》，《中国农机化》2009年第6期。

市有着巨大的差距。在农村教师队伍逐渐壮大的基础上，我们更应该去关注农村教师队伍的结构。

首先，从城乡教师队伍的学历来看，事实上，在农村义务教育教师学历标准提高的背后还隐藏着一个更为深刻的问题，即农村教师基本上都是通过函授以及各类水平参差不齐的自学考试来提高学历的，这将不可避免地出现教师在获取学历的过程中的避难就易现象。①

其次，农村地区的骨干教师以及获得高级职称的教师在整个农村教师队伍中所占的比重较低，遵循市场的"经济人"原则，大多数的农村教师在成为骨干教师或取得高级职称后都会通过各种形式向条件较好的城市学校流动。这种流动无异于对农村学校教师队伍釜底抽薪。所以，在原本培养骨干教师、优秀教师非常不易的农村地区，想要将优质教师培养起来并且留下来，应当是当前迫切需要关注的问题。

最后，农村地区教师学科队伍的失衡，主要表现在农村教师队伍中缺乏音乐、体育、美术、思想品德、科学等学科的专业老师，许多农村学校教授这些课程的教师均由语文、数学教师兼任。素质教育要求我们的教育培养全面发展的人，然而教师队伍结构的失衡从源头上切断了使每一个学生全面发展的机会。

自2006年2月26日教育部颁布《关于大力推进城镇教师支援农村教育工作的意见》以来，支教政策实施已有十年之久，尽管农村受援学校在教学管理、教师素质、教育教学水平上都有显著提升，但是这仅仅局限于少数地区。整个农村地区的教育水平与城市相比依然存在着较大的差距。支教教师只是农村学校的过客。从整体上看，支教教师并没有很好地改善农村地区的教育水平，并没有达到缩小城乡教育差距的目标，反而是在整个支教政策的执行与实践过程中出现的问题需要我们去探索、分析与修正，以更好地实现缩小城乡教育差距、统筹城乡教育发展，促进我国教育公平的目标。

---

① 杨瑞：《城乡教育一体化背景下农村教师的补充机制》，《学理论》2012年第29期。

二 支教（轮岗交流）政策实施中的现实困境

（一）政策文本的缺陷

从支教政策本身来看，支教对农村地区教育的发展是一种治标不治本的暂时性措施。首先，支教对于农村地区的学校来说只能解决当前的燃眉之急，并且由于支教教师的支教时间有限，支教过程中受益的只是一批学生，支教对于农村教育发展在整体上的效果并不显著。支教教师带给农村学校的只是短暂的光芒，并且支教的效果也会因为"支教"这个特殊的活动受各种因素的干扰而大打折扣。其次，支教政策"触及对利益相关者既得利益的调整，并不是在取得各方一致认同的基础上进行的，而是由政府主导运作的强制性制度变迁"[①]。政策提出支教教师各方面福利待遇不变，生活费和交通费要有专项补贴，然而在同等条件下工作的乡村教师并没有这些专项补贴，这种政策上的"偏袒性"必然会引起乡村教师心理上的不满以及对其自身社会地位的质疑。这些支教政策中给予支教教师的优惠政策挫伤了受援学校其他教师的积极性。

从支教时间来看，虽然不同的政策对支教期限有不同的规定，但是所有支教期限都有一个共同的特征：支教时间过短，支教效果难以保证。例如，2006年教育部颁布的《关于大力推进城镇教师支援农村教育工作的意见》规定："城镇中小学教师和高校新聘青年教师支教期限应不少于一年"；甘肃省《关于深入推进县（区）域内义务教育学校校长教师交流轮岗的实施意见》规定："县域内教师到农村学校任教累计三年以上的工作经历作为申报评审中级以上职务（职称）的必备条件。"[②] 由于支教政策没有对支教期限上限和形式做明确的规定，这就使支教实施具有很大的灵活性，尤其是按照累计年限计算支教时间就更不能保证支教教师在受援学校开展教学活动的连续性。

[①] 贾建国：《城乡教师交流制度的问题及其改进》，《教育发展研究》2008年第20期。

[②] 甘肃省：《关于大力推进城镇教师支援农村教育工作的意见》，2015年。

首先，从师生关系方面来说，短暂以及不连续的支教不利于教师和学生之间的相互了解，从而影响到教学效果，尤其是义务教育阶段的学生，考虑到此阶段学生的发展规律，如此匆匆过客般的支教教师的教学效果令人质疑。其次，从学校适应的角度看，由于乡村学校和城市学校在基础设施建设、教学条件以及生活习惯等方面存在着巨大的差异，支教教师到一个新的学校需要有一段时间的适应期，这种适应期少则一个月，多则半年，一方面教师自己本身要适应新的环境，另一方面教师也要和新的学生进行相互之间的适应、了解，这就使支教教师没有足够的精力投入到教学活动中去。

再者，政策中指出要做好对支教人员的培训和管理工作，而对于支教教师的个人素质、教学水平、职称、学科等则没有明确规定，对支教所要达成的任务目标也缺乏具体要求。这就给予了"滥竽充数"者可乘之机，导致有一部分支教者"为支教而支教"，致使人们对支教政策的信任度大大降低，阻碍了支教政策的有效推进。

总之，从国家出台的支教政策的总体来看，政策本身的问题主要表现在三个方面。第一，支教政策中的相关规定比较笼统，规定不明确，具体的制定过程缺少标准和理论依据。第二，政策的制定只关注支教本身的形式，而对支教教师的学历、职称以及选拔、聘用、管理的方式等缺乏明确的规定。第三，关于支教政策的相关配套政策不完善。由于政策本身的不完善，各级地方政府也就没有执行的硬性指标，执行方式各不相同，甚至有的地方的支教政策出现了"形式主义"的做法。这些问题从源头上使支教政策实施的效果和质量大打折扣，不利于我国城乡教育均衡发展的稳步推进。

(二) 政策实施中的问题

1. 支教目的错位，价值失真

国家出台各项激励教师支教的政策，目标很明确，就是为了促进农村教育发展，均衡城乡教育水平，促进我国的教育公平。教师支教本应是优秀教师专业生活中的一项正常活动，是教师之间进行相互学习的一种有效途径。"但长期以来，出于行政压力、功利诱惑等原因，教师支教只被当作教师评职称的必备条件之一。其次，由于涉及奖惩、晋升等利益问题，教师支教有时甚至会令个别教师感到难堪或尴尬，不仅丧失了本真的专业价值，更造成教师支教制度的'失真'现象。"[1]

2. 支教教师的选拔与政策要求的错位

支教政策的最终目标是希望通过选拔专业素养高的骨干教师或优秀教师到农村地区任教，提高农村学校的教育水平，促进农村地区的教育发展，实现城乡教育均衡发展。支教教师的专业素养的高低直接决定着支教政策实施的质量与效果，因此支教教师的选拔是整个支教活动的关键环节。然而，在实际的政策执行中，支教教师的选拔却显得有些令人遗憾。

首先，城市学校的骨干教师、优秀教师缺乏去农村地区学校支教的主动性。大部分的支教教师由于农村地区学校条件艰苦，尤其是交通不便等各种因素的影响，都不愿意去农村学校支教，但是迫于政策、行政等方面的压力，他们不得不接受安排下乡支教。然而，思想上的不主动以及行政方面的压力，他们的教育热情以及主动性大打折扣，甚至有的地区出现了"请人代课"的支教现象。

其次，由于支教政策将教师在农村学校的支教经验作为教师职称评选的必备条件之一，因此有一部分支教老师完全是为了评职称的功利性目的去农村支教。他们去农村支教就是为了符合政策的规定，混得一年的支教经验以作为自己评职称的条件。正是出于这样的目的，他们在整个支教活动中缺乏责任心，抱着"当一天和尚撞一天钟"的态度，既没有教学压力又缺乏主动性，熬到支教经验满足评职称的要求时就直接拍屁股走人，支教活动由此结束。

再次，城市学校的校长舍不得让骨干教师、优秀教师去农村支教。一方面，派出骨干教师的做法使本校学生的家长反应强烈；另一方面，学校出于本校的利益考虑，骨干教师的派出在一定程度上会影响到本校的教育质量，进而影响学校的各项评比。在实际的选派过程中，有的学校采取"末位淘汰制"的办法，将考核靠后的教师作为

---

[1] 李冰：《当前教师支教问题及改革策略》，《中国教育学刊》2011年第6期。

支教教师的备选人员。因此,在支教政策的实际执行中由城市学校到农村学校支教的老师并不一定是骨干、优秀教师。支教教师的选拔与支教政策的要求存在一定的偏差。

受援学校特岗教师 S 老师:"我听一个支教的老师说,他所在的学校要派支教教师出去,结果所有人都不愿意去。好多老师都给校长送礼,就躲过去了,但是他就没有送礼,再加上校长对他本来就有点成见,所以最后就派他去支教了。"

支教 W 老师:"我这有一张表,上面的名单就是本来打算选派的支教教师的名单,基本都是骨干教师。但是据我所知,其中就有好几个人没有按时或者根本没有到工作岗位去,最后怎么处理的,到底有没有再追派教师去,去支教教师合不合格,我就不清楚了。"

最后,政策在制定和执行过程中忽略了对骨干教师、优秀教师建立激励奖励机制。事实上,支教政策中要求教师在评选职称时要有相应年限的农村学校的支教经验,这种政策要求在一定程度上确实有利于吸引城市学校的教师去农村学校任教。然而,支教政策却忽略了这样一种现实状况:几乎全部的骨干教师、优秀教师都已经取得高级职称,并且具有丰富的教学经验,这种政策措施对于他们而言,不论是物质的满足上还是精神的需要上都缺乏足够的吸引力。一项好的教育政策要是想要实施者执行得好,其中有效的激励机制是必不可少的。[1]

支教 W 老师:"我们在县城时候,有的同事会自己在家办补习班让自己班里的学生来家里补课,家长也会不惜代价地把自己的孩子都送去老师那里。没有办法,要是不送去,自己的孩子就会比别人的孩子少学一些东西。"

---

[1] 李璐:《〈三区办法〉支教政策实施过程中的问题与对策研究》,硕士学位论文,西北师范大学,2015 年。

支教 Y 老师："我们在这里说是挣钱，其实也挣不下什么钱，我主要是为了晋升高级职称，要是为了多挣点钱，谁来这啊！条件又艰苦，时间长了我都觉得待不下去了。当然这次这个支教政策的待遇比以前还是进步了很多的。"

受援学校 Z 校长："来到农村支教的大部分教师都是中年骨干教师，他们在县城的时候基本已经有了一些积蓄了，所以来这支教多发的那点钱他们也不在乎，大部分都是为了晋升个职称什么的，要是光图多挣的那点钱来这农村学校，是绝对没有人愿意来的。"

3. 支援学校和受援学校信息沟通机制不完善，受援学校的需求难以得到满足

首先，在支教政策实施过程中，很少考虑到受援学校的刚性需求，支教的主动权往往掌握在支援学校手中。例如，受援学校亟须一名英语骨干教师，而支援学校派去的却是一名语文老师。这样的支援对于农村学校教育的发展是无济于事的。与此同时，由于受援学校需求与支教师资信息的不对口导致支教教师到受援学校后，不能充分发挥他们的优势，受援学校也缺乏珍惜人才与资源的意识。

受援学校 Z 校长："我们学校给支教老师安排的课还是很少的，这就是对他们的照顾了。刚开始给两位支教老师都没有安排课，只是让他们听听其他老师的课，之后请他们点评一下，给上课的老师一点建议。后来 M 老师主动接了 9 年级的数学课，但是带课量很少，一周大概就 5 节课。W 老师带的生物课也很少，主要是搞一些学校的音乐活动等。"

支教 W 老师："我来到这个学校以后，刚开始没有给我分配课程，就是让我听听他们学校其他老师的课都上得怎么样，给指导指导。后来过了段时间给我安排了九年级三个班的生物课，一周的课加起来也比较少，所以我闲了就唱唱歌，教教音乐课。"

4. 缺乏对支教教师与政策相配套的管理、监督与评价措施

政策规定，支教教师在支教期间不转人事关系，这就导致支教教师离开原属学校后，原属学校校长由于距离、无直接利益关系等因素的影响，疏于对支教教师的管理。可以说是从支教教师离开原属学校开始，原属学校就像"踢足球"一样理所当然地将支教教师的管理权交给了受援学校。而受援学校因为支教教师的人事关系等不在本校，也没有把支教教师当成自己人的意识，始终以对待客人的方式对待支教教师。因此，对于支教教师的管理就成了看似两边都管，其实两边都不管的局面。支教教师在这种无人管理的环境下，既没有归属感也没有压力。

一方面，大量的心理学研究表明，缺乏归属感的人会对自己从事的工作缺乏激情，责任感不强。这样的心态势必会影响支教教师的支教生活，不利于学生受教育质量的提高；另一方面，俗话说，没有压力就没有动力。许多城市骨干教师正是在城市学校激烈的竞争中锻炼出来的，支教教师管理体制的不完善使得支教教师既没有来自上级的压力也没有竞争的压力，由此导致教学活动以"完成任务"的方式进行，这也不利于教学质量的提高。除了管理上的不完善，对于支教教师也没有相应的监督、评价机制。由于没有这些外因的激励，支教教师也不能像在城市学校一样充分发挥出自己的教学潜能与优势。

支教 W 老师："我们原来学校现在不管我们的事情了，就只是每个月发了工资就行，我们的关系还是在原来学校的，到时候支教一年之后直接回去就行。"

受援学校 Z 校长："支教教师的管理工作，就是我们学校主要管理支教教师这一年的工作和生活方面。管理方法大体上和对待我们学校其他教师都是一样的，但是对支教教师会比较松，人家没课的时候一般愿意干什么我们也都不怎么管，毕竟才待一年时间。"

受援学校 Q 老师："我们学校对支教教师的管理工作做得不

行。因为是专家,所以支教教师享有很多的优待。开会、签到等本校教师必须做的事情,支教教师都是随便的。总的来说就是只要课上了,其他的方面全都无所谓,没有课了只要打声招呼就可以回家了。"

受援学校 S 老师:"我看人家支教老师一天是比较清闲的,压力也小,校长领导也对他们很尊敬,不会重说一句。平时出操和自习之类的对人家也不做硬性要求,想去就去,不想去就可以不去,不像我们,稍微有什么怠慢的估计就会被领导批评。"

三 支教(轮岗交流)政策的改革建议

(一)修改完善政策

首先,应该按照教育教学规律规定支教时间。目前,在我国全国各地开展的支教活动的形式多种多样,虽然我们不能用同一个时间期限来规定各种不同形式的支教期限,但是我们可以采用支教形式分类的办法,从总的方面对各种支教形式进行期限上的规定。例如,"轮岗交流""对口帮扶"等支教形式,期限应不低于 3 年,而"上示范课"等支教形式更应该注重在假期由骨干教师对农村教师进行培训,以一两个月为宜。这样不但有利于农村师资队伍总体上的提高,而且也符合教育教学的基本规律,不至于使受援学校的学生在一个师资波动的环境下学习。

其次,制定完善的支教教师选拔程序。第一,政策决策者必须要制定出科学的、清楚的支教教师选拔要求,明确支教教师的职称、教龄以及学科等方面的具体要求。第二,相关部门应该对支教教师的资格按政策的要求进行资格审查,并完善对支教教师的监督机制。第三,应制定完善的政策实施程序,如日本中小学教师的"教师流动制度"实施的成功主要是因为它有一套比较完整的实施程序。有了程序的规定,就相对减少了在政策实施过程中投机取巧行为的发生,保证了政策的落实。

(二)转变思想认识与态度

思想是行动的先导,思想认识的正确与否、程度高低直接决定着行动的过程与结果。任何盲目夸大或弱化支教意义的思想认识都不利于支教活动的有效展开。① 在完成对支教教师的培训和管理工作的同时，应该及时转变支援学校管理者和支教教师对于支教工作的思想认识和态度。

一方面，支援学校管理者要加强对支教工作的支持力度，做好与受援学校的衔接、交流工作。在选派支教教师的问题上应充分考虑受援学校的实际需求，有针对性地进行支援；另一方面，支教教师要从根本上转变对农村教育、农村社会的错误看法，将支教经历作为自我专业发展的良好契机，打破"为支教而支教"的观念，彰显作为优秀教师所应具备的人文情怀和奉献精神——与受援学校师生、学生家长、村民"打成一片"，切身融入乡村社会和乡村学校，积极参与学校教学和管理工作。此外，受援学校应加强自身的主动性，要认识到支教教师对本校教育教学发展的重要性，应该充分利用支教教师这个优质资源，结合本校实际情况，及时的与支教教师切磋交流。

此外，教育主管部门在政策制定和执行的过程中要充分听取受援学校的声音，在支教教师派出之前进行调研，充分了解农村学校的需求，有针对性地送教，避免"主观主义"。应适当利用大众媒体开展专门的宣传教育，扩大对支教工作、支教意义的宣传和影响，从而搭建起有利于支教工作顺利进行的外部环境。如此这般，支教政策才能真正得到贯彻落实，农村教育才能获得长足发展。

（三）建立管理、监督制度

管理的本质是服务，加强对支教教师的管理，目的就是让支教教师明白支教的职责、内容、目标，进而全身心投入支教工作中。② 首先，应该对支教教师进行支教前培训，使他们更清楚地认识到自己在支教过程中的责任与担当，强化他们的责任意识，激发奉献精神。其次，应成立支教教师领导小组，与支教教师及时进行沟通，了解他们

---

① 李娜：《关于城镇教师对口支援农村教育的政策分析》，硕士学位论文，东北师范大学，2007年。

② 同上。

的工作动态，及时解决支教工作中遇到的各种问题。最后，采取有效的激励措施也是促进教师高效工作的有效办法，对待支教教师同样需要采取激励措施。科学的激励工作需要奖励和惩罚并举，一方面，通过对教师所表现出来的符合教师职业期望的行为进行奖励，另一方面，又要对不符合教师职业期望的行为进行适当惩罚，双管齐下，以此激励教师积极转变工作态度，提高支教工作的效率。

四 结语

均衡城乡教育师资水平是我国统筹城乡教育发展的重要举措，支教教师作为促进农村教育发展的重要力量，其工作能否落实直接关系到农村教育质量的提高以及国家支教政策的执行效果。但是由于农村教育问题的复杂性以及各项政策在制定和执行中的缺陷和偏差，使当前的支教政策实施的效果不如预期，支教政策中依然有许多的问题亟待我们站在更宏观的角度去思考，去探索更好的解决办法。令人欣慰的是，2016年7月2日，国务院颁发的《关于统筹推进县域内城乡义务教育一体化改革发展的若干意见》明确指出："建立城乡义务教育学校教职工编制统筹配置机制和跨区域调整机制，实行教职工编制城乡、区域统筹和动态管理，盘活编制存量，提高使用效益。国务院人力资源社会保障部门和教育部门要研究确定县域统一的义务教育学校岗位结构比例，完善职称评聘政策，逐步推动县域内同学段学校岗位结构协调并向乡村适当倾斜，实现职称评审与岗位聘用制度的有效衔接，吸引优秀教师向农村流动。"这预示着我国农村师资队伍发展的新转向。

第七节 教师退出政策

一 政策演变历程

（一）20世纪90年代的相关政策

1992年8月，原国家教委、国家计委、人事部、财政部联合下发了《关于进一步改善和加强民办教师工作若干问题的意见》，其中指出:"在千方百计保证农村学校师资需求的同时,坚决清退未经县以上教育行政部门批准,乡村自行录用的所谓'计划外民办教师'和代课教师。辞退不合格民办教师和清退'计划外民办教师'后,短时间补充不上公办教师的,可以由县以上教育行政部门进行严格考试,聘请具有高中毕业以上文化程度,具备教师资格的人作为时代课教师。"① 同时,该意见还提出了解决民办教师问题的著名的五字方针,即"关、转、招、辞、退"。

1993年10月31日《中华人民共和国教师法》第三十七条指出,教师不恰当行为包括:故意不完成教育教学任务给教育教学工作造成损失、体罚学生,屡教不改;品行不良、侮辱学生,影响恶劣。对于教师的不恰当行为,应由所在学校、其他教育机构或者教育行政部门给予行政处分或者解聘。同时规定,对违反刑法的教师应取消其教师资格。

1995年12月12日《教师资格条例》第十九条规定:"对弄虚作假、骗取教师资格的;品行不良、侮辱学生,影响恶劣的,撤销其教师资格。"

(二) 21世纪以来的相关政策

2001年,国务院发布《国务院关于基础教育改革与发展的决定》,其中,在"调整优化教师队伍"中指出"实施教师资格准入制度,严格教师资格条件,坚决辞退不具备教师资格的人员,逐步清退代课人员,精简、压缩中小学非教学人员。"在该决定中首次正式提出了要清退代课人员的要求。

2002年,国务院办公厅转发教育部等部门在出台的《关于进一步深化普通高等学校毕业生就业制度改革有关问题意见的通知》中进一步强调"坚决清退不合格的教师和代课教师"。同年颁布的《国务院办公厅关于完善农村义务教育管理体制的通知》决定全面实行教师资格制度,农村中小学任教人员必须具备相应的教师资格,对不具备

---

① 国家教委、国家计委、人事部:《财政部关于进一步改善和加强民办教师工作若干问题的意见》,法律教育网。

教师资格的人员要及时将其调整出教师队伍，限期清退农村中小学代课人员。

2003年颁布的《国务院关于进一步加强农村教育工作的决定》指出，应坚持依法从严治教，加强教师队伍管理，对严重违反教师职业道德、严重失职的人员，应坚决将其清除出教师队伍。严格掌握校长任职条件，积极推行校长聘任制，对考核不合格或严重失职、渎职者，应及时予以解聘或撤职。

2006年，教育部召开了新闻发布会，发言人王旭明介绍了关于中小学代课人员清退工作的有关情况，并声称"将采取系列措施清退全国万名代课教师"。同年5月颁布的《关于实施农村义务教育阶段学校教师特设岗位计划的通知》指出，特设岗位教师在聘期内，由地方教育行政部门对其进行跟踪评估，对成绩突出、表现优秀的特设岗位教师，应给予表彰；对不按合同要求履行义务的特设岗位教师，要及时对其进行批评教育，督促改正；对不适合继续在教师岗位工作的特设岗位教师，应及时将其调整出教师队伍并相应取消其享受的相关政策优惠。

2008年9月1日，《中小学教师职业道德规范》修订颁布后，各省纷纷制定了《中小学教师职业道德考核办法》，规定对师德考核不合格者实行一票否决，明确规定了将教师划分为"合格"与"不合格"等级的具体标准。同年12月，《国务院关于深化农村义务教育经费保障机制改革的通知》决定加快推进教育综合改革，深化教师人事制度改革，依法全面实施教师资格准入制度，加强农村中小学编制管理，坚决清退不合格和超编教职工。

2010年颁布的《国家中长期教育改革和发展规划纲要（2010—2020年）》明确提出健全教育管理制度，不仅要完善并严格实施教师准入制度，而且要严把教师入口关，加强教师管理，完善教师退出机制。

2011年在教育部、人力资源和社会保障部、财政部和中央编办颁布的《关于妥善解决中小学代课教师问题的指导意见》中，针对代课教师问题，强调做好"妥善做好辞退补偿""依法依规纳入社保""积极开展就业培训"等工作。

2012年8月20日颁布的《国务院关于加强教师队伍建设的意见》指出，应全面推行聘用制度和岗位管理制度。根据分类推进事业单位改革的总体部署，按照按需设岗、竞聘上岗、按岗聘用、合同管理的原则，完善以合同管理为基础的用人制度，实现教师职务（职称）评审与岗位聘用的有机结合，完善教师退出机制。同年9月20日，教育部、中央编办、国家发展改革委、财政部和人力资源社会保障部颁布的《关于大力推进农村义务教育教师队伍建设的意见》指出，应全面实施教师资格考试和定期注册制度，严把农村教师入口关，严禁未取得教师资格的人员进入教师队伍。

2013年，教育部颁布《关于建立健全中小学师德建设长效机制的意见》，要求严格师德考核，将师德考核作为教师考核的核心内容，摆在首要位置，师德考核不合格者年度考核应评定为不合格，并在教师资格定期注册、职务（职称）评审、岗位聘用、评优奖励和特级教师评选等环节实行一票否决。同年8月15日颁布的《中小学教师资格定期注册暂行办法》第二条规定，中小学教师资格实行五年一个周期的定期注册，定期注册不合格或逾期不注册的人员，不得从事教育教学工作；第十条规定："有下列情形之一的，注册不合格：违反《中小学教师职业道德规范》和师德考核评价标准，影响恶劣；一个定期注册周期内连续两年以上（含两年）年度考核不合格；依法被撤销或丧失教师资格。"

2015年颁布的《乡村教师支持计划（2015—2020年）》要求各地采取有效措施鼓励城镇退休的特级教师、高级教师到乡村学校支教讲学，中央财政应对边远贫困地区、边疆民族地区和革命老区人才支持计划教师专项计划给予适当支持。

教师退出包括两类：一是由于到了指定退休年龄而进行的自然退出，二是由于教师个人问题被体制所淘汰，在此被称为"不合格教师的退出"。从上述政策条目中可以看出，政策内容主要是对不合格教师的处理问题进行论述的，而对教师的自然退出问题并没有涉及，因此后文中主要针对农村存在的不合格教师问题及其退出机制进行较为详尽的论述。

二 政策存在的问题

(一) 不合格教师判定标准不明，导致不合格教师认定困难

不合格教师的判定标准，是教师退出的重要依据。根据《国家教育委员会关于〈中华人民共和国教师法〉若干问题的实施意见》，中小学教师考核的办法，由省级教育行政部门根据国家有关规定制定，考核结果分为"优秀""称职""不称职"等若干等级，考核不称职的可根据情况不向上调整工资或者低聘、解聘教师职务。[1] 由此可见，退出的教师应该是不称职的教师。但是有研究表明，中小学教师认为，当前在处理不合格教师时遇到的最大问题是"对不合格教师的认定缺乏统一的标准"[2]。有学者对近 20 年关于不合格教师的研究分析发现，对不合格教师内涵的认识仍有分歧，有待统一和澄清。[3] 由于对不合格教师的认识存在差异，使在实践中对不合格教师的认定缺乏统一标准。

此外，在教师考核的过程中，由于教师们教授学科的不同，教学环境存在差异，因此难以用同一个评价标准对教师工作状况的优劣进行界定。如果仅仅凭借教学成绩，用简单量化的方式去评价一位教师的做法是不合理的。评定教师合格与否，需要同时基于充分的事实证据，而现实中由于时间和经验不足，收集证据存在很多困难。学校不仅缺少对教师的持续性观察和记录，而且有些证据还不易获得，比如师德、教学态度等。因而，在缺乏规范评价体系和具体标准的情况下，不可能做到对不合格教师进行清晰的界定，这也就使对不合格教师的认定存在较多争议。

---

[1] 卢艳、陈恩伦:《中小学教师退出机制存在的问题及原因探析》,《教学与管理》2012 年第 22 期。

[2] 张彩云:《中小学教师对"不合格教师"认知的调查研究》,《教育理论与实践》2012 年第 4 期。

[3] 牟蕾、雷云:《近二十年不胜任教师研究述要》,《教师教育论坛》2014 年第 12 期。

(二) 权力主体不明确，造成退出沦为形式

从政策文本得知，对出现不良行为的教师进行处罚的权力主体有着不同的规定，既可以是所在学校，也可以是教育行政部门或教育机构。也就是说，教师退出的处理主体不明，由谁来处理不合格教师，并没有一个明确而一致的规定。究其根源，是因为我国实行"管用分离"的教师人事制度，在教师退出的问题上，教育行政部门、学校等执行主体各自的责任、权利界限不明，因而很难形成行之有效的不合格教师退出的约束机制，影响教师退出机制的推行，也不利于对相关各方进行有效的约束和监督，甚至可能在不合格教师退出的问题上出现执行主体之间相互推诿、不作为的现象。

此外，在我国，不合格教师退出还涉及复杂的人情因素，教育行政管理部门或学校往往因为怕麻烦或避免冲突而不愿意去解决。很多校长表示，不希望教育行政部门将解聘教师的权力下放到学校，因为"容易得罪人"。有的校长坦言，学校鉴别出了不合格教师，报送当地教育行政部门，但由于一些不可知的复杂原因，不合格教师并没有受到处理，而是继续留在学校任教，如此一来，校长和该教师之间的关系就变得非常尴尬。有时，校长明明知道有的教师教育教学能力低下，不能胜任教师工作，但囿于同事情谊，不便将其解聘。

(三) 退出程序不规范，缺乏相应的执行评估体系

我国现有法律法规中对于不合格教师的处理程序，涉及教师的考核、申诉等方面。但究竟如何申诉、向谁申诉，并没有具体说明。国外教师退出机制的实施主要分为鉴别阶段、补救阶段和评议阶段，其所在学校负责完成鉴别和补救任务，学校、教育行政机关共同完成评议任务。[①] 但是，由于相关法律法规还不太完善，我国不合格教师的退出仅凭学校和教育行政部门的片面考评，这样的做法其实有失公平、公正，这样的教师退出机制是不合理的。这不仅不利于优化教师队伍，反而会扰乱现有的教师队伍管理秩序，造成人心涣散。

---

① 赖秀龙、周翠萍：《论国外义务教育师资均衡配置的政策支持系统》，《外国中小学教育》2012 年第 12 期。

此外，国外在对于不合格教师的处理上建立了一套相对完善的退出程序，包括觉察期、辅导期、审议期、申诉期等，通过比较全面而完整的退出程序，保障教师权益，也在一定程度上减少了教师的流失。但是从上述政策法规中看出，我国教师退出程序的相关政策中只涉及觉察期和申诉期，缺乏对教师的辅导帮助，也缺少听证审议的具体环节。

尽管退出政策对教师的退出作了相关的规定，但对教师退出政策及其执行情况的评估仍然是短板，目前对于退出政策的评估大多是事后评估，执行评估往往不受重视。退出政策评估会涉及教师的切身利益，如果没有科学合理的政策评估程序作为保障，教师退出政策的评估只能是走马观花。

（四）退出保障不到位，教师不愿离开现有工作岗位

《中华人民共和国教师法》规定，教师享有和当地国家公务员同等的工资、医疗、退休等保障性待遇。不过这一规定目前仍未具体涉及教师失业时的社会保险，也没有涉及对退出教师的基本生存权益的保障。因此，有"教师"这一"铁饭碗"握在手中，教师们即使不喜欢或难以胜任这个岗位，也不会轻易选择退出，因为在社会保障尚不健全的情况下，一旦离开现有的教师岗位，将会失去医疗保险、养老保险等社会保障。

三 政策建议

在谈教师的退出问题上，我们需要明确"退出"的目的不是精简队伍，而是优化重组，因此"退出教师"必须是农村教师队伍中教育教学水平相对较低的人员。

教师的退出问题，尤其是不合格教师的退出问题，其实涉及方方面面，退出标准的制定、退出的权力主体、退出程序以及退出之后的保障问题等都需要考虑，所以当务之急是建立切实可行的教师退出机制。

（一）建立判定不合格教师的国家标准

不合格教师的判定标准，是教师退出的重要依据，制定国家层面的不合格教师判定标准是当前的紧迫任务。我国目前关于解聘不合格

教师的规定过于模糊，标准不明确，在实践中缺乏可操作性，不能真正做到让不合格教师从教师队伍中退出来。通过调研中的访谈，得知"在城乡中小学，尤其是农村中小学，一些不合格教师占据岗位，教师队伍缺乏正常的退出渠道，无法腾出编制补充年轻、优秀教师。因此，有必要建立完善的教师退出机制，来实现教师队伍的良性流动。"因此，建立完善的教师退出机制和合理的教师退出标准显得尤为紧迫。建议在今后的立法中将相关规定细化，以便于操作。首先，在宏观层面上，国家教育主管部门可根据中国的教育现状制定出全国普遍适用的教师评价标准，明确县一级教育行政部门和各类学校在教师管理方面的权力与责任划分，通过师德、教育理念、教学能力和工作态度等多个维度对教师进行全面综合的评价。其次，各省市应基于国家教育主管部门制定的标准，结合本地区具体情况进行细化和适当调整，制定出符合本省市的教师评价标准。最后，各类学校应基于本省市的教师评价标准，针对学校具体情况对不合格教师进行处理。

制定并严格执行明确、细化的教师评价标准，一方面可以让不合格教师心甘情愿地退出；另一方面也可以防止因学校随意评估而造成的以不正当的目的解聘教师事件的发生。近年来，美国一些机构和组织开始实施基于绩效的教师退出标准，根据教师在班级管理、出勤率、绩效表现和承担其他职责等方面的情况，设计教师退出标准计分表，由此从整体上对教师进行考核，并确定不合格教师的人选，使教师分流或退出的决策有据可依。借鉴美国机构的做法，吕敏霞认为，"我国应该委托专门的科研部门或教育组织来开展这方面的工作，在调查教师意见的基础上，选用能够反映教师绩效和质量水平的评价方法（即现如今日益普遍使用的增值评估法），确定相关的影响因素或指标，如教师的班级管理水平、对学校工作的投入程度、学生的起点学业水平、教师的工作年限等，赋之以不同的分值和比重，开发能够使每位教师都认可的教师退出标准计分表"[①]。通过建立教师退出标

---

① 吕敏霞：《美国公立中小学教师退出标准的走向及启示》，《教师教育研究》2011年第3期。

准计分表，以数值呈现的方式帮助教师清晰明了地看到自己在学校的表现，也便于教育主管部门和学校对教师进行考核和评估。

（二）建立科学评估体系，明确教师退出的权力主体

教师退出主体的选择，关系到教师退出制度的公信力，也关系到教师合法权益的保护，在教师退出机制中有着重要作用。决定教师退出与否似乎不应由教育行政管理部门或学校单一主导，而应借助专业组织、同行评议、学生评价等多维度衡量，充分捍卫教师的教育自主权。但是反观当下，我国大部分学校对教师的评价方式较为单一化、简单化，多以学生成绩的高低来衡量教师工作的好坏，这种片面的评价方法很难对不合格的教师进行合理的界定。农村地区更是简单地将"民转正"教师及代课教师辞退，不考虑这批教师在特殊时期对学校和农村教育事业所作的牺牲和贡献，这种做法无异于"卸磨杀驴"。由于对教师评价方式不合理，导致退出对象不清晰，也影响到教师退出机制的实施。

美国拥有较为完善的评估体系，为教师的退出提供了必要的依据：评价主体多元化，主要包括评估委员会评价、学生评价、同行评价、家长评价、校长评价等，避免了单一主体评估的主观性；评价标准方面，美国有专门的教师教育质量认定机构，分别对职前、新聘任、在职和优秀教师的专业标准进行了明确规定，这些标准涵盖了教师的教学能力、自身素质、道德品质等综合方面；评价方式方面，美国注重形成性评价和发展性评价。[①]

参照美国经验，科学的评估体系应该对评估主体、评估内容、评估方式等方面的问题作出明确的、具有可操作性的规定，形成一个体系。我国可以学习美国的相关做法，对于评估主体而言，可将评估的权力分散给学校领导、教师和学生等群体，通过他们进行全方位、多角度的信息搜集，最终的考评结果可综合不同评估主体搜集的证据而得出。同时，多元化的评价主体的参与可以避免单一评

[①] 殷建丽：《美国农村中小学不合格教师退出机制及其对我国的启示研究》，硕士学位论文，东北师范大学，2016年。

价的片面性,当教师对考评结果提出异议时,也易于澄清和解释。结合我国学校管理实际,应该采取"管、办、评"分离的方式:"政府及教育行政部门从宏观上管理中小学教师退出;学校在教育行政部门的指导和授权之下具体执行中小学教师退出政策;教育监测机构等第三方机构在教育行政部门的指导下有效考评中小学教师"①,实现各机构间相互牵制、相互监督的局面。"评估内容应该包括教师教学知识和能力、工作态度、道德品质、班级管理能力等维度,每一维度都要有具体的内容,并且附有参考性和操作性的示例;评估方式,我们要采用多种评估方式综合评估,既要采用形成性评价和发展性评价,也要结合结果性评价,关注教师的成长过程,及时发现问题并解决问题,提高教师的专业素质和能力,提升学校的教育质量。"②

(三) 确立规范的退出程序,有序清退不合格教师

目前,我国关于教师退出的法律法规中几乎没有涉及教师退出程序方面的问题,导致在解聘教师的过程中出现了解聘程序简单化、过程不透明、缺乏民主监督等问题,而且对已解聘教师的管理问题也没有提及。总体来看,我国的教师退出制度尚不够完善。因此,构建一套公平透明、操作性强的退出程序已迫在眉睫。

西方一些国家在设计不合格教师的退出程序上的做法已较为成熟,我国可借鉴一二。"构建觉察期、辅导期、审议期、申诉期等一套完整的退出程序:在觉察期,应收集家长、教师、学生多方的证据,增强教师评价的客观性。对于违反法律或触犯师德严重的情况,可以直接取消当事人任教资格,而对于教育教学能力欠缺的教师,应给予他们进修、辅导和改进的机会,制订完整的辅导计划和具体的辅导措施,着力于不断提高教师的专业化水平。要制定规范的审议听证程序,成立专门的教师申诉评议机构,受理教师申诉,切实

---

① 王天平、高艳霞:《中小学教师退出机制的问题审视与对策建议》,《教师教育学报》2016年第4期。

② 殷建丽:《美国农村中小学不合格教师退出机制及其对我国的启示研究》,硕士学位论文,东北师范大学,2016年。

保护教师权益。"①

总之，不合格教师的退出要循序渐进，对考核不合格、不能胜任教学岗位的教师不可以一棍子打死，对于那些热爱教师行业、仍有意继续从事教师职业的人员，当地教育主管部门应组织相关培训，帮助其成长，并在培训结束后进行考查，如果满足要求，教育管理部门应为其提供重新上岗的机会。

（四）拓宽退出渠道，完善退出教师的社会保障制度

建立并完善保障制度主要是解决教师"退出后怎么办"的问题，这些措施包括退出教师的补偿机制、培训再就业制度、社会救济保障制度等等，以尽量减少教师退出对社会造成的负面效应，维护社会和谐稳定。

1. 完善教师退休制度

从教师个体来看，影响教师退出教师岗位的最大顾虑就是教师终生收益的最大化。教师在岗的收益或者说退出岗位的成本主要包括工资报酬、晋升机会、在职福利待遇等，而教师退休后的收益主要包括退休金及相关退休福利、闲暇、家庭劳动时间等非货币收入以及其他可能收入等。某县"实行提前退休制度、歇岗待退制度和教师编外制度，对男满55岁、女满50岁，因身体原因不能正常上班的教师进行提前退休和歇岗待退，对不符合提前退休和歇岗待退条件、因身体原因不能坚持正常上班的教师暂列编外"。对于一些不合格教师，也可以采取提前退休的方式，并在一定程度上保证他们的退休福利，对退出教师给予特殊的待遇，离岗休息及待聘教职工在待聘期间，其基本工资照发，直到教师找到新的就业岗位并有固定收入来源为止。有些地方还对长期工作在农村地区的教师（主要是代课教师）支付经济补偿，并提供相应的社会保险等福利，以解除他们的后顾之忧。

2. 拓宽教师的再就业渠道

处理好教师退出后的再就业问题对于顺利实施教师退出机制至关

---

① 张彩云：《中小学教师对"不合格教师"认知的调查研究》，《教育理论与实践》2012年第4期。

重要。为此，政府部门应发挥其职能。以日本为例，日本文部科学省在2001年从预算中专门拨出1亿日元，建立有关"能力不足教师"问题的认识系统，制订进修计划，在不挫伤教师积极性、尊重"能力不足教师"本人意愿的前提下，帮助他们完成进修计划，从资金支持、专业培训等方面解决退出教师的再就业。① 政府帮扶和鼓励退出教师再就业的相关政策，既有利于让他们找到以后的出路，也增加了退出教师的自信心和对未来的期盼。总之，各地区各部门应当竭力配合学校，尽量了解退出教师的内在需要，帮助退出教师创造就业机会，让他们根据自身的实际情况，寻找适合自己的岗位，以实现自己的人生价值。

3. 建立相应的退出教师的安抚制度

从既有的经验来看，大多数教师是害怕退出后自身利益受损、生活无着落而畏惧退出。因此，做好退出教师的安抚工作很重要。只有建立良好的社会保障机制，才能促使不合格教师自愿、平稳地退出教学岗位。在实际工作中，对于那些即将转入其他行业的人员，政府应制定合适的转岗期限，保证此期间其基本生活得到保障，帮助他们顺利度过这一阶段。根据《中华人民共和国劳动法》规定，用人单位在解聘劳动者时，必须根据其劳动时间以及其工资水平给予相应的补偿。因此，对于退出教师，相关部门应采取一些举措对其进行补偿。譬如，各地区的政府部门、教育部门、社会保障部门等统筹安排，依靠社会各方面的力量，对有关教师的养老保险、医疗保险、失业保险、住房公积金、人事档案管理制度等方面进行改革，切实保证退出教师的合法权益，解决退出教师的后顾之忧。

（五）完善退出监督机制，正确引导社会舆论

任何有关管理层面的决策及其实施，都需要各方合力监督，以保证其过程和结果的透明度。对教师退出工作建立监督体系，对未能妥善解决教师退出问题的相关部门和人员实行责任追究与问责制度，可

---

① 王天平、高艳霞：《中小学教师退出机制的问题审视与对策建议》，《教师教育学报》2016年第4期。

以保证教师们的合法权益不被侵犯。同时,"在教师退出政策的落实过程中,应建立信息反馈制度,以便针对实际情况及时作出适当调整,进一步完善督导结果公告制度,使教师退出监督工作制度化、常态化"[①]。

此外,受传统观念影响,公众普遍认为教师就是一个"终身制"的职业,教师退出机制的实施可能会被人们所误解,以异样的眼光去看待退出教师,这不利于退出教师的后续发展。所以,社会亟须转变对退出教师的不当认识,给予其宽松的舆论环境,帮助其树立自信,使其勇敢生活,在适合自己的岗位上发光发亮。

总之,教师退出是一项艰巨而又复杂的工作,教师退出机制涉及方方面面,需要各地相关部门紧密配合,高度重视,避免因处理不当产生的冲突和纠纷,做到稳妥有序地退出教师,妥善安置和消化有关人员。

[①] 王天平、高艳霞:《中小学教师退出机制的问题审视与对策建议》,《教师教育学报》2016年第4期。

附录(插图、表格、问卷等)

附录一 农村学校教师情况调查问卷

尊敬的校领导:

您好!

为了了解县域中小学教师队伍基本情况,提升县域教师队伍建设水平,提升教师队伍质量,为国家提供政策建议,进行本次调查。

调查资料只为研究所用,只对资料进行整体分析。我们会对您提供的信息严格保密,请您放心根据实际情况填写。

【填写说明】1."中小学"指普通中小学,"小学"包括教学点。不包括民办中小学和职业高中。2. 九年一贯制学校教师若在小学和初中兼课,完全中学教师若在初中和高中兼课,以所带主课的学段判断所属学校类型。

非常感谢您的帮助,祝您工作愉快!

"西北农村地区中小学教师队伍结构失衡问题及
破解政策体系研究"课题组

一 学校及教师基本情况

1. 贵校所在位置( )

   A. 农村   B. 乡镇   C. 县城(市)

2. 贵校的学校类型( )

   A. 小学(含教学点)   B. 九年一贯

C. 初中带 5—6 年级　　　D. 独立初中

E. 独立高中　　　　　　F. 完全中学

3. 学生共（　）人，其中小学生（　）人，初中学生（　）人，高中生（　）人。

4. 教职工共（　）人，其中女性教职工（　）人，男性教职工（　）人。

5. 省上下达基本编制共（　）人。

6. 专任教师共（　）人，小学教师（　）人，初中教师（　）人，高中教师（　）人；其中小学女性教师（　）人，小学男性教师（　）人，初中女性教师（　）人，初中男性教师（　）人，高中女性教师（　）人，高中男性教师（　）人。

7. 代课教师共（　）人，其中女性教师（　）人，男性教师（　）人。

8. 所缺专任教师共（　）人。

9. 专任教师过剩（　）人。

10. 专任教师学历合格率（　）。

11. 生师比：小学（　），初中（　），高中（　）。

12. 专任教师职称结构：

12a. 无职称：

小学：无职称女性教师（　）人，无职称男性教师（　）人；初级职称女性教师（　）人，初级职称男性教师（　）人；中级职称女性教师（　）人，中级职称男性教师（　）人；高级职称女性教师（　）人，高级职称男性教师（　）人。

初中：无职称女性教师（　）人，无职称男性教师（　）人；初级职称女性教师（　）人，初级职称男性教师（　）人；中级职称女性教师（　）人，中级职称男性教师（　）人；高级职称女性教师（　）人，高级职称男性教师（　）人。

高中：无职称女性教师（　）人，无职称男性教师（　）人；初级职称女性教师（　）人，初级职称男性教师（　）人；中级职称女性教师（　）人，中级职称男性教师（　）人；高级职称女性教师（　）人，高级职称男性教师（　）人。

12b. 特级女性教师（　）人，特级男性教师（　）人。

12c. "骨干教师"：

小学：省级女性教师（　）人，省级男性教师（　）人；市级女性教师（　）人，市级男性教师（　）人。

初中：省级女性教师（　）人，省级男性教师（　）人；市级女性教师（　）人，市级男性教师（　）人。

高中：省级女性教师（　）人，省级男性教师（　）人；市级女性教师（　）人，市级男性教师（　）人。

12d. "青年教学能手"：

小学：省级女性教师（　）人，省级男性教师（　）人；市级女性教师（　）人，市级男性教师（　）人。

初中：省级女性教师（　）人，省级男性教师（　）人；市级女性教师（　）人，市级男性教师（　）人。

高中：省级女性教师（　）人，省级男性教师（　）人；市级女性教师（　）人，市级男性教师（　）人。

12e. "学科带头人"：

小学：省级女性教师（　）人，省级男性教师（　）人；市级女性教师（　）人，市级男性教师（　）人。

初中：省级女性教师（　）人，省级男性教师（　）人；市级女性教师（　）人，市级男性教师（　）人。

高中：省级女性教师（　）人，省级男性教师（　）人；市级女性教师（　）人，市级男性教师（　）人。

13. 现有特岗教师（　）人，农村教育硕士（　）人，支教教师（　）人。

二 分学科、分年龄教师数量和学历分布统计表：

附表 1　　分学科、分年龄教师数量和学历分布统计

学科		25岁以下				26—35岁				36—45岁				45岁以上				合计	目前紧缺教师数
		中专及以下	大专	本科	研究生	中专及以下	大专	本科	研究生	中专及以下	大专	本科	研究生	中专及以下	大专	本科	研究生		
语文	女																		
	男																		
数学	女																		
	男																		
英语	女																		
	男																		
音乐	女																		
	男																		
体育	女																		
	男																		
美术	女																		
	男																		
政治	女																		
	男																		
历史	女																		
	男																		
地理	女																		
	男																		
物理	女																		
	男																		
化学	女																		
	男																		
生物	女																		
	男																		

续表

学科		25岁以下			26—35岁			36—45岁			45岁以上			合计	目前紧缺教师数
		中专及以下	大专	本科	研究生	中专及以下	大专	本科	研究生	中专及以下	大专	本科	研究生		
科学	女														
	男														
其他	女														
	男														
合计	女														
	男														

三 问答题（请详细回答）

1. 贵校对解决紧缺学科教师问题的政策、措施有哪些？效果如何？对国家有什么建议？

2. 贵校对解决教师职称方面的问题的政策、措施有哪些？效果如何？对国家有什么建议？

3 贵校对解决教师队伍学历结构的问题的政策、措施有哪些？效果如何？对国家有什么建议？

4. 贵校对解决教师队伍年龄结构的政策、措施有哪些？效果如何？对国家有什么建议？

5. 贵校对解决城乡教师不均衡的问题的政策、措施有哪些？效果如何？对国家有什么建议？

6. 贵校对教师（师范生）招生制度（政策）有何建议？

7. 贵校对中小学教师培训制度（政策）有何建议？

8. 贵校对中小学教师招考制度（政策）有何建议？

9. 贵校对中小学教师准入制度（政策）有何建议？

10. 贵校对中小学教师继续教育（或培训）制度（政策）有何建议？

11. 贵校对中小学教师轮换交流制度（政策）有何建议？

12. 贵校对中小学教师待遇制度（政策）有何建议？

13. 贵校对中小学教师退出制度（政策）有何建议？

附录二　县域中小学校长队伍调查表

亲爱的教育局领导：

您好！

请将贵县中小学校长队伍的基本情况填入下表。我们会对您提供的信息严格保密，请您放心根据实际情况填写。

非常感谢您的帮助。祝您工作愉快！

【填表说明】1. "中小学"指普通中小学，小学包括教学点；2. "校长"不包含副校长。

"西北农村地区中小学教师队伍结构失衡问题及
破解政策体系研究"课题组

附表2　县城中小学校长队伍调查

学校类别 项目	县城				乡镇			乡镇以下			备注
	高中	初中	九年一贯制	小学	初中	九年一贯制	小学（含教学点）	初中	九年一贯制	小学（含教学点）	
学校数（校长数）											
年龄　25岁及以下											
26—30岁											
31—35岁											
36—40岁											
41—45岁											
46—50岁											
50岁以上											
性别　男											
女											

续表

项目 \ 学校类别			县城			乡镇			乡镇以下			备注
			高中	初中	九年一贯制	小学	初中	九年一贯制	小学（含教学点）	初中	九年一贯制	小学（含教学点）	
学历	第一学历	硕士及以上											
		本科											
		大专											
		其他											
	目前学历	硕士及以上											
		本科											
		大专											
		其他											
职称		无											
		初级											
		中级											
		高级											
		特级教师											
称号	"骨干教师"	省级											
		市级											
	"教学能手"	省级											
		市级											
	"学科带头人"	省级											
		市级											
近3年来外出参加培训人次		市级											
		省级											
		国家级											

特殊情况说明：

（再次感谢您的配合！）

主要参考文献

陈永明：《现代教师论》，上海教育出版社1999年版。
杜晓利：《教师政策》，上海教育出版社2012年版。
贾怀勤：《管理研究方法》（第1版），机械工业出版社2006年版。
马戎、龙山：《中国农村教育问题研究》，福建教育出版社2000年版。
宋一夫：《二重结构理论》，中国社会科学出版社2006年版。
［美］雅克·哈拉克：《投资于未来——确定发展中国家教育重点》，教育科学出版社1997年版。
袁桂林等：《中国农村教育发展指标研究》，经济科学出版社2009年版。
中央教育科学研究所教育督导评估研究中心：《义务教育均衡发展报告（2010）》，教育科学出版社2010年版。
周险峰等：《农村教师研究30年：回顾与反思》，华中科技大学出版社2011年版。
陈晓微：《农村小学教师"老龄"问题研究》，硕士学位论文，东北师范大学，2010年。
傅小丹：《中部贫困地区农村义务教育师资队伍建设问题与对策研究》，硕士学位论文，江西师范大学，2006年。
胡晨阳：《农村基层小学教师队伍建设的现状、问题及对策研究》，硕士学位论文，聊城大学，2017年。
石长林：《中国教师政策研究》，博士学位论文，华中师范大学，2005年。
王安全：《一个西部县农村教师结构五十年的变迁》，博士学位论文，陕西师范大学，2012年。

王鹏：《欠发达地区教师队伍建设问题研究》，硕士学位论文，沈阳师范大学，2011年。

魏晓军：《河北省中小学教师队伍结构及相关问题研究》，硕士学位论文，河北师范大学，2007年。

徐燕：《荆州市农村中小学教师队伍建设研究》，硕士学位论文，长江大学，2012年。

鲍传友：《中国城乡义务教育差距的政策审视》，《北京师范大学学报》（社会科学版）2005年第3期。

陈富：《西北地区中小学教师队伍结构与质量变化调查研究》，《基础教育研究》2009年。

成霞霞：《优化学缘结构，提升学术生产力》，《岳阳职业技术学院学报》2013年第28（3）期。

丁生东：《青海民族地区中小学教师队伍流动状况调研报告》，《青海师范大学学报》（哲学社会科学版）2012年。

董志伟：《农村教师队伍建设存在的问题及其对策》，《河北师范大学学报》（教育科学版）2009年第4期。

付文杰：《欠发达地区农村义务教育教师队伍结构性矛盾及解决对策》，《宜春学院学报》2009年第31（5）期。

谷生华：《西部农村地区基础教育教师队伍现状调查》，《重庆教育学院学报》2004年第4期。

管培俊：《教师教育的春天和我们的使命》，《北京教育学院学报》2009年第4期。

郭正、赵彬：《农村义务教育教师培训现状及改善策略》，《现代教育管理》2010年第2期。

金东海等：《西北民族地农村义务教育阶段学校教师资源配置效率现状调查》，《当代教育与文化》2010年第2期。

李怀珍、安莉娟：《代课教师现象与农村教师队伍建设》，《基础教育参考》2004年第9期。

李建强：《加强农村教师队伍建设的思考》，《中国农村教育》2005年第 1—2 期。

李星：《教师男女比例失调造成的负面影响》，《云南师范大学学报》（哲学社会科学版）2005 年第 6 期。

刘善槐、王爽、武芳：《我国农村小规模学校教师队伍建设研究》，《教育研究》2017 年第 9 期。

潘敏：《男教师的教育优势及弱点分析》，《辽宁师专学报》（社会科学版）2002 年第 1 期。

庞丽娟、韩小雨：《我国农村义务教育教师队伍建设问题及其破解》，《教育研究》2006 年第 9 期。

彭贤智、高智军等：《教师队伍建设是发展农村基础教育的基石——对河北省农村中小学教师队伍建设的调查研究》，《河北师范大学学报》（教育科学版）2009 年第 11（4）期。

司晓宏、杨令平：《当前我国西部地区农村义务教育形势分析》，《教育研究》2010 年第 8 期。

孙德冲、周晔：《西北农村中小学教师队伍结构现状、问题与对策研究——基于甘肃省 C 县的调研》，《教育导刊》2015 年。

田慧生：《关于农村教师队伍建设问题的思考》，《教育研究》2016 年。

王乃信：《加强农村教师队伍建设的几点思考》，《当代教育科学》2005 年第 21 期。

肖正德：《农村教师队伍结构的失衡问题与优化策略》，《课程·教材·教法》2012 年第 4 期。

谢培松：《我国中部农村地区中小学教师队伍的结构分析》，《哈尔滨学院学报》2006 年第 27（5）期。

许丽英、袁桂林：《农村教育资源配置现状调查与优化对策研究》，《教育发展研究》2006 年第 6 期。

杨东平：《建设小而优、小而美的农村小规模学校》，《人民教育》2016 年第 2 期。

于伟、张力跃、李伯玲：《我国欠发达地区农村教师队伍建设中的结构性困境与破解》，《教育研究》2007 年第 3 期。

张广义、赵家发：《高校教师队伍学缘结构探析》，《河北农业大学学报》(农林教育版) 2003 年第 12 期。

张希亮:《加强西北农村教师队伍建设策略探讨》,《湖南第一师范学院学报》2014 年第 14 (6) 期。

郑新蓉、武晓伟:《我国农村教师队伍建设与支持性政策的思考》,《河北师范大学学报》(教育科学版) 2014 年第 16 (1) 期。

周颖华、安海燕:《农村中小学教师队伍建设要从根源抓起——兼论我国农村基础教育教师专项政策》,《现代教育科学》2011 年第 8 期。

《甘肃省人民政府办公厅关于印发甘肃省〈乡村教师支持计划 (2015—2020 年)〉实施办法的通知》, http: //www. gsedu. gov. cn/Article/Article_ 31425. aspx。

《小学校数、教学点数及班数》, http: //www. moe. gov. cn/s78/A03/moe_ 560/jytjsj_ 2014/2014_ qg/201509/t20150901_ 204658. html。

凤凰网教育频道:《均衡师资:除应急外,尚须长久之计》, http: //edu. ifeng. com/gun-dong/detail_ 2012_ 01/30/12186647_ 0. shtml。

Susanna Loeb, *A Review of State Teacher Policies: What are They, What are Their Effects, and What are Their Implications for School Finance*, Stanford University, 2006.

后　　记

教师是教育事业的第一资源。教师队伍建设是事关教育改革发展的战略性、全局性和基础性工程，加强教师队伍建设是实现教育优先发展、科学发展的根本保障。近年来，西北农村地区教师队伍建设虽然取得了显著成就，但是，西北农村地区基础教育底子仍较为薄弱，尤其是中小学教师队伍整体素质低下，山区和边远地区教师数量不足，素质偏低，年龄老化，教师队伍结构存在失衡状态的问题十分突出。破解教师队伍结构失衡问题，是一项系统工程。对此，本书从职前师范生招生培养政策、教师资格准入政策、编制补充政策、职后培训政策、支教（轮岗交流）政策及教师退出政策等方面提出了一些政策建议，希望能对西北地区教师队伍建设做出些许贡献。

本书的写作过程艰难而缓慢，二十余万字的书稿不是我一个人努力的成果，许多人为此作出了贡献。在此，我必须感谢他们：

感谢北京师范大学教育学部袁桂林教授、西北师范大学教育学院的李瑾瑜教授、赵明仁教授，他们对本研究提出了宝贵的建议和指导。

感谢我的硕士研究生贾秉权、李璐、孙德冲、王秀彩、张文斌、陈立焕、付翠、赵宁、武天宏、徐好好、张生花、马兰、王燕婷、安东月等，他们帮助我查找资料，分析数据，校对书稿，非常感谢！

感谢我的妻子张海燕，正因为她在背后的默默付出才让我能安心工作，撰写书稿。还有我可爱的女儿周泠颖，她的陪伴为我的生活增添了无限欢乐。

　　书稿是对自己五年来课题研究的一个总结，因个人能力有限，书中还有许多瑕疵和不成熟之处，在此恳请学界同人批评指正。